时代文艺出版社
本书版权所有翻印必究
由青岛出版传媒股份有限公司

著

紫暗

不问归期

BU WEN GUIQI

图书在版编目（ＣＩＰ）数据

不问归期/郑理著.--合肥：安徽文艺出版社,2021.8
ISBN 978-7-5396-7134-5

Ⅰ.①不… Ⅱ.①郑… Ⅲ.①长篇小说－中国－当代
Ⅳ.①I247.5

中国版本图书馆 CIP 数据核字(2021)第 006845 号

出 版 人：段晓静
责任编辑：汪爱武　　　　装帧设计：徐　睿　武　迪

出版发行：时代出版传媒股份有限公司　　www.press-mart.com
　　　　　安徽文艺出版社　　www.awpub.com
地　　址：合肥市翡翠路 1118 号　　邮政编码：230071
营 销 部：(0551)63533889
印　　制：安徽新华印刷股份有限公司　　　(0551)65859551

开本：700×1000　1/16　印张：22.5　字数：400 千字
版次：2021 年 8 月第 1 版
印次：2021 年 8 月第 1 次印刷
定价：58.00 元

目 錄

楔　子

灵山云雾之巅，青峰巍巍、流水潺潺，望不见尽头的擎天梧桐树林间飞过一只毛色艳丽的鸟儿。这鸟周身羽毛都是赤红色，唯有后脑几根翎羽和腹部绒毛处带着一丝金光，双翅足有七八丈长，划过天空身后拖出一道红霞。此时已近黄昏时刻，阴渐盛而阳渐衰，那一抹红霞竟是比太阳还要夺目。

红色巨鸟飞过半边树林，落在一棵梧桐树上。它收了翅膀，甩甩脑袋，体形缩至寻常鹰隼的大小。巨鸟鲜红的喙尖敲击了几下树干，叫醒树下打盹之人，同时目光警惕，锐利地盯着前方。

唐知心在树下睡得正憨，惊醒后有些毛躁。她远远听见有脚步声靠近，抬头看了看，头上鸟儿冲她扬起脑袋，表情得意，仿佛在道："你瞧，我说什么来着。"一人一鸟眼神交流间，来人已到面前，唐知心定睛打量，是个老和尚。老和尚肩头停着一只花孔雀，红色巨鸟居高临下瞥了一眼这孔雀，白眼一翻，喉间发出轻蔑的声音便不再去瞧这老和尚。和尚倒是自来熟得很，笑眯眯地开口道："青灵道长，别来无恙啊。"

唐知心被人扰了清梦，不悦地开口道："秃驴你怎么又来了？"老和尚转了转脑袋，花孔雀从他一边肩膀跃至另一边，和尚依旧笑眯眯道："老衲前几日去拜访了你师祖……"唐知心不耐烦地打断对方，道："就一个孩子！你们俩加起来都快有两百岁了！为了一个孩子，至于吗，就不能放过她？"老和尚笑着回答道："若不是你师祖执意寸步不让，佛门也不至于如此。"

"佛门？"唐知心一声冷笑，唰的一声从树下站起，此时才能看出她一身

灰白道袍,头顶子午簪,脚踩十方鞋,不过一个年纪轻轻的姑娘,却俨然一副道士的打扮。唐知心瞄了一眼老和尚金灿灿的袈裟,只觉得刺眼,继续嘲道:"自前朝武宗灭佛后,佛门自愿退出神州,既已避世,就该守信用。反反复复又唯唯诺诺,你家菩萨教你的?"和尚笑道:"佛道之争哪朝哪代都有,世人愿意信谁谁便昌盛,哪有输赢一说。老衲毕生所愿也只为普度众生。"唐知心这回连白眼都懒得翻一个,咂咂嘴说道:"听说上回灭佛后,雁塔下的一枚佛骨至今没找到?我说秃驴,你要找的可不止一枚佛骨吧?遗失的经书,捣毁的庙宇,还俗的僧侣何止千万,我知道你心有不甘。但一边打着怜悯众生的幌子一边谋利取所需可就丢了佛性了。你们那句话怎么说来着……不打诳语?什么是诳语?包不包括吹牛……还有回来就回来了,好端端地非要折腾那孩子做什么?到底是谁不想让她活……不管我师祖如何说,这都是我们自己家的事……"

半个时辰后,老和尚终于走了。唐知心长舒一口气,只觉得话说多了有些口渴,她盯着老和尚的背影,花孔雀扑棱几下翅膀,盘旋上天。

"芦花鸡。"头上传来一个声音嘲道。

唐知心抬起头对着停在枝头的红色巨鸟道:"人家是孔雀明王。"巨鸟抬起一只爪子慢悠悠挠了挠胸前绒毛,再次开口道:"老娘说它是鸡它就是鸡!"

第一卷·麒麟墨玉玺

《山海经》有云："寻木长千里,在拘缨南,生河上西北。"此处拘缨,就是古代北国的名字。拘缨在世人口中代代相传变成今日的雪域之国,虽名叫雪域,实则鸟语花香。都城天茗常年梨花盛开,如漫天飞雪,故得此名。不同于中原有女娲、伏羲的传说,相传拘缨曾有上界灵鸟出没凡间,点化凡人,此后居民便以灵鸟后裔自称。而后又有受战火连累的中原氏族前来投靠,为了区分,土生土长的灵鸟后人便被称作灵族,而北上前来的中原人也渐渐形成番邦势力。到了前朝文帝,雪域更是以江河湖海为四藩命名,分别为:江宁、河内、湖州与海镜。

雪域都城天茗虽说四季如春、花开遍地,但游沐风却常常为此事烦恼不已。"阿嚏!"一阵微风袭过,空旷的宫殿前柳絮漫天飞舞。游沐风打了一个响亮的喷嚏才突然反应过来自己这是在宫中,赶紧吸了吸鼻子,再次立得笔直,等待传召。

不出一会儿,远处殿中出来一个老宦官,正是陛下身边的曹得力。曹得力年纪大了,身形佝偻,但腿脚倒是挺麻利。他几步来到游沐风的面前堆起笑容,开口道:"公主,陛下请您进去呢!"

殿中空旷,正中的书案上摆着个盘龙香炉,从龙嘴中往外吐出袅袅青烟,萦绕在殿中,在阳光的照射下现出尘埃。灵帝坐在烟雾后,一身素袍,显然是刚下朝回来。他冲站在远处的妹妹招了招手,游沐风看见走上前去,立在长案一侧,轻道一声:"皇兄。"

"明昭,坐。"灵帝道,"好些日子没见你进宫了,天机阁一切都好?"游沐风点点头,道:"没什么大问题,一切都还是老样子。""哦?"灵帝笑道,"最近有没有听到什么消息?""没有。四藩依旧老样子,没什么大动静,但小动作不断。江湖上也就那样儿……"游沐风仔细想了想,最近不论是江湖还是庙堂都没什么动静,不知道灵帝指的是哪方面的消息。"那你的暗阁消息还没朕的灵通。"灵帝笑笑,手中不知从哪儿摸来一把折扇,把玩着道,"中原不太平哪。燕王起兵,朱家人里叔叔造了侄儿的反。你说他们一家人都打得不可开交,若不是同族会不会异心更甚?"游沐风心下了然,灵帝这是对四藩那些中原藩王不放心,说到底是非我族类,其心必异。

也不怪灵帝担忧,这些中原人确实不是什么善茬。当初是因躲避战乱迁来雪域,百年间演化之后情况早就不一样了。他们通婚经商,恨不得把雪域境内土地占去一半。更有甚者,不止一波探子回报,湖州与江宁边界有大量凿山挖洞的痕迹,初步怀疑是屯兵所用,但也没有实质性证据。话又说回来,中原人自古就生生不息,从五胡乱华,衣冠南渡到忽必烈入主中原,都没灭了他们,如今千百年后,江山又回到他们手里。倒是曾经存在的柔然、月氏、鲜卑被他们融合得找不到影子……谁知道灵族会不会是下一个。这,确实让人不放心。

"中原的仗似乎打得差不多了。"游沐风想了想道,"燕王中原称帝后不如咱们就撤藩,把人送回去一了百了。"灵帝道:"天真,他们虽说祖辈是中原人,可几代都生活在这里。他们可以不认朕,但却认脚下的土地。撵他们走不就相当于逼他们造反? 更何况,就算真把这么多人撵走了,田里的庄稼谁种? 来年的税租谁交? 朕要的是他们的心,既要留下又要忠心。"

游沐风接话道:"那就找出不忠之人,剩下的就全是忠心的。"

灵帝将手中折扇扔回桌面,道:"正解。"

"这么说来……皇兄有怀疑的人了?"游沐风试探地问出口,如今她大抵可以确定灵帝今日招自己入宫是有事要天机阁去办。果然灵帝斩钉截铁答道:"不错。"

"谁?"

"江宁九王,顾骁。"

"顾骁?"游沐风坐在那儿便开始绞尽脑汁搜索脑海中的信息。这个顾骁,有什么特别之处吗？如今的江宁藩王姓顾,而顾骁是他一母同胞的九弟,也是唯一的弟弟,其他的都是姊妹。游沐风暂时能想起的只有那么多,其余只能听灵帝慢慢解答。

"朕还得到一条消息,燕王怕是一时半会儿做不成皇帝了。"灵帝咂了咂嘴,继续道,"原因是他弄丢了一块玉玺,听说是中原人的传国玉玺,和他那个皇帝侄儿一起下落不明。燕王造反本就名不正言不顺,再找不到玉玺……说不定会动些别的心思。"游沐风听了这话顿时警觉,坐直了三分,听着灵帝接下来的话。

"巧得很,朕也有块玉玺……也丢了。"

游沐风终于忍不住,开口道:"皇兄,这件事我……""明昭,朕不是在怪你。"灵帝摆了摆手,示意妹妹不要在意,他继续道,"有人在江宁见到了侍墨,她偷了麒麟墨玉玺后消失得无影无踪。如今中原皇帝丢了自己的传国玉玺,说不定正想找一块替代呢,她就出现了,偏巧还出现在江宁。江宁与湖州交界处有一城名唤雀岭,城中庶民不足百口,最近却车马不绝,崇山峻岭间不知何时被挖出大大小小的山洞,不是偷偷屯兵又能做何用处?"

游沐风皱眉道:"这件事我知道,可是没有证据表明是顾骁干的。""还有件更巧的事。"灵帝自顾自继续道,"顾骁要成亲了,娶的正是湖州的郡主李梦眉。两藩联姻,边境屯兵,又在他的家门口发现麒麟墨玉玺的下落。天下能有如此的巧合?朕没证据,所以要你去找证据!"

这下游沐风终于明白了,她点点头道:"麒麟墨玉玺是我弄丢的,理应我去将它找回来。""不光是玉玺……顾骁娶妻有没有交易,江宁有没有造反意图。这些事就交给天机阁去办。"灵帝道。游沐风起身领旨,心里却还惦记着旁的,她犹犹豫豫,最终支吾道:"那侍墨……"灵帝叹了口气道:"明昭啊,朕近年来总有些后悔,不该自小将你送出宫习武。若自小在朕身边长大,也不会由着你总是感情用事。"游沐风听着训斥,并不吭声。

灵帝道:"江山社稷,还没一个丫鬟重要?你自己回去好好想想吧。"游沐风碰了钉子,也不再多说什么,转身离去时灵帝又从身后叫住了她,道:"清明要到了,临行前记得去给你皇嫂上炷香。"灵帝口中的皇嫂,是他的原配妻子孟氏,故去多年。游沐风自小没了父母,出宫习武前全由兄嫂照顾,

感情一直很好。"好。"游沐风点点头，转而问道，"太子呢？开口说话了吗？"

"没有。"灵帝面无表情地回答。

天机阁，世人知之甚少，都以为这是个江湖门派。谁也料想不到背后会有天家撑腰，历任灵帝都把天机阁当作自己的暗探组织，处理些外人不方便做的事，提供一些私密线报。历任阁主都是皇帝亲信，比如游沐风，虽说贵为公主，却拜了个老道为师，从小在灵山习武，为的就是日后协助皇兄统领天机阁。

天机阁下属又分四堂：司济堂、司巧堂、司慎堂与司战堂，各司其职。司济堂又称作药堂，所谓福泽济世，是个人人能医善药的地方。司巧堂负责钻研些机关暗器、奇技淫巧。如今的堂主聂慎儿乃是铸剑世家虞氏的徒弟，虞家造出过世间第一把天子剑，也是齐桓公的剑、楚庄王的剑、吴王夫差的剑、西楚霸王的剑。司慎堂掌管酷刑与密报，堂主张牧之长相斯文、谈吐儒雅，却是个心狠手辣的人。而司战堂从名字就能听出来，堂内弟子以武功著称，现在的司战堂堂主江知白是游沐风的师兄。四堂下又分十六门，所有弟子皆有文身刺于颈后，若是在执行任务中死了，就算身首异处凭着文身也能将头找回来。

"阿嚏！"游沐风出了宫便没了正形，她笑眯眯的，屁股下坐着把圈椅，一条腿踩着椅面，下巴放在膝盖上，另一条腿晃晃悠悠在空中画着圈。厅内站着的四位堂主早已见怪不怪，四人默默寻了椅子坐下。

"来来来，集思广益！"游沐风一边晃着大腿一边道，"发挥你们聪明才智的时候到了！怎么才能混进江宁九王府，把东西偷出来？"

"那个……阁主，麒麟墨玉玺是咱们的，不能叫'偷'……"司慎堂堂主张牧之开口道。"你说得对。"游沐风笑眯眯道，"阁主你来做吧。""偷！"张牧之赶紧改口，"必须是偷！"

"要我说根本不用这么麻烦。"司济堂堂主是个姑娘，名叫柳如丝，人如其名，面庞如花身段似柳，只要不开口说话就是个纤纤美人。柳如丝手里拈着个桃，一口咬下去汁水溅了张牧之满脸都是，她却没看见似的，继续道："司济堂新研制的耗子药，阁主你要不要试试？井里投半颗，保证九王府上下第二天没一个活口……能跑出一只狗，老娘把'柳'字倒过来写！"

张牧之擦了一把脸上的桃汁问："不是耗子药吗？跟狗有什么关系？"
"比喻！比喻你听不懂？"柳如丝暴躁地道。

"你闲得没事做？研究耗子药干吗？"游沐风好奇地问。

"耗子药当然是药耗子啊。"柳如丝得意道，"江堂主前几天不是总抱怨武场附近有耗子？喂了好几拨药了，耗子越长越肥。娘嘞……还是得老娘亲自出马！"

"真是吃饱了撑的。"游沐风真诚评价道。

"不行。"司战堂堂主江知白开口道，"既然是暗访就不能打草惊蛇，万一玉玺不在王府里呢？人死光了上哪问去？再者说顾骁才是最不能死的那个。这么多线索都系在他一人身上，弄死了他，线索一断，皇上必定大怒。"

"还是师兄你说的像句人话。"游沐风再次认真评价，"皇上的意思也是如此，所以这次咱们只能智取……要你们想办法，说到现在全是废话……腿都坐麻了。你们到底有没有主意？"

游沐风抬眼扫过众人，继续道："没人说我可说了啊！"

柳如丝道："阁主你都有主意了还问我们干吗？"

"要你垫底啊。"游沐风笑眯眯地说，"听了你的耗子药，大家就不会觉得我的主意很蠢。""说不定一样蠢。"张牧之摇摇扇子道。

"阁主你来当。"游沐风笑容僵在脸上。"必定是个好主意！"张牧之再次赶紧改口，"属下洗耳恭听。"

"对对对！洗耳恭听！"厅内四人附和道。游沐风换了个坐姿，把麻掉的腿抽出来放好，两手置于膝盖上正襟危坐，复又清了清嗓子，认真道："……阿嚏……"

四位堂主不禁嘴角抽搐。

"我想过了，江宁都城落照……咱们都没去过。"游沐风打完喷嚏神清气爽道，"假扮小厮丫鬟混进王府这招肯定会穿帮。若是换个身份接近顾骁，想要取得他的信任必定需要很长时间。我有个两全其美的方法。"

众人不接话，等着游沐风继续说。

游沐风继续道："顾骁不是要成亲了吗？在他见到新娘子之前，咱们把他媳妇绑了带回来，把我塞进去，怎么样？"

众人面面相觑，时间凝固，鸦雀无声。过了好一会儿，张牧之开口道："阁主，咱们是天机阁，不是黑风寨。光天化日强抢民女的事……"

"行，那听你们的！上耗子药吧！"游沐风甩了甩衣袖道。

"我突然觉得阁主这个主意非常妙。"张牧之又一次改口道，"顾骁没见过这位湖州郡主，整个江宁都没人知道郡主的模样。大婚之日用这个方法大大方方地进王府，不用易容，不怕穿帮。只要阁主速战速决，坚持一两个月不被发现应该没什么问题。走的时候随手顺点金银财物，再把真媳妇还给他，权当被土匪劫了。所谓剑走偏锋……妙！相当妙啊！"

游沐风挠挠头道："真的吗？我就随便一说。"

"阁主不用自己前去，同样的方法换别人去也是一样的。"江知白皱着眉头，明显有些担忧。在一旁沉默许久的司巧堂堂主聂慎儿也开口劝道："没错。阁主是千金贵体，这种事从司战堂找个女弟子去办就好了，干吗非要以身涉险？"

"上次护送麒麟墨玉玺时你们也是这么说的，结果呢？"游沐风此话一出，顿时没人敢反对。国宝玉玺丢失，这里坐着的每个人都有责任，然而游沐风在灵帝处却将所有责任揽于己身，帮着属下脱罪。她更是因为偷走玉玺的侍墨是自己的贴身婢女，时常自责。于是大家都不敢在此事上多说什么。游沐风想亲自去找回玉玺，一是想将功赎罪；二来若是能见到侍墨，更是想问清她当年为何背叛自己。

"去可以，必须再带个人。阁主一个人，属下说什么也不放心。"江知白说道。江知白虽说是下属，但又是游沐风的师兄，二人有一起长大的情谊。多年来江知白对师妹形影不离，一路跟到天机阁。他武功高强，雪域境内无人能敌。明眼人都看得出来，若不是为了师妹，他根本不稀罕在一个暗阁当个小小的堂主。

"这怎么带？顾骁又不娶俩媳妇。"游沐风一副欲哭无泪的表情。

"郡主身边跟个丫鬟，不稀奇。"江知白从容道。

游沐风想了想，妥协道："那依你，带谁？"

"自然带个能打的。"江知白道。"我自己就很能打！"游沐风争辩道。

"不行不行。"张牧之在一旁开口道，"有内力的人一眼就会被认出来，阁主此行必须提前服下化功散，否则前功尽弃。吃下化功散，武功再强，都得变成废物。"

"你才废物。"游沐风接话道，"那到底怎么办?!"

张牧之摇摇折扇道："要我说，柳堂主的耗子药比什么武功都管用。"

游沐风点点头表示同意，道："那就这么定了，柳堂主随我同去。其他人去准备吧，打探好时间、绑人的地点。三日后出发。"

柳如丝手中剩的半个桃子都吓得掉在了地上，道："什么? 关我什么事?"

聂慎儿此时站了出来，笑道："司巧堂最近新做了些机关巧物，阁主带在身上可以防身。"聂慎儿先是从怀中取出一对铜铃，两只铃铛一模一样，唯一的区别是铃铛下方挂着的璎珞，一个是赤红色的，另一个是暗黄色的。聂慎儿说："这是一对传音铃，一只发出声响另一只就算在千里之外也能一同响起。阁主带一只在身边，若是碰上危险就摇响铃铛。"聂慎儿说着，将那只黄色铃铛递给了游沐风。"这另外一只……"聂慎儿有些犹豫。

"交给我吧。"江知白伸手夺过另一个铃铛，揣入怀中。

"还有一样。"聂慎儿从腰间取下一条银色细长的链子，链条底部坠着一个闪闪发亮的宝石，看起来像个装饰物。

"这是什么? 腰带?"游沐风看见新奇东西，忍不住就伸手接过，颠在手中把玩。

"这其实是一把剑，平日里可以当作腰带藏在身上。吃了化功散没有内力可招式还在嘛，抵挡一下不成问题。哎哎哎……这样掰要坏了……机关在宝石上。"聂慎儿答道。

果然，游沐风摸上宝石顿时觉得有玄机，轻轻一按，链条间的缝隙迅速收紧，骨节连接，变成一把细细长长的剑。得了两件宝贝，游沐风喜上眉梢。在她看来这次任务十分简单，办成后也可解开自己多年心结。江知白心中依旧有顾虑，但也想不出更好的办法。柳如丝一脸委屈，众人各怀心事，等着游沐风最后发话。

等了许久后，游沐风道："……阿嚏……"

众人离去时已近日暮时分，游沐风站在廊下揉揉鼻子，想去找江知白聊聊。她看出师兄似乎对今日安排很不满意，只不过碍于面子没有发作。游沐风边走边在心中预演一会儿要怎么发挥。突然身后一个声音叫住了她，游沐风回过身，见来人是聂慎儿。

聂慎儿站在月光下，温柔一笑如和煦春风，道："有点事，想和阁主单独谈谈。"

片刻后二人坐在聂慎儿房中，主人沏了壶茶，斟了一小杯递给游沐风。游沐风接过茶笑道："大晚上喝茶，该睡不着觉了。"聂慎儿也给自己斟了一杯，道："这是柳堂主新配的安神茶，阁主尝尝？"游沐风看着杯底的茶渍若有所思道："上次喝她的安神茶，一晚上也没安得了神。"聂慎儿扑哧一下笑出了声，收了茶具感叹道："阁主待咱们像自家姐妹一般。""好端端为何说这个？"游沐风有些不明所以，想要追问，聂慎儿却继续道："找阁主来，是因为有些事刚才不方便说……其实关于这个顾骁，我还知道些别的。说与阁主听，可能会有些帮助。"

游沐风一愣，心中充满疑惑。聂慎儿平日里几乎足不出户，连话都很少，她会知道什么信息而别人不知道呢？

聂慎儿看着游沐风，仿佛猜到了她的心思，道："事情是这样的，我小的时候曾在江宁岳城一户大户人家做家奴，这户人家姓傅。想必阁主也知道，傅家在江宁很有名气。"

游沐风道："我听说过，做生意的，富甲一方。"

聂慎儿点点头，继续道："不错。傅家不仅有钱还出贵人，顾骁的母亲就姓傅。"

"这个……我好像也听说过。"游沐风想了想道。

"嗯，我要说的是接下来的事。顾骁的母亲，也就是如今江宁王的母亲很早之前就给顾骁指过一桩婚事，是她自己的娘家人，也就是顾骁的表妹，名叫傅勾月。我在傅家时，就是傅勾月的奴婢。后来我犯了事被赶出来，又被师父收养，跟着师父来到天机阁。"

难怪聂慎儿要约自己私下交谈，游沐风心下了然。童年的痛苦经历，不想被别人知道也是应该的。不过她居然愿意告诉自己，游沐风十分感激，问道："顾骁和他表妹有婚约，为什么又要娶湖州郡主……所以说为了两藩联姻,之前的婚约便不作数了？这位傅姑娘有点倒霉啊！"

聂慎儿接着道："确实,不过我想提醒阁主的是,傅勾月如今也在落照,就住在九王府别苑。她自幼体弱,岳城的大夫不如王府里的,便常年待在别苑里养病。阁主此行没有武功,对傅勾月当心着点,别搭理她便好。"

"关我什么事？又不是我抢了她相公……哦,等等……还真的是我！"游沐风恍然大悟道,"多亏你提醒！放心吧,我找到玉玺就回来,看见傅勾月就绕着走！"

告别了聂慎儿后,这一夜游沐风果然没有睡好。柳如丝的安神茶仿佛在暗夜里狙击着每一个甜美的梦。直到清晨暖阳洒入卧室,带来的不仅是光明,还有一夜未眠的绝望。游沐风愤怒地起床洗漱,出发在即,她今日要去和徐姑姑道个别。

游沐风从小没爹没妈,出宫前生长在兄嫂身边,出宫后跟着师兄混。自始至终都陪在她身边,走哪跟哪的就是徐姑姑。徐姑姑是已故孟皇后身边的婢女,也是游沐风的奶娘。如今徐姑姑也住在天机阁,辟了块茶园安享晚年。

游沐风空闲时便会来茶园坐坐,不过随着四藩局势越来越紧张,她来茶园的次数也变得越来越少了。徐姑姑今日很高兴,拿出雨前新摘的茶叶沏了一壶,递到游沐风面前。游沐风盯着面前的茶,总觉得有点心理阴影。

"怎么？昨晚没睡好？"徐姑姑关心地问。

游沐风勉强打起精神道："柳堂主的夺命安神茶,喝了有奇效。"

徐姑姑哈哈大笑："我跟她说过很多次了,别总是研究些乱七八糟的新奇玩意儿。祖师爷传下来的方子总有它的好处……她偏不听。"见游沐风依旧蔫蔫的,徐姑姑若有所思,继续道,"昨天晚上,知白来找我了。"

"师兄说了什么？"游沐风问道。

"说你要去执行任务,他不放心。"徐姑姑笑道,"还说你大了,他管不住你,说多了又怕讨嫌。"游沐风这才想起,昨晚想着要去找江知白来着,被聂慎儿打断后便忘了,顿时有些内疚。徐姑姑接着道："你和知白都是我看着长大的,他心思深又不爱说话。但明眼人都瞧得出来,他对你有情。要不是从侍墨出事后你一蹶不振,你俩早该在一起了。"

"这话是师兄说的?"游沐风追问。

"他什么都没说。知白知道我肯定会告诉你,出任务前不会让你分心的。"徐姑姑道,"我只是提醒你,都是好孩子,不要伤了别人的心。到底是兄妹情还是别的感情,只有你们自己清楚。"

"我这不就是看不清楚嘛!"游沐风颓然道。对于感情的事她就像没开窍,特别是在好姐妹侍墨背叛后,游沐风更加不愿敞开心扉。

"那就想办法弄清楚。"徐姑姑揭开茶壶盖瞄了一眼,起身去添水,道,"出门在外,正好分开一段时间好好考虑。找到侍墨后做个了断,回来后就安稳度日,总不能一辈子打打杀杀。天机阁阁主换谁当不是一样?我去找你皇兄说,他就你这么一个妹妹,会体恤的。"

游沐风不说话。她其实很喜欢现在的生活,相对于困在宫中,她这个半吊子的公主就是在山间野大的。试问哪个习武之人没有做过快意恩仇、惩奸除恶的江湖梦?更何况她师从道家名师,自幼学的是"立天之道,立地之道,立人之道",耳濡目染皆是"谦谦君子,用涉大川"。如今游沐风连天地大川的样子都没见着,又怎会想着归期?

徐姑姑见游沐风不接话,也不再多言,只是笑道:"一个人出去执行任务要多加小心。如果有机会要记得飞鸽传书报平安,不要让大家担心你。"

徐姑姑口中的大家,指的是她自己还是江知白,游沐风没有深究。反正想也想不明白,先应下再说吧。游沐风一个转念,又好像发现哪里不对,游沐风说:"谁说我一个人?柳堂主不是人啊?"

徐姑姑道:"知白的原话是'带她不如带只豚'。"

出发当日,张牧之和聂慎儿出来送行。短暂寒暄后,游沐风与柳如丝、江知白一起出发前往雀岭,随行的还有司战堂几十名弟子。江知白负责将二人送达雀岭,移花接木后再将真正的湖州郡主带回来关押。

计划万无一失,游沐风很高兴。很久没有出来放风了,她双腿一夹马腹,马儿便在山路上跑得飞快。柳如丝却是愁眉苦脸,胃里颠得翻江倒海,虚弱道:"阁主……能不能慢点……"

"嫌快你自己单独骑一匹,别让我带你啊。"游沐风嫌弃道。

"我不会骑马啊!"柳如丝哀号。

"那就闭嘴。"江知白策马从二人身边路过，接话道。

柳如丝还想回嘴，但无奈一张嘴胃里的东西就突突往外冒，只得咬紧牙关，恨恨地闭上了嘴。

一路上策马飞驰，壮阔山川如展不完的水墨长卷，扑面而来的风席卷着天地朝气。玄鹰从头顶掠过，高呼着唤醒生灵的歌。正所谓天地感，而万物化生。锦绣山河，游沐风如是想，父亲生前总挂在嘴边的四个字，应该就是眼前的景象了吧。

众人马不停蹄，没过几日就来到雀岭城门外。江知白招呼大家下马，几十名弟子分散入城免得惹人注意。先进城的弟子找了间不怎么显眼的客栈，游沐风与柳如丝先住了进去，江知白则出门打听情况。游沐风知道其中利害，既然要冒充他人，行动之前越少人见过自己越好。

不能出门，游沐风在客栈吃了些东西又睡了一觉。赶路辛苦，加上安神茶威力退去，这一觉她睡得天昏地暗。睡醒时窗外天已经黑了，游沐风从窗户向外张望，左边的房间没有掌灯，江知白应该还没回来。游沐风想了想，推开房门去了右边那间屋，打算找柳如丝说说话。

游沐风轻轻敲了一下柳如丝的房门便推门而入。柳如丝正坐在桌前，手里拿着个破旧的香囊端详，见游沐风来了，便扯过一旁的帕子将香囊小心包好塞回怀中。

"什么东西？神神秘秘的……"游沐风在柳如丝对面坐下，问道。

"信物。"柳如丝道，"我娘绣的。我一个，我弟一个。"

"你弟？"游沐风从未听说过柳如丝还有个弟弟，问道，"人呢？"

"丢了。"柳如丝耸耸肩，仿佛已不抱什么希望，"爹妈死了，弟弟丢了，我被人贩子卖去青楼，师父从那里救了我。后来回去找过，没找着……也不知是死是活……"

这已经是游沐风最近第二次听说朋友凄惨的身世了，她听后心中五味杂陈。其实也没什么好意外的，出身好的人谁会愿意为暗阁卖命？脑袋拴在裤腰带上不说，死了都不一定有人收尸。她自己很幸运，虽说同样失去双亲，但她有皇兄与师兄还有师父和徐姑姑，活到现在世间百态只知甜，未尝苦。对于她不了解的痛苦，游沐风甚至不知道该如何安慰，只能暗自后悔自己多嘴，盘算着岔开话题。

"权当个念想……随缘吧。"柳如丝倒是看得开，无所谓地道，"倒是阁主你，大晚上到我这来干吗？"

游沐风答道："没事做，找你聊聊天。"

"江堂主还没回来？"柳如丝向窗外瞟了一眼，问，"阁主要不要出去找找？反正外面天黑了连个鬼都看不见。"

"我说……出门在外就不要阁主阁主地喊了。容易暴露。"游沐风道。

"也对。"柳如丝点点头，"事成后你就是郡主了，我就叫……我叫什么？那丫鬟叫什么来着？"

"铁锤。"游沐风淡淡道。

"啥？"柳如丝顿时觉得自己命不久矣，哀号道，"我不去了！我要回家！这到底是谁起的狗屁名字？"

"我起的。"游沐风笑眯眯道，"好听吗？"

"能不能不玩我了？"柳如丝怒道，"到底叫啥？！"

"狗剩。"游沐风道。

"……"柳如丝气极反笑，阴森着脸道，"耗子药来一颗吗？铁锤什么的……一颗毙命，药到病除……"

游沐风表情一变，伸出个手指抵在嘴边，道："嘘……"

柳如丝冷哼一声，道："现在后悔晚了……"

"屋顶有人。"游沐风轻声道。

"人？什么人？咱们的人？"柳如丝眨眨眼，同样压低声音道。

"不是。"游沐风挥手示意柳如丝到房门边躲好，自己慢慢往敞开的窗户处小心挪动。柳如丝担心地伸长脖子，又不敢发出声响，比着口型道："暴露了？"

"不知道。"游沐风已来到窗边，窗外黑夜伸手不见五指，唯有露水混杂着诡异的气息流动。游沐风将一只手按在窗沿上，眼神瞄向屋顶，道："不过探一探就知道了。"

话音未落，游沐风一个闪身跳出窗外，撑在窗沿上的手轻轻一推用轻功在空中翻了个跟头，轻巧地落在屋顶。

瓦砖沾着夜里的寒露，游沐风脚下一滑差点没站稳。屋顶月光凄冷，没有一点动静。可气息不会骗人，这里一定还有别人。借着月光，游沐风定睛寻找。

果然！远处屋顶上站着一个人影！

那人从身形来看应该是个男子，穿着夜行衣，黑布蒙面，只露出一对眼睛盯着游沐风，神色不明。他明显已经知道自己被发现了，却一动不动。游沐风心中泛起疑惑，难道是陷阱？不清楚对方身份的她更是不敢贸然向前追。

然而就在游沐风犹豫的一瞬间，黑衣人猛地转身，飞一般的速度刹那冲进暗夜里。等游沐风反应过来想要追时为时已晚，她不禁感叹道："轻功这么好，但却看不出路数。"

屋顶下柳如丝的声音传来："阁主你还好吗……需要帮忙吗？耗子药需要吗？"

这一夜游沐风守在柳如丝的房中未曾合眼，江知白直到天明后才归来。游沐风将昨夜发生的事完完整整说了一遍，问道："我实在想不出会是什么人。难道咱们暴露了？"

"不可能。"江知白摇了摇头道，"湖州护送郡主的人马今晚才能到雀岭，江宁派来接人的是个将军，叫闵纾，顾骁的亲信，驻扎在岭东。一来一回有几百里，不可能是他们。"

"顾骁自己没来？"游沐风奇怪问道。

"没来。"江知白说，"可能有别的事。"

"什么事那么重要？自己媳妇都不接？"柳如丝插话道。

"现在很多事都比来之前计划的复杂。我不知道顾骁为什么没有来，现在派人联系落照的暗桩已经来不及了。"江知白皱眉道，"昨夜湖州江宁两边都有咱们的人守着，确实没见人离开过。退一步说，就算咱们的计划暴露了，他们也不可能就派一个人在屋顶转一圈就走了。"

"会不会是哪个毛贼碰巧路过？"柳如丝问。

"也有这个可能，我会派人留在雀岭继续打探。"江知白想了想道，"送亲的队伍会在今晚抵达岭东，把新娘子交给闵纾后就会离开。而后由闵纾护送郡主去落照成亲。如果我们要动手,今晚是唯一的机会。不过昨夜那人还没有查清楚,要不要贸然继续……阁主自己定夺吧。"

箭已挂在弦上,现在放弃游沐风肯定是不愿意的,错过这次机会都不知还要再等多久。江知白的担心全写在了脸上,却还是把选择权交给了游沐风。他也是用心良苦,知道师妹不会轻易放弃拿回玉玺的机会,只得把担忧咽回肚子里。游沐风自然听懂了这话的意思,她沉默良久,最终咬咬牙道:"行动,就今晚!"

湖州护送郡主的人马今夜准时赶到,江知白带着大家早早埋伏在不远处,柳如丝一天一夜没有合眼,在草丛中打起了瞌睡。直到对方安营扎寨支起帐篷江知白才把柳如丝摇醒,低声说道:"我们再守一会儿,摸清他们哨兵换防的规律。时机到了听我指令,一切按计划行事。"

柳如丝睡醒揉了揉眼睛问道:"计划? 什么计划? 你们有计划居然不告诉我!"

游沐风接话道:"一会儿你跟着我就行了。"

又过了片刻,江知白抬起一只胳膊,朝后方打了个手势,道:"准备……"对方营寨中的哨兵排着队离去,下一队的人还没有到,江知白再三确认对方没有去而复返后,一声令下道:"行动!"

几十名弟子训练有素地分成两队,沿着山丘飞速移动到营地周围,一队人悄悄潜入营地,另一队人则四散开来将营地围住随时准备接应。

江知白在前领路,游沐风拎着柳如丝的胳膊,拖着她跟在后面。三人借着夜色使用轻功,一路走走停停。路上时不时有战堂弟子隐藏在黑暗中,为三人指出没人的路线。就这样躲躲藏藏,江知白终于带着二人来到郡主营帐背面。

"确定是这里?"游沐风打了个手语。

江知白点点头,以手语回复道:"这里守卫最多。"

"守卫怎么办? 杀了的话尸体不好处理。"游沐风用手语继续道。

江知白以眼神示意大家等待,指了指远方,意思是会有人把他们引开。

果然不出片刻,远处的地方传来骚动声。打着火把的人喊道:"马跑了!来几个人去追!"守在营帐外的士兵你看看我我看看你,随即朝马厩的方向跑去。

等人都走后,游沐风嘴角抽搐着低声道:"全跑了?这也太不把郡主当回事了。"

"番邦郡主而已,你以为人人都像你啊。"江知白笑道,"大冷天的谁愿意在这里守着?更何况两边的士兵很快就要交接了,最后一点时间,寻个由头都想躲懒去。"

"就是。"柳如丝接话道,"这里又不是深山老林,除了咱们谁没事会劫郡主玩啊?她又值不了几个钱。"

游沐风想了想觉得很有道理,当下决定不再犹豫,从怀中抽出把匕首将羊皮帐篷刺开条裂缝,一只手拎起柳如丝,道:"师兄在外面守着……你跟着我进去,记得闭气。"

游沐风说完就拖着柳如丝闪身钻进了帐篷。柳如丝一时间只觉得天旋地转,双脚腾空,大气都不敢喘,再次睁开眼时,自己已被游沐风带上了帐篷顶端的横梁上。梁下是一架简易的屏风,将帐篷隔出两个隔间,应该是给主仆二人同住的。游沐风再次打了个手势,示意柳如丝不要出声。只见烛火映照下屏风上印出两个人影。从对话分辨,这应当就是李梦眉主仆二人。

只听一个女声道:"郡主你别太担心了,早些休息吧。"

"我怎么能不担心?"李梦眉的声音有些颤抖不安,她轻轻道,"小翠,你说顾骁是不是知道父亲派我来当细作暗中监视他的事情了?不然他为何都不亲自来迎亲?"

"细作!"游沐风犹如当头棒喝,暗自心惊。

"小翠!"柳如丝如同晴天霹雳,绝望无比。

"不会的,一定是有别的什么事绊住了……"小翠一个劲安慰着。柳如丝朝游沐风使了个眼色,手语问道:"接下来怎么办?"

游沐风比了一下:"按计划行事。"

"计划到底是什么啊!"柳如丝欲哭无泪,"哎哎哎……阁主你去哪儿……"柳如丝刚比画到第二个"哎"字,游沐风飞身跳下房梁,轻盈地越过屏风,脚尖轻点落在了李梦眉身后。一记手刀敲在她颈后,李梦眉当下晕了过去。

小翠大惊道:"什么人?! 来人哪!"

又一记手刀,小翠也晕了过去。

帐外江知白听见小翠呼喊,闻声而来,手里还拿着两个麻袋。他关切询问道:"还顺利吗?"

游沐风点点头,马不停蹄地开始扒晕倒的主仆二人的外衣。她一边扒一边道:"新收获,这位湖州郡主是去九王府当细作的。"

江知白时不时警惕地望向帐外,说道:"难怪顾骁没来,八成是已经知道了。两藩联姻有猫腻,可以从此处着手顺藤摸瓜。只不过……"

"只不过什么?"李梦眉嫁衣上的绳带太多了,游沐风解得手忙脚乱。

"只不过……顾骁知道嫁进来的是个细作……"江知白皱眉道,"必定不会让你好过。"

游沐风百忙之中轻嘲了一声,道:"切,又不是真给他当媳妇,还能怕了他不成。"游沐风一边说一边拔下李梦眉满头首饰,道,"成了!"

"他认定你是细作,想要取得信任套出玉玺的下落便难上加难。"江知白火速把只剩贴身衣物的李梦眉和小翠装进麻袋,继续道,"你一定要小心,凡事以自己的安全为重,迷幻散时刻带在身上,不要让顾骁近身……师兄走了。"

游沐风此时望向江知白突然觉得有些难过与不舍,想朝师兄倾诉几句又觉得不是时候,只得笑着改口道:"放心吧,等我的好消息!"

"有危险记得摇铃铛……韵儿,师兄等你回来!"后面半句话江知白压低了声音,游沐风却听得真切。"韵"字是她的小名,取的是"草木韵沉高下外,星河影落有无中"中的"韵"。游沐风很小就领了封号,亲近的人大多叫她明昭,只有江知白偶尔还会唤她一声"韵儿"。游沐风用力点了点头,目送江知白拖着两个麻袋的身影消失在黑夜里。

"搞了半天,你们的计划就是把人敲晕了用麻袋套走啊!"柳如丝嘲笑道,"简单粗暴,不愧是天机阁!"

游沐风抬起头道:"小翠,你怎么还在房梁上?"

柳如丝顺着梁柱爬下来,拍拍身上的灰,从怀里摸出一个小瓶。瓷瓶中滑出一粒黑色药丸,珍珠大小。柳如丝将药递给游沐风,道:"来吧阁主,化功散。"

游沐风拿起药仰头吞下，道："认真点，别叫阁主了。再叫错麻烦大了。"

柳如丝这才意识到这次移花接木的行动已经正式开始。她甩甩脑袋深深呼吸几次，随后镇定下来，帮游沐风换好繁复的嫁袍，自己再套上小翠的衣衫。最后二人合力挖了个坑，把原本的衣服埋进去。

忙完一切后已是后半夜，帐外的守卫真如江知白所说再也没回来过。游沐风算着时间，外面没有动静，证明江知白他们已经脱身，她才松了一口气，将聂慎儿给的银腰带系在腰上，传音铃收在随身行李中，最后躺到榻上。此时化功散的药效慢慢发作，游沐风觉得浑身内力渐渐消散，丹田空荡，远处护卫打更的声音也慢慢听不见了，连颈后刺青和手上剑茧都一起消失了。

帐外静悄悄的，可能是没了内力后不太习惯，她在床上翻来覆去，始终无法入眠。

与此同时，离营地不足十里远的地方……江知白立在月光下，白色的武袍沾满暮色中的露珠，一阵风刮来，墨发飞扬。江知白剑眉星目，此时面色凝重望向游沐风的营帐，仿佛不舍离去，直到手下人催促："堂主，该走了。"

江知白留念地看了最后一眼，接着便与其他人一起纵身离去。

而此刻与之对应的营地另外一边，山丘上一个男子立在那儿一动不动。他身着夜行衣，黑布蒙面只露出炯炯双目。也不知他看了多久，直到天边泛起白光，他才慢慢离去。

第二天一大早柳如丝暴躁地跳下床道："大清早的吵什么吵！"她明显昨夜同样没休息好。帐外有嘈杂的脚步声，兵器相接的摩擦声，马匹嘶鸣声……游沐风悄悄掀开帐帘向外望了一眼，道："应该是闵纾到了，湖州人马已经撤离。赶紧准备，一会儿该来人了。"

柳如丝起床洗漱，顺手又帮游沐风绾了个发髻。游沐风很少云鬓珠环地打扮，主要是打打杀杀不太方便。柳如丝为她略施粉黛，戴上环佩步摇恍惚间仿佛变了一个人。柳如丝很满意自己的作品，举着镜子自豪问道："觉得怎么样？不错吧？"

游沐风面无表情道："头太沉了，脖子疼。"

不出所料，外面声响渐渐平息，帐外就来了人。一个男子声音洪亮地说道："卑职闵纾，给郡主请安。"

游沐风赶紧示意柳如丝在一旁站好，道："进来吧。"

闵纾掀帘入内。游沐风顺着他走进的步伐打量着他，这位年轻将军步履稳健身强体壮，以游沐风多年习武经验来看，闵纾的功夫相当不错，尤其是一双鹰目锐利如刀锋，一看就是百发百中的骑射高手。闵纾面无表情地朝游沐风作了个揖，道："郡主有礼。"

游沐风心里一声冷笑，只因闵纾嘴上客气，气势上可半分没有请安的意思。连笑都不笑一下，腰板挺得比自己还直，眼睛恨不得长上头顶，这是请哪门子的安。能有这种手下，顾骁是个什么样的人也不难想见。以游沐风平日的性子肯定要张口奚落他几句，只不过转念一想，他看不起的人是李梦眉又不是自己，于是决定不跟他计较。游沐风随即挤出一个笑容，张口道："闵将军有礼。将军辛苦了，长途跋涉来接我……"

游沐风话没说完，闵纾打断道："属下还得长途跋涉送郡主回落照。郡主若真的体恤下人，便废话少说赶紧收拾准备动身吧。"

游沐风好不容易挤出来的笑容僵在脸上，一时间比哭还难看。柳如丝见状，插话道："这么着急？很赶时间吗？"

闵纾从进帐篷后脸上就没出现过任何表情，游沐风看着他不禁联想到案板上的鱼头，整张脸只有嘴在一张一合。"要是再翻个白眼就更像了。"游沐风心想。

"王爷还在等着郡主呢。"闵纾道，"错过吉时，属下担待不起。"

"那好吧。我没什么要收拾的，随时可以出发。"游沐风心里想着我才不跟咸鱼计较，随即笑眯眯道，"小翠……"

没人应答。

"小翠！"游沐风加重了音量。

依旧没人应答。

"小翠！"游沐风厉声道。

柳如丝一个激灵："嗯？谁？哦哦……在！在呢……郡主有什么吩咐？"

"替我送送闵将军。"游沐风笑着道。

"不用,属下去为郡主备车。"闵纾说完转身走了,留下主仆二人面面相觑。游沐风深吸了一口气,认真道:"这人可能有病。"柳如丝在一旁点点头,附和道:"嗯,很可能是面瘫……但也不一定,要号脉才能知道。"

马车一路颠簸,游沐风和柳如丝坐在车里摇摇晃晃。车外都是人,二人有什么话也不方便说。迷迷糊糊中她们都睡着了,游沐风还做了个梦,梦中顾骁与闵纾变成一对咸鱼,张着大嘴有手有脚。两条鱼合力抱着玉玺往前飞奔,自己则在后面狂追。眼见快要追上,马车一个刹车停住,闵纾的声音在外响起:"落照城到了,请郡主下车换轿。"

煮熟的玉玺飞了,游沐风从梦中惊醒。她揉揉眼睛跳下马车,只见路边果然停着一架大红的喜轿,八个轿夫穿着红袍顶着红帽排成一队低着头,闵纾则站在轿子旁边依旧面无表情。柳如丝也跳下马车,装模作样地把游沐风扶上轿子,起轿后自己则跟在队伍中步行前进。

游沐风坐在轿子里完全看不到外面的景象,没了内力连耳朵也不似从前灵敏了,街上行人围观的嬉戏欢呼声盖过了一切声音。游沐风突然有些紧张,可能是失去武功后心里没底,也有可能是马上要见到顾骁没想好怎么应对。总之,她现在心跳如擂鼓,不知等待她的是什么。

没一会儿轿子落地,周围毫无动静。游沐风等了一会儿,不知道什么情况,便走到门帘处,探出个脑袋朝外张望。哪知刚探出头,游沐风就被一群风风火火的大娘擒住,来不及挣扎头顶一块红布落下,顿时啥也看不见了。这是什么情况? 游沐风惊魂未定,接着就被一群健硕大娘簇拥在中心,赶鸭子上架一般送上"刑场"。

一切快得像一阵风,游沐风被盖着红盖头簇拥着向前走,路上听到了小桥流水声,宾客满堂推杯换盏声,踏过几段地毯,跨过几条门槛。最后听到前方一个声音唱喝道:"吉时到! 拜堂!"游沐风感觉到周围有许多人,却不知被谁从后面推了一把,踉跄几步眼见要向前栽去,突然一只手伸来,一把紧紧拉住她的右手。

对方的掌心宽大指尖微凉触感细腻,中间二指第一指节处有茧,应当是长期握笔留下的。掌心处也有一层薄薄的剑茧,昭示着手的主人能文能武。游沐风借力站稳,对方一言不发,会是顾骁吗? 周围都是人,自己却听不清又看不见，游沐风本能地感到不安，掌心全是汗。那人却在此时松开了手，将一条红色绸缎塞入游沐风手中，自己牵起绸缎的另外一头，向后退了两步。

"拜！"隔壁一声大喝，游沐风冷不丁被吓得一哆嗦。

游沐风扯着红绸凭直觉弯腰一拜，她感觉到红绸另外一端牵扯的力量。

"再拜！"

俯身的时候，游沐风透过盖头缝隙向外一瞟，她看见身边人几缕墨发垂在腰间。大红的腰封贴身紧束，腰间挂着一块玉玦，温润剔透。

"三拜！"

再次俯身时，游沐风看清了那只手，修长白皙骨节分明。

"兴，礼毕！"又是一声大喝。

声音还未落，熟悉的触感再次袭来，大娘们一拥而上将游沐风簇拥在中间，推推搡搡地离去。游沐风心中呐喊，你们还有完没完！有一瞬她感觉到顾骁松开了手中的红绸，没了牵扯后绸缎轻飘飘地落在了地上。

再次回过神，游沐风已被大娘们送回了房间。

一切快得像一阵风。

柳如丝的声音在耳边道："怎么样郡主？成亲好玩不？"

游沐风一把扯下头顶红布，重获新生。她深深呼吸，用丹田吐出一口浑浊淤气，缓缓道："好玩个屁。"

柳如丝不知哪里摸来个桃，一边啃一边道："咱们就住这个鬼地方？"

游沐风沉浸在劫后余生的喜悦中，听闻这话才想起来打量四周，不禁皱起眉头道："这屋怎么这么破？"

屋子的确有些简陋但也说不上破旧，和天机阁自然是没法比，不过游沐风在灵山习武的时候连茅草棚都住过，倒也不是太在意。

"你没回来的时候有个老管家来过。"柳如丝把最后一口桃塞到嘴里，吐出桃核，道，"他说这院子前后两间，在西北角上。出门是王府花园，穿过花园是顾骁住所，东边还有个别苑……总之就是说让咱们没事别乱跑。"

"顾骁肯定是知道他的新娘子是来当细作的，也不打算隐瞒。"游沐风无所谓道，"让人住在这种地方的意思就是个警告，不要轻举妄动。"

"他既然知道湖州要送细作来，不娶不就行了？干吗多此一举？"柳如丝问。

游沐风沉默了一会儿，深思熟虑后仿佛脑海中的问题连成了一条线，她道："知道是细作还得成亲，只能证明顾骁没有选择，不得不娶湖州郡主。这一路上我一直在想……你还记得李梦眉在晕倒前说的话吗？"

柳如丝道："她说'父亲让我监视顾骁'这句？"

游沐风点点头道："不错。李梦眉要监视顾骁什么？既然需要监视对方，就证明他们本质上肯定不是一伙的。这一点从顾骁今日的态度也能看出来。话说回来……顾骁为什么不得不娶个细作？只能是他被湖州王胁迫了，或者说江宁被湖州胁迫了。"

柳如丝显然没听明白，皱着眉道："胁迫？什么意思？"

游沐风接着道："我有个假设。湖州王在两藩的边境私自凿山屯兵，等到江宁发现为时已晚。江宁是四藩中最富庶的一个，又与湖州接壤，湖州王若是想扩展实力，第一个要攻打的就是江宁。"

"于是为了不开战，江宁王就让自己的弟弟顾骁娶了湖州郡主？"柳如丝道，"不对啊，遇到危险江宁为何不向朝廷求救？"

"皇上向来不愿意插手中原人的事，只要不造反，说不定更乐得看到他们两败俱伤。这是其一。"游沐风把声音压得更低，道，"其二，还有一个可能……回到刚才的问题，李梦眉为什么要监视顾骁？"

"难道是……"柳如丝失声大惊，"麒麟墨玉玺！"

"不错。湖州王知道麒麟墨玉玺在顾骁手上，以此为要挟顺水推舟把女儿嫁过来，说不定还能把玉玺抢到手。江宁王担心对方将此事上报朝廷，加上对方手上有那么多兵，不得不选择让自己唯一的弟弟联姻安抚。顾骁甚至为此悔婚于自己的表妹……那可是他母亲指的婚……我一直觉得不对劲，于情于理顾骁都该更偏向娶自己知根知底的表妹……所以一定是有什么东西凌驾在他个人情感之上，比如江宁的生死存亡。"

"对啊！"柳如丝一拍巴掌道，"这样全都说得通了。开山屯兵，两藩联姻还有麒麟墨玉玺出现的巧合……全部都串在一起了！才来第一晚就大功告成！阁……郡主你太厉害了！回家指日可待！"

"我还有些地方没想明白,侍墨消失了那么久,为什么会突然出现?她在哪?玉玺在哪?这一切和中原燕王造反有没有关系……"游沐风摇摇头道,"算了,还有时间……走一步看一步吧……先想办法找到玉玺……对了,咱们住的地方叫什么名字?"

"月闻阁。"柳如丝朝门外嘟嘟嘴,道,"院外匾上写着呢。"

"切。"游沐风翻了个白眼,嘲弄地道,"矫情!睡觉!"

"这就睡了?洞房花烛夜顾骁还来吗?"柳如丝问。

"你看这样他还会来吗?"游沐风反问。

柳如丝点点头:"也是。睡觉!"

正所谓:一杯罗浮春,远饷采薇客。遥知独酌罢,醉卧松下石。幽人不可见,清啸闻月夕。清啸闻月?月闻阁?游沐风不屑地想,有文采又如何?姑奶奶最不喜欢苏轼。

往后几日整个王府没有一点儿动静,游沐风觉得自己成了工具,用完之后就被抛诸脑后。别说顾骁了,月闻阁里连条狗都没有来过。游沐风对此倒没什么不满,相反的,她还省去了心思与王府里的人周旋。只不过,她有些着急别的事。

"你说……如果你是顾骁,会把玉玺藏在哪儿呢?"游沐风问道。二人自从成亲那晚后便无所事事,游沐风这辈子也没过过如此清闲的日子,她觉得自己快要发霉了。她搬出个板凳坐在院中晒着太阳,一边思索下一步计划。

"这么重要的东西,肯定会收在身边。书房?卧室?"柳如丝猜测道,"可是咱们现在行动受限,更是连顾骁的面都见不上。怎么找呢?"

"得想个办法……"游沐风思考着,柳如丝说得有道理,得先从可能性最大的地方找起。如何能神不知鬼不觉地去找呢?正想着,一名女子走进小院。

女子笑道:"王妃坐在院子里做什么?早饭吃了吗?"

游沐风闻言打量起这名女子,只见她一身黄衣素裙双手交叠垂在腰间,加上语气谦卑,游沐风猜测她是个丫鬟。

果然,见游沐风不吭声那女子自报家门道:"奴婢蒹葭,在王爷身边做事。"

游沐风心道，太好了！刚愁找不到机会，你就送上门来了！于是按捺下喜悦之情，道："找我有事？"

"王爷想带王妃进宫去见一见太后。"蒹葭笑道，"成亲多日，老人家还没见过新娘子呢。"

游沐风心想你们就装吧，新郎官都没见过新娘子呢！这个顾骁，八成是没把细作的事情告诉自己母亲，可能是老人家年纪大了不敢让她知道。如今婆婆要见新儿媳，顾骁拦也不是，只能硬着头皮上了。

机会来了！

游沐风心里美滋滋，一口应下道："行，什么时候出发？我换身衣裳。"

蒹葭没想到新王妃能答应得如此爽快，毕竟是金枝玉叶还受了冷落。她脸上流露出一丝诧异，似乎没想到新王妃这么好相处。不过这个表情转瞬即逝，她解释道："王妃准备好了就能出发，奴婢带您过去。马车已经套好了，王爷在大门口等您。"

游沐风进屋从李梦眉的箱子里扒出件新衣服换上，跟着蒹葭出了月闻阁的大门。来了这几日终于放风了，游沐风有种恍若隔世的感觉。九王府的花园亭台水榭、流水奇石样样都有，自然比不得天茗宫中奢华，但游沐风看在眼里却觉得有些中原江南式的别致巧思。江宁眼见快要入冬，园里的花凋了大半，仅存的也毫无生机。只有那开在高处的美人蕉像大片的花海瀑布从墙头挂下，落入廊下，落入水中，落入美人发间。

游沐风一边走一边看着水中倒影摘下鬓边落花，就在低头再抬眼的一瞬间她看到了站在远处的顾骁。

几日间的神神秘秘让游沐风本能地好奇顾骁的真面目。她探头观察顾骁，发现对方也紧紧盯着自己。

顾骁今日穿了一件月白长袍，广袖翩翩，淡蓝色的腰带上绣着麒麟腾云的图案。腰封紧束，显得人高大挺拔。腰带上依旧垂着成亲时佩戴的那块玉玦，想来是他的贴身之物。游沐风本以为顾骁老奸巨猾，应该是一副狡诈的长相，要不然也该和闵纾差不多是个面瘫。谁知他面庞清秀得像个女子，飞眉入鬓，眼含桃花，薄唇紧闭，气质冷清，一副生人勿近的表情。他金冠束发，长身而立，游沐风看出他武功还不错，却也遮盖不住他身上孤傲的书卷着自己，只见他展开手中折扇轻轻摇晃，霎时墨发飞扬。扇子上书《易经》名句：静默守星月之变，怀志付诸行日月乾坤之朗朗。

还是个懂道的人。游沐风心里想，这么冷的天扇什么扇子？脑子不好。

马车中静悄悄，顾骁从刚才见面后一句话也没说过。游沐风向他问安，他就用鼻音嗯了一声，意思是知道了。一直以来游沐风在心中勾勒过各种顾骁的形象，什么忧郁公子啦，纨绔子弟啦，面瘫死鱼啦，阴狠暴虐啦……唯独没想到会是这种……哪种呢？她也有些说不上来。一时间游沐风不知该如何应对。

两人坐着马车入宫，在顾骁母亲处待了片刻又坐马车出宫。王宫嘛，哪里的都一样，只有大小之分。游沐风见怪不怪，跟着顾骁一路磕头，下跪，作揖，无聊至极。顾骁看上去也不自在，母亲留饭他都拒绝了。其间顾母时不时提及傅勾月，明显是为自己侄女抱不平，话里话外都是对这桩亲事和湖州态度不满。游沐风只当没听见全然不在意，反正说的是李梦眉又不是自己，于是跟在顾骁身后一个劲点头，说什么也不生气。

顾骁有点诧异，本以为今天一定会捅出娄子，没想到竟然这么顺利。他出宫后对游沐风的态度明显有所缓和。重新打量一番面前女子，顾骁破天荒地主动开口道："月闻阁住得还好？"

"还行吧。"游沐风心想，太好了！你可算是主动说话了！嘴上却道，"就是有点冷。我畏寒，回头朝王爷多要几个炭炉。"

顾骁惊呆了，嘴角抽搐道："你……还真是一点都不客气。"

"夫妻一场。"游沐风笑眯眯道，"有什么可客气的。"

"谁跟你夫妻一场？！"顾骁怒道，"关心一句你就蹬鼻子上脸，为什么让你住月闻阁？不懂！"

游沐风心想，凶什么凶，我又不怕你。一碰就炸毛，真不经逗。

"懂。"游沐风点点头，真诚说道，"所以咱们谈谈吧王爷，总这么躲着也不是个事。"

顾骁一脸不屑，道："躲着你就是不想和你谈。不懂？你以为本王不知道你想说什么？说你真心不该被误会？得不到夫君宠爱羞愧难当？一面是丈夫一面是家国自己夹在当中左右为难?"

"哎? 不为难不为难!"游沐风飞快地摆摆手道,"夫君不重要,家国不重要,我选保命!"

"……"顾骁再次惊呆了,心想世上居然还有如此厚颜无耻之人。

游沐风接着道:"我确实是来监视你的。"

"监视什么?"顾骁问。

"麒麟墨玉玺。"游沐风咂咂嘴道,"父亲的意思是让我得到你的欢心,打探出玉玺的下落,必要时偷走玉玺带回湖州。"

"你倒是坦诚。"顾骁讽刺道。

"谈判嘛,总要拿出点诚意。王爷你看,我一个弱女子肩不能扛手不能提,对你们的家国大事也不感兴趣。趋利避害是本能,我现在身家性命都捏在王爷手里,总归是要向着你的。"游沐风自然地道,"我是很坦诚,麒麟墨玉玺是个什么玩意儿我一点都不关心,王爷爱怎么玩怎么玩,我权当看不见。"

"条件呢?"顾骁眯起眼问道,"做堂堂正正的王妃? 本王劝你死了这条心。"

"不用。"游沐风飞快否决道,"衣食无忧,安详度日便可。没事赏赏花读读书什么的,我没多大追求,王爷日后爱娶谁娶谁,想宠谁宠谁,当我不存在就行。你就当养了个闲人,多一双筷子的事嘛。"

顾骁接话道:"若是你嫁过来后水土不服一病不起,没几年就一命呜呼……本王连筷子都省了。"

"原来王爷是这么打算的。"游沐风理解地点点头道,"没了我李梦眉还会有赵梦眉、王梦眉……我父亲又不止我一个女儿,随时可以再嫁一个补上。到时候梦梦眉眉无穷尽也,王爷肯定会十分想念我的……毕竟我坦诚嘛。"

顾骁的思维防线似乎在逐渐瓦解,他英俊的脸上浮出犹豫的神色,好像真的被说动了。他脑海里一个声音在说,这小妮子说得挺对。另一个声音说,又好像有哪里不对。纠结的心情转化成怒气,顾骁阴沉开口道:"本王怎么知道这是不是你的诡计?!"

马车回到王府门口停了下来,顾骁没有下车,转而继续盯着面前的游沐风笑道："王爷不要疑心病这么重嘛……想轻松点，害你对我有什么好处呢？你死了我守寡，你升官我发财……是不是这个道理？咱们是一条船上的人，老话怎么说的？百年修得同船渡，千年……什么来着？反正你懂了就行……"说完不等顾骁反应，游沐风率先跳下马车，扬长而去。

"怎么样？"回到院中柳如丝问道。

"还成。"游沐风喝了口茶道，"以退为进。等顾骁想明白了，咱们在王府里走动走动应该不成问题。"

又过了几天，月闻阁中来了新人。游沐风打量着面前这个小丫头，也就十二三岁的样子，头上还扎着双髻，圆圆的眼睛一笑起来就眯成一条缝。

"奴婢彩珠。蒹葭姐姐说王妃这里人手不够，让我帮忙伺候。"小丫头道。

游沐风心里翻了个白眼，弄个小丫头片子来能伺候什么，无非就是安排个眼线。顾骁的意思十分明显了，想悠闲度日可以，不过得有我的人盯着。游沐风琢磨，虽然不如料想中顺利，但好歹也争取到了好的开端。一步一步来嘛，总有机会能甩掉这个小丫头。

游沐风心情不错，对着小丫头道："彩珠？不好听……我瞧你衣服上绣的那对喜鹊活灵活现的……你就叫朝暮吧。"

柳如丝在一旁听到，酸溜溜地道："鹊桥仙啊？王妃怎么不给我换个名字呢？"

"小翠多好听！你不喜欢吗？那铁锤和狗剩你选一个。"游沐风得意一笑，继续道，"今天天气不错，咱们出去逛逛！"

"王妃要去哪儿？"朝暮在后面追道，"王爷不在府里。"

游沐风边走边说："不找他。咱们花园里随便逛逛。"

花园连通四处，先观察观察地形也是好的，游沐风心里想着，朝柳如丝使个眼色。柳如丝立刻接收，说道："没错没错，我瞧见花园里的美人蕉开了，摘一点回来配安神茶。"

听到"安神茶"三个字游沐风后背一凉。

朝暮笑道："小翠姐姐还懂医术？"

游沐风答道："什么都能治,唯独安不了神。"

主仆三人嬉嬉闹闹来到花园,游沐风说想四处看看,柳如丝立刻会意,提议去水榭拾花。水榭在花园正中,游沐风四处瞧瞧,一眼便看出前方最精巧的院子是顾骁住的院落,门梁上挂着一块匾,匾上的字迹与顾骁扇子上的一模一样,写的是"缓缓归"三个字。这人到底是多喜欢苏轼?游沐风心想,院门外没有守卫?是怕打草惊蛇吗?前方有些看不清楚,游沐风打算绕到背面,于是顺着回廊拐了个弯,脚下还没反应过来,眼睛就先看到廊下站着个男人。

男子已经看到了自己,游沐风想躲也来不及了,只得停下脚步打量对方。这男子气质温润,笑起来温文尔雅,一身绛紫色道袍,衣领处绣着特殊的符号,看着像哪家门派的衣服。他见游沐风停下,便主动上前打招呼,礼数周全而不谄媚,看上去十分舒服。

"这位是孟掌门,王爷的门客。"朝暮在一旁提示道。

"清山孟子笺,给王妃请安。"男子自报家门后,微微倾身作揖。

清山派?好像在哪听说过。游沐风心想,嘴里却问:"你怎么知道我是王妃?"

孟子笺笑道:"九王府里子笺没见过的也就只有新王妃了。"

游沐风点点头,继续观察孟子笺。他手中有茧,应该是习惯使剑,走路时步伐稳健呼吸沉稳,内力相当不错。内力在经脉中游走,顺着人的气场外泄,离得近总能感受到一点。顾骁的内力气场很凛冽,仿佛拒人于千里之外。而眼前孟子笺的内力……怎么有点熟悉?等等……难道是……游沐风心里有了答案。

见对方不答话,孟子笺笑着开口,及时缓解了尴尬。只听他道:"彩珠姑娘,许久未见了。"孟子笺对待下人也是彬彬有礼。

朝暮高兴道:"奴婢刚得了个新名字,叫朝暮!"

"哦?王妃起的?"孟子笺狡黠一笑道,"两情若是久长时,又岂在朝朝暮暮……嗯,子笺品出一丝幽怨,怎么?王妃说的是王爷?"

游沐风撇撇嘴道:"得了吧,我求他离我这座鹊桥越远越好!"

孟子笺哈哈大笑,道:"王妃怎么这么说,夫妻一场,王爷知道会很挫败的。"

"你这是在打趣我还是在打趣王爷?"游沐风眨眨眼笑道,"孟公子对王府熟门熟路,哪门子的夫妻你会不清楚?"

孟子笺微微一愣,莞尔道:"王妃倒是坦诚。"

"世道艰难啊!"游沐风用夸张的语气感叹道,"想找条活路容易吗?"

孟子笺被逗得哈哈大笑。他倒是很爽朗,也没因为细作的身份对游沐风有什么偏见。而后又随便聊了几句,得知游沐风住在月闻阁,孟子笺轻声笑了笑,没多说什么。直到蒹葭找来,说顾骁已经回府,请孟子笺去书房说话,二人才潦草道别。游沐风嘱咐朝暮把拾来的美人蕉晒了,也就回了月闻阁。

门客? 游沐风思索着,高门贵府里有几个江湖门客不奇怪。只是孟子笺说话的口气一点也不像门客,倒像是顾骁的朋友。若是真这么亲近,说不定从他身上能套出点消息?

另一边孟子笺跟着蒹葭来到顾骁的书房,顾骁换了身常服坐在主座,见孟子笺来了随手招呼道:"子笺来了? 坐吧。"

孟子笺也不客气,就近寻了把椅子坐下,揶揄道:"紧赶慢赶还是没赶上喝一杯喜酒,王爷新婚宴尔怎么还有空见我? 自古美人乡英雄冢……"

"捉弄本王很有意思?"顾骁自嘲一笑,打断道,"说正事吧,此行还顺利吗?"

"顺利。"孟子笺笑道,"我已经找到游柏城夫妇,并且将人带回来了。"

顾骁点点头问:"你确定麒麟墨玉玺在游柏城手中?"

"当年游柏城是灵族郡王,他勾结灵族明昭长公主身边婢女盗取麒麟墨玉玺已是众所周知。"孟子笺道,"他们偷了玉玺,又解不开背后的谜团还被四处通缉只得东躲西藏隐姓埋名,我找到他时他过得十分潦倒且已有家小,夫人名唤侍墨,我猜是当年的那个婢女。"

"麒麟墨玉玺真的能解开灵族千年的宝藏?"顾骁对这个传言依旧有些怀疑。

孟子笺道:"灵族一脉受灵鸟点化,之后把灵鸟恩泽藏在山河之中,麒麟墨玉玺便是宝藏的源头。这的确只是个传言,子笺年幼时曾在天茗住过一段时间,家中老人也提起过这个传言。不过……"

"不过现在全天下都想得到这枚玉玺,本王倒是觉得宁可信其有,不可信其无。"顾骁接话道,"游柏城放着养尊处优的郡王不当也要盗取此物,必定有背后的缘由……他怎么说?"

"游柏城很精明,知道自己的价值全来自玉玺,现在什么也不肯说。"孟子笺道。

"尽快拿到玉玺,能解出宝藏最好。"顾骁道,"湖州虎视眈眈,朝廷还不知是什么态度。就算解不出宝藏,握在手里也是个筹码。实在不行,用玉玺向皇上换兵。"

孟子笺点头表示同意。兼葭上了茶,顾骁与孟子笺又闲聊了几句当下局势。孟子笺像是突然想起了什么,笑道:"子笺刚才在花园碰见了新王妃。"

"哦?"顾骁抿了口茶问道,"子笺觉得如何?"

"很漂亮,也很聪明。"孟子笺想了想肯定道,"是个有趣的人。"

"哼,古灵精怪。"顾骁深吸一口气道,"吵起架来伶牙俐齿,脑子里都不知在想什么乱七八糟的。"

"哟? 王爷……"孟子笺惊奇地道,"您这是吃瘪了?"

"胡说!"顾骁怒道,"本王岂能跟她一般见识?"

孟子笺挑起眉笑眯眯道:"恕我直言啊王爷,我瞧着新王妃对你似乎不怎么感兴趣。细作的事咱们不提,光说王爷的个人魅力也没发挥作用。这和咱们之前说好的用美人计策反她不一样啊。"

"美人计是你说的,本王可没答应!"顾骁黑着脸道。

"一定是你欺负人家了。"孟子笺认真道,"否则姑娘家怎么会恨不得躲你远远的?"

"本王欺负她?"顾骁惊得下巴都要掉了,"我说一句,她说十句。都蹬鼻子上脸了,本王还能欺负得了她?"

孟子笺笑道:"你都让人家住月闻阁了,还说没欺负?"

"月儿安排的。"顾骁不耐烦道,"随她高兴吧。成天哭哭啼啼,哭得本王头都大了。本王现在都不敢从别苑门口路过,这个表妹啊……得赶紧把她嫁出去,本王还想多活几年。"

孟子笺差点笑得跌倒,道:"美人多了也是债啊……王爷您多多保重吧。"

落照的天气逐渐转凉,眼见就要入冬了。游沐风从来没遇过这么冷的天气,一时间相当不习惯。顾骁好长时间没出现了,没找麻烦就是好事,游沐风肯定地想。多日来她差不多把王府花园逛了个遍,想出最好的办法就是从水榭潜入走水路,水渠通向王府的各个院落。可是问题接踵而来,游沐风不会游泳……只得再想其他法子。

这一天她再次去花园探路,没走两步就看见顾骁一个人坐在亭子里盯着一盘残局。游沐风想也不想扭头拔腿就跑……却不料还是被顾骁发现,抓了个正着。

"站住。"顾骁阴森的声音从身后传来,"王妃打算去哪啊?"

顾骁今日难得空闲,他休息时习惯一个人品茶下棋,又听蒹葭说王妃最近没事时总爱往花园跑,便想来看看她在捣什么鬼。哪知人是碰上了,见到自己竟然如同见了鬼。联想到上回孟子笺说她对自己完全没兴趣,恨不得躲得远远的……顾骁深深觉得自己的面子受到了伤害,自尊心化成一团熊熊怒火随时要喷薄而出。

游沐风却毫不知情,她无可奈何地转过身却理直气壮地睁着眼说瞎话:"我跑了吗? 王爷看错了。"

"没跑那就过来坐吧。"顾骁阴森森道。

眼看逃不掉,游沐风也不打算挣扎了。索性坦然面对,她一屁股坐到顾骁对面,笑眯眯问道:"怎么了王爷? 找我有事?"

"听说你最近总往花园跑?"顾骁怀疑道,"想干什么?"

游沐风心想,你消息还挺灵通呢,专门坐在这堵我。

"我最近向小翠学习医术,在花园里找些花花草草入药。万一哪天王爷打算毒死我,我还能尝试挣扎一下。"游沐风认真道。

"你……"顾骁给气得都不知该说什么了,语无伦次道,"本王想杀你早就动手了,还能给你机会准备?!"

"开个玩笑而已,别生气嘛王爷。"游沐风狡黠一笑道,"学医术是真的,捡草药也是真的,小翠独家秘制的安神茶王爷要不要试试?有奇效哦。"

"你留着自己喝吧。"顾骁怒极反笑道。

"哦,那好吧。"游沐风耸耸肩无所谓地道。

顾骁彻底没脾气了,他怎么也搞不懂面前的女人在想什么,但越不懂就越想琢磨。她进了王府后性命就捏在自己手中,按道理来说她应该很怕自己才对,怎么能如此理直气壮?换句话说,若她真的是细作更不该如此无欲无求。唯一的可能就是像她自己说的那样,想安安稳稳度日。可……又说不上哪里有些不对劲。

游沐风见顾骁不说话也不放自己走,百无聊赖下开始研究桌上的棋局。

顾骁想不明白的点其实很简单……他不相信世上会有又聪明又单纯的人。聪明的人总会想得更多,而想得多就不可能单纯。

但游沐风偏偏就是这样一个人。

游沐风有目的地来到王府是事实。虽说动机不纯,但与人相处时说的话大多都是下意识的,没有阿谀奉承,没有小心翼翼,也没有顾左右而言他。她会为自己辩解但不会用聪明去伤害他人。她能察觉到顾骁生气的临界点,逗他发火再及时收手……顾骁总觉得她这么做有目的,其实游沐风只是觉得有趣而已。若硬要说,那只能归结于顾骁不知道对面坐着的人是灵族的长公主,天机阁的主人。一个公主无忧无虑地长大怎么可能不单纯?天机阁的阁主又怎么可能不聪明呢?

游沐风盯着棋局就入了迷,完全没发现顾骁在观察自己。

"会下棋?"顾骁有些诧异地问。

"还行,技术一般。"游沐风难得谦虚地说,眼睛在棋盘上来回扫视,"你这个局……起手摆阵有点眼熟……是范西屏?"

"不错,当湖十局。"顾骁肯定道,"策秀流。"

"策秀流派我倒是听说过。"游沐风认真回忆,"最有名的是孙策诏吕范弈棋局。不过面前这个看起来不太一样……本来这里下一颗黑子,连同这一片白子就被吃掉,用滚打包收的手法就可以破局。"

"当然不一样了。"顾骁道,"孙策诏吕范弈棋局都被古人破了不下百次,本王还研究它作甚?你看左上角这片棋子,有些像宋太宗御制角局……如果黑子在此处落下，形成飞鹰扑地，接连一大片白子孤立无援，便可破局。"

"可是飞鹰扑地讲究的是速战速决，刚才说的滚打包收则需要连消带打，越稳健越好……这两种手法从战术上来看是对立的，根本无法同时实施。"游沐风琢磨道，"有点意思……刚才你说的宋太宗御制角局？从哪儿看来的，我怎么没听说过？"

"《忘忧清乐集》。"顾骁道，"李逸民编的，本来有三册，如今能找到的就只有一册了。"

"宋徽宗曰'忘忧清乐在枰棋'。宋朝孤本啊？"游沐风双眼冒光道，"王爷……那啥……借来看看呗？"

顾骁嘴角抽搐道："你还真是一点也不客气。"

"不要小气嘛！"游沐风再接再厉道，"夫妻一场……"

"闭嘴！"顾骁只觉得这个对话趋势无比熟悉，为了避免自己再次被她绕进去，顾骁选择直接打断，"给你弄丢了怎么办？自古观棋不语，棋谱不借。这点常识都没有吗？"

"古人说得又不一定都对。"游沐风无赖道，"书能借，棋谱为什么不能借？写了棋的书就不是书？既然有棋谱，那就有书。既然有书就不能说棋谱不是书。既然棋谱就是书那为什么不能借我？"

"你不要跟本王玩白马非马！"顾骁简直要崩溃了，"本王不吃墨家诡辩那一套！不给你是怕被你弄丢了！听不懂？听不懂就自己坐这里想！"

"切，小气鬼。"游沐风看着愤然离去的顾骁的背影嘟囔道，心里暗下决心，等自己找到玉玺，一定要顺走顾骁的棋谱。

天气逐渐转凉，落照已由秋入冬。自从上次听说游沐风畏寒，顾骁真的差人往月闻阁送了炭盆，甚至还有新制的冬衣。游沐风算是大致摸清了顾骁的脾气，除了要面子爱较真之外，他还是挺好相处的。月闻阁一直以来衣食不缺，他即便不确定对方身份也不会在生活用度上苛刻一个女流之辈。某种程度上来说，游沐风也承认顾骁确实是个君子。

她这段时间把王府布局摸得门清，又从朝暮嘴里套出些消息。比如顾骁爱清净，在屋里的时候通常只有蒹葭伺候。再比如王府里来来往往的人中，数闵纾和孟子笺与顾骁关系最好，平日里顾骁招呼客人都在前厅，只有这二人来的时候才会去书房聊天。

　　这么说来，书房应该是最可疑的地方。游沐风打发朝暮换炭火后偷偷与柳如丝说道："天太冷了，水渠下面肯定不能走，没游到人都要冻死了。"

　　游沐风不会游泳，本来柳如丝自告奋勇，但仔细斟酌后游沐风还是决定不让柳如丝冒险。她道："我想办法混进顾骁房中，如果没有……孟子笺与闵纾也很可疑……"

　　柳如丝皱着眉道："我总觉得，还有一个人……也很有可能。"

　　游沐风问道："谁？"

　　"傅勾月。"柳如丝道，"这位住在别苑里，差点就成了王妃。她跟顾骁感情不错，不知道是不是男女之情，至少顾骁对她应该不是。但不管是什么感情，如果很信任的话也有可能让她保管玉玺吧？"

　　"行啊你！"游沐风感叹道，"什么时候消息这么灵通？"

　　柳如丝嘿嘿一笑，得意道："一群丫鬟们议论，我偷听来的。"

　　"不错！"游沐风表扬道，"既然如此，我想办法找蒹葭放我进书房，你去别苑探查。问问下人，傅勾月有没有藏过什么贵重东西……"

　　二人还想再交流几句，朝暮却端着炭火进屋了，只能按下不提。柳如丝将炭盆接过放在靠近烟囱的位置，游沐风太怕冷，屋里烧了好多炭，柳如丝担心中毒，只得都堆在烟囱下。

　　此时天空中划过一只红色的鸟儿，尾翎拖着红光，寻常鹰隼大小，不偏不倚地落在了月闻阁的屋顶。

　　"是这里吗？唐知心那个家伙也不说清楚……"红色鸟儿喃喃自语道，"长什么样都不知道，怎么找？"话没说完，红鸟爪子下的烟囱就冒出大股浓烟，它连逃都来不及，瞬间被熏成了黑鸟。

　　游沐风正愁没理由去找蒹葭呢，谁知她这日却自己送上门来了。蒹葭在院外笑道："王爷找王妃有事，您跟我来一趟吧。"

　　"找我？"游沐风不敢相信地道，"太阳打西边出来了？找我做什么？"

　　"王妃去了就知道了。"蒹葭神秘兮兮地笑道。

　　游沐风一肚子疑惑跟着蒹葭出了月闻阁。路过花园，穿过回廊，眼看前方出现院墙拱门，上书"缓缓归"三个字……游沐风心里一个激灵，问："咱们这是要去哪儿?"

"王爷的书房。"蒹葭答道。

什么叫山重水复疑无路,得来全不费工夫!游沐风简直不敢相信自己的好运气,难以掩盖激动地问:"去书房干吗?"

"王妃去了就知道了嘛!"蒹葭莫名其妙,去书房有什么好兴奋的?难不成……王妃喜欢王爷?也有可能……刚来的时候跟仇人似的,王爷现在都能让她去书房了,肯定有事!蒹葭想起丫鬟们聚在一起议论的闲话,更加笃定了心中的想法。

游沐风沉浸在得逞的喜悦中,满脑子都在盘算顾骁找自己干吗,以及如何在他眼皮子底下搜寻麒麟墨玉玺。

只听蒹葭道:"井边怎么有只鸟?黑黢黢的……这么脏,在洗澡吗?"

二人一边议论着鸟儿长得奇怪一边朝顾骁书房走。鸟儿见人离去,一头扎进井边剩下的半桶水里,只想赶紧洗掉满身烟灰。

洗干净的鸟儿恢复了原本艳丽的红色羽毛,它跳到井边摇头摆尾甩干身上的水。只听远处一个声音猝不及防传来:"姑娘快看,那有只红色的鸟儿!真好看!"

"还真是!"傅勾月走近几步笑道,"明月,去抓了这鸟,表哥看到一定喜欢!"

游沐风跟着蒹葭来到书房门口,蒹葭轻轻推开房门,二人进屋后竟是别无他人。游沐风意识到顾骁根本不在书房,开口询问道:"王爷呢?"

"王爷进宫去了。"蒹葭笑道,"王爷请王妃来看书。"

"看书?看什么书?"游沐风一头雾水。

蒹葭以眼神示意,游沐风顺着她的目光看向桌案,只见桌案上摆着一本破破烂烂的古书,封面上写着"忘忧清乐集"五个大字,游沐风愣住了,一时间……心里有种说不出的感觉。

蒹葭笑道:"王爷说了,'棋谱是书'也不能借给王妃,不过看一看倒是可以。只能看,不能带走。"

蒹葭语气中故意强调"是看不是借",游沐风当然听出来这是顾骁在嘲笑她那日说的"棋谱是书"。游沐风翻了个白眼,心想你不让我带走我偏带,下次不辩得你跪下认错绝不还你。

蒹葭继续道："王妃慢慢看吧，奴婢在外面等您。"

就这样，不费吹灰之力的游沐风独自站在顾骁的书房里。她先是有些蒙，随即四下观察。顾骁的书房布置得很清雅，除了舞文弄墨的东西还有些古董瓷器。书案后墙上挂着一幅西湖秋月图，下面题着一首诗：水光潋滟晴方好，山色空蒙雨亦奇。欲把西湖比西子，淡妆浓抹总相宜。这人到底是有多喜欢苏轼？游沐风快要受不了了。书房连接里间，挂着帘子瞧不真切，应该是顾骁的卧房。

游沐风不管三七二十一，决定先找再说！她趴在窗边听了听屋外的动静，随即拿上棋谱，假模假样看着开始在屋里转悠。

红色的鸟儿在井边跳来跳去，每当明月靠近，它都会投来鄙夷的目光，明月伸手要抓，它毫不费力地轻盈躲开。

傅勾月等得有些不耐烦，秀眉微蹙，手中一把团扇遮着半面秀容，犹如画中美人。

"咦？红鸟？真稀奇！"柳如丝路过道，手里还端着新拾的美人蕉。

红鸟看看傅勾月主仆，又看看柳如丝，扑腾几下翅膀，落在了后者的肩头。

游沐风在屋子里转了一个时辰，无声无息地把顾骁的书房外加卧室翻了个底吊，她连架子上的古董花瓶都摸过了，看看有没有机关暗层。结果一无所获。

"难道是之前猜错了？"游沐风心想，不禁皱起眉头，顾骁怎么会让自己单独来自己房间呢？故意试探？应该不会，想要试探至少该放个假玉玺人赃并获。那只有一种可能，顾骁房间啥也没有，他才敢放心游沐风随意待在里面。

希望再次破灭，游沐风这次真的有些焦虑了。她长叹一口气，确认所有东西已归位，不甘心地推开房门离开了。临走还不忘把顾骁的宝贝棋谱揣入怀中，以示报复。

门外蒹葭不知去向，游沐风走出院门四下看看，天空不知何时开始落下绵绵细雨。

"王妃在找什么?"孟子笺撑着把伞在雨中出现。

"蒹葭不见了,说好在这儿等我的。"游沐风瞧向孟子笺,"你怎么在这儿?"

"子笺来给王爷送茶,听说王爷不在我就让蒹葭送去库房了。现在刚准备离开。"孟子笺解释道,"雨下大了,子笺送王妃回月闻阁吧。"

游沐风本来不想答应,但拒绝又显得自己心里有鬼。更何况蒹葭还不知什么时候回来,自己怀里的棋谱可不能弄湿了。她只得道谢应下,钻到孟子笺伞下与他一同离去。

"王妃心情不好?"孟子笺一边走一边笑道,"看起来心事重重的。"

游沐风正在气恼刚刚扑了个空的事,冷不丁被人看穿,只能含糊道:"没有,有点冷,嘴巴打战不想说话。"

孟子笺笑道:"我出生在四季温暖之地,刚来江宁时也如王妃这般,冻得受不住。"

继续往前走着,游沐风不知不觉中感到周围有暖气徘徊,再抬头一看孟子笺,知道是他催起周身内力为自己驱寒。游沐风感激地笑了笑,道:"孟公子是个好人。"

二人来到花园回廊下,孟子笺收了伞笑道:"王妃客气了。同王爷一样称我子笺就好。"

游沐风点点头,问道:"子笺研究茶道?"

"略懂。"孟子笺笑着道,"酸腐的爱好,不上台面。"

游沐风本想找个话题随便聊聊,听他自嘲不禁莞尔,问道:"给王爷送的什么茶?"

"猴魁。"孟子笺笑道,"中原人的茶。"

游沐风点点头道:"猴坑的太平猴魁,号称尖茶之冠。"

孟子笺诧异道:"王妃懂茶?"

"酸腐爱好,上不得台面。"游沐风打趣道,"开玩笑的……家母爱茶如命,我不过从她那学点皮毛。"

提起徐姑姑,游沐风心头突然有些酸楚,甚至有点想念她泡的茶。也可能是雨天容易触景生情,也可能是受挫后心情不佳,游沐风鼻子有些酸。她这人大部分时候都很乐观,难得觉得委屈,又不想被孟子笺看出异常,于是便在花廊下与孟子笺告别。

孟子笺很体贴地没有多问,留下伞便独自离去了。他看出了对方情绪不好,只当是姑娘家受了委屈思念亲人……他其实很同情,但作为外人总归不便多说什么。

告别孟子笺后,游沐风又独自站了一会儿,强迫自己平复思绪后她才继续朝月闻阁走去。

刚走出没多远,便听见传来争吵声。其中一个声音,游沐风猜都不用猜就知道是柳如丝。她顿时警觉,赶紧跑上前去。

"你要我就给啊?我认识你吗?"柳如丝一脸鄙视地看着明月,游沐风赶到时她正双手叉腰气势全开,肩膀上还站了一只奇奇怪怪的鸟。

"怎么回事?"游沐风上前拉住柳如丝问。

"哦,王妃你回来啦。"柳如丝见到游沐风态度好转了些,"她们非说这鸟是她们的,可它偏偏只跟着我。"

游沐风听了这话,再看看对面站着的两个女子,看打扮应该是主仆关系,王府里的主子除了名义上的自己和顾骁还能有谁?答案不言而喻,电光石火间游沐风就明白了怎么回事。

"王妃?"傅勾月一愣,心里顿时委屈不已,眼看就要哭。

游沐风想到聂慎儿那夜的警告,今日偏巧又心情不佳,更不想搭理这主仆二人,于是拖着柳如丝道:"回去了,我们都不在,朝暮该着急了。"

柳如丝自然明白游沐风的意思,乖巧道:"好,这就回去了。"

"站住。"明月怒道,"人可以走!鸟留下!"

柳如丝反唇相讥:"你想要,自己抓啊,它又不跟你,光会叫唤有什么用?"

明月站在井边,一只手飞快地抓住柳如丝的胳膊,气愤道:"这鸟是我们姑娘准备送王爷的,凭什么给你带走?"

柳如丝甩了甩胳膊,明月却死不撒手,一时间僵持不下。游沐风的火气有些按捺不住。在她的意识里,吵架是一码事,嘴上输赢无所谓,输了下回讨回来便是,但动手就是另一回事了。她今日本就有火无处发,更别提这丫头这般粗鲁,忍无可忍!

"把你的爪子拿开!"游沐风怒火中烧地开始护短。

"我不!"明月显然没把游沐风放在眼里,咬牙切齿道,"把鸟留下! 否则连你肩膀一起剁下来带走!"

"你剁一个试试!"游沐风彻底被激怒,两眼喷火。

明月有些被吓到了,但手上却没放松。她以眼神询问傅勾月,傅勾月这才缓缓开口,语气里带着哭腔:"下人们争执,你跟着插手不合适吧? 更何况你讲讲道理,这鸟本来就是我先看到的……"

游沐风心想,去你的吧! 你家王爷都吵不过我,你还跟我讲道理? 对付你都不需要三分实力。然而看她那梨花带雨的样子,游沐风根本提不起战斗欲。

"谁先看到就是谁的?"游沐风嘲道,"王爷也是你先看到的,归你了吗?"

正所谓蛇打七寸,游沐风一招戳中傅勾月心窝。后者的表情顿时风云变幻十分精彩,话也不说眼泪止不住地流。

主子没有战斗力,明月倒是很强悍。她和柳如丝已从拉扯转换成厮打,只见明月一只手扯着柳如丝手腕,另一只手猛地抓向红鸟双爪,红鸟轻盈腾空,柳如丝奸诈一笑,顺势向后一倒,将手腕扯了出来。明月失去平衡,额头撞在柳如丝胸口,双手下意识乱抓,不知从柳如丝怀中碰出个什么东西,而后随手一扔。

柳如丝这下笑不出来了,惊慌失措去接。游沐风赶到时已经晚了,那东西扑通一声落入井中。

明月重心不稳摔在地上,跌得七荤八素。旁边傅勾月哭得撕心裂肺。柳如丝惊魂未定趴在井口。游沐风站在柳如丝身边问道:"什么东西掉下去了?"

"耗……耗子药……"

红色鸟儿落在井边,用爪子挠了挠胸口羽毛。

"多少?"游沐风五雷轰顶,问道。

"一………一瓶……"柳如丝细若蚊哼地说,"阁……不是……王妃你别激动,别激动……哎哎哎……这是要干吗……不能跳啊……"

游沐风纵身跳入井里,听到柳如丝在头顶大喊,喊了些什么也听不清。还好白色的药瓶很轻漂浮在水面,游沐风一把抓住药瓶,检查瓶口没漏,便赶紧将药瓶塞入怀中。事情发生不过短短瞬间,游沐风全凭反应跳入井中,现在回过神来……心里咯噔一下,欲哭无泪。

游沐风这才想起自己没了轻功……还不会游泳……

井水冷得刺骨,游沐风想扑棱两下,可四肢已被冻僵。她飞快沉入水中,留下一串气泡浮出水面。

水没过头顶,游沐风失去意识前最后一个想法是:完了,棋谱还在兜里。

顾骁是被人从宫里叫回来的,回府后他整个人都不好了。他实在想不明白,自己就出去了几个时辰家里怎么就乱成了一锅粥……然而最神奇的是,没人能说清到底发生了什么。

管家纠结道:"我听说是傅姑娘出言羞辱了王妃,王妃一时羞愤难当就跳井自尽了。"

"你说什么? 谁羞辱了谁?"顾骁难以置信道,"有人能在她嘴下讨到便宜? 开什么玩笑。"

"不是的。"蒹葭在一旁道,"奴婢听说的是王妃和傅姑娘不知为了什么事争执起来,推搡间有东西掉入井中,王妃跳下去捞……"

"什么东西?"顾骁突然有种不祥的预感。

"这……不太清楚……"蒹葭越说越小声,"王妃被救上来后已经昏迷了,嘴里还念叨着棋谱……"

顾骁如同晴天霹雳,深吸一口气质问道:"不是告诉你别让她把棋谱带出门吗?"

蒹葭也是一脸委屈,说:"孟掌门恰巧让我办事,奴婢就离开了一小会儿……"

顾骁已然出离愤怒,仿佛气到了极致反而回归平静。他一边在心中安慰自己一边问:"月儿呢? 她怎么说?"

"正在哭呢,什么也问不出来。"管家习以为常道,"哭晕好多次了,王爷去看看吗?"

"不去。"顾骁想想就头皮发麻,"去了就该本王晕了。找大夫了吗?"

"找了。"管家继续道,"没什么大问题。"

"王妃呢?人怎么样了?"顾骁突然问。

"救上来后一直在发热,昏迷不醒……"管家犹豫地说,"小翠姑娘很生气……不让大夫进门。"

顾骁莫名其妙地问:"为什么?"

"她说王妃在咱们的地盘受了委屈。"管家道,"怕找来的大夫趁机下毒。"

顾骁脑中名叫"理智"和"休养"的两条弦终于同时崩断,他忍无可忍地说:"胡说八道!走,去月闻阁!"

话确实是柳如丝说的。

此时她正拿着根笤帚守在月闻阁院外,不仅谁都不让进,连朝暮也给赶了出去。柳如丝也有自己的盘算,让别的大夫看病,万一把化功散的事诊了出来……那就完蛋了!游沐风还没醒,事情说什么也不能砸在她的手里!

老远就见顾骁气势汹汹地奔来,柳如丝心里一横,打算破罐破摔。

王府请来的大夫是个老头子,看见顾骁吓得头都不敢抬,生怕受连累。顾骁连看都没看他一眼,直奔柳如丝面前,怒道:"反了你了!滚开,让大夫进去!"

柳如丝才不怕他,正所谓输人不输阵,不占理气势也不能丢。她梗着脖子道:"不让!有本事你砍死我吧!"

简直不可理喻,顾骁怒道:"你是真不关心你主子吗?不让大夫进去谁给她治病?"

柳如丝心里还是有些钦佩顾骁的,都气成这样了还能跟一个丫鬟讲道理。她本来以为顾骁根本不会跟她啰唆,已经做好最坏的打算。能对下人做到这样,柳如丝都有些下不去口了。她说道:"我会治病,用不着他。"

"本王不相信你!"顾骁确实很生气。但他再生气骨子里读书人的涵养还是丢不掉,他其实和游沐风是一路人,从小高高在上,接触的同僚大多彬彬有礼,连服侍的下人也都是谦卑谨慎。更何况他深受道家影响,遇事先想的是讲道理……柳如丝也正是抓着他这点开始胡搅蛮缠。

讲道理的永远打不过耍流氓的,这是条真理。

"我还不相信你们呢!"柳如丝叉着腰道,"前段时间王爷才说过'久病缠身,一命呜呼,连筷子都省了!'"

"本王什么时候……"顾骁想到这话确实是自己说的,一时间尴尬无比,说道,"那是从前!现在不一样了!"

顾骁其实自己觉得理亏,游沐风来到府上后确实没给他找过麻烦。加上他总觉得好好的姑娘嫁给自己后受了委屈,本能的责任感让他想补偿,这也是他会将棋谱拿出来的原因。

这种辩解连他自己都觉得苍白无力,话是自己说的,别人不相信他也很正常。顾骁的怒火渐渐平息,理智回归。见柳如丝护主心切,他只得改口道:"你真会治病?"

"主子从小到大的病都是我治的!"柳如丝道,"肯定比你那庸医强。"

点名来得猝不及防,老头在一旁吓得一个哆嗦。

"你治就你治吧。"顾骁妥协道,"不过本王要进去看看。"

"成交!"柳如丝见好就收道。

顾骁走进屋,微微皱起了眉。他很久没有来过月闻阁了,依稀只记得有点偏僻,真的没想到屋子会这么简陋。好歹也是曾经的郡主,顾骁想着,自责感更甚。

游沐风就躺在里屋的榻上,迷迷糊糊地发出呻吟。她身上盖着厚厚的棉被,明显是在发汗。屋里炭火烧得很旺,炉子上架着的药罐咕嘟嘟地冒着热气。这个丫鬟看起来确实会治病,顾骁心想。

他走到游沐风床边,探出手背扶在她额上,果然烧得滚烫。榻上的人眼睛紧闭,脸烧得通红,看上去很不舒服。

"这会儿倒是安静了。"顾骁自言自语道。这小妮子哪次见了自己不是鬼灵精似的喋喋不休,现在这副可怜巴巴的样子……顾骁仿佛陷入了某种情绪,剪不断理还乱。他那本《忘忧清乐集》就放在床边,本来就破旧,被水泡过之后更是皱皱巴巴基本散架了。顾骁心中更不是滋味,一本书而已,早知她那么喜欢送给她又何妨?连命都不要了……还是说,她是怕自己生气?自己有那么凶吗?

顾骁叹了口气收回手,朝柳如丝问道:"严不严重?什么时候能醒?"

"保命丹已经喂下去了。"柳如丝见惯了断手断腿的大场面，淡定道，"喝几服药，汗发出来就好了。"

"缺什么就去买，银子不够就找蒹葭要。"顾骁揉揉额角，疲惫地说，"人醒了立刻来报。"

顾骁走后，柳如丝长舒一口气。确实该出去买点药材，她想，她随身带着的药丸都很名贵，保命没什么问题。发热这种寻常病症，虽然不是大病但需要对症下药，特别是游沐风之前还服了化功散，内力封在体内慢慢淤积，还得小心为上。

柳如丝拿了银子便出门买药。来江宁这么久终于能出门了，柳如丝就像只撒了欢的兔子，要不是放心不下游沐风，她恨不得从街头逛到街尾。

柳如丝买了药材，又买了些滋补的药膳，拎着大包小包准备打道回府。一不留神，被什么东西绊了一跤，手中东西飞出老远。

"哪个不长眼的绊老娘？"柳如丝爬起来骂骂咧咧道，转身一瞧，地上坐着个衣衫褴褛的少年。

"明明是你踢了我。"少年说。

"你这叫花子……"柳如丝拉开架势。

少年面无表情道："我不是叫花子。"

柳如丝一脸鄙夷："你都脏成这样了还不是叫花子？"

"我只是无家可归，并没有要饭。"少年说道。

看着他的样子，柳如丝心里有些触动，问道："你蹲在墙角做什么？"

少年老实巴交地回答："看看有没有哪家招工，挣点钱吃饭。"

"你多大了？"柳如丝问道。如果她的弟弟还活着，应该跟眼前的少年差不多年纪了吧。

"十七。"

"家里还有什么人吗？"

"有个姐姐，失散很久了。"少年答，"其他都死光了。"

这少年看上去老实得很，特别是他跟自己走失的弟弟年纪相仿，柳如丝确实想帮他一把。她今天把朝暮轰走了，月闻阁中如今就她一个伺候，招个小厮回去使唤也不错。若是他真的能干，带回天机阁也就是顺手的事。柳如丝盘算着,问道:"你叫什么名字?"

"阿冲。"少年答。

"阿冲。"柳如丝想了想说,"你跟我回去吧,我需要个打下手的人。"

"去哪?"阿冲问道。

"九王府月闻阁。"柳如丝说,"给九王妃做小厮。包吃包住有钱赚,怎么样?愿不愿意?"

阿冲有点不敢相信,愣了片刻答道:"愿……愿意。"

"那咱们有言在先。"柳如丝捡起地上的药材全塞进阿冲怀里,拍拍手说,"签了卖身契你就是我的人,进了王府你听我的,我听王妃的。明白吗?"

"忠心护主,我懂。"阿冲跟在柳如丝身后憨憨地答道。

"你还挺聪明!"柳如丝很高兴,大摇大摆地走在前面说,"走吧,带你买身新衣服!"

"你叫什么?"阿冲抱着大包小包,追在柳如丝身后问,"我怎么称呼你?"

"……小翠。"柳如丝阴着脸道。

"哦。小翠姐姐。"阿冲诚恳道,"真巧,我走失的姐姐叫小红。"

柳如丝将人带回了月闻阁,洗洗干净换身新衣后阿冲如同变了一个人,他挺拔英俊,眉眼间带着些稚气,还是个少年郎的模样。虽然看上去呆呆傻傻的,但手脚麻利,柳如丝相当满意。

阿冲初次见到病榻上的游沐风,眼里闪现出好奇,但他乖巧得什么也没多问。直到几日后他与柳如丝熟络了些,才开口问道:"小翠姐姐,这月闻阁里就你和王妃两个?"

"说什么呢?你不是人?"柳如丝嗔怪道,"房顶上还有只大白猫,叫大白。"

阿冲又问:"那王妃什么时候能醒?"

"快了。等你这服药煎完,喂下去就该差不多了。"柳如丝道,"我去蒸一盅秋梨膏,你看着火。"

落照不知不觉中进入隆冬时节,而灵山却还是一副生机盎然的景象。红色的巨鸟飞过天际,带起阵阵霞光。唐知心看见鸟儿归来,便从树下站起迎接。

"我找到她了。"巨鸟落在枝头说,"我在她身上留了红鸢尾翎的金粉,她走到哪儿我都有感应。以后想找她就很方便了。"

另一边的天机阁中,江知白寝食难安。师妹自从上次分别后杳无音信,生死未卜。他现在十分后悔,当初就不该同意这个计划。

"不会有事的。"张牧之在一旁打着扇说道,"九王府最近似乎很太平,没消息就是好消息。"

"报!"司慎堂一名弟子火速赶来,抱拳道,"江宁有消息!"

"……"张牧之用扇子挡住自己开过光的嘴,拿眼睛偷瞄江知白。

"什么消息?"江知白紧张道。

"落照的暗桩守了多日,终于看到柳堂主出王府了!"弟子飞快回禀道。

"一个人?"张牧之想了想问道。

"一个人。"弟子肯定地说。

江知白察觉出异样,问道:"她去做什么?"

"买药!"弟子紧张地回答,"黄连,麝香,栀子,茯苓……都是治疗高热神昏的药。听王府每日送菜的小厮说,九王妃重病昏厥……但具体怎么病的,没人说得清楚。"

江知白再也坐不住了,提剑就走,说道:"我现在就去落照。"

"你这是做什么……"张牧之劝道,"你去有什么用? 柳堂主不是买药了吗? 传音铃也没响,证明她能治好阁主……哎哎哎……你听见我说话没……别走啊……"

"你就让他去吧。"聂慎儿不知什么时候来的,在旁边说道,"江堂主行事有分寸的。有他去守着也好,我也有些放心不下。"

游沐风在昏迷中不停地做梦,她一度以为自己要死了,过去的景象走马灯似的在脑中闪回。她梦见小时候在灵山学道习武的场景,练功之余师父会给她讲浩瀚星辰的开端,混沌宇宙的起点,盘古开天地,一气化三清,鸿钧辟道,自此千百年来的道家经历。鲲鹏鸠雀,庄周梦蝶,万物相生,天地寿数……还会教她周易卦象,师父最常挂在嘴边的一句是:天行健,君子以自强不息。

那时学习很辛苦却也很自在。有江知白和侍墨陪着,师父和徐姑姑不在的时候,他们就会去河里摸鱼,爬树摸鸟蛋,草丛里斗蛐蛐……游沐风至今还记得第一次见到侍墨的情景……想着想着她在梦中眼眶发酸鼻尖发痒。

游沐风猛地睁开双眼,难受道:"……阿嚏……"

"王爷这几日有些不对劲。"孟子笺露出意味不明的笑容说道,"不是说'久病缠身,一命呜呼,筷子省了'吗?眼见梦想成真,怎么反而不高兴了?"孟子笺听闻那日顾骁被一个丫鬟整得下不来台,笑得直不起腰。

"连你也取笑本王!"顾骁怒道。

孟子笺当然知道顾骁为何生气,无非就是觉得自己有错又死要面子不肯承认,导致恼羞成怒。

"王爷既然担心就去看看吧。"孟子笺笑眯眯地说。

"人又没醒,有什么可看的。"顾骁讪讪地说,"本王又不会治病。"

话音刚落兼葭飞快跑进来说:"王爷,王妃醒了!"

"……"顾骁抿了口茶,堵上自己开过光的嘴。

孟子笺欢快道:"人醒了,王爷去看看吧。"

"不去。"顾骁嘴硬道,"醒了就叽叽喳喳的,本王听了头疼。"

"王爷该不会是怕了吧?"孟子笺一语道破。

"怕她?弄坏了本王的棋谱还没找她算账呢!怕她什么!"顾骁恼羞成怒地说,"嘱咐她好好休息。冬至马上到了,宫中年年这时候都要摆宴看灯……她不去会扫了大家的兴致。"

游沐风自从能睁眼能张嘴之后月闻阁里的大鱼大肉就没断过。顾骁也是好心,游沐风心里嘟囔,就是太不会照顾人。山珍海味在前,她却只能喝白粥……也不知柳如丝是不是故意的,鱼翅燕窝佛跳墙……统统进了她和阿冲外加一只猫的肚子里。

游沐风本就愤愤不平,听了顾骁的话后更是白眼直翻。"我不去能扫了谁的兴?江宁宫里我一个人都不认识!不就是怕新婚宴尔传出夫妻不睦的消息给湖州王抓住话柄,拉自己去做样子吗!咦?不对……江宁王宫我倒是认识一个人,"游沐风心想,"顾骁是真不了解自己老母吗?我去了她才会扫兴吧!"随即哭笑不得。

游沐风身体恢复得很快，没几天就又生龙活虎的。除了看到水井就绕着走之外，基本没留下病根。冬至这天中午王府上上下下都吃了饺子，晚上王爷与王妃要去宫中赴宴。冬至是中原人的节日，游沐风只是略知一二，日至短而夜至长，从《周易》的角度来看就是阴阳交割的时间，万物死而复生。

听说要进宫游沐风心中是拒绝的，但又不得不去。她觉得自己装李梦眉装时间久了，连思考问题都不知不觉向着顾骁了。当然顾骁是个好人，若不是阴差阳错，说不定游沐风和他还能做个朋友。

马车上的气氛有些古怪。一路上顾骁的表情十分微妙，像是有什么话要说却欲言又止。游沐风本以为他是想问当日为什么跳井，脑海中飞快地想着对策，哪知顾骁半天才憋出一句话。

"棋谱的事算了……毁了就毁了吧……"顾骁目光游离，不自然地说道，"本王能记得一部分，回头抄下来，送你……"

顾骁偷瞄着游沐风的表情，见她没有嘲笑自己才放下心来。

游沐风先是一愣，电光石火间明白了顾骁这是在道歉。但她却不知道顾骁为什么要道歉。最后想来想去，只能归结于顾骁的君子情结，看她病得厉害不忍苛责。对方主动示好，游沐风自然很高兴，笑眯眯地应下，嘴中不断道谢。

"切，瞧把你高兴的。就这点出息……"顾骁认真评价道，"身子好些了？"

游沐风算是明白了，这个人就是好好的话不会好好地说。不过看在他今日主动放下身段的分上，游沐风不打算和他计较。她随口答道："生龙活虎。文能提笔安天下，武能马上定乾坤。要不要我给你现场表演一个百步穿杨？"

顾骁显然已经熟悉游沐风的说话套路，没听见似的面无表情道："好像比之前瘦了。"

"天天喝粥能不瘦吗？"游沐风欲哭无泪，又怕顾骁找柳如丝麻烦，只能小声嘟囔。

顾骁看着游沐风的脸，只觉得她表情变化太快，根本判断不出是高兴还是生气。他深吸一口气，仿佛下定决心，从袖口抽出一个细长的匣子递到游沐风面前,道:"喏,这个给你。"

什么东西? 游沐风下意识怀疑……她小心翼翼地接过匣子,在顾骁殷切的目光中狐疑地打开盖子。

是一根发簪。

顾骁出手大方,送姑娘家的东西自然要最贵的,既然都决定要道歉了肯定是越真诚越好。他在店铺里一眼相中了这支簪子,尊贵华丽,很配他的王妃。

发簪是金制的,簪头镶嵌一只栩栩如生的黄莺,黄莺嘴里衔着柳絮形状的坠珠。珠子精致小巧散发出琉璃光彩,熠熠生辉。游沐风托着这根发簪心想:"实在是太丑了。"

游沐风的表情都快要失去控制了。她努力抑制抽搐的嘴角,心中万马奔腾。

她从来没见过这么丑的发簪。虽说她平时也不怎么佩戴首饰,但好歹是个公主,巧夺天工的玩意儿见得太多了。她偏爱玉器,华贵一点的话点翠、花作、掐丝都还可以。李梦眉的品位已经是她能接受的底线了。顾骁怎么回事? 看他平日里自己的打扮和书房里的摆设不是这种风格啊? 游沐风崩溃了,他该不会在玩我吧? 为了棋谱报仇吗?

游沐风看向顾骁,顾骁满眼期待问道:"好看吗?"

于是游沐风打消了顾骁在捉弄自己这个念头。

"好……好看。"为了避免二人关系降回冰点,游沐风违心地说道。

"喜欢吗?"顾骁追问。

"喜欢。"游沐风生无可恋。

"那还不戴上?"顾骁满意道。

游沐风再次打量这个发簪,不情不愿地将它插入发间。突然脑中灵光一闪,她好像明白了顾骁为何喜欢这支簪子了。她试探地念道:"梦随风万里,寻郎去处,又还被、莺呼起……"

顾骁当下震惊,不敢相信自己的耳朵。

游沐风看他这表情,知道自己猜对了,继续道:"春色三分,二分尘土,一分流水。细看来,不是杨花,点点是离人泪……王爷拿黄莺携柳比喻我? 怎么？真怕我死了恨别离吗？没想到啊……原来你这么有情有义……王爷，我觉得咱们可以重新认识一下……"

游沐风说着说着又开始不着调，顾骁还沉浸在震惊中，问道："你怎么知道的？"

"王爷喜欢苏轼。"游沐风耸耸肩说，"东坡诗词多数豪放，词风婉约的本就没几首，有莺有柳的可不就剩下《水龙吟》了？"

"你怎么知道本王喜欢苏轼？"顾骁再次推翻了之前对游沐风的认知。

"你就差把'喜欢苏轼'几个字贴在脑门上了！家里到处都是，我又不瞎！"游沐风简直哭笑不得。她说话时发丝轻颤，带着头上金簪垂下的宝石频频晃动，像美人鬓边要落不落的露珠……顾骁看着有些出神。只听游沐风继续道："不过王爷，我倒是觉得与其恨落红难缀，不如随遇而安。生生死死都是天地规律，你瞧东坡官场沉浮后不也看开了……你可知他的另一首《定风波》？王爷你是君子，正所谓：料峭春风吹酒醒，微冷。山头斜照却相迎。回首向来萧瑟处，归去……"

"也无风雨也无晴。"顾骁接道。

"王爷咱们到了，可以下车了。"兼葭的声音从车外传来。

顾骁一时没有说话，游沐风立刻反思自己刚才是不是话太多了。她其实也没多想，吟诗作对的时候文人大多会做一番品鉴，发表不同看法。游沐风就是话到嘴边不吐不快，一时间忘了顾骁较真的脾气。难道顾骁真的很担心她的生死？为什么呢？

游沐风突然想到了什么，脚下踉跄被顾骁一把扶住。

"看路。"顾骁道。

难道他的柳絮还有别的意思？苏轼词中"有思"二字衍生自杜甫的"落絮游丝亦有情"。

难道他的柳絮还有别的情意？

确实有些别的感情，不过顾骁在意的并不是游沐风有没有品出他的情意。他此时还沉浸在那句"也无风雨也无晴"之中。

很少有人能正中他内心所想，孟子笺可以，但不敢说。游沐风的话自然而然，让他情绪激荡。老天爷阴差阳错给他送来的人，难不成是冥冥之中的安排？顾骁心想，若她不是湖州郡主多好。但转念再想，她若不是湖州郡主又怎么会来到自己身边呢？

柳如丝和阿冲在屋里吃着中午余下的鸡翅煲。柳如丝吃完一抹嘴道："我去药房再买点药材，你在家等我。"自从上次游沐风昏迷后，顾骁对月闻阁放松了许多，柳如丝如今行动不再受限，终于可以去打探别苑的情况了。不过现在全府都知道她曾跟明月大打出手，肯定不会有人愿意告诉她别苑的事了。柳如丝于是便想着换个思路，傅勾月常去的商铺门店有好多家，说不定能问出些什么。柳如丝便随便编了句谎话，打算甩掉阿冲出门。

"韵姐姐让你没事别总往外跑。"阿冲老实道。

"韵姐姐？"柳如丝挑眉道，"谁让你这么叫的？"

"王妃自己说的。"阿冲说，"她说她兄弟姐妹不多，想要个弟弟很久了。私下里可以叫她韵姐姐。"

柳如丝很感动，游沐风肯定是猜出她收留阿冲的原因了。认他做了弟弟，就表示游沐风同意日后将阿冲一起带回天机阁。如此一来，别的堂主也不会对她柳如丝有微词。一定要好好报答阁主，柳如丝心想着，拿了银子便上街干活去了。

确定柳如丝走后，阿冲默默收拾了碗筷，捡了个鸡爪递给大白，起身出了院子。

天已经擦黑，傅勾月独自站在花廊下阴沉着脸，冬至宫宴本来很高兴的事，表哥将她独自留在家中。她来花园散心，远远看见阿冲身影，遂怒道："站住！哪个屋的？在这儿干什么？！"

"不干什么。"阿冲仿佛变了个人，冷冷地说道，"让开，好狗不挡道。"

天彻底黑了，落照宫中灯火通明。宴会十分热闹，江宁王带着王妃和儿子一起前来，顾骁远嫁的姐姐妹妹们也回来了，顾母也在，一时间几代同堂好不热闹。顾骁带着游沐风坐在侧座，时不时与江宁王攀谈几句。游沐风可以看出江宁王对自己这位九弟非常器重，谈到四藩局势时多数都是顾骁在说他在听。江宁王看上去比顾骁大很多岁，他的儿子喊顾骁一声九叔，却跟顾骁年纪相仿。江宁王的儿子叫顾长明，游沐风同样看出顾长明不喜欢顾骁，连带着对她都爱搭不理。这种事帝王家很常见，游沐风见怪不怪。中原的朱家燕王不就造反了自己侄子？连个囫囵尸首都不留。顾骁这人行事很正派，不会与人结下私怨。多半是政见不同吧，游沐风心想。

不一会儿宴席散了，顾骁的一群姐妹非要拉游沐风去御花园看河灯，游沐风看了一眼顾骁。顾骁明显有事要和江宁王商量，他大手一挥朝游沐风道："你先同她们去吧，本王一会儿去找你。"

一群女人叽叽喳喳说个不停，大多是些家长里短。顾骁的大姐长得很美，笑起来与顾骁像了个七八分。虽然顾骁不怎么笑，但神态和语气都有迹可循。大姐远嫁河内，难得回来一趟，拉着游沐风的手感叹不已，道："时间太快了，一眨眼连小九都娶亲了。"

游沐风其实很喜欢这份温暖。她亲人不多，从未有过一大家人热热闹闹的感觉。她享受着这份温暖，即便她不是顾骁真正的妻子。

也在这一瞬间，她有些失落自己不是顾骁真正的妻子。

大姐还在不停地说，说些顾骁小时候的趣事，也说些他多年来的不易。大家走走停停，花园还没到天空中竟然不知何时下起了鹅毛大雪。

这是游沐风此生第一次见到雪。

天茗四季如春是很好，但也少了几分乐趣不是吗？游沐风被眼前的雪景惊呆，大雪如飞舞在空中的白色锦缎，顷刻间覆盖了所有色彩。宫人们用长长的竹竿打下灯笼上的积雪，一时间宫灯摇曳，像一条在天地间抖动身躯的火龙。

不知谁扔了个雪球正巧砸中游沐风后脑，大家便开始雪地混战。游沐风吃了大亏，她没有打雪仗的经验，身体又刚刚恢复，几度摔在雪中爬不起来，与众人一起哈哈大笑。

大家玩笑着，也不知过了多久，有人喊了一句："小九来了！"游沐风才从雪堆里探出脑袋，看见顾骁果真在前方，不晓得看了多久。

大姐笑着对顾骁道："弟妹受了欺负，顾晴言你不来替你媳妇讨场子吗？"

顾晴言？游沐风耳朵一动，原来顾骁字"晴言"。"自古逢秋悲寂寥，我言秋日胜春朝。晴空一鹤排云上，便引诗情到碧霄。这名字真好听。"游沐风心想。

顾骁却没搭理旁人的玩笑。他脸色有些不太好,朝游沐风招招手说道:"过来,咱们该回家了。"

游沐风看出顾骁神色异样,也不敢耽搁,一瘸一拐地跑向他。众人见状也都散了。

"你腿怎么了?"顾骁皱眉问道。

"跟她们打雪仗摔的。"游沐风笑道,"不碍事。"

"不碍事你还可以回井里泡着。"顾骁脸色更难看了,"照顾自己这种事还需要别人教?"

这句话的意思就是"你没照顾好自己让我很担心"。游沐风现在已经可以自行解读顾骁的话。通常来说,他在用反问句式的时候就是生气了。比如,你听不懂? 这点常识都没有? 这还要人教? 尾音扬得越高就代表越生气。游沐风掂量着,这次听起来大概只有三成生气。于是嬉皮笑脸道:"能走的,不信你瞧!"

脚下一滑,游沐风又摔了个屁股蹲儿。

顾骁无奈道:"起来吧,我背你。"说完竟然真的蹲下身,让游沐风爬上来。

游沐风张口就想拒绝,但看着顾骁躬身,鬓边垂下的碎发遮挡侧颜的样子,她竟然开不了口。

直到顾骁弯着腰等得不耐烦,游沐风才爬上他的背,双手环住他的脖颈,手中撑着伞遮挡住二人头顶。

游沐风感受到身前传来温暖,二人一句话都不说,气氛变得尴尬。游沐风想了想,问道:"你怎么了? 跟江宁王吵架了?"

顾骁并没有隐瞒,摇摇头答道:"是长明。他不同意将麒麟墨玉玺交给朝廷,想占为己有。"

听到日思夜想的五个字时,游沐风瞬间身子一僵,连呼吸都停滞了半拍。

顾骁感觉到身后人的小动作,安抚道:"我没有试探你的意思……既然选择相信你,本王也没什么好隐瞒的。"

游沐风颤着声问道:"那……玉玺在何处?"

"清山。子笺看着呢。"顾骁坦然答道,语气里真的没有丝毫防备,"当年带走玉玺的人如今正在清山。"

游沐风心间猛地震荡,眼泪霎时流了出来。

自己费尽心机想找的答案,顾骁就这么随意地说了出来。该笑他傻?还是该高兴自己演技逼真?游沐风此时居然没有半点胜利的喜悦,她被席卷而来的愧疚包围,压抑得快喘不上气。她不敢出声,只有泪珠一个劲往下落。

"怎么哭了?"顾骁感觉脖颈间滑过温热的液体,意识到不对劲,赶紧道,"我知道你在王府受了委屈……但事关整个江宁,希望你能理解……"

听了这话,游沐风哭得更大声了。顾骁更加不知所措,只得说:"你别哭,之前的事算我错了……"

游沐风心想,这下完了!日后他该恨死我了!连忙收声,生怕顾骁又说出什么会让他后悔终生的话。

顾骁见背后人真的不哭了,赶紧岔开话题继续道:"河灯好看吗?"

"没看着,光顾着打雪仗了。"游沐风带着浓浓的鼻音,讪讪道。

"三日后宫外护城河也有放灯的,我带你去看。"顾骁为了哄人高兴再接再厉地说。

可我该走了呢!虽然有些不舍……

游沐风心想,怎么还会不舍呢?真是的,装时间长了自己都信以为真了……算了,看了灯再走吧,总归朋友一场。遂答道:"好。"

也算是给了一个交代,游沐风想着,心里好受了些。

顾骁又不说话了,表情凝重,似乎还在为顾长明的事烦恼。游沐风想着逗他开心,眨眨眼问道:"王爷?"

"嗯?"顾骁回神道。

"听说你小时候很爱哭?"

"……胡说……"

"还总爱欺负几个妹妹?"

"造谣!本王什么时候欺负过她们!"

"那小妹的辫子是不是被你剪掉的?"

"……"

"还有大姐的锦鲤……"

"本王那时只有三四岁,不知道鱼会撑死……她怎么那么记仇!"

二人一路斗嘴,到最后游沐风有些累了,声音放轻,话语也变得零碎。

她将头枕在顾骁肩膀上问道:"王爷?"

"嗯?"顾骁不厌其烦地应着。

"听说你不喜欢别人说你长得好看?"

"……"

"为什么?"

"……"

"听说你在王府里藏了好酒?"

"……"

"给我尝尝呗。"

"不行,你不能喝酒。"

"切,小气。那昨天送来的点心呢?"

"点心有,明天给你送去。"

"王爷?"

"嗯?"

"蒹葭呢?"游沐风问。

"套车去了。"顾骁答。

"王爷……"

"嗯?"

"晴言?"游沐风问。

顾骁没有出声。

"晴言?"游沐风重复道。

"嗯?"顾骁这次有了反应。

"顾晴言。"

"嗯?"

"……没事。"

"……"

就这样,顾骁背着游沐风,游沐风撑着伞……二人走在白雪皑皑的王宫走廊里。

周围寂静,就连两侧的红墙金瓦也仿佛在偷听他们的对话。二人身后的雪地里留下一串脚印,发出轻微的吱呀声,像雪花在叹息。直到他们的身影远远消失不见,才又平静下来。

往后两天,顾骁一直很忙,时不时就得往宫里跑。顾长明似乎铁了心要与九叔死磕到底,搞得顾骁焦头烂额。这天顾骁刚从宫中回来,还没进王府就被丫鬟明月半道拦下,傅勾月盛装出行,原来今天是她的生辰。自从她来到王府,以往的生日都是兄妹二人一起过的。今年自然也不例外。顾骁回忆起当年,虽说自小有婚约但他从没有见过这位表妹。直到有一天傅家人送她来落照看病,半路被土匪所劫,只剩她一人带个丫头逃了出来,出现在九王府时落魄不堪。顾骁看了心里很难受,总觉得是自己的过失。自此,他对这个妹妹便加倍疼爱。

顾骁犹豫片刻,答应了陪傅勾月去吃晚饭庆生。表妹的心思其实他一直都明白,顾骁无以为报,只不过碍于之前婚约,他无法拒绝。如今自己已经成亲了,他决定借此机会和傅勾月说清楚,免得耽误了人家。

落照城中有一酒楼名叫楼外楼,落在河畔。顾骁是店里的常客,他派人去订座,打算带傅勾月去吃长寿面。

游沐风自宫中回来后,把玉玺的下落告诉了柳如丝。二人商量一下,决定先朝天机阁发只信鸽,让江知白等人做好接应准备,她们二人便悄悄离开,阿冲则敲晕了带走。

可下一个问题接踵而来:怎么能从孟子笺手里把玉玺拿回来呢?他都已经认识了游沐风,想要再装傻充愣肯定行不通了。清山……清山派……游沐风总觉得这个名字听到的时候很熟悉,好像以前在哪里见过……天机阁虽说是江湖门派,却是江湖上神秘的存在。没人见过阁主是谁,更没人知道他们的实力,游沐风自从接任阁主后几乎都在处理灵帝的任务,甚少与江湖中人打交道……也只有每年的武林大会……会发来请柬。等等,请柬!游沐风终于想起在哪里见过这个名字了!她灵机一动,有了主意!

屋外雪已经停了，游沐风站在花园里远远看见兼葭走来，问道："王爷呢？"

"王爷一早就进宫了，还没回来呢。"兼葭说道。这几日王妃和王爷的关系明显缓和，兼葭也因此和游沐风更熟络了些，她转而问道："王妃找王爷有事？"

"他约了我今日去看灯。"游沐风答道，"既然这样那我先去吧。等他回来你转告一声，让他去河边寻我。"

兼葭有些犹豫地说："看灯的人年年都很多，王妃一个人去奴婢不放心。王爷不在，那就先找两个小厮跟着吧。再说王妃也不认得路吧。"

"行。"游沐风欢快答应了。她知道兼葭是好意，带着几个人便蹦蹦跳跳地出了王府。

游沐风没坐马车，晃晃悠悠往河边走。几个小厮也很机灵，只是远远跟着，偶尔指路的时候才上前禀告几句。游沐风一边走一边东摸西摸，对从没见过的路边小玩意儿爱不释手。

等她来到护城河边，天色也渐渐暗了下来。街道上灯火通明，挤满了人。姑娘们大多手持孔明灯，在里面写上心愿，等时间一到，就放飞在这河面的天空之上。

兼葭说得不假，人真的是太多了。游沐风挤在人群里想转个身都难，身后的小厮也被挤得动弹不得，远远呼唤着"主子"，生怕游沐风被推搡到河里去。

游沐风手中举着刚买的孔明灯，四下张望寻找顾骁的身影。从游沐风出门至今已过去一个多时辰，天色也渐渐暗下去。

"顾骁怎么还不来？"游沐风纳闷道，脚下不留神，差点一脚踩到河里去，还好被好心路人搀了一把，要不又该成落水狗了。

"点灯的时间就要到了！"人群里有人说道。

游沐风还在踮脚眺望，人群突然齐刷刷地倒数！那声音震耳欲聋！她被惊吓得一个转身，就这样河对岸酒楼歌舞莺燕的景象出现在眼前。

游沐风愣在原地。

"五。"人群中爆发出喝彩，有人在鼓掌，有人在招手。

"四。"游沐风只看着对岸，觉得周围的声音在渐渐远去。

"三。"游沐风很确定对面酒楼门前站着的是顾骁，他穿着初次见面时那件月白色的长袍，手持折扇，风度翩翩。

"二。"傅勾月跟在他身后，顾骁不知说了句什么，逗得傅勾月翩然一笑。她今日打扮得很好看，娇艳欲滴，顾盼生姿。

"一。"二人并肩走进楼外楼……

彻底消失在游沐风眼中。

"放灯啦！"人群大声欢呼。

天空中炸开绚丽的烟花，撕开了黑夜，刺痛游沐风的双眼。成百上千的河灯同时腾空而起，倒影在水中闪闪发光，慢慢地在远处连成水天一色。

游沐风一动不动站在原地。她望向顾骁消失的地方，仿佛能想象到顾骁英俊的脸庞在这万千灯火下熠熠生辉。与他相知几个月来的场景不停在脑中翻旋，恍惚间，游沐风觉得一切都不真实，像一场大梦。她一声长叹，自嘲地想……本该如此。

灯放完了，人群纷纷朝着河灯漂走的方向挪动。游沐风再次被挤得东倒西歪，跟着的小厮早就没了影子。

突然，在她耳边传来一个声音！

"韵儿……"

游沐风大惊："师兄！"

"韵儿，顺着前方的路右拐有座寺庙，师兄在后院柴房中等你。"

江知白来了！游沐风震惊之余转而担心起来。难道天机阁出事了？她赶紧加快脚步，顺着江知白的提示，果然找到一间寺庙。游沐风确定四下无人后，悄悄推开了柴房的门。

屋里没有点灯，只有远处的月光和飘在天上的孔明灯发出柔和的光照进屋里。江知白依旧一袭蓝色武袍，他站在那里，眼中似有浩瀚星辰，只听他轻轻唤了一声："韵儿。"

这一声呼唤恍若隔世。

游沐风眼角随着那一声呼唤湿润了。

"怎么哭了？"江知白几步上前问道，"受委屈了？顾骁欺负你了？"

“没有。就是想你们了。”游沐风破涕为笑地说，“你怎么来了？出什么事了吗？”

“你还知道问。”江知白责备道，“探子说你在江宁病重。师兄放心不下就连夜来了。你怎么回事……说好了要照顾好自己，现在好些了吗？”

游沐风这才明白是怎么回事，赶忙将进了王府后发生的事朝江知白说了个大概，也解释了落水的来龙去脉。

“这个顾骁……”江知白眼中带火道，“算了。师兄替你做主，你现在就跟师兄回家。”

“现在？”游沐风一脸茫然。

“玉玺又不在顾骁手上。”江知白道，“你还回去干吗？跟师兄走吧。”

“柳堂主还在王府呢！”游沐风哭笑不得地说。

“让她自己想办法。”江知白满心系在师妹身上，已经不记得柳如丝是谁了。

“你带李梦眉来了吗？”游沐风问，“不是说把人还给顾骁，顺带走钱财，假扮成土匪的嘛。现在走了怎么收场？”

江知白听了这话才反应过来原是自己冲动了。他想了想，认真地说：“三天！最后三天！三天后午时，我带人在王府后门接应你。”

“行……还有一件事。”游沐风答道，“我觉得孟子笺这人有些古怪。”

“如何古怪？”江知白问道。

“起初见他时，我就觉得他身上内力十分熟悉。与咱俩自小修行的功法有点像，但又不是完全一样。”游沐风说，“随后我猛然想到，他的武功和咱们那位神龙见首不见尾的大师兄系出同源，我在大师兄留下的笔记里读到过，应该不会错。”

“大师兄……”江知白想了想，他和游沐风前后脚进的师门，那时大家年纪都小。只是听说师父在收他们为徒之前还有过一个徒弟，就是游沐风口中的大师兄。然而大师兄在江知白来之前就已经出师了，所以二人都没有见过。

“所以说，咱们大师兄出师后自立门户，创立了清山派，收了孟子笺为徒？”江知白思索，“不对啊，我怎么听说清山上一任掌门姓段呢？而且和大师兄的年纪也对不上。"

"也有可能是徒孙辈……之间缘由也只有找师父他老人家才能问清楚。"游沐风道。

"师父早就神游去了。"江知白无奈道,"想找到他比登天还难。"

"我有一个计划。"游沐风正色道,"我对清山派并不了解,但总是觉得'清山'二字十分眼熟,直到我想到今年武林大会送来天机阁的邀函,落款就是清山派……咱们去参加武林大会,把玉玺带回来。"

"说得容易,孟子笺怎么会轻易交出?"江知白问。

"会有办法的,容我再想想。"游沐风向窗外瞄了一眼道,"我该走了,师兄,太晚回去顾骁会起疑心的。"

"三天。"江知白再次强调。

"放心吧。"游沐风说,"不见不散。"

告别江知白后,游沐风警惕地推开门。她出了院门东张西望好长时间,确定没有动静后,偷偷摸摸地打算离去。

前脚刚要跨出门槛,背后一个声音叫住了她。

"施主留步!"

游沐风转过身,说话的是一个老和尚。老和尚慈眉善目,胡子花白。看起来就是个寻常老僧。他肩膀上站了只孔雀,孔雀像是有灵性一般居高临下打量着游沐风。只听那老和尚接着说:"施主何时进的我这庙?老衲竟是没有发现。"

"我从后门进的。落照城我不熟,光看见庙,找不着大门。"游沐风这谎撒得自己都心虚,也不知和尚会不会信。

"有缘人。"老和尚笑道,"施主可愿测上一卦?"

游沐风心想,这和尚是骗子吧?给我算卦?姑奶奶师从的可是算卦的祖师爷。但对着和尚,她又确实觉得造口业不好,嘴上只得问:"算卦不是道士干的活吗?和尚也行?"

"哎!技不压身嘛!"老和尚摇头晃脑道,"老百姓也分不清,总来向老衲问天机,说不会人家就不来啦,这年头混口饭吃不容易。"

"……"游沐风嘴角抽搐,竟是无言以对。

"更何况，佛法和道法一样，也有预言之术。"老和尚笑眯眯地说："同样的东西，不同的演算方法罢了。"

游沐风点点头道："不错。道家测天机，佛家推因果。"

"施主是个内行人，更加有缘……抽支签吧……"和尚笑道，"不准不要钱啦。"

他是在逗我吧？游沐风嘴角抽搐，心中万马奔腾。这老和尚看起来难缠得很，还是少费口舌了。抽支签赶紧走吧，游沐风哭笑不得道："好吧。"

二人来到屋内，入夜之后整间庙里空空如也，哪还有别的香火客。游沐风朝殿中望去，案头上供奉的是观音菩萨，也是曾经的慈航真人。游沐风知道慈航真人，她原是昆仑十二仙之一，封神一战之后入了西方佛教，摇身一变成了保佑多子多福的观世音。

老和尚将一只签筒递给游沐风，后者随便摇了两下，一根竹签掉在地上。

不知哪里跑来个小沙弥，捡起竹签往后堂跑去。不一会儿带回一张签文递给老和尚。老和尚先是看了一眼，随即将签文交到游沐风手上。游沐风接过那张纸条一看，只见上书：

第三十三签　下签　大凶

日月朝夕凉堂过，潇湘泪洒关外亭。

凤鸾悲鸣九天去，芳魂幽幽归故里。

这是什么狗屁不通的打油诗？游沐风看着签文都不知该哭还是该笑。老和尚倒不在意她的表情，悠然问道："施主以为如何？"

游沐风头都大了，心想到底你给我算命还是我给你算命？道家算命也是需要时间、方位、排卦、解卦等手段的，就给我一张纸让我猜，你当我是活神仙吗？

她只得从诗的字面意思猜道："签文说我虽有凤鸾羽翼傍身却韶华之年客死异乡？"

"是。"老和尚笑道，"施主信是不信？"

"信还是不信很重要吗？"游沐风实在是装不下去了，"实不相瞒，我师承道家。在形而上的层面，我更相信无为。该发生的总是会发生，信不信这张签文,会改变事情的结果吗?"

"不会。"老和尚答道。

"你看这就是佛道的区别。"游沐风说,"佛说因果,讲究一个因对一个果,或者多个因对一个果,总之果是恒定的。但道就不一样了,时间在流动,天地瞬息万变,我现在手中握着的签,已经不是刚才抽到的签了。正所谓'万物负阴而抱阳',我所有的决断都会有阴阳不同的结局。无为而治才是正解。"

"有点意思。施主很聪明……"老和尚眼神变得明亮,道,"佛和道的区别很多,不过老衲想告诉施主……道可以帮你解惑,而佛可以帮你保命。"

"什么意思?"游沐风疑惑。

"苦海无涯回头是岸。"老和尚笑眯眯道,"施主与落照有缘,这次离去后需时常想念。等下次再来,咱们还能相见。"

他怎么知道我要走?游沐风心惊地想,难道他偷听了刚才柴房的对话?不可能,江知白武功那么高,有人偷听他不可能察觉不到。

游沐风脑中还在飞转,老和尚已打算关门谢客。他笑道:"施主去吧。再见面时,此签有解。"

游沐风离去后,孔雀又飞回了和尚的肩膀。

老和尚笑问:"青鸾灵鸟嫡系后人,明王以为如何?"

孔雀明王不卑不亢道:"黄毛丫头。连一只雏鸟都算不上,也敢口出狂言。"

"年轻气盛嘛,多加教导方可前途无量。"老和尚说。

"她身上有红鸾留下的记号。"孔雀说,"偷偷与她接触,小心会被发现。"

老和尚点点头,示意以后会注意,复又突然想到什么,惊叫道:"那小丫头把老衲作的诗带走啦!"

"你又不是苏轼。"孔雀讥笑道,"破诗垫桌脚都多余。"

顾骁吃完晚饭,带着傅勾月回到王府。他总算是了却了一桩心事,而傅勾月跟在一旁哭得双眼通红,显然是表哥与她坦白后承受不住打击。顾骁将傅勾月送回了别苑,一身轻松地回到书房,还没进门,就看到蒹葭站在门外。蒹葭瞧见主子来了,一脸心虚地问道:"王爷,王妃呢?"

"王妃?"顾骁莫名其妙,"她不在月闻阁吗?"

"王妃下午就出府了。"蒹葭犹豫地说,"至今……至今未归……"

"什么!"顾骁怒道,"谁让你们放她出去乱跑的?"

"不是说去看灯吗?"蒹葭欲哭无泪,"奴婢看王爷没回来,以为您直接去河边了。"

河灯?

顾骁五雷轰顶,瞳孔骤缩。

他转身就要出门,却被蒹葭先一步拦下。蒹葭道:"已经派人去找了,王爷留在府中吧。万一王妃自己回来了呢?"

顾骁想想也是,随即又道:"你们怎么办差的? 也不找人跟着她!"

"跟了呀!"蒹葭委屈道,"河岸边人太多挤散了!"

此时一个小厮满头大汗地跑回来禀报:"护城河沿岸都找遍了,没有发现王妃的踪迹!"

"再去找!"顾骁暴躁地说,"拿上本王的玉印去找闵纾,让他带人一起找! 一定要把王妃找回来!"

管家吓得哆哆嗦嗦,赶忙领了命去了。

只听远处月闻阁传来凄厉的叫声,柳如丝怒号道:"人丢了? 老娘跟你们拼了!"

蒹葭赶紧道:"快快快,去个人拦住小翠姑娘! 千万别放她出来!"

此时的游沐风全然不知顾骁正在发了疯似的找自己,她正在黑灯瞎火的大街小巷中乱转。

"刚才是不是来过这……怎么又绕回来了……之前那个大娘不是说左拐的吗?"游沐风愤愤道,"真不应该让师兄先走,好歹送我一程啊!"

游沐风迷迷糊糊地向前走,家家都已闭户,昏暗的小巷中没有一丝光亮。游沐风突然停下,她好像听到前方有脚步声。

有人? 游沐风警惕起来。

她摸向腰间特制的银剑腰带,贴上墙壁,双眼死死盯着前方……直到人影出现,慢慢向她走近。

"阿冲!"游沐风看清来人后惊呼道。

"韵姐姐?"阿冲惊奇道,"真的是你?"

游沐风看见阿冲仿佛看到了救命稻草,拉着他的手问:"你怎么会在这?"

"小翠姐姐让我出来买点儿东西。"阿冲老实地答道,"路上遇上放河灯。挤得走不了,我就寻了家茶馆等放灯结束再回去。"

游沐风泪流满面,道:"真是天无绝人之路啊!"

"韵姐姐不是和王爷看灯去了吗?"阿冲问道,"怎么一个人在这?"

"快别提王爷了!"游沐风悲愤道,"你买了什么东西?有吃的吗?我要饿死了!"

游沐风随便吃了几块糕点,跟着阿冲弯弯绕绕回到了王府门口。

夜半三更王府门外却灯火通明。

游沐风饿得有些暴躁,向阿冲问道:"大晚上,怎么都围在门口?"

阿冲乖巧地摇了摇头,表示他也不知道。倒是站在门口的蒹葭眼尖,一眼瞅见游沐风回来了,激动得如同见了亲娘。

蒹葭泪水奔腾,道:"王妃你可算回来了!"

看她这个样子,游沐风心里大概明白了。自己独自出去了一晚,王府的人肯定到处寻找。

"回来了。"游沐风道,"洗洗睡吧。"

"睡什么睡。"蒹葭欲哭无泪,"您先去书房瞧瞧吧,王爷要杀人了!"

"他杀他的好了。"游沐风淡淡道,"我不想理他。"

话音刚落,就见顾骁风风火火地冲了出来。众人一看这个架势,生怕殃及池鱼,门口聚集的下人轰地一下全跑了。独留下游沐风与顾骁二人怒气冲天地盯着对方。

顾骁的表情千变万化,脸色一阵青白一阵通红。过了好久他终于开口,口气中带着懊恼。

"你去哪儿了?"顾骁问。

"这话应该我问你吧?"游沐风反唇相讥。

"本王问你去哪儿了!"顾骁怒道。他现在烦躁极了,一肚子邪火发不出。他也不知道是在气自己,还是在气游沐风乱跑,总之心烦意乱。

"你凶什么凶?"游沐风一肚子委屈,这人放别人鸽子还如此理直气壮,简直不能忍,"我和蒹葭说过了!看河灯去了!"

"河灯早就放完了!"

"你怎么知道早就放完了?"游沐风嘲道,"莫不是你也在?这么巧啊!"

游沐风这张嘴的厉害,顾骁是见识过的。以前游沐风还有些忌惮顾骁,说话基本适可而止。现在她火力全开,气得顾骁头顶都要冒烟了。

顾骁缓了好一会儿,才将火气压下。本就是自己错了,他理应认错才是。

"你是不是看到我了所以才这么问?"顾骁问道,"月儿今天过生辰,是我忘了答应过你去看灯。"

"忘了就算了。"游沐风冷笑道,"这又是演的哪一出?"

"我担心你。"顾骁叹气道,"这么晚也不知你去哪了,派人到处找你。"

"我做细作去了,给我爹通风报信里通外国!"游沐风翻了个白眼说。

"你故意气我做什么?"顾骁皱眉道,"你知道我不是这个意思……"

"你什么意思我怎么会知道?"游沐风冷笑道,"王爷说笑了。您的心思我向来不知。"

"是我错了。"顾骁算是彻底见识到游沐风蛮不讲理的威力了,他苦笑道,"明年一定陪你补回来。"

"明年?"游沐风瞪眼道,"明年她就不过生辰了?今年陪她明年陪我,顾晴言你还真是人在花丛过片叶不沾身呢!"

"你是不是吃醋了?"顾骁恍悟道,"别这样,是我不好……"

"咱们这么说吧。"游沐风深吸一口气,说道,"就算是摆摆样子的夫妻也要装得举案齐眉对不对?虽说我不在意,你身上不还背着家国大业吗?你娶我的目的是什么?哪怕今日你我争吵,说不定都要影响明日朝堂。你确定要深更半夜在这里理论?我今天已经够倒霉了……莫名其妙抽了支签,被人说活不过韶华之年,又在城里迷路整晚。饿都要饿死了……没心思同你吵架!"

顾骁突然悟出一条人生哲理,自己现在不管说什么都是错的。

他听着游沐风连珠炮一般噼里啪啦地说,知她是真的气坏了。顾骁努力镇定看向面前人的脸，这才发现她一双眼通红，肿得像对核桃。

"你哭过了？"顾骁问。

"没有。"游沐风否认道。

"本王惹你伤心了。"顾骁没有再用疑问句，像是喃喃自语说给自己听的。

"都说了没有！"游沐风猝不及防被戳穿心事，恼羞成怒推开顾骁，一路小跑地离去了。没走两步，就发现了在不远处偷听的蒹葭。

"给我弄点吃的！"游沐风气冲冲道，"我快饿死了！"

"王妃还没吃晚饭？"蒹葭惊愕道。

"都像你家主子那样美人在怀，饭局不断吗？"游沐风愤恨道，"随便弄点，吃啥都行！"

她大步流星地回了月闻阁，留下蒹葭一脸蒙。

"蒹葭，去给她熬碗粥吧。"顾骁轻轻地说，"饿久了伤胃。"

游沐风回到月闻阁，只见阿冲站在院外，手里还抱着大白。

"你站在这干吗？看星星吗？"游沐风没好气道。

阿冲用手指了指屋内，示意里面有人。柳如丝听见院外动静，飞一般地冲了出来，口中哭号："王妃你可算回来了！"

"你们怎么每个人见我都说一样的话？！鬼打墙啦？"游沐风崩溃道。

此时闵纾也从屋内走出来，看着游沐风依旧面无表情，道："属下见过王妃。"

"你怎么在这？"游沐风挑眉问道。

"王爷派我来看着小翠姑娘。"闵纾一脸面瘫继续道，"避免小翠姑娘惹事。"

听完这话游沐风彻底发毛了，连同一整晚的怒火喷发而出。她吼道："给我滚出去！王爷了不起啊！再往月闻阁塞人，这屋就让给你吧！你来做王妃！我滚！"

闵纾如一块顽石，波澜不惊。他面无表情道："属下告退。"转身离开了月闻阁。

"他欺负你了？"游沐风生气地问。

"那倒没有。"柳如丝清了清嗓子回答。

"谅他也没那个胆!"游沐风说完大步进屋。

柳如丝快步跟在后面,一脸茫然道:"怎么了这是? 火气这么大!"

"饿得。"阿冲的声音从屋外飘来。

"阿冲去门口守着! 除了送饭的谁也不许进来!"游沐风在屋内大吼。

"哦。"阿冲点点头,乖巧地搬了把椅子坐下,堵上了院门。

屋内柳如丝十分紧张,问道:"到底怎么回事?"

"我遇到师兄了。"游沐风压低声音答道。

"江堂主说了什么?"柳如丝大惊。

"最后三天。收拾东西准备走人。"游沐风小声说。

柳如丝思索片刻,说道:"时间有点紧啊!"

"紧不紧再说吧!"游沐风恶狠狠地说,"送点吃的来怎么那么久……这签算得真准啊! 客死异乡是被活活饿死的吧!"

游沐风这一晚又饿又累,倒到床上后,一觉睡到第二天日上三竿。她睡得不安稳,早上屋外就接连不断传来窸窸窣窣的声音。游沐风翻身下床冲到屋外,只见蒹葭带着几个下人正在搬东西。游沐风莫名其妙问道:"这是在做什么?"

"王爷说让王妃搬到前院去住。"蒹葭笑道,"离王爷那儿近些。"

"不搬!"游沐风昨夜的火气还没下去,更何况马上就要走了,还搬什么搬。

蒹葭以为她在闹脾气,只得说道:"这是王爷的意思,王妃不要为难我们这些下人嘛。"

"他人呢?"游沐风问,"我去找他。"

"王爷一早就出门了,还没回来呢!"蒹葭道。

话音未落,就听前面传来通报声:"王爷回府了。"

"你瞧,这不回来了?"游沐风冷笑道,"小翠,咱们去迎一迎王爷。"

柳如丝正在收拾院中草药,听了游沐风的话赶紧追了上去。

游沐风边走边说:"这个顾骁,姑奶奶跟他没完……"

二人路过花园,穿过厅堂,还没走到大门口,突然有人大喊:"有刺客!

保护王爷！"

"刺客！"游沐风大惊失色，向门外冲去。

游沐风冲到门口，发现孟子笺也在。他同几名护卫挡在顾骁身前，套马的小厮不知去向，很可能去搬救兵了。游沐风再望向刺客那方，只见十来个黑衣人各个身形矫健，武功不俗，领头那人更是杀气肃起，一看就是个高手。刺客每人袖口都裹着皮甲，明显是藏着暗器！

游沐风心中暗道糟糕，顾骁和孟子笺加一起也不是这些人的对手。对方是什么人？杀顾骁做什么？游沐风脑中飞快地分析，闵纾应该在来的路上了，就是不知以顾骁的武功能撑多久。

顾骁站在一众侍卫后，眉头紧皱，似乎也在思考同样的问题。看见游沐风冲出来，他怒道："你来干什么？还不快回去！"

游沐风根本就没听见顾骁的话，她强迫自己冷静，脑中唯一念头就是不能让顾骁死在这里。这些人武功高强，护卫根本挡不住！孟子笺就算能以一敌十，也不是领头那人的对手！对方武功套路游沐风完全没见过，以她的眼力居然连破绽都找不出！他们到底是什么来头？！

顾骁见游沐风愣着不动，赶紧派了几名护卫前来保护。哪知护卫还没来得及挪动，对方突然出招，阻断了去路。护卫与众刺客纠缠在一起，而此时对方领头那人抬起一掌就向顾骁攻去。

孟子笺高呼一声："王爷小心！"眼疾手快挡在顾骁身前，替他接下一掌。孟子笺这一招接得十分勉强，他眉头紧皱，已见吃力神色。

对方领头人窥见时机，借着刚才的一掌推力，在空中一个翻身，落在顾骁身侧，抬起右手又是一掌……

"糟了！"游沐风惊呼。就在这千钧一发之际，她想都没想，双手翻掌，强行催动丹田真气！游沐风只觉得全身血液翻滚，内力受阻！但也顾不了那么多，运起轻功与五成功力，瞬间来到顾骁身前，抬手替他接下致命一掌！

顾骁被游沐风挡在身后，震惊得目瞪口呆。

那领头人看到游沐风出手竟然丝毫不意外，他刚才一掌并没有使出全力，与游沐风打得不相上下。他随即微微一笑，后退两步，挑衅似的抽出腰间弯刀，翻掌运功，周围瞬间尘土飞扬！

游沐风隐约觉得不对劲,这人似乎是冲着自己来的。她眼下也顾不得旁的,再次强行催动内力。游沐风只觉血液澎湃,额头布满汗珠!周身飞沙走石盘旋而起!颈后刺青瞬间爆发蓝光,图案开始出现!

孟子笺盯着游沐风颈后慢慢浮现的刺青,震惊道:"蓝蝶……这怎么可能?"

一切发生得太快,柳如丝赶到现场时只见游沐风已跟对方纠缠在一起。吓得她顿时高呼起来:"老天爷啊!不能打啊!吃了化功散不能强催内力!会出人命的啊!"

"化功散?"顾骁一脸错愕,他看着游沐风武力爆发,一时间竟是无法思考。

而游沐风这边完全顾不上柳如丝的话。她摸下腰间银色腰带,轻按机关,一把锋利细巧的银剑就此握在手里。不等对方反应,飞速攻去!

这招式竟然与清山剑式有八九分相像,孟子笺震惊得开始怀疑自己的眼睛。

柳如丝看此情景拔腿就往回跑,口中不停地哆嗦道:"完了完了完了!这下完蛋啦!"她飞一般地奔回月闻阁,在带来的随身行囊里使劲翻腾,急得泪眼汪汪:"娘嘞……收到哪里去了啊!"

终于,柳如丝在一团包裹的衣物里找到了传音铃!她使劲摇了摇铃铛,只听铃铛发出一阵绵长的声响"丁零零",便没了动静。

柳如丝抓起铃铛又开始往回奔,简直快要断气了。心中不断祈祷聂慎儿的发明千万别关键时候不顶用!坑死了自己事小,坑死了阁主……江知白只怕要屠了九王府!

柳如丝冲回王府外,只见游沐风与对方已站在屋顶进入胶着状态。对方竟然全然不顾顾骁,除了与护卫和孟子笺纠缠的几人,其他全部围着游沐风,招招都是致命杀招。

游沐风此时已恢复八成功力,但始终双拳难敌四手,虽没有落了下风,但应对也十分吃力!对方领头人看在眼里,突然在游沐风耳边轻笑一声,低声说道:"呵,天机阁阁主果然名不虚传!"

游沐风早知对方的目标是自己,怒道:"你到底是什么人?"

那领头人冷笑道:"阁主还是去地府问阎王吧!"说罢又一招强攻!

此时闵纡带着手下的兵赶到,顾骁眼眸深沉,不见喜怒地说:"围起来!"

"是!"闵纡刚准备行动,一抬头看到屋顶景象,万年死鱼脸终于起了变化,他震惊道,"屋顶上的……是王妃?!"

"统统围起来!"顾骁面色青白,怒道,"一个都不准放走!"

柳如丝急得欲哭无泪,心中不停咒骂:"你个天杀的江知白!关键时候掉链子啊!你到底来不来啊!"她想冲出人群靠近游沐风,却被闵纡一把擒住胳膊。

"你放手!"柳如丝怒道。

闵纡面无表情道:"王爷有令,要属下看好小翠姑娘!"

柳如丝怒气冲天,反手摸出一根银针,往闵纡手上穴位猛地一扎,道:"翠你个头翠!你除了看着老娘还会点啥?!"闵纡吃痛松手,脸色也有了变化。柳如丝见机拔腿就跑,还不忘朝闵纡叫嚣道:"让你天天死鱼脸!扎死你!哎哎哎……阁主!你快下来啊!"

对方领头人攻了许久都发现不了游沐风的破绽,再次出口挑衅道:"阁主很在意顾骁?情愿暴露也要救他?"

"呵!这就是你们的计划?利用他逼我现身?"游沐风冷冷地问。

领头人微微一笑道:"不是逼阁主现身,是要您的命!"

说罢他突然转身飞蹿下屋顶,停顿片刻,又看了游沐风一眼,接下来竟然以迅雷不及掩耳之势再次攻向顾骁!

游沐风想也不想地飞身跃起,想替顾骁接下这一掌。但眼见来到他身侧时剩下的距离已经来不及抬手!

"糟了!来不及了!"游沐风脑中已是一片空白,她全凭着本能运起全身内力,抓住顾骁右臂,用柔劲将他推至身后,一个转身挡在他身前,以自己身躯硬接下这一掌。

顾骁不可思议地在游沐风身后看着她,他甚至不知该先问什么。再开口时,他的声音抑制不住地颤抖:"你……你到底是谁?"

游沐风此时当然没空回答他,她冲着孟子笺大喊:"你护好王爷!"话音未落,游沐风突然只觉喉头腥甜,微微提气发现心口刺痛直不起身,只能单膝跪地,猛地吐出一口鲜血!

顾骁见状大吃一惊,他本能伸出手去想扶住她,行动到一半却又僵在半空,最终把手收了回来。

柳如丝冲出来扶住游沐风。她用手掐住游沐风的脉搏,惊道:"糟糕了!伤了心脉了!"

"撑住啊!江堂主就要来了!"柳如丝急得大哭道,"江知白你他妈到底在哪里啊!"

对方领头人见游沐风无力反击,也不再攻,远远看着她跪在地上,抬起右手……两枚银针破风发射,朝着游沐风飞来!

孟子笺见势眼疾手快丢出手中长剑,想用剑替游沐风挡掉毒针。只是已然来不及!两枚毒针与剑柄在空中擦身而过,贴着柳如丝搂着游沐风的右手,直直地插入了后者的胸口!

那领头人十分满意,这才飞身离去。

顾骁在一旁沉默许久,他不见喜怒地开口道:"给我追!剩下的人把王妃拿下!"

游沐风此时已无力瘫倒在柳如丝怀里,中毒之处开始往外渗透黑血!眼前一片漆黑,隐约听见顾骁说了声拿人……心中五味杂陈,随即又吐出一口鲜血。

"顾骁!恩将仇报!你良心被狗吃了啊?!"柳如丝抱紧怀中人怒吼道,"我看你们谁敢过来!毒死你们大家同归于尽!"

"土爷……"孟子笺在一旁试图劝说。

顾骁终于爆发,他暴怒道:"我说拿人你们听不懂吗?把王妃拿下关回月闻阁!本王要亲自审问!"

游沐风此时已连声响都不大能听见了,只能感觉到柳如丝起伏的胸膛和颤抖的手!游沐风很想拉住她,告诉她没事,会有办法渡过。但她抬了抬手什么也没抓到,只得放弃了。

游沐风感觉一个陌生的气息试图扶起自己,听声音大概是闵纾。

闵纾无视柳如丝的哀号,说了句:"得罪了。"抬手将人抱起。游沐风本能对陌生的气息排斥,微微皱眉又咳出一口血。顾骁看见了,心底全是说不出的感觉。

闵纾抱着人往回走。游沐风迷迷糊糊，意识游离间她听见如同惊雷的一声怒吼："放开她！"紧接着她感觉自己跌落入一个熟悉的胸膛，伴着熟悉清香，游沐风仿佛抓到了救命稻草。她想看看他，双眼却被毒素侵入什么也看不见，只能撑住清明，低声唤他："师兄！你来了。"

江知白劈手夺过游沐风，一掌就将闵纾拍出老远。柳如丝在一旁号啕大哭，骂骂咧咧道："天杀的江知白！你到现在才来！人都要没命了！你怎么不干脆等尸体凉了再来！"

江知白这才发现游沐风胸口的黑血和嘴边的血迹！血液顺着师妹的衣襟沾湿了他的双手，江知白瞳孔骤缩，周身杀气暴起！掸眼扫视四周，一瞬间便锁定顾骁。

"你伤的她？"江知白问。

顾骁面色阴沉地问道："你又是谁？"

"我问你是不是你伤的她?!"江知白怒道。

顾骁一声冷笑，说道："是又如何不是又如何？这是本王的家务事！轮不到你一个外人来质问本王！"

"家务事？"江知白的脸色差到了极点。

顾骁暴怒道："你怀里抱着的人是本王的人！自然是家务事！不想死就把王妃放下！本王放你一条生路！"

"你的人？"江知白周身寒气怒转，道，"你再说一遍！"

柳如丝简直要崩溃了，她一把抓住江知白号道："都什么时候了你还争风吃醋！再不救人就救不回来啦！"

江知白恶狠狠地盯着顾骁，手一挥司战堂弟子从四面屋顶飞身跳下，把抱着人的江知白和柳如丝团团护在中间。

游沐风迷蒙间听见周围脚步声四起，辨识出是自己人的武功，她轻轻拉住江知白衣袖道："师兄……"

江知白轻声安慰道："韵儿，没事了……咱们这就回家了……"

"师兄！"顾骁敏锐把握住关键信息。

而此时孟子笺差点抑制不住惊呼出声："韵儿？"加上刚才的蓝蝶……怎

么可能呢？

游沐风坚持最后一丝清明，低声道："不能伤人……"说罢再也抵抗不住毒素，她努力嗅了嗅江知白身上的气息，却什么也闻不到，便如同放弃了一般，晕了过去。

江知白焦急万分，顾骁看游沐风失去意识，心中也是十分紧张，他下令道："还不快把王妃带回来！"

闵纾快速上前准备夺人，江知白抱紧游沐风，转向弟子说道："你们两个，带上柳堂主跟我走！其他人拦住他们！阁主有令不得伤人！"说罢催起轻功跳上屋顶，消失得无影无踪。

顾骁站在原地，完全无视两边交战，看着游沐风消失的方向，不发一言。

司战堂弟子边战边退，算好江知白与游沐风走后的时间不会被追上，才全速撤退。闵纾的兵想追，但轻功实力相差太远，竟是一个人也没追上。

闵纾看在眼里，不禁皱眉道："王爷！这些人武功了得，训练有素。不似寻常江湖人。"

"查！"顾骁只说了一个字。他走到游沐风刚才晕倒的地方，弯下腰，看着地上已经干掉的血渍，上面还有一枚银针散发寒光。他伸出手……

孟子笺大声阻止道："不能碰！针有剧毒！"

"中毒了吗……"顾骁这才意识到，他从怀中掏出一块方巾，用方巾捏起银针递给孟子笺。

"去查，此毒来源何处！有无解药。"顾骁说。

孟子笺点点头，转身离去。

顾骁又沉默了半晌，他脑子回想着刚才情景。事情发生得太快了，他都没来得及思考人就被带走了。现在从愤怒中回神后，顾骁轻声低语道："……你到底是谁？"

同一时刻，远处的屋顶上站了个人影，他远远望着刚才发生的一切，就如同在雀岭的那个夜晚，最后他眯起了双眼。事态发展不在预料之内，阿冲有些生气，他喃喃自语道："对不起了……韵姐姐！"

随后阿冲催动轻功，消失在另一个方向。

第二卷 · 似是故人来

　　游沐风又开始做梦了,这一次依旧是童年的梦,只不过更加清晰。她梦见小时候江知白带着她摸鱼,师兄下河她则抱着篓子蹲在岸边指挥。有一次江知白为了追一条很大个儿的鲶鱼在水里摔了一跤,手上留下一条伤疤,至今未消。她还梦见小时候偷偷跑进后山,结果被蛇咬了哇哇大哭,江知白找到她后,背了她老远将她带回住处。那时她蛇毒入体,也像现在这样昏睡了好久。再后来,侍墨来了……

　　初次见到侍墨的时候游沐风正在院子里掏蚂蚁洞,浑身脏得不行,脸上全都是泥。侍墨是乡下来的丫头,卖身葬父被路过的徐姑姑看到,带上了灵山。她本名叫什么也没人知道,侍墨是徐姑姑给她起的名字。起初听说要给公主当丫鬟侍墨十分不安,等真见到了掏蚂蚁洞的公主,她才发现公主不过跟自己一样,没爹没妈,无法无天。他们三人在灵山度日,直到游沐风成了天机阁阁主,江知白和侍墨也一起来到天机阁。

　　侍墨不太会武功,就会一点皮毛还是游沐风教给她的。她在天机阁做些闲差,游沐风不喜欢其他几位堂主总拿侍墨当下人,于是给她寻了个负责内务的活。两人时常聊天说笑,回忆从前,畅想将来,大多时候都是游沐风在说,侍墨在听。直到有一天侍墨走了,那日游沐风躲懒把麒麟墨玉玺交给她,让她送入宫中,她去后就再也没回来。张牧之说她与郡王游柏城私订终身,勾结后偷了玉玺远走高飞。游沐风总归不信,这么多年来她只想问清缘由……多年姐妹情谊,竟没有俗物重要吗?

　　游沐风在梦里神游,柳如丝却急得如同热锅上的蚂蚁。江知白带着大家奔了整整一天,夜幕时分才回到了雀岭,住进了他们几个月前住过的客栈。他吩咐手下封锁周围,又让柳如丝赶紧治伤。柳如丝研究了半天,发现游沐风身上的毒相当棘手。

"是什么毒?"江知白问道。

"奇境花。"柳如丝答道,"海镜屠佛殿的秘毒。"

"有无解药?"江知白又问。

"我就是解药。"柳如丝趾高气扬地说,"世上就没有老娘解不了的毒药。"

"那你还啰唆什么?"江知白怒道,"还不赶紧干活?!"

"我这不正配着嘛!"柳如丝一边捣药一边说,"我是提醒你,屠佛殿心狠手辣,若不是有我,奇境花毒旁人根本束手无策。江湖上向来视他们为邪门歪道……这次他们明显是冲着阁主来的,下完毒就跑……天机阁怎么惹上他们了? 他们又是怎么知道阁主在九王府?"

江知白皱起眉头道:"你还记不记得,咱们上次住在这里时屋顶那个黑衣人?"

"是他?"柳如丝将捣好的药倒入罐中煎上,道,"你怀疑他是屠佛殿的人? 倒是有这种可能。"

"那日是我大意了。"江知白道,"以为是个寻常蟊贼,便没有深究。"

"那咱们现在怎么办?"柳如丝问道。

江知白想了想,反问道:"阁主什么时候能醒?"

"这不好说,快则三四天,慢则十天半月。"柳如丝答,"我这药方不是对症下药的解毒药方,是用以毒攻毒的方法把奇境花的药力排出体外……至于经脉受损,那只能慢慢养了。"

"既然如此,先解毒!"江知白做了决断,"明天一早我去弄辆马车,咱们不能耽搁,顾骁绝不敢追进天茗,等我们进了天茗城就安全了。"

"那麒麟墨玉玺怎么办?"柳如丝问,"玉玺没到手,阁主还受了重伤,皇上肯定要追究。"

"阁主与我说过想去参加武林大会,我本来是不同意的,如今看来却是将功补过的唯一机会了。"江知白皱眉道,"回去与张堂主商量,想办法说服陛下。"

柳如丝将煎好的药喂游沐风服下后，解下她浸血的衣衫。江知白见此不便留在房内，就带上房门，守在了门外。柳如丝替游沐风洗除身体发丝上沾着的血迹，换好干净的衣服，再将原先李梦眉的旧衣服裹成一团。只听叮咚一声，有东西落到了地上……柳如丝捡起来一看，是一支金簪。

簪子上栩栩如生的黄莺衔着柳絮，柳絮尾端沾染血迹。可能是刚才洗头时掉落的，柳如丝想着，她随手将簪子裹进脏衣服里，丢出窗外。

第二天一早孟子笺匆匆回到九王府，顾骁早已在书房等他相谈。

"什么毒？"顾骁问。

"奇境花。"孟子笺答道，"生长在海镜屠佛殿一带，花蕊带有剧毒。"

"屠佛殿？"顾骁点了点头，说，"这就对上了。本王听那刺客首领说话不似本地人，确实有点像海镜的口音。加上本王查到昨日有一只海镜商队入城，因为衣着奇怪被守门士兵拦住盘问。想来就是这群人。"

"如此说来，他们应该是早有预谋。"孟子笺思索道。

"但屠佛殿的人为何要杀本王的王妃？"顾骁说到此处声音一顿，随即改口道，"不是王妃……她到底是谁？"

"子笺……有一个猜测，"孟子笺缓缓说道，"王爷有没有听说过天机阁？"

"你是说天茗的那个天机阁？"顾骁惊讶地问。

孟子笺道："没错。天机阁行事低调，是个谜一样的门派。武林大会年年都向天茗下请帖，可天机阁从未派人参加。听闻阁内分战、慎、巧、济四堂。战堂之人武功绝顶，慎堂有精密情报网，巧堂江湖传言铸剑天下第一，济堂更是医毒之术无人能及。最重要的是，传说天机阁内上至阁主下至普通弟子颈后都有刺青，为的是证明身份。此刺青颜料特殊，用天茗特有的九芷花制成，混入皮肤，无内力之人此刺青永生不灭，哪怕剥皮去肉。有内力之人则跟随内力波动，内力压制时，刺青消失，内力暴增时刺青则会发出光芒！"

顾骁大惊道："所以她颈后蓝蝶就是九芷花的刺青？"

"我也是凭这一点猜想。"孟子笺继续道，"加上带走王妃的人武功了得，远在一般门派之上……子笺以为很有可能是天机阁。若王妃真的是天机阁的人……解毒应该不成问题。"

顾骁松了一口气，道："郡主也不是随便什么人都能装得不漏破绽。她的举止言谈，并不像寻常武人，至少也该是身居高位。"

孟子笺点头表示同意，他随即又道："天机阁为何找人假扮王妃呢？"

"还能有什么？"顾骁冷笑道，"本王与天茗、海镜素来毫无瓜葛，能引诱天机阁和屠佛殿双双出动的只有麒麟墨玉玺了。"

"不像那么简单。"孟子笺沉吟片刻道，"王妃来偷玉玺没错，但屠佛殿的目的更像是杀人。王爷不觉得奇怪吗？屠佛殿的刺客首领似乎对王爷和王妃了如指掌，除了知道王爷回府的时间，还摸准了王妃一定会全力救您。"

"你是怀疑……王府里有屠佛殿的眼线？"顾骁眯起眼问道。

"这只是子笺的猜测，不管是不是真的王爷都得多加小心。"孟子笺想了想又问，"湖州那边王爷打算如何处理？"

"他们送来的王妃被人调包了与本王何干？！"顾骁想想就来气，怒道，"本王还没找他们麻烦呢！"

孟子笺走后闵纾也回来了。他手里拿着个布包，递到顾骁面前后说道："刺客那伙人跟丢了。"

顾骁摆摆手示意无妨，反正知道了是屠佛殿已经足够，他关心的并不是这个，遂问道："还有呢？"

闵纾当然知道顾骁在问什么，只听他答道："带走王妃的人由落照去了雀岭，今天一早又启程向北出发。属下的人一路追踪，直到他们进了大茗境内便不敢再继续了。"

"你做得对。"顾骁点点头肯定道，"天子脚下，不可轻举妄动。更何况皇上对咱们本就心怀不满。"

"王妃的事江宁王已经知道了。"闵纾提醒道。

"本王知道。"顾骁面露疲惫地说，"明日便会进宫。"

闵纾走后蒹葭又进来替顾骁换了杯茶，蹑手蹑脚地，生怕惹主子发火。王府上下死气沉沉，顾骁心情不好，谁也不敢惹事。

顾骁一个人在书房坐到了晚上，蒹葭怕引火上身，便随手打发了一个小丫头去给顾骁送晚饭。顾骁其实没有生气，或者说现在他还顾不上生气。两藩的局势迫在眉睫，麒麟墨玉玺到底该如何处置，加上天机阁与屠佛殿介入，他必须赶紧想一个对策。顾骁瞧了一眼进来送饭的小丫鬟，觉得有些眼生，随口问道："你是谁？蒹葭呢？"

"蒹葭姐姐带人去月闻阁收拾东西去了。"小丫鬟笑眯眯道，"奴婢叫朝暮，以前叫彩珠，王妃给改的名字。"

"她给你改名字？"顾骁惊奇地打量着朝暮，问道，"朝暮？为何起这个名字？"

"因为王妃说奴婢衣服上绣的喜鹊好看！"朝暮眼睛弯成两道月牙，笑道。

"鹊桥仙？"顾骁哭笑不得，哪有人用情诗给别人取名的？更何况秦观笔下"金风玉露一相逢，便胜却人间无数"早就被视为淫秽粗俗的诗句。一个姑娘家，她胆子倒是挺大的。顾骁接着又问："王妃平日里待你好吗？"

"挺好的。"朝暮飞快地说，"虽然伺候她的时间不长，但奴婢很喜欢王妃。"

"哦？你喜欢她什么？"顾骁来了兴致，问道。

朝暮想了想说："王妃漂亮爱说话，声音也好听，还总是笑眯眯的。"

"她都跟你说些什么？"顾骁好奇地问。

"王妃教我读书认字。"朝暮反复回忆道，"什么……南阳诸葛庐，西蜀子云亭。什么……斯是陋室，惟吾德馨……好像是这么说的，奴婢笨，就学会这么一句。"

顾骁简直要被气崩溃了，游沐风明显是在记仇顾骁让她住月闻阁的事！她自比孔明扬雄，惟吾德馨，更是在讥讽顾骁小肚鸡肠！顾骁现在都能想象到游沐风一脸得意地坐在月闻阁中一字一句教朝暮念《陋室铭》的样子。肯定是想等她走后用朝暮的嘴再气自己一遍。我跟你有仇吗？顾骁又好气又好笑地想。自己是不是上辈子做了什么亏心事，怎么会喜欢上这么一个……

等等，是喜欢吗？

朝暮离去后，顾骁轻轻打开了闵纾送来的包裹。里面是一卷带血的衣物,顾骁认得是游沐风受伤时穿着的那身。衣服上的血迹已经干了,黑乎乎一团触目惊心。衣服上还压着一根金簪……顾骁拿起金簪,用袖口擦干净附着的血迹,小心地将簪子收进柜子。他手一抖,包裹的衣物中掉出来一张皱皱巴巴的纸。顾骁拾起展开,这纸只有巴掌大,上面写着:"日月朝夕凉堂过,潇湘泪洒关外亭。凤鸾悲鸣九天去,芳魂幽幽归故里。"

顾骁捏着签文还没来得及细想,蒹葭又冲了进来。他只觉得头疼,一个假王妃怎么惹出这么多事!下回见面,看她怎么给自己交代!顾骁气愤地想。

只听蒹葭急急忙忙说道:"王爷,出事了!"

"出的事还少吗?"顾骁一脸不耐烦地说,"慌慌张张像什么样子?"

"就在刚才小厮来报,王府门口不知何时出现了个麻袋,小厮发现就抬进了门房。"蒹葭跑得满头大汗,气喘吁吁地说,"打开一看里面是个人!"

"人?"顾骁觉得自己的脑子已经快要不够用了。

"没错!"蒹葭强调,"是一个被绑手绑脚封了嘴塞在麻袋里的人!"

"你有话能不能一次说完?!"顾骁怒道。

蒹葭平日里并不是这样,眼下明显是被吓坏了,她继续道:"奴婢适才给此人松了绑,她说……她说……她说她是九王妃!"

"什么?"顾骁以为自己听错了,问道,"你说什么?"

"真的,王爷!"蒹葭一跺脚道,"她说她叫李梦眉!"

顾骁犹如突遭晴天霹雳,愣在原地。

半晌后他恢复清明,怒道:"让闪纱把人带去驿站看好!仔细审问之后来报!"

"是。"蒹葭小心翼翼地说,"王爷不去看看吗?"

顾骁彻底爆发,如同一只发怒的大猫龇牙道:"什么人都说自己是王妃!一个两个都说自己是王妃!难不成来一个本王就收一个吗?拿本王的王府当客栈吗?"

海镜的屠佛殿坐落在巍巍高峰之上,纵是轻功绝顶也要爬上数日。阿冲坐在金碧辉煌的大殿正中,手里抱着大白,对着殿下跪着的人满脸不屑。

而那跪着的人正是出现在九王府的刺客头目。

"无影,说吧。"阿冲阴森道,"本座让你们待命,谁让你们去杀人的?圣姑吗?"

"圣姑掌握圣火令!属下本来就该听圣姑的!"无影怒道。

"哦?"阿冲流露出玩味神色,却不生气,继续道,"屠佛殿如今只有本座一个教主。圣姑离开已经很久了,心思早不在这里,圣火令本座早晚也会拿回来。"

无影冷哼一声,不再开口说话。

"本座一路从雀岭跟到落照,好不容易有机会混进九王府,计划就给你们搅黄了!"阿冲冷笑道,"她为何让你杀天机阁阁主?为何这个时间动手?她藏身何处?为了一己私欲毁我大计,你们都别想活了!"

"林若冲!你不要太过分了!"无影怒吼,"我是老教主留下的人!你敢杀我?"

"阿雪也是父亲留下的老畜生了。"林若冲漫不经心地说道,"把你扔进百兽园喂它正合适。"

江宁清山派依山傍水,仙气环绕。孟子笺风尘仆仆归来,婢子宋筱筱快步上前接走了孟子笺手中的行李。孟子笺问道:"我不在时,门派里如何?"

"一切都好。"宋筱筱答道。

"今年武林大会准备得怎么样了?"孟子笺又问。

"请帖年初时就发出了。"宋筱筱利落答道,"来参加的门派会回帖,已经陆陆续续收到很多了。"

"天机阁呢?"孟子笺问。

宋筱筱先是一愣,随即答道:"发了请帖,还没有回信。"

孟子笺点点头,说道:"我今日闭关,无事不要打扰。"说完便回了自己房间。

他在屋中坐立不安,口中喃喃自语道:"怎么会有如此相像的武功?"

"天机阁……"孟子笺沉默思考,手中随意翻弄着一本武功心法,突然从书中掉出一片蓝蝶书签。

孟子笺拾起书签,纤长手指抚过蓝蝶翅膀,低声道:"真的会是你吗,韵儿?你怎么会去了天机阁呢?"

落照王宫外，顾骁深吸了一口气抬步进殿。江宁王等了他许久，假王妃的事总要有个了结。

"九弟，你打算怎么办？"江宁王坐在大殿中央问道。事情的经过他已经知道了，什么天机阁、屠佛殿他都不关心，他关心的只有要如何解决。

"王兄，臣弟有一计。"顾骁答道。

江宁王等的就是顾骁这句话，连忙示意他快说。只听顾骁继续说："湖州王既然能把女儿送来当细作，就不会在意她的生死，更不会在意她是否受了委屈。假王妃的事，最多就是给湖州王一个借口，加快对付江宁的速度！所以说，臣弟还是坚持原来的主张，向朝廷求援。用麒麟墨玉玺要挟皇上借兵，这是最简单的办法，也是胜算最大的办法！"

"可是长明说得也有道理。"江宁王犹豫不决道，"若是把灵族宝藏占为己有，咱们就不用倚靠朝廷了。"

"不行！绝对不行！"顾骁否决道，"灵族宝藏要如何开启尚没有定论，就算被我们找到了，用金银珠宝招兵买马打败了湖州，朝廷会怎么想？灵族会怎么想？皇上会怎么想？窥伺灵族宝藏是一回事，真的动手了又是另一回事。皇上定会找个理由秋后算账，到时咱们的敌人就不是湖州了，而是整个朝廷。而且……闵将军的手下昨天在雀岭截下一只信鸽，信上写的是湖州王与中原朱氏私通往来的消息。皇上若是看到这封信，定然不会坐视不理。"

"那依你，该如何做？"江宁王被顾骁说得心惊胆战，明显已经妥协。

"臣弟明日便会上书。"顾骁说，"过些时日臣亲自出使天茗，求陛下借兵。"

"去试试也无妨。"江宁王说，"既然咱们要彻底与湖州撕破脸，你那桩婚事也作不得数了。反正你那王妃也是假的，你此行正好可以去天茗把跑掉的人重新找回来嘛。"

江宁王虽没有主见，但账还是会算的。跑掉的假王妃江宁王也见过，看谈吐不是寻常女子，更何况身在天机阁十有八九是灵族人。娶个灵族上等人做王妃，可比什么湖州郡主有用多了！顾骁这次去借兵又能攀上门好亲事，一箭双雕。

顾骁当然明白兄长的意思。他很无奈,可又有什么办法呢? 所谓义大情小,都是身不由己。兄长做得没错,要怪的话,可能是自己太过重情了吧。

游沐风被江知白带回了天机阁,在柳如丝的精心照料下已脱离了危险。她还没醒,只沉沉地做着梦。殊不知在她做梦的时间里,四藩的局势正如风云变幻,一时间所有人议论纷纷。

张牧之守在游沐风门外,见江知白端着空药碗出来,上前问道:"阁主怎么样了?"

"刚喝了药,又睡了。"江知白示意张牧之出去再说,二人来到院中。江知白问:"张堂主对屠佛殿了解多少?"

张牧之想了想,说道:"江湖上都称屠佛殿为邪教,不外乎他们善于用毒又心狠手辣。而且屠佛殿从不跟名门正派为伍,在海镜的势力直逼朝廷,就这两点看倒与咱们天机阁有些相似。"

"但天机阁是皇上的暗阁。"江知白皱眉问道,"这屠佛殿明目张胆地与海镜朝廷分庭抗礼,到底有什么背景?"

张牧之道:"屠佛殿立派不过几十年,老教主姓林,曾经做过海镜的驸马。他创立屠佛殿后迷恋残本武学,整日闭关,教中事务都交给一个不知从哪找来的圣姑打理。久而久之,教中便形成了一教二主的局面。直到近几年教内少主出仕,此人虽然年纪轻轻,却手段极强,是老教主的独子。屠佛殿能有今日也全是林少主的功劳。"

江知白百思不得其解地问:"屠佛殿为何要刺杀阁主呢? 他们明显就是将阁主的底细摸得一清二楚!"

张牧之也仔细思考过这个问题。远日无冤,近日无仇的,就算是为了玉玺,杀了游沐风又有什么用? 他摇摇头说道:"屠佛殿要置阁主于死地的原因我尚且不明。但是他们能知道咱们的计划只可能有一个原因!"

"难不成……"江知白猜到了张牧之的想法。

"不错!"张牧之道,"九王府里有他们的细作。"

江知白皱眉思索片刻分析道:"海镜的江湖门派往九王府里安排细作,莫非他们已经越过海镜朝廷,准备接管四藩局势?"

"很可能不只是越过,而是要取而代之。"张牧之说,"江宁地理位置敏感,朝廷态度又向来暧昧。四藩之乱江宁是关键,而顾骁又是关键中的关键,往王府里派细作也不是什么奇怪事。"

"先不要告诉阁主这些。"江知白道,"让她先好好养伤。"

"瞒不住。"张牧之飞快否定道,"我今日进宫,皇上龙颜大怒。不过好在他同意了参加武林大会的计划。皇上的意思很明显,让天机阁以江湖门派的身份参加,夺得武林盟主,再逼孟子笺交出麒麟墨玉玺。武林大会本就年年都送请帖来,只不过阁主从未放在心上罢了。这个计划也算是顺水推舟。"

"可我还是不明白,陛下直接派兵去清山围剿不就好了?何苦非要舍近求远?"江知白问。

"其实很简单,皇上不想失了天下武人的心。"张牧之答道,"朝廷出兵围剿一个江湖门派本就有失风度,更何况皇上师出无名,谁能证明玉玺就在清山?孟子笺若是咬死不认,你总不能说是咱们公主假扮细作问出来的吧?再说了,那群自称武林正派的人,平日里个个心比天高,恨不得拿鼻孔看人,偏偏又不能拿他们怎样。若是天机阁阁主能当上武林盟主那就不一样了,号令天下群雄……这个若是成功,可谓是一本万利!"

张牧之摇着折扇笑道:"咱们皇上才不会做亏本的买卖呢!"

"距离武林大会还有三个月。"江知白思索道,"不知道阁主身体能不能恢复。"

"有柳堂主在,问题不大。过完年再出发,时间绰绰有余。"张牧之笑着说,"还有一件事……顾骁要来了。"

"他来做什么?"江知白不悦道。

"大约是怕湖州坐不住要朝江宁动手,他急着来投诚借兵吧。"张牧之道,"麒麟墨玉玺还在他手上,没拿回来之前皇上肯定要做两手打算,不会与他翻脸。"

"那也不见得会借兵给他。"江知白哑道。

"现在看来还真不一定。"张牧之煞有介事地说,"我今天才得到消息,说湖州王可能和中原朱家的燕王有往来。皇上刚听说,马上派了裴锦焕将军去雀岭驻扎待命。如果这是真的,湖州发兵就不是两藩之间的纠纷了。那就是谋反！江宁离湖州那么近，顾骁的消息肯定比我灵通……他肯定是深思熟虑后才敢来的，不得不承认，他真是个聪明人。"

"他什么时候来？"江知白冷冷道。

"半年后。"张牧之道，"差不多是咱们从武林大会回来的时候。"

江知白冷哼一声，没有说话。

"听说他的人追着阁主一直追到天茗城外？"张牧之拿扇子挡住半边脸玩味地说道，"也不知他来天茗有没有私心呢？"

天茗依旧梨花盛开，盛世繁景。天机阁要参加武林大会的消息不胫而走，大家奔走相告，都对这个神秘的门派充满好奇。知道这个消息的自然包括屠佛殿教主林若冲，与清山掌门孟子笺。

而孟子笺知道了，顾骁也就自然知道了。

"王爷去不去武林大会？"孟子笺揶揄道，"一群粗人比武，不看也罢。"

"都什么时候了你还取笑本王？"顾骁只恨自己交友不慎，气冲冲道，"本王自然要去！"

"请帖发光了。"孟子笺摊手道，"王爷要去得备下厚礼。"

"本王去你的山头还要备礼？！"顾骁难以置信道。

"去我的地盘不用。去我的地盘追媳妇就要。"孟子笺笑眯眯道，"送不送礼，王爷自己选吧。"

顾骁咬牙切齿："你想要什么？"

"三坛竹叶青！"孟子笺窥伺顾骁的宝贝许久了。

"成交！"顾骁道。

孟子笺哈哈大笑道："那子笺扫榻相迎。"

屠佛殿这边，小魔头林若冲正和大白肩并肩躺在房顶晒太阳，他双手垫在脑后，嘴里还叼着根狗尾巴草一晃一晃的，惹得大白时不时跳起扑打。

戚风弄跟随林若冲许多年了，二人既是主仆也是好兄弟。戚风弄早已习惯教主这副吊儿郎当的样子，也不拿正眼去瞧，他站在屋檐下向上喊："……咱们去不去啊？"

"什么？"林若冲在屋顶大声回话。

"武！林！大！会！"戚风弄扯着嗓子吼道，"去不去？"

"去!"林若冲喊。

"带多少人?"戚风弄嗓子都要喊破了。

"就咱俩!"林若冲大吼,"偷偷去!"

主仆二人的对话宛若桥头对歌。戚风弄走后,林若冲换了个姿势继续晒太阳。

"当然偷偷去了,要不然那些名门正派还不活吞了我?"林若冲自言自语道,"韵姐姐,咱们又要见面了。"

年关将至,游沐风的伤势逐渐痊愈。徐姑姑成日里来陪着,宫中也是珍贵的药材不断往天机阁送。游沐风不仅好了,还胖了许多。她听说皇上同意了参加武林大会的提议十分高兴。天机阁全部人马出动参加武林大会还是史无前例的事,大家决定过年好好庆祝一番。

而众人就像商量好似的,谁也没有在游沐风面前再提起过九王府发生的事,就好像顾骁这个人从未出现过一样。

年三十的晚上,年夜饭相当丰盛。徐姑姑难得亲自下厨,做了一桌子的菜,大家围坐一团,欢声笑语。可游沐风显得有些落寞,每当这种时候她总是会想起侍墨。

"从没见过阁主喝醉过,难不成真的千杯不倒?"张牧之打趣问道。

"阁主酒量确实好。不过跟你比的话,谁的酒量都是千杯不倒。"柳如丝饭后又拿起个桃,一旁的张牧之赶紧用扇子挡住脸。

"我倒是见阁主喝醉过。"江知白笑道,"那时还在灵山习武,我们偷喝了师父埋在后院的酒。阁主喝多了,非说看见了一只闪着金光的红色大鸟,大鸟还会开口说话。"

"我没醉!"游沐风争辩道,"我真的看见了!那鸟真的和我说话了!"

"它跟你说什么了?"聂慎儿好奇地问。

"它管我叫芦花鸡。"游沐风认真答道。

一瞬沉默后,饭桌上众人哄堂大笑。江知白无奈地摊手道:"后来还有几次,又是雪白的猫会说话,又是黄鼠狼会说话……每次喝多了酒就这样……"

大家嬉闹着,突然门口有弟子传话说,宫里曹公公来了。游沐风起初只当他是来拜年,但转念一想年三十是已故孟皇后的忌日,皇兄年年都会去守夜,曹公公应该待在宫里陪太子才对。

难道是太子抱恙?游沐风猜测,她几步迎出门。果然曹公公第一句话就是:"太子昨日偶感风寒,本来吃过药好些了,怎知今夜却高热不退,且还伴有梦魇癔症。"

"柳堂主随我一起入宫。"游沐风当机立断道,"你们接着吃,今夜不必等我们了。"

游沐风急急忙忙赶到东宫,只见太子躺在床上,眉头紧皱小脸煞白,在昏迷中痛苦挣扎,汗水与泪水混了一脸。游沐风抬手覆上他的额头,确实烧得滚烫。孩子在昏迷中发出呜咽,含含糊糊也听不清说的是什么。

柳如丝上前把了把脉后,奇怪地说:"太子殿下以前是不是受过什么刺激?小小年纪应该不会有如此梦魇盗汗之症。"

"刺激……是有的……"游沐风答道,"当年皇嫂走得突然,太子自那以后再没开口说过话。"

"我现在给殿下施针,但也只能暂时退热。"柳如丝道,"梦魇是心病,吃药扎针是没用的,治标不治本。"

"先过了眼下这关再说。"游沐风果断道。

柳如丝从怀中取出针包,抽出银针,丝毫不犹豫地插进太子几个大穴位。入肉极深,一指长的银针生生扎进去一半。孩子似乎在梦中吃痛,表情更加痛苦,甚至在昏迷中挣扎起来。

游沐风心里不忍,说道:"你能不能轻点?"

"不疼就没用啦!"柳如丝习以为常地说,"不通则痛,淤火散了就不疼啦!"

柳如丝说完,把入肉的银针又转了转,随即飞快地拔出来看了一眼,点点头说:"快好了!"

只见她又把剩下几支针飞快拔出,游呈宓果然在最后一根针拔出后安稳了许多,表情也不再痛苦,只是还没醒,像是睡着了。柳如丝又掐了一下脉,说道:"好了,我去开退烧药。"

"剩下的交给太医吧。"游沐风说,"你早些回去,同他们好好把年过完。"

"你呢?"柳如丝问。

"我等太子醒了再回。"游沐风挥挥手说:"你让曹公公派人送你回去,晚上路不好走。"

待柳如丝走后,游沐风一个人呆呆地坐在床边,看着床上的小人儿,她不由得一声长叹。游沐风见他呼吸平稳,身体也不再滚烫,便为他披了披被子,起身来到窗边。

此时夜已深沉,整个天茗皇宫静悄悄的,只有几个宫人房中还掌着灯。天茗的冬天依旧温暖如春,东宫的院子里种满了盛开的梨花。这也是太子生母孟枝遥生前最爱的花。

游沐风叹息一声,一转眼都这么多年了……

此时天上一弯明月,照着一院火树银花。夜深人静时,谁又想起了谁呢?

大年三十的夜,落照城大雪纷飞。傅勾月早早备好了年夜饭等着顾骁一起守岁。谁知蒹葭却说表哥大晚上出去了。傅勾月先是奇怪,随后心中愤愤不平。表哥最近怪怪的,总是躲着自己不说,连新来的李梦眉也被丢在驿站不闻不问。都是因为那个女人。傅勾月生气地想,她还真是命大,伤成那样都没死。

顾骁独自走在落照护城河边。此时离子时只剩下一个时辰,大街上空荡荡的,空气中弥漫着硫黄的味道,满地都是鞭炮碎屑,成堆的大红色铺满雪地,让他不禁想起成亲那天新娘子火红的嫁衣。想到这,顾骁不禁自嘲地一笑。

顾骁走着走着,来到一间寺庙门口,见庙门还开着,便抬脚进去。寺里十分安静,过年祈福的香客们似乎早已散去。他呆呆地看着未燃尽的线香,只听背后一个声音。

"施主大晚上的是求签还是拜佛?"一个小沙弥歪着头问道。

"本王……不求签也不拜佛。"顾骁作揖道,"我这里有张签文,小师父帮我看看,是不是出自你们这里。"

顾骁从怀里掏出那皱巴巴的签文,递给小沙弥。后者接过,飞快看了一眼,说道:"没错!那日河灯夜,一位女施主漏夜前来,和师父聊了许久。这签文还是我去取的呢！"

"旬空，大晚上的和谁说话？"老和尚从屋内走出来，肩膀上还站着一只孔雀。

"见过大师。"顾骁微微欠身问礼。

顾骁虽偏爱道法，却没有入过道门。他对佛家也有所耳闻，所谓"佛法慈悲"，顾骁对出家人还是很敬重的。

老和尚却是笑道："施主终于来了。"

顾骁一惊，问道："大师知道我会来？在下不过是路过而已。"

"当日那位女施主也说自己路过，都是夜半路过却大有不同。"老和尚摇头晃脑地说，"她路过是因，施主您路过却是果。所谓因果循环，当日的因种下今日的果，施主的路过便不算路过了。"孔雀让他晃得不耐烦，一拍翅膀，飞上了屋顶。

顾骁听得云里雾里，又不好出言反驳，只得继续问道："大师既然早知我会来，可知在下所求为何？"

老和尚哈哈大笑道："求？多少堂前香火客，只求如愿不求禅。施主既踏进我这佛门，须知佛说世间八苦，求不得最苦。"

顾骁却道："世间八苦中应该是离别最苦。"

"施主执念太深。"老和尚笑道，"若是一生求而不得，岂不是时时刻刻都在体会离别？"

"一生求而不得？"顾骁猛地抬起头。

"不错，施主并非她的良配。"老和尚笑得更甚，道，"还求吗？"

和尚这话一语双关，问的是顾骁还求签吗，也可以理解成还追求她吗。

求签不就是求她？顾骁瞬间就想通了，老和尚这么问明显是还有下文。再说，求而不得又如何？不求岂不是更不得？他顾骁从来都不是轻易放弃的人。

"求。"顾骁肯定道。

"既然如此。"老和尚说，"施主可知这签文内涵？"

"日月朝夕凉堂过。"顾骁揣摩着诗句的意思，只是这诗写得太没水平，他只能从表面意思胡乱猜测，"古人称只有衣冠的灵堂为凉堂，只有找不到尸身才会用凉堂代替……第一句是说她死无全尸?"

顾骁被自己的话吓了一大跳。可老和尚倒很平静,问道:"后半句呢?"

顾骁努力定神,声音却微微颤抖:"潇湘泪洒关外亭……相传娥皇女英在湘江边悼念亡夫,泪染青竹,自此便有了斑竹,又称潇湘竹。二人跳入湘江自尽,人们便称她们为潇湘夫人……自尽? 关外?"

顾骁越说越是心惊胆战,而老和尚还是没什么反应,而是接着问道:"娥皇女英,何许人也?"

"尧帝之女。"顾骁答道,"贵为公主。"

老和尚似乎很满意,点点头继续问:"施主博古通今,即是如此,这第三句何解?"

"凤鸾?"顾骁想了想说,"我只知鸾为青鸟,与凤齐名。天茗先人受灵鸟点化后自称灵族,这句话的意思是说她其实是灵族人?"

"按历史记载,盘古开天辟地始于混沌,有灵产生时,天地间便有了三只灵鸟:青鸾、火凤与红鸾。时过境迁,点化过凡人的灵鸟不知去向。"老和尚笑眯眯地说,"她是青鸾的后人,悲鸣九天而去指的是正官格空,红线引断。在香消玉殒之前,绝无姻缘可言。"

老和尚歇了一口气,继续道:"此劫是她的宿命。"

"本王从不信命!"顾骁听到这,抑制不住怒道,"她与我拜过堂成过亲! 皇天后土为证,星辰日月为鉴! 若真有此劫,本王早已卷入其中,定不会放她去死。"

顾骁说完,自己也是一愣,似乎自己也没意识到游沐风在他心中竟然已经如此重要。

老和尚还是笑眯眯的,顾骁话中带刺他却一点也不生气。他摇头晃脑,继续道:"九王爷既然不信命,那不如当今晚之事从未发生,说不定另有收获。"

"你知道我是谁?!"顾骁惊道。

"子时已过,又是新的一年了。"老和尚笑道,"老衲还是那句话,因果循环,王爷今天种下的因,来日记得收果。"

"什么意思?"顾骁听不懂他的话。

"一念愚则般若绝,一念智则般若生。老衲言尽于此,施主回吧。"老和尚一边说着一边离去,只留下个背影给一筹莫展的顾骁。

顾骁似懂非懂地在院里站了半天,天上又飘起了大雪。雪花落在树上就像天茗的梨白。此时天上一弯明月,照着一院火树银花。夜深人静时,谁又执念着谁呢?

江宁清山派的后山桃花百亩,只是隆冬时节,桃花早已谢了。花园中立着几间小屋,孟子笺随手推开其中一间,快步入门说道:"游夫人有礼了。"

侍墨从桌旁站起身来,看着孟子笺,眼中有些惊讶。她柔声道:"孟掌门来了啊,柏城不在,他出去了。"

"大过年的郡王不在山上待着,去了何处?"孟子笺问。

"这……我也不清楚。"侍墨有些为难道,"他的行踪从来不会告诉我。"

孟子笺蹙眉,显然是不高兴,他转而又问:"小公子睡了?"

"睡了。"侍墨答道,"好不容易哄睡下……孟掌门若是有事,等柏城回来我可以转达。"

孟子笺笑道:"无妨,我今日不是来找郡王的,是来找游夫人你的。"

"找我?"侍墨吃惊道。

"是,有些事想要问问夫人。"孟子笺说。

"你是想问麒麟墨玉玺的秘密?"侍墨有些语无伦次道,"我什么都不知道。"

孟子笺挑起眉,似笑非笑地问:"游夫人为何如此紧张?子笺什么都还没说。"

侍墨诚恳地说道:"孟掌门,我很感激你收留了我们一家,但我也知道你的目的。这玉玺虽然当年是我带出来的,但我只是个丫鬟,看着宝物价值不菲就起了私心,并不知道它有什么用途。柏城也问过我很多次,我是真的什么都不知道!"

孟子笺沉默了一会儿,纤长的手指在桌子上随意敲了敲,抓住了侍墨话中的重点,问道:"游夫人真的只是个丫鬟?"

"真……真的……"侍墨不明白孟子笺为何这么问,紧张地回答,"我只是明昭公主身边的婢女。"

"既然如此……"孟子笺道，"游夫人知不知道天机阁?"

侍墨大惊，难以置信地盯着孟子笺。

孟子笺却是低头一笑，说道:"看夫人这表情，应该是知道了。"

"你怀疑我是天机阁的人?!"侍墨惊呼，"我不是!"

"游夫人先别忙着否认。传言天机阁人人颈后都有刺青证明身份，永生不褪。夫人可否让子笺看看，证明清白?"孟子笺说罢，欲起身查看。

"我……我……孟掌门，这不合礼数。"侍墨见谎言要被拆穿，连忙搪塞道。

孟子笺却毫不在意，他漫不经心地说:"你们一家三口的性命都在我手上，我就算要取夫人的性命，相信游柏城也不会阻拦的。夫人不用担心礼数。"

"你到底想做什么?"侍墨害怕地问。

"既然夫人曾经是天机阁的人，有没有见过天机阁阁主呢?"孟子笺脸上带笑，眼神却锋利如刀。

侍墨浑身一震，面色苍白。

"看来子笺又猜中了。"孟子笺笑道。

"不! 我不认识!"侍墨连忙否认，但于事无补。

"游夫人不善说谎。"孟子笺循循善诱道，"既然夫人当年已经背叛出逃，现在又何必来上演忠心护主的戏码?"

多年往事重提，侍墨哽咽道:"当年的事是我鬼迷心窍，但是……但是我并不是有意背叛公主的。我只是……"

"我对夫人的过往经历没有兴趣。"孟子笺停下敲击的手指，笑望着侍墨说，"夫人只需要告诉我，明昭公主，是不是天机阁阁主?"

"你! 你怎么……"侍墨惊叫。

"夫人也不必吃惊，我认识明昭的时间比你更久，自然能猜到一二。"孟子笺咂嘴道。

"你认识公主? 这怎么可能?"侍墨不敢相信地问。

孟子笺却笑着说:"夫人有什么值得我骗的吗?"

"你到底是谁?"侍墨感到恐惧。

"清山掌门,孟子笺。"

"你怎么会认识长公主?"

孟子笺显然没有耐心继续和侍墨玩猫捉耗子的游戏。他站起身来,轻掸衣袖说道:"比起关心我,夫人还是多关心一下自己为好。灵族公主统领天机阁,手下各个本事通天,夫人和郡王还是小心为妙,出了这清山,怕是子笺也护不了你们。夫人还是多规劝规劝郡王。"

"我没说公主是天机阁阁主,你不要乱说!"侍墨警惕道。

"时候不早了,夫人早点歇息吧。"孟子笺耸耸肩站起身,根本不在乎侍墨的狡辩,他不耐烦地说道,"对了,差点忘了,公主已经知道夫人和郡王在清山了。这次武林大会,天机阁阁主将携四大堂主亲临,夫人做好准备。故人重逢,自然要有一番恩怨纠缠。"

"你说什么?"侍墨惊呼着跌坐回椅子上。

"我说替我问候小公子。"孟子笺说完,转身出了房门。

孟子笺回到前殿,坐在整个清山景色最好的月盈崖边的凉亭内,手握酒盏,目望天空,不知在想些什么。他喃喃自语:"又下雪了啊……"

"少爷,加件衣服吧。"宋筱筱提着件大氅,披在孟子笺肩头。

"说了多少次,该唤我掌门。"孟子笺有些不满道。

宋筱筱微微一笑说:"今日过节,又无他人,少爷不用杯弓蛇影。"见孟子笺不回答,她岔开话头问道,"少爷在想什么?"

"蓝蝶。"孟子笺简单地回答。

宋筱筱不禁皱眉道:"她真的是明昭公主?"

孟子笺轻轻地说:"十有八九。"

"既然姓游,那便是仇人。"宋筱筱说。

孟子笺却看向远方,喃喃道:"当年之事她并不知情。"

"少爷还顾及青梅竹马之情?"宋筱筱冷冷道,"只怕她都不记得了吧。"

孟子笺沉默不语。

"您喜欢她?"宋筱筱又问。

"喜欢?"孟子笺笑道,"没有。只是有些怀念罢了。"

"顾骁对她十分在意。"宋筱筱道,"要控制顾骁,对她就不能手软。少爷，大局为重。"

"顾骁不足为虑。"孟子笺缓缓道。

"就算没有顾骁，她的出现也是祸害！"宋筱筱怒道，"她是灵帝的亲妹！灭门之仇不共戴天！请少爷三思。"

孟子笺微不可见地皱了皱眉头，过了好久才道："筱筱，你越界了。"

宋筱筱急忙认错："筱筱知错，可是……"

"血海深仇我又怎会忘记呢？"这一刻孟子笺对着漫天飞雪，望向一弯明月，恍惚间想到了小时候天茗宫中那一院火树银花。夜深人静之时，谁又舍不得谁呢？

天机阁的茶园郁郁葱葱，徐姑姑对着江知白轻轻问道："阁主说今晚不回来了？"

"是，太子病重，陛下又不在宫中，韵儿要守着太子。"江知白道。

徐姑姑眉头紧锁，过了好一会儿才开口问道："公主真的要去选武林盟主？"

江知白答道："是，这是陛下的意思。"

"有没有危险？"徐姑姑问。

"姑姑放心吧，这次我亲自陪韵儿去，不会有事的。"江知白道。

徐姑姑道："阁主不该如此执着于麒麟墨玉玺，她这脾气都是让你给惯出来的。"

江知白却笑着说："姑姑惯她比我少？我看未必。"

"别的事由着她也就罢了，这出生入死的事不能总让她说了算。特别是这玉玺，就是个不祥之物。"徐姑姑语气不快地说。

江知白觉出了不对劲，问道："徐姑姑何出此言？"

"这玉玺本是先皇后的陪嫁之物，更有传言皇上是为了玉玺才娶的皇后，之后皇后暴毙……"徐姑姑回忆道。

"先皇后不是病死的吗？"江知白惊道。

徐姑姑看了看四周，压低声音道："很多事我也不清楚，当年的事本就没几个人知道，就算我知道也不会说。这是为了你和韵儿好。我只能告诉你，玉玺阴差阳错流落在外并不一定是坏事，这东西说不定会要了韵儿的命。"

"姑姑到底知道些什么？"江知白追问。

"知白啊，你要知道，眼下的危机可不仅仅是四藩之乱这么简单。"徐姑姑道，"这事不能再由着她，等武林大会结束，你们找回玉玺还给皇上。我会亲自进宫，求陛下给你二人赐婚。公主嫁龄已过许久，陛下于情于理都不能拒绝。等成亲过后，你就带着韵儿回封地去。明昭是个好地方，富足殷实。将来的孩子也是郡王郡主，总好过世世代代困在这天机阁。"

江知白皱眉道："可是韵儿一走，没有人能接管天机阁，只怕陛下不会答应。"

"你是顾天机阁还是顾韵儿的性命？要是皇上不答应，你就直接带她走。越远越好，找个喜欢的地方隐姓埋名过一辈子，就像当年你们在山上一样不好吗？"徐姑姑说完这话，意识到自己失态了，她用手扶住额角，长叹一声恢复平静，喃喃道，"知白，我活不长了，我知道你是个好孩子……也只有托付给你，我才能放心撒手……"

江知白此时心事重重，并没有听见她最后一句话。

徐姑姑抬头看着天上一弯明月，突然忆起当年皇后院中那一院火树银花。夜深人静时，谁又恨着谁呢？

游沐风趴在太子床边睡醒时天已大亮，她手臂枕在头下一整晚麻木不堪，脑子也是昏昏沉沉的。太子游呈宓早已经醒了，他怕吵醒姑姑，躺在床上不敢动弹。

早已过了早膳时间，东宫里竟然一个下人都没有。游沐风当即暴怒！她很少进宫，但大约知道宫里下人的德行。皇兄很少来东宫，曹公公事情多照看不过来，这些宫人便常偷懒，从游呈宓的反应来看，应该不是第一次了。

游沐风先将东宫众人唤来责骂一通，转念一想，其实症结还是在游呈宓自己身上。她拉住侄儿的手问道："张嬷嬷呢？"

张嬷嬷是太子的乳娘，在游沐风的记忆里她应该是太子身边最亲的人，一整夜没见到很是奇怪。

游呈宓摇摇头，没有说话。

可能是出宫了吧，游沐风想了想，认真道："以后下人们要是敢欺负你，你就去找曹公公，听懂了吗？"

游呈宓乖巧地点了点头，一言不发。

"宓儿，姑姑知道你思念娘亲，姑姑也思念自己的娘亲。可是这并不是你懦弱的理由。"游沐风叹了口气说道，"你父皇为你起名呈宓，你可知为何？'宓'字古时又通'伏'字。你父亲是希望你能呈伏羲福佑社稷之象，力保天下苍生之安。将来你做了皇帝，所有的百姓，无论灵族人还是中原人都是你的子民。你若是走不出悲苦，谁来做他们的倚仗？"

游呈宓似懂非懂地点点头。他似乎察觉到姑姑要走，眼中全是不舍，但依旧没有开口说话。游沐风也很舍不得他，天机阁要前去参加武林大会，也不知何时才能回来再看到侄儿。可不忍心归不忍心，雏鸟离巢天经地义，太子总要学着长大。游沐风狠狠心离开东宫，回了天机阁。

三个月的时间转瞬即逝，天机阁上上下下忙碌了许久，终于在江宁开春之时，浩浩荡荡地向清山出发。时隔多月，这次再出远门，游沐风的心境与上一次大相径庭。她不悦地问道："为什么师兄和张堂主可以骑马，我却要跟你们坐马车？"

"这不是保持神秘吗？"柳如丝道。

游沐风一脸不高兴地说："我有什么神秘的？我头上长犄角了吗？"

聂慎儿笑道："阁主这次出门怕是要无聊死了！张堂主说了，让您别随便出手跟人打架，别多说话，往那一坐就行，剩下的交给他和江堂主就好。"

"这天机阁什么时候姓张了？！"游沐风暴躁地吼道，"我是阁主还是他是阁主？"

"你是阁主！你是阁主！谁敢说你不是我毒死他！"柳如丝连忙安慰道，"阁主你想开一点，他们还不是担心你。你是要当武林盟主的，要保存实力到最后，哪能随随便便跟人动手？"

"他们？"游沐风挑起眉峰道，"这主意你们俩也有份儿吧？你们四个串通好糊弄我！"

"我们……我们哪有。"柳如丝一阵心虚道，"没有……没有，呵呵。"

"再说我什么时候跟人打架了？我那都是切磋！"游沐风无视柳如丝的言论，愤愤道，"你们真是没劲透了！"

"阁主你要往好的方面想，你这次去可以见到顾骁啊，你揍他大家肯定没意见!"柳如丝欢快地说。

聂慎儿听了这话赶紧在桌子下偷偷踩了柳如丝一脚,示意她闭嘴。

"你踩我干吗?"柳如丝看向聂慎儿问道。

"顾骁也要去?"游沐风惊愕道。

柳如丝这时才意识到自己说漏了嘴,一时间场面无比尴尬。

游沐风怒道:"你们早知道了对不对? 还敢瞒着我?"

"张堂主不让咱们告诉您,是怕到时节外生枝,毕竟您把人家王府搅得天翻地覆,怕他到时不会善罢甘休。"聂慎儿见势头不对赶紧劝道,"阁主您少出面,见不到他就行了。顾骁这会儿人估计都到清山了。"

"你说得容易。"游沐风嗔道,"江宁是他的地盘,我说不见就不见了?"

柳如丝点点头说道:"也是。不过见面咱们也不怕他,阁主没武功的时候都能把他气够呛,现在有武功,顾骁更加凶多吉少了。"柳如丝说着,又从怀里摸出个桃,游沐风和聂慎儿见状吓得赶紧躲开。

一路颠簸了好几日,总算到了清山脚下。张牧之一边在客栈门口张罗车马一边说道:"阁主先与聂堂主和柳堂主进客栈休息。我与江堂主去把剩下的琐事打点了。"

游沐风在一旁阴笑着说:"什么琐事这么急? 连口水都来不及喝?"

"一大家子出门在外,总要张口吃饭。"张牧之笑道,"阁主什么时候给阁里找个新掌事回来,也省得属下天天抱着个算盘,跟个账房先生一样。"

"你少来,你们一个个谁是省油的灯?"游沐风怒道,"我还没找你算账呢,瞒着顾骁要来清山的消息,一定是你的主意! 别以为我……唔唔唔……"

游沐风话没说话,被柳如丝一把死死捂住了嘴。

柳如丝飞快道:"阁主你看,那边有红糖糍粑……坐了那么久的车一定饿了吧……走走走,咱们吃糍粑去!"说罢,用另一只手拉住游沐风,夺路而去!

游沐风的嘴被死死捂住,连一声救命都没喊出来就被柳如丝连滚带爬地拖走了,留下其余三人站在原地大眼瞪小眼。

"阁主知道了?"江知白冷冷地问。

聂慎儿点点头道："是。柳堂主说漏嘴了。"

江知白阴森着脸开口说："我早说过，就该连她一起瞒！"

"算了，江堂主。"张牧之摇着扇子打圆场道，"顾骁这次是有备而来，他这次上清山，不管是为了玉玺还是为了寻妻，大有势在必得之意。光靠咱俩估计挡不住他，也的确该让阁主自己处理。"

"寻妻？"江知白一声冷笑。

"是我说错话了，你别激动。"张牧之顿时感到杀气肃起，赶紧改口道，"不过一个顾骁就够麻烦了，再加个孟子笺估计够你我喝一壶的。怎么样？江堂主与我同去？"

聂慎儿奇怪道："你们要去哪？"

张牧之一打折扇笑道："你瞧！清山掌门刚递的请柬，请阁主上清山一叙！"

"消息这么灵通？"聂慎儿诧异地问，"咱们这刚刚才落脚。"

"清山立派百年靠的可不只是武学，孟子笺年纪轻轻当上掌门又与顾骁交好，没点手段怕是不太可能。"张牧之嘲道，"况且咱们又到了人家的地盘上，自然什么都瞒不过他。"

"这个人，我倒是见过一面。"江知白思索道。

"哦？江堂主以为如何？"张牧之问。

"我也只是远远看了一眼，那日他站在顾骁身侧。"江知白回忆道，"我当时并没有见他出手，不知他身手如何。不过内力看起来还行，目光如炬，明显是个心思深沉的人。"

"听上去不太好对付。"聂慎儿插话道。

江知白一声冷笑，说："按照辈分，他师父也得称阁主与我一声师叔。也不知我师父通天的武学传到他孟子笺那还剩下多少。同门一场，或许可以领教几招。"

聂慎儿有些怀疑，问道："距离武林大会开始还有三日，各大门派都还没到。孟掌门这时候请阁主上山做什么？"

"往明里说，天机阁身份尊贵又第一次参加武林大会，盛情一些自然说得过去。"张牧之耐心解释道，"往暗里说，可能性就多了去了，最有可能不外乎两种:帮顾骁寻人,或者试探咱们对玉玺的态度。"

"你们又打算瞒着阁主?"聂慎儿问。

"这件事不瞒不行。"张牧之果断地说,"以咱们阁主的性子,知道了肯定要亲自去,但现在阁主还不适合露面。这些中原人的底细没摸得一清二楚之前,绝不能让他们轻易与阁主接触。"

"没错,阁主重伤初愈,不可再添新扰。我先与张堂主带一半人上山。三日后你和柳堂主随阁主带上剩下的人马,咱们在山上会合。"江知白道。

聂慎儿点点头说:"好,我记住了。"

"务必看好阁主,武林大会在即,山下鱼龙混杂,千万别让她和人动手。"江知白还是有些不放心,叮嘱道。

聂慎儿瞪大眼,用手指了指自己:"阁主打架,我拦得住?"

"那就别让她出门,就说我要给她飞鸽传书山上的消息。让她在屋里等着。"江知白说。

"这……"聂慎儿毫无信心。

"行了,就这么办吧。"张牧之同情地看着聂慎儿道,"看好阁主,考验你的时候到了!"

聂慎儿欲哭无泪,突然觉得此番出远门身边的人一个比一个不靠谱。

另一边,柳如丝拉着游沐风飞奔到一家油炸摊前,确定没人跟上后才气喘吁吁道:"娘嘞……吓死老娘了!我说阁主啊,你就当可怜可怜我吧……看在咱们一起出生入死的分上。江堂主要是知道我把顾骁的事告诉你,估计真要一掌拍死我了!你看我为阁里鞠躬尽瘁这么多年……"

"唔唔唔……唔唔唔……"游沐风愤怒道。

柳如丝这才想起松开捂住游沐风嘴的手,问道:"你说啥?"

"我要吃核桃馅的糍粑。"游沐风揉了揉被捂红了的嘴说道。

柳如丝默然。

游沐风又问:"你带钱了吗?"

这时摊位旁突然出现两个身量高大的男人,抢在游沐风之前冲着油炸摊老板说:"给我三块糍粑,核桃馅的。"

摊主飞快应下:"好嘞客官,您稍等。"

那男子随即丢出一锭银子,正好落入摊主怀中。

摊主赔笑道:"客官,您这一锭整银我找不开啊！您有碎银子吗？"

男子冷漠地说:"没有,找不开就连她们的一起付了。"他说完,朝着游沐风和柳如丝的方向噘了噘嘴,表情一脸不屑。

"都加上也找不开啊,我这是小本买卖。客官您这一锭银子都可以买我这一个摊位了！"摊主哭笑不得地说。

游沐风在一旁观察着,她眯起双眼没有说话。

男子显得十分不耐烦,凶巴巴道:"你怎么这么啰唆！找不开就不用找了！权当爷打赏你的！"话还没说完,他就拿起摊上刚做好的几块糍粑,头也不回地走了。

"喂！"柳如丝怒道,"是我们先来的！"

游沐风一把抓住柳如丝,微微摇了摇头,复又在她耳畔小声道:"是个高手。"

柳如丝被抢走了食物显得十分不开心,她不甘地问道:"多高？比阁主你还高？"

"那倒没有。"游沐风耸耸肩道:"不过带上你可就不一定了。"

柳如丝嘴角直抽地说:"阁主你还别说,在毒舌方面你和江堂主还真是同出一门的师兄妹。"

二人斗着嘴,等到了两块新鲜出锅的糍粑,一边吃一边走回到客栈,却发现只有聂慎儿一个人坐在客栈大厅喝茶。

"师兄和张堂主呢？"游沐风问道。

"他们先上山打点阁主衣食住行了,让咱们三日后在山上会合。"聂慎儿答得滴水不漏。

游沐风相当警惕,追问道:"真的？你们是不是又瞒我什么了？"

"怎么会呢！"聂慎儿笑盈盈地继续说道,"对了阁主,江堂主还说了,要飞鸽传书山上的情报给您。让您这三日在屋里等他的消息。"

游沐风半信半疑,但转念一想,三天时间料想他们也玩不出什么花样。她点点头说:"好吧。三日后咱们再带一个门的人,剩下的弟子留在山下,游柏城知道咱们要来的消息肯定不会坐以待毙。让几位门主仔细留意,绝不能让他们逃了。"

聂慎儿见如此轻易就蒙混过关,如临大赦道:"是,属下这就去办!"

此时,清山上一个弟子飞快跑到孟子笺面前回禀:"掌门,天机阁司慎堂、司战堂两位堂主递了名帖,在山脚下准备上山了。"

"就两位堂主?"孟子笺问。

"是。"弟子答道,"还带了几十名弟子。"

孟子笺想了想说:"我知道了,你下去吧。"

弟子走后,宋筱筱从后堂走出,轻轻问道:"天机阁阁主没来? 是帖子没递到还是她不想来?"

孟子笺笑道:"没递到这二人从何而来?"其实他心里早就知道会是这种结果了。

"那便是公主不给面子了。"宋筱筱说。

"那倒不一定。"孟子笺漫不经心地说,"咱们拿了灵族的宝物,天机阁对咱们有所防备也是必然的。"

宋筱筱不悦道:"少爷,你又何必找理由为她开脱。"

孟子笺修长的手指轻敲桌面,继续道:"他们当我是顾骁的人,怕我替他留人留东西,不会轻易让明昭公主见我的。"

"那怎么办?"宋筱筱问,"难不成少爷打算把麒麟墨玉玺还给天机阁?"

"怎么可能?"孟子笺冷笑道,"麒麟墨玉玺本就是我孟家之物,我谋算多年好不容易将它夺回,怎么可能拱手让人?"

"话虽这么说,可天机阁……"宋筱筱犹豫地说。

孟子笺停下敲击的手指,缓缓站起身,看着山下冷笑道:"顾骁要的是他的假王妃,我要找的……呵呵,明昭,咱们总会相见的。"

第二天一早,游沐风与柳如丝、聂慎儿坐在客栈大厅吃着早饭。柳如丝此时浑身暴躁,一头恼火,而游沐风却十分高兴。聂慎儿看得莫名其妙,随口问道:"柳堂主昨晚休息得可好?"

柳如丝恼火道:"好! 当然好! 没有房顶叫不停的那只猫说不定会更好!"

聂慎儿终于知道柳如丝为啥生气了。

游沐风笑眯眯抱起一只黑猫,道:"你说这只?"

黑猫一脸阴郁,随意喵了一声,听起来相当敷衍。

"娘嘞……阁主,你从哪弄来的猫?"柳如丝问道。

游沐风欢快地回答:"昨晚在你房顶捡的呀!"

聂慎儿终于知道游沐风为啥高兴了。

"你大晚上不睡觉把它抱回来做什么?"柳如丝崩溃道。

游沐风则一脸理所应当的表情:"养啊,还能做什么?"

柳如丝简直要疯,说道:"娘嘞……阁主你要养也养只漂亮点的,这小秃毛……"

黑猫仿佛听懂了人话,龇牙叫一声"喵"以示愤怒。

"你还好意思说,之前是不是说好撤的时候带上大白?结果呢?"游沐风质问道。

柳如丝欲哭无泪:"娘嘞,阁主……您再说一次,那叫撤?那叫出师未捷身先死吧?命都没了还带猫?"

"不管,我就是要养。"游沐风开始了她最擅长的耍无赖。

"养养养!"聂慎儿飞快地给柳如丝使眼色,道,"小猫怕生,阁主你这几天就好好待在房里养猫吧……给它起名字了吗?"

游沐风道:"还没,你们说……"游沐风话还没说完,客栈里突然进来几个大汉,他们将手中行李扔在柜台上丁零咣当一通乱响。游沐风三人的话被打断,一起好奇望去,只见带头那男子嗓门极大,吼道:"掌柜的,给我们几间上房。"

柳如丝扭头一看,惊道:"这不是昨天抢咱们糍粑的人吗?"

游沐风同意道:"是啊,他们住客栈?看来也不是本地人。"

"湖州人。"聂慎儿声音压得很低,只有自己桌三人能听到。

"你怎么知道的?"柳如丝问。

聂慎儿认真答道:"铜制护腕,图腾压刀。你看刚才说话那人衣袖宽大,里面藏着袖箭。据我所知,整个雪域只有湖州人有袖里藏箭的习惯。"

"江宁和湖州都闹成这样了,他们还来参加武林大会?"柳如丝吃惊地说。

"步伐稳健,脚下生根,不太像寻常江湖人。"游沐风道,"总之,小心提防就是了,千万不能打草惊蛇。"

三人意见一致,吃完早饭便散了。聂慎儿回房等信,游沐风回房玩猫,柳如丝回房补觉。

三日后,柳如丝与聂慎儿挤在游沐风的房间里焦头烂额。聂慎儿实在忍不了了,开口催促道:"阁主你快点吧,咱们该上山了。各大门派都已经到了。"

游沐风焦急地翻箱倒柜,暴躁道:"你和柳堂主先上山,我随后就到。"

聂慎儿如今一个头有两个大,欲哭无泪道:"阁主您又怎么了?"

"猫丢了。"柳如丝慢慢悠悠地说,咬了一口手中的桃。聂慎儿猝不及防被喷了一脸的桃汁。

"你们先走吧。"游沐风焦虑道,"时间到了咱们都没出现,张堂主和师兄要担心了。"

"这怎么行? 不能把阁主一个人留在这!"聂慎儿道。

"你还担心我?"游沐风翻了个白眼说,"找到了猫我用轻功上山,一定比你们先到!"说完,见聂慎儿犹豫不决,她又补充道,"你们赶紧出发吧,别为了只猫耽误正事。"

聂慎儿仿佛听到了一个笑话,竖起大拇指道:"阁主……你居然也知道不该为一只猫耽误正事啊!"

柳如丝跟游沐风相处的时间更多,她显然对游沐风已习以为常。只听她慢条斯理地说:"聂堂主咱们先走吧,阁主决定的事什么时候听过劝。谁让咱俩不会飞呢? 说不定阁主真能比咱们先到,一起走还嫌你我拖了后腿。"

聂慎儿思前想后,最终妥协,说道:"好吧阁主,您自己当心。"

游沐风忙着找猫,头也不抬地说:"你们快走吧,我在山上等你们。"

柳如丝嘴角抽搐道:"你真是一点也不谦虚啊!"

这两人走后,游沐风把整个屋子都翻遍了,除了黑猫昨天吃剩下的鱼尾巴,什么也没找到。会不会上屋顶了? 游沐风想着,运起轻功跳出窗外,脚尖一点,就落在客栈屋顶上。她左观又看寻找黑猫的身影,心里纳闷着,明明前天就是在这里发现它的。

游沐风又往前走了几步,脚下房间突然传来一声怒吼,把她吓得差点从房顶掉下去!只听那男子道:"岂有此理!好你个顾骁!简直胆大包天!"

顾骁?听到这个名字游沐风愣住了。这声音不就是两天前现身住店的湖州大汉吗?游沐风赶紧收敛气息,小心翼翼地挪到那声音所在的窗外,她屏息凝神试图听到更多信息。

"大人息怒!顾骁虽说幽禁了咱们郡主,但湖州王已下了明确指示,郡主不重要,取得顾骁的项上人头才是咱们此行的目的。"这个声音游沐风没听过,尖细刺耳,从对话中也能猜到他们是同伙。

"顾骁到清山了?"大汉问。

"几日前就到达了,住在月盈崖边的紫东阁。"尖细的声音答道。

"身边带了谁?"

"江宁御林军统领,闵纾。"

"有闵纾和孟子笺护着,咱们得小心行事!"大汉冷哼了一声。

"是,属下遵命。"尖细声音的主人厉声道。

此刻第三名男子的声音加入了对话中,只听他说:"大人,闵纾与顾骁都来了清山,落照此时外廷空虚,是咱们乘虚而入的最佳时机啊!"

"哼,顾骁狡猾至极,怎会没想到这一点。"大汉道,"天茗派裴锦焕出兵驻守雀岭,明显是给咱们下马威。这时候发难江宁,那就是坐实湖州谋反!"

"顾骁自己要来清山监督武林大会,还给江宁搬了救兵?"尖细声音的人不可思议道,"太奸诈了!"

"是啊!这就是为什么湖州王再三嘱咐要杀了他的原因。我本想着活捉他,到时候开战也好拿他当个人质,现在看来还是直接杀了,以绝后患!"大汉说。

"湖州王要杀顾骁?杀了他湖州郡主岂不是也活不成了?用女儿性命换来的江山,也不怕坐着硌屁股!"游沐风心里嘲道,转而想到顾骁有危险,她又开始忍不住担心,"要不要去提醒他小心呢?他那么聪明应该已经知道了吧?何况他还有闵纾和孟子笺呢,还需要我多操心吗?"游沐风想到这,心里酸溜溜的。

"既然这样,那咱们就按照原计划,武林大会结束前夕动手,咱们的人现在估计已经混上清山了。"尖细男音道。

游沐风还在认真思索事情的来龙去脉,以及沉浸在"我又不是他的什么人为什么要担心他"的纠结中,背后突然传来一阵青瓦摔落的声音,游沐风吓得跳起来,气息败露。她猛地转头,只见黑猫蹲在她身后,抬起爪又扔下一块瓦,面无表情道:"喵……"

"屋顶有人!"尖细男音怒道。

大汉当机立断:"你们快去追,绝不能留活口!"

正所谓成事不足,败事有余,游沐风看着黑猫简直欲哭无泪。她眼见十几个湖州壮汉施展轻功,冲上房顶,但自己却不能与他们硬碰硬。

天机阁阁主身份敏感,在武林大会前夕与湖州人打起来,传出去肯定招人议论。游沐风脑筋飞转地想,何况这些人起了杀意,真动起手肯定要出人命。算了,还是逃吧。尽快找到留在山下的天机阁弟子,想必他们也不敢再追了。

想到这,游沐风举目望了望四周,客栈屋顶虽是高处,却空旷无遮。旁边除却护城河便是低矮民房,根本无处可逃。

"快上!在那边!"众人高呼着冲过来。

就在这千钧一发之际,一个身影突然蹿出,游沐风还没来得及看清来人样貌,就被他环手抱住,双双跳入护城河内。

"他们下水了,通知大人!其他人跟我沿路去追!"有人喊道。

此时的游沐风沉浮在护城河水中,睁眼环顾却只见一人胸膛,她试图挣脱,却被死死环住。游沐风用手拍了拍他的胸口,指了指自己的鼻子,疯狂摇头示意自己不会游泳。那人这才放开双手,一只手拉着游沐风,一只手划水,逆流而上,游向远处的岸边。

二人游了很远,筋疲力尽从水里爬上岸,已是浑身湿漉漉。游沐风这才看清对方的脸,如同晴天霹雳,她简直不敢相信自己的眼睛。她看着面前的男子衣衫尽湿,发丝粘在脸上,头上还顶着两根水草,震惊道:"阿冲!你怎么会在这?"

林若冲倒是很开心,笑眯眯道:"韵姐姐,咱们又见面了。"

"你怎么从落照到清山来了?"游沐风不可思议地问。

"我来寻亲啊。"阿冲认真道,"找我失散的姐姐的姐姐小红啊! 你忘了?"

游沐风一脸蒙,都不知该说什么,遂问道:"然后呢?"

"我刚找了家客栈住下,今早听见屋顶有猫叫就上去看看,正好撞见姐姐。然后咱们就到这啦。"阿冲说。

游沐风还是有些怀疑,问道:"你会武功?"

"我一直都会。"阿冲倒是很乖巧,"之前吃错药了,内力全失,现在已经恢复了。"

游沐风简直莫名其妙,瞪着眼,一副难以置信的表情道:"啊?"

"你之前也没问过我呀。"阿冲赶紧岔开话题反问道,"韵姐姐,咱们接下来去哪?"

"咱们?"游沐风道,"你要跟着我? 你不找你姐姐了?"

"我签了卖身契的呀。"阿冲一脸真诚地说,"找到你了自然跟着你了。"

"跟着我也不是不行。"游沐风心想,经过上次的事再想带阿冲回天机阁恐怕是不行了。不过嘛,还是有别的方案的。游沐风眼睛一亮,有了个主意,笑道:"这回我给你找个好去处!"

话音未落,阿冲怀里露出一只黑猫脑袋,黑猫浑身毛都湿透了,眼睛警惕地打量周围。阿冲问道:"韵姐姐,它叫什么名字啊?"

游沐风再次如同晴天霹雳,问道:"你怎么把它也带来了?"

阿冲一脸无辜地说:"不是我带的。它自己跳下水跟来的,上岸我才发现。这猫还会游泳?"

"……它还没起名字。"游沐风嘴角抽搐地看着阿冲和黑猫,内心咆哮,今天遇到的都是什么事啊。下次出门必须看皇历。

"水性那么好的猫,就叫狗子吧。"阿冲认真道。

游沐风一时语塞。

阿冲一脸得意地抱着狗子,问道:"韵姐姐,咱们去哪?"

"清山。"游沐风努力镇定道,"得快点走,不然那伙湖州人就追上了。"

"我们可以走这边。"阿冲道,"我前两天来过这里,从林子穿过去就是清游沐风和林若冲肩并肩向树林深处走去，他怀里的狗子时不时喵喵两声。游沐风实在看不下去了，抬手摘下他头上的水草，阿冲开心地问道："韵姐姐，小翠姐姐还好吗？"

"挺好的。"游沐风说，"见面你记得多喊她几声。"

"你们在王府怎么突然就走了，也不打个招呼。"阿冲装模作样地问。

"突然有些事，着急就走了。"游沐风敷衍道。

"那你还是王妃吗？"

"……不是。"

"那你们有想我吗？"

"你把嘴闭上！"游沐风忍无可忍。

此时清山顶上人头攒动，聚集了各大门派。孟子笺与顾骁居于首席，正周旋于各门派掌门之间。孟子笺看上去神态自若，可顾骁就不一样了，他没看见自己要找的人本就着急，还得分神应付那些江湖莽夫，顾骁实在是不耐烦到极点。再加上江湖门派虽说看不起朝廷，但都喜欢和王侯将相们打交道。俗话说就怕武人弄文，顾骁被这些驴唇不对马嘴的马屁拍得简直要七窍生烟。

"有道是'山有扶苏，隰有荷华。不见子都，乃见狂且'。素闻江宁九王霁风朗月，有子都之美。真是百闻不如一见！"万剑峰的峰主姬朗月本着千穿万穿马屁不穿的心思认真说道。

"子都是个暗箭伤人的匹夫。"顾骁面无表情地说。

"王爷！"孟子笺尴尬打圆场道，"姬峰主是在夸您呢！"

"她夸本王是个暗箭伤人的匹夫。"顾骁面无表情地说。

以往遇到这种事顾骁通常不会计较，他纵使鄙视别人卖弄但也不会真的让对方下不来台。孟子笺深知这一点，看样子九王爷今日确实心情不佳。他赶忙附耳低声说："姬朗月是顾长明妻子娘家的表姑，里外和王爷都是一家人……"

"谁跟她一家人。"顾骁学着游沐风以往的表情，翻了个白眼。

"王爷，掌门，逍遥派到了。"弟子前来回话。

孟子笺还没来得及迎接，逍遥派掌门徐清华就径直走上前道："子笺贤侄，老朽可是好久没见到你啦！谶儿那丫头天天都在念叨你，你们的事，你看……"

"改日定当亲自拜访徐姑娘。"孟子笺赶紧打断赔他，笑道，"请徐掌门上坐。"

徐清华今日是奔着武林盟主而来，论武学、论辈分，在座者无人能及。只要这次东家不从中作梗，武林盟主应当是他的囊中之物。不过，他又听说天机阁也来参加这次武林大会，也不知这位阁主武功如何，若是样样都将自己比下去，他还得重做打算。于是他决定先跟孟子笺探一探口风，看看能不能问出些有用的情报。

只听徐清华笑道："贤侄啊，这次武林大会来的人不少啊！清山好久没这么热闹了吧！"

孟子笺一眼就看穿徐老头心中的算计，他笑眯眯地说："去年逍遥派的武林大会可比如今热闹多了，徐掌门不必谦虚。"

果然徐清华接着便道："去年来的人没有今年多。听说今年天机阁也来了……贤侄啊，这个天机阁……"

"子笺什么都不知道。"孟子笺生怕"天机阁"三个字惹得顾骁再次发飙，赶紧打断徐清华。

就在这时，闵纾匆匆赶来。他附在顾骁耳畔小声道："王爷，天机阁所有人都到了，并没有发现王妃踪影。"

"没有？"顾骁不敢相信。

闵纾点点头道："是的。大会马上就要开始了，山下的山门已经封了。"

顾骁抬头望向天机阁众人方向，他远远地看到了人群中的江知白，感到更加困惑。顾骁喃喃自语道："她师兄都来了，她怎么会不来呢？"

孟子笺的声音打断了顾骁的思考，他说："大会即将开始，请王爷上坐。"

顾骁抬脚走上不远处的高座，目光却一直盯着台下的江知白。同一时间，孟子笺不留痕迹地扫视了一眼众人，最后将目光瞥向宋筱筱。

宋筱筱捕捉到孟子笺的视线，若有似无地微微摇了摇头，示意"人确实没来"。孟子笺皱起眉头收回视线，这才跟随顾骁离去。

不远处的武场内,江知白暴怒道:"阁主人呢?"

"你问我我问谁!"柳如丝同样暴怒道。

"你们怎么能让她一个人上山?"江知白简直要被气疯了。

柳如丝却大声回嘴道:"阁主又不是三岁小孩!路都不会自己走?遇到麻烦不会解决?你再看看这上山几百号人哪个能打得过她?有什么可担心的?"

"你还有理了?!"江知白怒气暴起,威胁道,"你再说一句试试!"

柳如丝躲在聂慎儿身后,探出个脑袋,不忘回嘴道:"说就说,怕了你啊?动不动就发脾气,老娘给你吓大的不成?你来啊……鱼死网破啊!"柳如丝说完,又赶紧把脑袋缩回聂慎儿身后。

"你们别吵了!这么多双眼睛看着丢不丢人?"最后,还是张牧之听不下去,恼怒道,"按照时间阁主早该上山了,至今未到怕是遇到了意外。派人通知山下弟子,赶紧去找。"

"我去。"江知白道。

"江堂主你别太着急了。"张牧之接着道,"柳堂主说得也不是没有道理,咱们也不可能时时刻刻护着阁主。山上山下那么多弟子,阁主又武功高强,不会有事的。可能只是出什么状况耽误了。"

江知白黑着脸说:"我不是担心这个,寻常打架滋事没人是她对手。"

柳如丝又探出脑袋问:"那你担心个啥?"

"韵儿……阁主她不认路。"江知白说。

剩下三人同时呆住。柳如丝怒道:"你怎么不早说?"

江知白刚下去的火又上来了,怒道:"我怎么知道你们会丢下她一个人!"

柳如丝反击道:"我们说她能听?你自己的师妹你不清楚?"

"你们有完没完!"张牧之怒道:"柳堂主你快从聂堂主身上下来,天机阁的脸都要给你丢光了!江堂主你留下,派弟子沿路去寻,从山下到山上,每一条路都要找。务必把阁主带回来!"

弟子领命离去后,柳如丝再次探出脑袋来问道:"要不告诉孟子笺?让他帮我们一起找?"

"你是傻子吗？告诉他自家主子丢了？武林大会你还参不参加？"江知白生气道。

"江堂主说得对！"张牧之想了想说，"孟子笺的底还没摸清，是敌是友都不知，此事要保密。"

聂慎儿忧心忡忡地开口问："你们不是上山和他见面了吗？谈得如何？"

张牧之摇了摇手中折扇道："不怎么样，孟子笺虚与委蛇，嘴里没一句实话。只怕事情没我们想的那么简单。"

江知白附议道："我们不过仓促地打了个照面，顾骁来了之后孟子笺似乎更忙，我们也就只好先住下了，此事还需从长计议。"

"你们见到顾骁了？"柳如丝问，"没打起来吧？"

江知白往主座方向望了一眼，正好碰到顾骁向这边看来。四目相对时，江知白淡淡道："以前没有，以后不好说。"

另一边的顾骁站在高台上一声冷笑，闵纡在一旁说道："他就是当日带走王妃的人。天机阁司战堂堂主，江知白。"

"那小翠呢？"顾骁问道。

"小翠姑娘真名柳如丝，也是四大堂主之一的司济堂堂主。"闵纡回答。

"能让堂主亲自冒充丫鬟，她还能是谁？"顾骁又是一声冷笑，道，"其余人呢？"

"穿黄衣的男子乃是天机阁司慎堂堂主张牧之。小翠姑娘……不，柳堂主旁边的紫衣女子便是司巧堂堂主聂慎儿，听闻一双巧手，能铸天下非凡之剑。除此之外，王妃……天机阁阁主没有现身。"

顾骁沉思良久，还是想不通。他喃喃道："你到底去哪儿了？"

游沐风去哪儿了呢？

此时的清山后山脚下，传来一声怒喝，游沐风生气地说："你们凭什么不让我上山？"

守门的清山弟子出来一个领头的回答道："都说了多少遍了，你没有请柬，不能上山！"

"我也说了，请柬我手下带上山了，你同我一起上山看一眼不就好了！"游沐风怒道。

"笑话，我哪有时间陪你上山？你没看到武林大会连朝廷都来人了？"那弟子嘲道，"如此重要的时间我能腾出空陪你们聊两句就不错了。去去去，别耽误我的正事！"

游沐风可算是知道了什么叫阎王好见小鬼难缠了！她努力压下熊熊怒火道："那你找个人去上山传话，叫天机阁司战堂江堂主下来接我。"

那弟子见游沐风与林若冲二人浑身湿漉漉的，满身鱼腥味，头顶还挂着几根水草，只当是附近想来凑热闹的村民，于是说话也不怎么客气，他张嘴嘲笑道："我说你这个小丫头有完没完？天机阁的堂主我都没见到呢！你说叫就叫？你们二人邋遢成这样，要冒充天机阁的人，好歹换件干净衣服再来。"

眼看游沐风就要发作，阿冲赶紧拉住她说道："韵姐姐，你别生气，我有别的办法……"

游沐风此刻却是彻底暴怒了！堂堂一个雪域公主，她何时受过如此奇耻大辱。之前就算在九王府低人一等，但顾骁也是文质彬彬，从不会在言语上侮辱他人。公主火气上头时才不管你什么清不清山，她暴躁道："我就不信了！今日我就要从这上山！看你们谁敢拦我！"

游沐风此时功力恢复，如果清山派弟子仔细观瞧便能看出她内功深厚，只是他们先入为主又以貌取人，根本不屑与她动手。领头那弟子又嘲道："你以为会点武功就了不起了？当清山派山门这么好闯？清山绝凌剑阵连咱们掌门都破不了。你想试试？怕你没命活着出来！"

绝凌剑阵确实是清山一绝，以乾坤卦象排布，如果不了解五行之术很难破阵。从青云老道那传到孟子笺这一代历经太多，阵眼早就失传。但偏巧，青云老道也是游沐风的师父。师从正统的绝凌剑，这世上除了江知白，没人能比过游沐风。

游沐风冷笑道："破不了祖师爷爷的绝凌剑阵是他孟子笺学艺不精！呵，绝凌剑？我今日就让你们看看什么是真正的绝凌剑！"

"韵姐姐，你别激动啊，真的有别的方法，我带你上山啦。"阿冲嘴上这么说，心里恨不得把这群人碎尸万段。小魔头的计划被打乱，他在游沐风看不见的地方用阴狠的眼神释放出杀意。

那领头弟子只觉脊背发凉，突然打了个哆嗦。狗子也从阿冲怀里探出头，超凶地挥着爪子，龇牙咧嘴叫："喵喵喵！"

游沐风气急败坏地抽出腰间佩剑。她的佩剑名叫"邀月"，与江知白的"蔽日"是一对雌雄剑。这两把剑是聂慎儿师父生前最得意的作品，也是天机阁的镇阁之宝。神兵呛啷一声出鞘，剑锋上泛着白光，剑气咄咄逼人。游沐风催动内力注入剑锋，邀月剑顿时嗡嗡作响，剑穗如杨花飞舞。

游沐风此时还不忘嘱咐阿冲道："你别管了，待会儿我收拾了他们，让你跑你就用轻功上山！"

小魔头心中万马奔腾，十分后悔自己没带屠佛殿的奇境花毒针出门。

众弟子气势毫不逊色，纷纷怒道："呵，清山脚下拔剑，藐视掌门！围起来！"

清山武场的高台前，一名弟子匆匆赶来朝孟子笺禀报："掌门，出事了！山下有人强闯山门！"

"什么人？长什么样？"顾骁一听来了精神。

"是一男一女，看不清样貌。"弟子答道。

"年龄呢？招式呢？那女子用的是否也是绝凌剑式？"孟子笺也有相同的猜测。

弟子有些犹豫地说："是有些像，但又不全是。她出招太快了，凌厉到根本看不清楚。"

"什么人这么大的胆子？"徐清华正好抓住立威的机会，怒道，"让老朽会会他们！"

孟子笺安慰道："世伯少安毋躁，可能是误会……"

徐清华德高望重，自是没把孟子笺这个小辈放在眼里。年纪大脾气也大，他冷笑道："能有什么误会！贤侄你就是太心善，此等目中无人者岂能放过！"

徐清华是要当武林盟主的人，他发话了大家自然附和。只见姬朗月翩然一笑，说道："是啊，这等鼠辈竟全然不把咱们在座之人放在眼里。不如撤了绝凌剑阵，把他们放上山来，让徐前辈亲自教训。"

姬朗月这话完全是在煽风点火，徐清华要立威，拿清山做垫脚石，孟子笺怎么可能答应。再说了,万一闯山门的人真的是明昭公主,当众打起来烂摊子还是得他来收,还是先交给自己人吧。孟子笺想了想说:"传掌门令,将此二人捉拿回山上……"

偏生不巧,孟子笺话都没说完,空中一阵烟沙翻涌,只听一声衣纱裹风从天而降,白色身影破风而来,正好落入高台之上,映入众人眼前。灰尘散去,游沐风立在擂台正中怒不可遏道:"孟掌门,你要捉拿谁?"

孟子笺和顾骁同时愣住,谁也没想到再次重逢时会是这种景象。

倒是徐清华率先开口怒道:"哼!我还以为什么人胆大包天,原来是个黄毛丫头!你可知你站的是什么地方?不想活命了?"

刚才山下围攻的弟子此时匆匆追来,大喝道:"妖女!掌门面前还敢放肆!赶紧束手就擒!"

"妖女?!"游沐风简直要气炸了。

阿冲被游沐风护在了身后,他实在没想到会变成这样,在一旁劝道:"韵姐姐,算了,别生气了,你都气了一路了,我娘说生气会变丑的!"

"算了?"游沐风横过手中长剑冷笑道,"就冲一声妖女,我今天就能灭了清山派满门!孟掌门,不过几日没见,说话口气都不一样了。你再说一遍,要捉拿谁?"

"坏脾气倒是一点也没变。"顾骁小声评价道。

宋筱筱蹙眉道:"姑娘既然已经上得山来,何苦还咄咄相逼。虽说清山弟子出言不逊,但也是你强闯山门在先。有什么话不能好好说,非要拿掌门出气?"

"弟子犯错,难道不是你们掌门疏于管教?"游沐风讥笑道。

徐清华见这人完全不把自己放在眼里,怒道:"你这个丫头,怎么说话的!"

"徐掌门有所不知,这位姑娘是九王爷寻找多时之人,亦是子笺好友。果然是一场误会,徐掌门少安毋躁。"孟子笺倒是一点也不生气,他知道游沐风在气头上,莞尔道,"你们几个退下,得罪了我与王爷的贵客,门规处置!"

徐清华听后更是不悦:"既然是晚辈,更应该谦逊有礼,怎的说话如此放肆。"

顾骁打开始就在烦这个老头，听他说这话更不乐意了，他立刻护短道："放肆怎么了？本王都没说什么。徐掌门要在此主持公道，不如本王把主座之位让给你如何？"

徐清华刚想反驳，远处突然传来一声大喝，硬生生让他把话憋了回去。只见柳如丝站在台下一蹦一跳地手舞足蹈，口中大喊："娘嘞……阁主！你怎么跑那去了啊！大家都在找你哪！你猫找到了吗？吃饭了没？饿不饿？渴不渴？快下来啊！上面风大，再生病江堂主要扒我的皮啦！"

空气凝固，整个擂台上鸦雀无声。

又是徐清华第一个回过神，难以置信道："阁主?！"

谁也没想到，天茗第一门派天机阁的阁主是个年轻女子。一时间台下议论纷纭。有人说天机阁阁主此次前来武林大会必将夺取武林盟主。也有人说能破清山绝凌剑阵，天机阁阁主果然名不虚传。还有人说武功高强又怎样，武林盟主论资排辈，怎么样也轮不到一个黄毛丫头来当……

天机阁弟子身穿白衣，排列整齐，跟随堂主们快速赶到擂台前。浩浩荡荡的白色身影立于擂台之下，所有弟子见到阁主都是一掀前袍，双手压剑，单膝跪立在清山擂台的白玉石阶上。

四位堂主冲到擂台之上，还没来得及说话，纷纷呆住。四个人看着自家阁主衣衫湿透，发丝滴水，身上还粘着几根水草，不禁面面相觑。

柳如丝一句"娘嘞"还没说出口，张牧之已经反应过来，他赶紧一把扯住柳如丝，使了个眼色，率先单膝跪地抱拳，正色道："属下天机阁司慎堂堂主张牧之，参见阁主！"

"属下天机阁司战堂堂主江知白……"

"属下天机阁司巧堂堂主聂慎儿……"

"属下天机阁司济堂堂主柳如丝……"

余下三人同时单膝跪地，有佩剑的双手压剑，没佩剑的双手抱拳，与擂台之下的天机阁几百弟子同时高呼："参见阁主！"

游沐风深吸一口气，说了句："都起来吧。"

她心想道："你们这群傻子倒是等我出了气再来啊！现在把我架那么高我还怎么骂人？"

众人谢过阁主后，张牧之起身道："阁主，先收了剑吧。"

孟子笺率先打破僵局，笑道："天机阁阁主果然武功不凡，能破我清山绝凌剑阵阁主还是第一人。"

游沐风气可还没消，嘲道："那可不！若是不破了你的剑阵，怕是今日连这擂台长什么样都见不着了。"

孟子笺自知理亏，也不生气，笑道："几月未见，阁主您身份变了，嘴上不饶人的功夫可是一点都没变。王爷您说是不是？"

初见的震惊已经过去，顾骁现在反而很平静。他微微倾身做了个礼，话里有话道："天机阁阁主，有礼了。"

游沐风倒是很大方，见顾骁不计前嫌，至少表面上不计前嫌，她心里很高兴。她挽了个剑花，长剑顺势落入剑鞘之内，随后微微欠了欠身道："九王爷有礼。"

顾骁感受到游沐风的剑穗被风吹起轻盈划过手背，他轻轻低头……

就这样，二人重新认识了一次。

江宁九王都亲自行礼，众人更加不敢多说什么。只有徐清华依旧愤愤不平道："既是天机阁，阁主为何不带请柬又强闯山门？"

姬朗月顺势挑拨道："灵族本就不受咱们中原人规矩约束。阁主既是九王旧识，又是掌门贵客，清山派都不追究，徐掌门，咱们何必多管闲事呢？"

徐清华一声冷笑，讽刺道："看来天机阁一点也不像传闻中的低调，阁主如此大的排场，还有九王爷保驾护航，真是百闻不如一见！"

"老伯，我爹当年也跟你一样脾气不好，总爱发火，没活多久就死了。"阿冲认真道。

徐清华顿时脸黑如锅底，怒道："你说什么？你这个……"

"阿冲？！"柳如丝大叫着打断了徐清华，惊愕道，"你怎么会在这！"

林若冲笑眯眯地说："小翠姐姐！好久不见！"

柳如丝被叫得猝不及防，怒道："好……好你个头好！再叫一声小翠看老娘不毒哑了你！"

"这到底怎么回事？"江知白实在看不下去，问道，"阁主你怎么弄成这个样子？这位小兄弟又是谁？"

孟子笺若有所思，问道："这位小兄弟倒是眼熟得很，我们是不是见过？"

阿冲歪头一笑，装傻道："有吗？"

孟子笺笑道："如果子笺没有记错，九王府月闻阁……"

"韵姐姐，我饿了。"阿冲开始耍无赖。

"饿了？"游沐风莫名其妙。

张牧之见势赶紧接话："这位小兄弟说得是，阁主奔波了一早也该累了。孟掌门，时辰刚好，大会开始，我们也就落座吧。"

孟子笺只得笑道："好，阁主请！四位堂主请！"

游沐风顺着孟子笺手势的方向，落座于擂台东侧。几位堂主带着林若冲坐在了阁主身侧的位置，他们的桌案比游沐风的向后挪了半个桌身。游沐风放眼望向四周，各大门派的掌门也纷纷落座于擂台四周。按排位方向来看，明显置东方为首。孟子笺排这座位也不知是不是故意的，游沐风心想，天机阁第一次参加武林大会，远道而来……他这么安排是想尽地主之谊，还是想让自己成为众矢之的呢？

顾骁坐在不远处的主座之上，眼眸深沉。他把玩折扇的手微微有些颤抖。顾骁唤来闵纾问道："论兵器，你比我熟悉。你刚才可有仔细观察天机阁众人的佩剑？有何特别之处？"

闵纾不明所以，但还是认真回答道："传闻天机阁只有司战堂尚武，弟子佩剑皆出自司巧堂，乃是天下最好的佩剑。我看弟子们佩剑都是银铁锻造，剑穗有璞玉刻姓，手握处有麒麟瑞兽压柄。阁主与司战堂堂主的佩剑更是不可多得，剑身闪闪发光，脂玉刻字，改麒麟为玄武，一蛇一龟，一阴一阳。看起来是雌雄剑。"

"说得不错。"顾骁继续问道，"你可看清天机阁阁主剑穗上的羊脂玉，刻的什么字？"

"属下未曾看见。"闵纾道，"不过剑穗上的玉一般刻的都是主人姓氏，意为剑在人在。王妃的剑应当也是如此。"

"呵，那上面刻的是个'游'字。"顾骁冷笑道。

"什么？"这下连万年死鱼脸的闵纾也绷不住了，大声道，"'游'字？"

顾骁看向擂台东方，深吸一口气道："是，游字。雪域的国姓……"

此时擂台另一边，柳如丝饿得头晕眼花，有气无力地说："这都换了多少个人上去写了，还让不让人吃饭了？"

武林大会前吟诗表赋是传统，每个掌门都得写，大概就是引用些诗词歌赋，表达一下雄心壮志江湖义气什么的。这些习武的人，最怕的就是被人当成没学识的山野莽夫。可问题是真正像顾骁那样有学识的不过习武傍身，谁会跑去当个江湖门派的掌门？孟子笺已经算是个特例了。这群人开个会比武，想作诗又没几个人会，只能抄一抄前人写过的诗。游沐风翻着白眼，在她眼里这无异于掩耳盗铃。

几十个掌门一个接一个上台，每个人还要礼让谦虚一番。几个时辰过去，游沐风饥肠辘辘，她看了一眼远处的顾骁，顾骁都黑了脸。他肯定是没想到还有这么一出，表情十分精彩。

"阁主你想好写什么了？"张牧之问。

游沐风漫不经心地答道："没有，刚才那老头写了些什么？"

"哪个老头？"张牧之不解。

"骂我的那个。"游沐风朝正在台上的徐清华指了指。

"嵯峨仿佛接天关，崒崪参差侵汉表。"江知白答道。

游沐风抬头向台上看去，只见徐清华下笔苍劲，游刃有余。一个清山派的小弟子站在案旁，研墨之余，大声唱台上人所书诗句。此时徐清华已快写完，洋洋洒洒最后几笔，只听小弟子扬声念道："飞云瀑布，银河影浸月光寒；峭壁苍松，铁角铃摇龙尾动。山根雄峙三千界，峦势高擎几万年。"

台下爆发出一阵喝彩！

"没想到这老头还挺有文采。"游沐风话里有话地嘲讽道。

"徐氏也算是中原的名门望族，通点文墨不奇怪。"张牧之抿了口茶说，"阁主别老头老头地叫他。"

"他一口一个黄毛丫头，我叫他声老头不行吗？"游沐风不高兴地说，"我话还没说完呢！文采是不错，不过抄的诗跟他的人一样，一看就是老古董。"

徐清华这诗对仗工整，平仄规律。表面写景其实喻人，他拿苍松劲柏比喻自己老当益壮。诗是古板的诗，不过游沐风却怀疑这老头是在讥讽自己年轻气盛,不配与他争夺武林盟主。

顾骁自然也听出来,此刻他心中不禁燃起期待。他的这位鬼灵精的假王妃,自己在她嘴下都讨不到便宜,老头你就自求多福吧。

"阁主您不会又有什么歪点子了吧?"张牧之听了游沐风的话突然警惕道,"你上去千万别乱写! 千万别意气用事!"

游沐风挑了挑眉毛道:"怎么我在你眼里就是个闯祸精吗? 我跟你说……"

"阁主,请吧!"孟子笺一副看热闹不嫌事大的表情。

游沐风抬头看了孟子笺一眼,后者侧身做了个让礼的姿势。游沐风站起身来,几步来到台上的桌案前,小弟子已经研好墨,垂手站在一边。歙砚柔润,徽墨飘香。游沐风看了看镇尺下扯得紧紧的宣纸,斟酌一刻,挽袖提笔。

林若冲倒是很高兴,歪头问道:"小翠姐姐,你猜韵姐姐会写点啥?"

"把你的茶盅递过来。"柳如丝道。

林若冲不解地问:"干吗?"

"既然你改不了口,那老娘只能毒死你了!"柳如丝阴森道。

林若冲乖巧地闭上了嘴。

"王爷,王妃上台了。"闵纾提醒道。

"也不知会写出什么来。"顾骁期待道,"告诉子笺,不管写什么,这张纸本王要了,条件随他开。"

闵纾面无表情地点点头:"王爷剩下的几坛好酒怕是也留不住了。"

游沐风已在台上写了半刻,孟子笺侧身立于不远处,饶有兴趣地看着。宋筱筱不知从什么地方匆匆赶来,刚欲张口,只见孟子笺抬了抬手,她便又将嘴边的话咽了回去,垂手等在一边。

桌边的小弟子这时唱出了第一句:"大鹏一日同风起,扶摇直上九万里……"

顾骁听了第一句就明白了。他差点笑出声来,赶紧轻嗽一声压了下去,忍俊不禁道:"可爱是真可爱,刁蛮也是真刁蛮。"

"假令风歇时下来,犹能簸却沧溟水……"

孟子笺也笑了，他心里知道游沐风肯定咽不下这口气。宋筱筱见机上前，附在孟子笺耳边道："掌门，出事了。"

闵纾站在顾骁身边，面无表情道："姓游，不是郡主就是公主。一人之下万人之上，自然刁蛮。"

顾骁琢磨道："先帝叶脉凋零，当今圣上更是膝下无女，只有一个太子。要说公主，只有明昭长公主了。"

闵纾点点头道："明昭公主是皇上一母同胞的亲妹妹。"

顾骁倒是不甚在意："姓游又如何？公主又如何？"桀骜如他，根本不在意门第。

"世人见我恒殊调，闻余大言皆冷笑……"

"完了，都嘱咐别乱写了！"张牧之泄气道。

此时游沐风已写完，放下笔转身准备回座，只听得小弟子在身后朗朗念出最后一句：

"宣父犹能畏后生，丈夫未可轻年少。"

台下一片哗然。李白的《上李邕》气势如虹，波澜壮阔，字里行间全是少年锐气。尤其是最后一句，游沐风意味很明显了："孔圣人还说后生可畏，老头你看不起谁呢？"

徐清华端坐如钟，冷笑一声，大声问道："痛饮狂歌空度日，飞扬跋扈为谁雄？"

徐清华虽坐得远，但这一声贯穿内力，洪亮如钟。在场所有人皆感到震慑，顿时安静下来。

游沐风冷不丁被吼了一句，自然不能放过他。她转过身来面对徐清华，狡黠地眨了眨眼，慢悠悠反问道："廉颇老矣，尚能饭否？"

"噗……"张牧之一口茶直接从嘴里喷出。

"哈哈哈哈哈。"林若冲则是笑得腰都直不起来，乐道："接得好！接得太好了！"

"都是什么乱七八糟的！"顾骁嗔笑，心里可不是这么想。他竟是不知自己什么时候被游沐风带跑偏了，甚至觉得这一句接得相当精妙，二人完全已经"不谋而合"。

孟子笺嘴角抽搐着，看到徐清华的脸一阵青白，趁着游沐风转身下台，他赶紧站起来打圆场道："今日作诗时间太长，是孟某考虑不周，各位掌门辛苦了。客房已安顿妥当，大家可以自行前往。晚膳会送至各位房内，还请各位掌门见谅！"

"不摆宴席？"张牧之敏锐察觉一丝不对劲，"不合理，难道出了什么事？"

"湖州杀手上山了，看这情形孟子笺应该知道了。"游沐风立刻猜到了答案。

都是聪明人，张牧之一想就明白了，当即问道："目标是谁？"

"顾骁。"游沐风答。

"阁主想插手？"张牧之问。

游沐风仔细想了想，再三犹豫后说道："既然孟子笺已经知道了，有他护着，顾骁应该不会有事。"

张牧之狡黠一笑，道："鹬蚌相争……是咱们获取渔翁之利的好时机！"

游沐风却高兴不起来，她皱眉道："我知道你什么意思，但不能伤人，无论是顾骁还是侍墨。"

一场好戏好不容易结束，众人跟随清山的领路弟子回到各自的住所。游沐风在内院里晃了晃，选了间边角的屋子，从窗子往外望去，院里的景致素雅，几乎没什么花卉。对面门窗对叠，蓝白相间的衣纹从摇晃的竹影中露出半截，彼时游沐风已解下佩剑和束发，换了条发带，随意绑了头发。

"看来孟子笺这家业不小啊，这么大的院子。一人一间房，布置这么讲究。"游沐风赞叹道。

张牧之站在院里打量，手里摇着扇道："确实，听说这清山派在山下产业不少，涉猎也广。"

游沐风倚靠着窗梁，双手抱胸，看着窗外阿冲正在用手撸顺狗子头顶为数不多的几根毛，心中烦闷似乎消散了些。

"阁主，厨房送晚膳来了，您在哪用？"聂慎儿问道。

游沐风说："那就摆在院里吧，大家一起吃。"

几个小童鱼贯走进院内，顺着聂慎儿手指的方向把一张张长席摆在了树下后转身就走了。游沐风心情终于好转，她招呼众人道："吃吧，吃吧，大家都累了一天了。阿冲,你来尝尝这个。"

阿冲乖巧落座,随手挑了条小鱼给狗子。众人饿着肚子听酸诗,现在个个狼吞虎咽。饭后还没来得及漱口,就有弟子进来通传道:"阁主,孟掌门身边的宋姑娘来了。"

游沐风眉头微蹙,心想,饭都没吃完就来了,孟子笺想必急不可耐。宋筱筱紫衣翩翩来到游沐风面前,寒暄道:"阁主在这可还住得习惯?"

"挺好的。宋姑娘有事?"游沐风直截了当问。

宋筱筱笑道:"我们掌门有请阁主凤落亭一叙。"

张牧之在一旁抿了一口酒,说道:"宋姑娘,这似乎不合规矩吧……"

"宋姑娘带路吧。"游沐风一挥手打断张牧之的话,安慰道,"放心,我很快回来。阿冲,你跟我一起去!"

游沐风和阿冲跟随宋筱筱穿出宅院,绕了许久才来到一座院落前。宋筱筱上前敲门,孟子笺的声音从屋内响起:"阁主来了!请进吧。"

"不是叫凤落亭?怎么是间屋子?"游沐风疑惑地问。

宋筱筱笑而不答,游沐风也不再追问。她嘱咐阿冲在原地等候,便随着宋筱筱来到院内,远远看见孟子笺坐在回廊茶席边。看见来人,孟子笺起身行礼道:"草民拜见明昭公主。"

游沐风一愣,问道:"你从何得知我的身份?"

"剑穗刻字。"孟子笺答道,"王爷猜的。"

"倒是我疏忽了,孟掌门平身吧。"既然被猜出来,游沐风便大方承认了。其实她本来也没想隐瞒,随口道,"怎么就你一人?我以为王爷也在。"

"阁主难道不该亲自去找王爷?"孟子笺笑道,"当日您不告而别,王爷差点千里追妻。您总归亏欠他一个说法。"

游沐风想想也是,自己有错在先,确实该向顾骁道歉。此时孟子笺递上一盏茶,茶香沁人心脾。游沐风适才晚饭与大家一起喝了点酒,一口茶下肚舒服了不少。

游沐风笑着问道:"福鼎白茶?"

"是,提神醒脑。"孟子笺点点头道,"阁主清醒了,才能兴师问罪。"

游沐风将茶盏放回桌上,杯中徐徐冒着热气,二人似乎都觉得气氛变得有些微妙。

"兴师问罪？谈不上。"游沐风莞尔，继续说道，"我怎么觉得，再次重逢，孟掌门言语间生疏了许多？"

"哦？阁主也这么觉得？"孟子笺玩笑道，"您也不再唤我子笺了，不是吗？"

二人谈话间你来我往，突然游沐风话锋一转，问道："我记得第一次见子笺时，你说你也来自四季温暖之地？"

孟子笺眼眸深沉道："是。"

游沐风道："福鼎位于天茗境内，白茶千金一两，乃灵族特产，中原几乎难以找到。"

孟子笺似笑非笑道："是。"

"前朝一战，风落城几乎夷为平地，灵族境内只剩风落城外一座风落亭与天茗遥遥相望。史书上不过寥寥几笔，在天茗都鲜有人知风落亭！"游沐风质问道，"你到底是谁？"

"看来这茶果然有醒酒的妙用。"孟子笺平静道，"我之前说过，阁主酒醒了，才能兴师问罪。"

"你还没回答我的问题。"游沐风警惕道。

"清山掌门，孟子笺。"孟子笺道。

"你是灵族人？"游沐风又问，"王爷知道你的身份吗？"

孟子笺也不否认，坦然道："不知，还请阁主替子笺保密。"

游沐风冷笑道："我为什么要替你保密？"

"阁主不想要麒麟墨玉玺了？"孟子笺慢悠悠地道。

"帮了你就会交出麒麟墨玉玺？"游沐风可不会相信。

"当然不会……"孟子笺道，"但我可以帮阁主与故人见上一面。"

游沐风一愣，惊道："她在哪？"

孟子笺笑着说："时机到了，自然会让阁主见她。"

游沐风冷笑一声，说："你一派掌门竟窝藏朝廷钦犯！孟掌门真的不顾清山上下百条人命？"

"阁主这是要拿出长公主的身份威胁草民？"孟子笺不慌不忙站起身，笑眯眯地说。

游沐风同时站起身道："是子笺你威胁我在先。"

二人争执进入僵局。孟子笺立了一刻没有出声，游沐风以为他会妥协，没想到孟子笺却笑道："阁主您知道王爷喜欢您什么吗？"

游沐风一脸茫然。

"您虽然看起来嘴上不饶人，但简单纯良，从不生害人之心。这一点，您倒是与王爷挺像的。"孟子笺说到这顿了顿，继而转头看着游沐风继续道，"不过子笺……却从不是这样的人。"

孟子笺接着说道："没做好万全之防，我怎会请阁主入凤落亭一叙？朋友一场，子笺先卖阁主一个面子。您要知道，麒麟墨玉玺虽在清山，侍墨和游柏城我可不敢保证了，阁主不信也可以带人上山来搜。只怕到时，您再也见不到活蹦乱跳的童年玩伴了。"

"我早该料到，子笺好谋划。"游沐风盯着对面之人冷冷道，"你说得有理，我等着你安排。"

"一言为定。"孟子笺笑道。

"出师不利，先输一局，是自己轻敌了，"游沐风想着，"不过孟子笺为什么不说自己是灵族人？到底有何古怪？"游沐风百思不得其解，只得先暂放一旁。只听孟子笺又问："湖州人上山一事，阁主可知？"

"我知道。"游沐风答道。

孟子笺笑着问："阁主不担心王爷安危？"

"有你护着，我有什么好担心的？"游沐风翻了个白眼。

"子笺又不是无所不能，况且他们山上还有内应，这么多人实在难以排查。"孟子笺摊摊手说道。

游沐风听懂了他的话："你想让我帮忙？"

"这是王爷的意思。"孟子笺笑着说。

游沐风一脸怀疑地问："你们又在捣什么鬼？"

孟子笺哈哈大笑："王爷不过是想见见您，不然您以为他那么有空跑来听一群山野莽夫吟诗作对啊？！"

游沐风撇撇嘴，心想，你自己一堆麻烦没解决呢，还想着帮别人扯红线。

游沐风眼珠一转,不怀好意地笑道:"子笺,你难道不好奇为什么我也会绝凌剑?"

游沐风突然岔开话题,孟子笺只当她是害羞了。他点到为止,继而顺着游沐风的话笑着问:"敢问阁主为什么会绝凌剑法?"

游沐风道:"听说清山立派百年,创始者飞熊道长曾赴昆仑仙山求取绝凌剑谱?"

"确有此事。"孟子笺答。

"这位飞熊道长是你师祖?"游沐风问。

"是。"孟子笺答。

"你可知飞熊道长去昆仑求访,拜的是哪位高人?"游沐风又问。

"传闻昆仑仙山之中有百岁绝世高人隐居,乃半仙之体。师父曾提过仙人名讳,众人皆称他青云老道。"孟子笺疑惑道,"阁主到底想说什么?"

"这青云老道是我师父。"游沐风笑眯眯地说。

孟子笺一时犹如五雷轰顶,愣在原地。

"按辈分,孟掌门该叫我一声师叔祖。"游沐风欢快道,"不过朋友一场,我也不占你口头便宜。既然师出同门,子笺帮我个忙如何?"

孟子笺哭笑不得地说:"绕了一大圈,原来阁主在这等我呢。"

只听游沐风对着院外大喊:"阿冲你进来!"

"怎么了,韵姐姐?"阿冲推门入院,问道。

游沐风指了指孟子笺,对阿冲道:"叫师父。"

阿冲一脸莫名其妙:"啥?"

"等等!"孟子笺赶紧出言阻止。

游沐风却继续说道:"阿冲是个好孩子,本来就会些武功,从九王府里就跟着我,我答应要给他安排个好归宿。你们清山不是号称名门正派吗?又富得流油,以后他就跟着你了!"

阿冲吃惊地愣在原地,用手指着自己问道:"我? 跟着他?"

孟子笺用手指着自己问道:"他? 跟着我?"

游沐风嬉皮笑脸地说:"孟掌门,你可答应我的。"

"我什么时候答应你了?"孟子笺茫然道。

阿冲欲哭无泪道："韵姐姐，我不想跟着他，我想跟着你。"

"天机阁容不下你。你就留在这清山……"游沐风又想到一事，冲着孟子笺问道："对了，你收过徒弟吗？"

孟子笺一脸警惕道："没有……"

游沐风一拍手乐道："太好了！掌门首徒！"

她拍了拍阿冲的肩膀道："这事就这么定了！我先走了，孟掌门，你可别食言啊！青山不改，绿水长流，欺瞒师祖要遭天谴的！"游沐风说罢，生怕孟子笺反悔，脚下生风，一溜烟就不见了。留下阿冲一脸阴森，对着孟子笺冷笑道："掌门首徒？"

孟子笺端详阿冲，今天一见面他就觉得这个人不简单，于是试探道："敢问小兄弟尊姓大名？"

阿冲不以为意，坦白道："林若冲。"

孟子笺心下了然，笑道："大成若缺，其用不弊。大盈若冲，其用不穷。原来是林教主，失敬失敬。"

林若冲满不在乎道："你倒是知道得多。"

"当日九王府王妃遇袭失踪，事发突然，主仆二人同时被人劫走。院里的小厮也同时失踪，屋内竟然没有任何蛛丝马迹，宛若人间蒸发。王妃出事之时小厮不见踪迹，不禁让人怀疑他与伤害王妃的杀手是同伙，里应外合，欲置王妃于死地。"孟子笺意味不明地说。

林若冲嘴角翘起，反问道："孟掌门是灵族人？"

孟子笺轻声说道："教主，偷听可不是君子所为。"

林若冲依旧一副无所谓的样子，翘起二郎腿一晃一晃的。"孟氏在雪域着实少见得很。"林若冲抬眼打量孟子笺说，"听说当今皇上死了的皇后……也姓孟？"

孟子笺瞳孔微缩，问道："你想说什么？"

"没什么，不过提醒提醒你，咱俩谁也不比谁干净。"林若冲笑道。

孟子笺严肃斥道："我不会让你再伤害她。"

林若冲先是扑哧一笑，随即表情阴冷地说："只怕要伤她的人不是我吧？不过，你既然这么担心，把我放在眼皮底下看着不是更好？怎么说我现在也是你的掌门首徒。你也不想让韵姐姐怀疑对不对？至少目前，咱们是战线统一。”

孟子笺胸口起伏，林若冲的出现完全打乱了他的计划。他思考了许久后才缓缓开口：“筱筱，去把上官叫来……”

不一会儿，宋筱筱带回来一个女孩，她看起来年纪不大的样子，一脸稚气未脱。

“这位是林教主。”孟子笺朝那女孩道，“林教主是我与天机阁阁主的贵客，这段时日住在摇珠苑，你去跟着侍奉，不得怠慢，听懂了吗？”

小姑娘十分机灵地应了。

林若冲却啧啧道：“你这是找人监视我？”

“算是吧，不是教主自己说我该把你看在眼皮底下？”孟子笺笑道。

“我倒是无所谓，反正是白吃白喝，在哪都一样。”林若冲一脸轻松冲着那女孩噘了噘嘴道，“你带路吧。”

小姑娘看了孟子笺一眼，笑着将林若冲让出房间，随手带上了房门。待二人走远后，宋筱筱冷冷道：“少爷，您真打算把此人留下？现在山上全是武林中人，您把魔教教主留在山上，万一被发现麻烦就大了！”

孟子笺手指有节奏地敲了敲桌子，答道：“不把他留下，怎么能知道他想捣什么鬼？”

“说到底，还不是为了那块玉玺……”宋筱筱嘲道。

“也许吧，但我总有直觉，这事没那么简单。”孟子笺想了想说，“玉玺可偷可抢，他这样装疯卖傻又是为什么？”

宋筱筱说：“他称呼公主为韵姐姐，看来关系不错。他是不是为了打探消息才装疯卖傻博取信任？”

孟子笺手指依旧敲着桌面，他指尖弹了弹桌角，若有所思道：“会吗？”

“如此看来，这位公主确实没什么心眼。”宋筱筱嘲笑道。

孟子笺突然停下手上动作，莞尔道：“她集万千宠爱于一身，又涉世未深，自然不谙世事。”

“这屠佛教主……知道得不少？”宋筱筱猜测道，“先皇后的名讳如今几乎无人知晓。”

　　孟子笺眼睛微微眯起道:"光凭一个姓氏,他不会说出来,一定是知道了些什么……"

　　宋筱筱道:"那就杀了他灭口吧。"

　　"不忙……"孟子笺缓缓地说,"再等等,我想知道他到底打的什么主意。"

　　宋筱筱挑眉道:"少爷不怕他告诉天机阁阁主?"

　　"他不会的。"孟子笺坐回案边斟了一杯茶道,"你别看他玩世不恭的,有句话却说得很对,我和他谁也不比谁干净。"

　　"少爷何苦拿自己和魔教中人相提并论,他们都是杀人不眨眼的魔头。"宋筱筱说道。

　　孟子笺没有接话。他把茶盏递到嘴边,抬眼淡淡地瞟了宋筱筱一眼。

　　宋筱筱突然反应过来自己口无遮拦说错了话,连忙认错道:"不,我不是说少爷的!是筱筱说错话了!请少爷责罚!"

　　"自从决定走上报仇这条路,我和魔头有什么区别?"孟子笺咽下茶水,自嘲般地轻声说道,"罢了。上山的湖州杀手,查到底细了吗?"

　　宋筱筱本来还想解释些什么,见孟子笺转移话题,只好作罢。她摇头道:"没有,两藩关系闹得如此僵,这次上山的湖州门派本来就没几个,我们仔细查过,没有可疑之人。"

　　"没有?"孟子笺皱起眉头。

　　"是。没有。"宋筱筱肯定道。

　　"这就更奇怪了。"孟子笺思考了一会儿吩咐道,"加派人手,护好王爷。"

　　"是。"宋筱筱领命。

　　"还有……监视天机阁阁主。倘若她见了王爷,我要知道他们交谈的每一句话。"孟子笺继续道。

　　宋筱筱犹豫一瞬,道:"是。"

　　"游柏城现在在哪?"孟子笺又问。

　　"暖香阁。"宋筱筱面无表情道。

　　孟子笺冷笑着说:"他倒是心大,这种时候还能想着逛青楼。"

　　"他可是拿着清山派的银两为了美人一掷千金。"宋筱筱不屑道。

孟子笺说:"灵族游氏代代痴情,当今圣上虽心肠毒辣但对皇后还是用情至深。怎么会出了个他这样的败类!"

宋筱筱附和道:"游柏城串通自己堂妹的婢女,盗了先皇后的陪嫁,现在人家找上门来竟然也不惊慌。可不就是败类!"

"随他去吧。"孟子笺轻笑一声,"风平浪静的日子怕是没几天了。"

另一边,林若冲跟在小姑娘身后问道:"你叫什么名字?"

"上官舞凤,少主叫我上官就行。"小姑娘笑道。

"这名字奇怪得很。"林若冲笑道。

上官舞凤机灵地说道:"'凤箫声动,玉壶光转,一夜鱼龙舞。'掌门和筱筱姐姐当年在山下的元宵灯会捡到了我,便给我起了这个名字。教主这边请。"

林若冲又问:"摇珠苑在哪?"

上官舞凤说:"清山环山抱水,月盈崖畔的瀑布称为飞天,将环山一分为二。东面有摇珠、闭月、惜沙、倚扇四苑,西面有伫香、闻绵、萤火、重花四阁。"

只见这时上官舞凤带着阿冲穿过飞天瀑布旁的吊桥,春季瀑布水量已开始上涨,瀑布气势磅礴,发出轰隆的响声,在寂静的夜晚尤其明显,如同万马奔腾。直到二人穿出了瀑布,水声渐渐消失,林若冲才开口说话:"那天机阁的人住在哪?"

上官舞凤走到一座院落前,推开前门,又朝林若冲道:"天机阁众人住在西边,与掌门住所在同一边。少主请进。"

林若冲思索了一会儿又问:"顾骁呢?"

"九王爷是清山常客了,月盈崖的雅居常年都是为王爷留着的。"上官舞凤笑道,"怎么?教主认识王爷?"

林若冲晃晃悠悠靠上了屋内床边的贵妃榻,双手叠在脑后,跷起二郎腿,慢慢悠悠道:"不认识,随便问问。"没一会儿,他觉得不舒服又换了个姿势,双手环在胸前,优哉悠哉道:"我出门太匆忙,狗子落在天机阁的住所了,你去帮我把它接来。"

"狗子?"上官舞凤眨了眨眼睛问,"少主带了狗来?"

"嗯，小小一只，黑色的，头顶没毛。"林若冲道，"你小心把它带来，不能有差错。"

"从这里到天机阁阁主的重花阁再回来怎么也要半个时辰，教主能等吗？"上官舞凤问道。

"能等，你快去快回。"林若冲道，"见到天机阁阁主，告诉她我住在哪，让她记得来看我。"

"可上官不认识天机阁阁主。"上官舞凤犹豫道。

林若冲不耐烦地说："你就去院里看看，最漂亮的那个就是了。"

林若冲好不容易把人支走。等上官舞凤走远，屋内烛火一晃，房内站了一名男子。

戚风弄抱拳道："参见教主。"

"情况如何？"林若冲开门见山地问。

戚风弄道："湖州人确实上山来了，清山却找不到线索。至于游柏城则天天流连在花街柳巷，其家室被孟子笺藏在西边萤火阁的暗室里。离天机阁众人所住的重花阁并不远，怕是故意安排要让二人相见。至于麒麟墨玉玺……下落不明。"

林若冲想了想又问："灵族那边呢？"

"当今灵帝先皇后确实姓孟，全名孟枝遥，于十几年前太子两岁时殂天。"戚风弄认真道，"孟家在灵族地位强大，出过五位宰辅，三位帝师。可就在十年前孟氏突然全族销声匿迹，传闻是迁居北方。可灵山以北都是蛮夷之地，属下以为传言并不属实。并且……麒麟墨玉玺确实是孟皇后陪嫁之物，孟氏自愿用家传宝物换得皇后一位。"

"不出所料。"林若冲笑道，"还有呢？"

戚风弄继续道："孟枝遥……她确实有一胞弟，同母裴氏所出……按年纪看，应该与清山掌门相仿。属下找到了当年在孟府做过事的下人，孟皇后对胞弟很是宠爱，但这位小国舅却不叫孟子笺，而叫作孟枝途。也有可能是年岁久远，那老妇记错了。"

林若冲靠在贵妃榻上手支着头，漫不经心地说："名字而已，想改成什么不行？"

"但这都只是推测，没有证据证明孟子笺就是孟枝途。"戚风弄道，"不过教主，你打探孟子笺做什么？"

林若冲笑眯眯地说："韵姐姐待我不错，她中毒一事也有我的错，顺手帮她查一查而已。"

戚风弄点点头，说："说到上次天机阁阁主中毒的事……我们查到圣姑的下落了。"

林若冲来了兴致："哦？在哪？"

"探子来报，教主卧底在落照九王府的时候，无影也在落照频繁现身，他对天机阁阁主痛下杀手，很可能是受命于圣姑。"戚风弄说道，"她就藏身在落照九王府。"

"我好像知道她是谁了……"林若冲笑得意味深长。

这一边游沐风被孟子笺说的话弄得心神不宁，回到院中坐在树下，眉头紧锁。

江知白安慰道："你别太担心了，即便孟子笺是灵族人，也说明不了什么。"

"你不明白，我总有种说不出的感觉，惴惴不安……"游沐风阴沉地说。

"你别多想了，本来我们也没指望他会几句话就把玉玺交出来。"江知白又道。

张牧之也附和道："江堂主说得对，兵来将挡，阁主你现在担心也没什么用处。明日一早还要比武，不如都早些休息吧。"

游沐风整个人心烦意乱，不悦道："我这样怎么可能睡得着？"

"睡不着？我有安神茶！"柳如丝双眼放光。

"……"游沐风嘴角抽搐。

此时门外弟子进来报："阁主，外面又来了位姑娘。"

"大晚上的又有谁来？让她进来吧。"游沐风简直头疼。

上官舞凤进到院里，先是扫视一圈，目光停留在游沐风身上。她想了想笑道："见过阁主。"

游沐风记忆里从未见过这小丫头，问道："你认识我？"

上官舞凤笑道："上官受托而来自然要打听清楚情况了。"

"那上官姑娘为何而来?"游沐风问。

"寻狗。"上官舞凤道。

"狗? 这院里哪有狗?"游沐风先是莫名其妙,随即明白了,"你是说狗子吧! 它是只猫。阿冲让你来的?"

"阿冲?"上官舞凤微微一顿,随即笑道:"是,阿冲让我来的,敢问阁主,这猫是黑色的?"

"对。"

"小小一只?"

"对。"

"头顶没毛?"

"呃……对。"

"那猫呢?"

游沐风看了看四周答道:"刚才还在这呢,可能跑去院外了,要不你去找找吧。"

"阁主陪我一起去可好?"上官舞凤又问。

游沐风莫名其妙:"我为什么要陪你去?"

上官舞凤一脸真诚地说:"上官没见过狗子,轻功又不好,万一猫上了树……反正阁主左右是睡不着的,不如帮上官个忙!"

"你轻功不好,耳朵倒是挺好使的。"游沐风嘲道。

上官舞凤笑道:"阁主这是答应了?"

"走吧,我也正好散散心。"游沐风冲着众人道,"你们先休息吧,我就在附近,一会儿就回来。"

游沐风跟着上官舞凤闲庭信步出了院子。她四下观望寻找狗子的身影,顺着院墙往前这才发现,右手墙边树下站了个人。

正是顾骁。

上官舞凤几步上前道:"王爷,人我带到了,上官先告退了。"

"你骗我?"游沐风看向上官问道。

上官舞凤狡黠地笑道:"上官以前在月盈崖服侍过王爷,也算是旧识,刚才进院前刚好碰到王爷也在。上官不过顺水推舟,算不得骗。我还得去找狗子,告辞了,阁主。"她说完,一溜烟就不见了。

余下二人,尴尬地四目相对。

还是游沐风先回过神,翻了个白眼道:"找我不会自己通传吗? 玩这种小孩子把戏。"

"本王通传,你会出来吗?"顾骁问道。他刚刚的确准备直接叫人的,但又怕被拒绝面子挂不住,正巧碰到上门寻猫的上官舞凤。那小丫头机灵得很,主动愿意帮忙,于是顾骁才出此下策。

游沐风却反问道:"你怎么知道不会? 我正准备过几日去寻你呢!"

"真的?"顾骁心中窃喜。

"自然是真的。"游沐风大方道。

又是一阵沉默。自从上次一别,已有数月未见了。而今天二人见面相处时也不过就说了几句话。游沐风察觉出顾骁似乎小心翼翼地,尴尬的气氛在二人之间蔓延开来。

游沐风心里好笑,以前他那么厉害,现在跟个哑巴一样。游沐风决定就这么等着,看他约自己出来到底想说些什么。

顾骁紧张,但他不会承认。他不说话,因为他没想好说什么。出来前他唯一的念头就是要见到她,至于见到之后……顾骁憋了老半天,才问出一句老掉牙的话本台词:"你……阁主是否愿意陪本王走走?"

游沐风抱着手臂等了半天,听了这话扑哧一声就乐了。顾骁见游沐风笑话他,有点恼羞成怒。他这一怒,尴尬的气氛立刻不见了,两人的关系似乎又回到了从前。游沐风又开始逗弄他,说道:"湖州人扬言势必要在清山上取了王爷的项上人头,你还敢大晚上约我出去?"

顾骁满不在乎道:"怕? 王妃是假的本王都不怕! 倒是阁主……听闻你武功高强,与阁主在一起,有人能伤得了我?"

游沐风心想,几个月不见顾骁都会打趣自己了,实在是难得。何况这句话又十分受用,她笑眯眯道:"说得有道理! 那走吧,我不认路,跟着王爷走。"

二人肩并肩向着前方小路走去,初春时节还没有什么虫鸣,前方的路在月光下显得格外寂静。只有脚步声踏在石板上,发出不同的摩擦声。

顾骁试探地问:"阁主的伤……痊愈了?"

"好得差不多了。"游沐风答道。

顾骁想了想又道:"当日……多谢阁主救命之恩。"

"怎么王爷不打算和我算账吗?"游沐风笑道,"我以为把王爷的王府搅得天翻地覆,王爷可饶不了我。"

顾骁道:"当时是气的,不过本王大人有大量,不和你计较。"

游沐风没听出顾骁在打趣自己。她没有回答,低头看着脚下路,瞟到顾骁脚上穿的麒麟锦靴,不知怎的突然想起那日与他拜堂之时从红盖头下看见锦靴的一瞬,不禁微微出神。

顾骁见她发呆,好奇地问:"你……阁主在想什么?"

游沐风倒是十分坦然道:"突然想到拜堂成亲那日,王爷穿的也是这双云锦靴。"

顾骁一愣,道:"本王倒是不记得了,你怎么知道的?"

游沐风耸了耸肩膀说:"好奇,从盖头下面偷看的。"

想到成亲那日,顾骁想道歉。可自己好像又没做错什么,所以话到嘴边怎么也说不出口。

游沐风突然加快了脚步来到一丛花草前,惊奇道:"这是芍药?"

"是。"顾骁说,"阁主喜欢?"

游沐风望向那花儿,嘴里却道:"王爷不必叫我阁主,既然知道我的身份,私下里唤我明昭或者沐风都可以。"

"那时本王听得那人唤你韵儿?"顾骁话里有话地说。

"那是我的乳名。"游沐风笑道,"除了徐姑姑和师兄,很少有人这么叫我了。"

顾骁又试探道:"你师兄他对你很好?"

顾骁这话酸溜溜的,游沐风就算是块木头这下也该明白对方的意思了。其实二人的情愫早就如同阳光照在纷飞的大雪打在身上那般,融入肌肤,潜入了心房。只是冰凉悸动犹在,雪花却早已无影无踪。游沐风是聪明的,聪明的人就会想多,对于这份情感,她有太多顾忌。

"挺好的。"游沐风笑着说道,"我倒是头一回见到紫色的芍药。"

顾骁慢慢走在游沐风身侧,时不时侧过头来。知她喜欢新奇东西,顾骁随口答道:"清山春季景色最好,气候适宜,雨水充沛,连花都开得比别的地方早些。"

游沐风跟着顾骁慢慢走在九曲桥上,她说道:"是这样啊?初见王爷时是我第一次离开天茗,对这些都不了解。"

"公主金枝玉叶,长在宫中自然不太了解。"顾骁这话本意是想表达游沐风来了王府后自己总给她脸色看,让她受了委屈。哪知游沐风却会错了意。

游沐风自嘲笑道:"是吗?我五岁时便被皇兄送去灵山学武,山水为伴,童年的时光中,只有师父、师兄、侍墨和一把剑,却没怎么过过宫墙内的生活。"

游沐风突然转过身看向顾骁,继续道:"这也正是我想跟王爷说的,其实你的心意我明白。"

顾骁停在了原地。

游沐风接着说:"但是王爷有没有想过,其实你中意的并不是我,或者说那只是一个你想象中的我。"

"你这话什么意思?"顾骁有种不好的预感。

"王爷是君子。"游沐风深吸一口道,"所以今日我坦诚地把话说开。你我相识本身就是个阴谋。从情理上来说,我欠王爷一个道歉。从立场上来说,没有孰对孰错。我潜伏在九王府,装作另一个人,那时王爷喜欢上的,不过是伪装过的我。而现在恢复真实身份后,王爷又了解我多少呢?"

顾骁皱眉,游沐风却不给他开口的机会,继续道:"也许你心中执着的,只是一个幻象,或者是心有不甘?"

"够了!我的心意我自己当然明白!喜欢的是谁,钟情的是谁本王清清楚楚!"顾骁越听越生气,这个理由他不能接受。他想过会被拒绝,但没想过会被质疑自己的真心。

游沐风同样激动道:"王爷知道我的过去?了解我的喜好?识得我的亲人故友几许?时至今日,子笺还同我说起王爷千里寻妻。明昭敢问王爷,雪域江宁王室的玉牒宗谱上,当今九王正妃写的是何人之名?是李梦眉,还是我游沐风?"

顾骁怒道："你是在意这个？你明明知道我娶李梦眉是迫不得已！本王至今连真正的李梦眉面都没见过！"

"我为什么要知道？"游沐风也生气了，"王爷又会错意了，我并不是在意名分，只是提醒王爷你我之间鸿沟深远，无法轻易逾越。"

"只要至情至深，什么鸿沟不能逾越！"顾骁怒道。

"你这个人怎么不讲道理！"游沐风简直忍无可忍。

顾骁气笑道："咱们二人到底谁不讲道理？"

话说到这，大家都知道再说下去就会变成"你不讲理，你才不讲理"的死循环。二人索性都闭了嘴。

这两人说着说着又吵起来了，顾骁感受到游沐风此刻的愤怒，他紧锁眉头。他想解释，却怕哪句话说不对，又激怒了对方。周围又恢复了安静，偶尔清风拂过带起树叶的沙沙声。

顾骁酝酿了许久，突然间他想到了一个解决方法。只听他道："此刻如何解释，怕是你也不会信，但本王可以保证，日后定当给你一个满意的答复。既然之前相识阁主被认为是错误，不愿承认，那便请阁主忘记过去，你我二人今日便重新相识一次可好？"

游沐风显然没想到还有这招，她茫然地眨了眨眼，好半天才说出一句："啥？"

顾骁不等游沐风反应过来，再接再厉道："在下姓顾，名骁，字晴言。姑娘日后唤我晴言就好。"

游沐风又眨了眨眼："啥？"

顾骁笑道："晴言敢问姑娘，如何称呼？"

游沐风忍不住抬手抚上顾骁的额头道："你该不会被我气出毛病来了吧？"

顾骁捉住游沐风覆在他额头的手，翻手握在掌心中，笑道："阁主刚才自己说让我唤你明昭或是沐风，晴言倒是觉得你我之间该有个特别的称呼，'兹游清绝羲皇上，少借风烟为沐薰'，阁主闺名从中而来，不如我就叫你阿薰？"

游沐风有点吃不准他的意思，以为自己刚才说了什么话刺激到了他。

好好的王爷被自己骂成失心疯了怎么办。游沐风犹豫地说："这个……王爷……"

"叫我晴言。"顾骁道。

游沐风一点脾气也没了，试探道："晴……言？"

顾骁摸透了游沐风吃软不吃硬的性子，简直想给自己鼓掌。他嘴角上扬随口道："阿薰。"

清山另一端的落凤亭内，宋筱筱偷听结束正在朝孟子笺报告。

"阿薰？"孟子笺笑道。

"是。"宋筱筱答。

"重新认识一次？"孟子笺问。

"是。"宋筱筱答。

孟子笺哈哈大笑："看来王爷这次大有势在必得之意啊。"

宋筱筱却不以为意道："想做灵族驸马哪有那么容易？九王已有正妻。"

孟子笺纤长的手指划过桌角，淡淡道："天真，别说他那妻名不符实。就算是真的，只要王爷想，还能找不出办法休妻？"

"也是，湖州王都派人杀上山了，九王休不休妻，不过表面功夫。"宋筱筱嘲道，"但他那位表妹呢，若是好解决也不会拖到现在了。"

"王爷重情，当年傅氏独自前来投奔，在王府一住就是这么多年，又是王爷表妹……不过这也不是什么问题。"孟子笺笑道，"就看王爷更在意谁了。"

上官舞凤此时回来，在一旁垂手道："掌门。"

"回来了？有什么消息吗？"孟子笺问。

"林教主并非一人上山，从路过瀑布之时，就有暗影紧随其后。"上官舞凤答道，"他将我支开，等上官回去的时候也差不多谈完了……上官只听见了最后几句。"

孟子笺掸了掸前袍上的褶皱，淡淡道："无妨，说了什么？"

"说屠佛殿的圣姑，藏在江宁落照九王府。"上官舞凤道。

孟子笺有点吃惊，但转念一想，笑道："这下可更有意思了。"

第二天的武林大会，众人早早到场，各大门派的高手个个跃跃欲试，空气中弥漫着凌厉的气息。游沐风打着哈欠，突然一个冷战道："这一阵阵的杀气是怎么回事？"

"武林大会嘛，高手哪个不想拔得头筹？正所谓输人不输阵……"张牧之摇着扇说道。

柳如丝道："你的意思就是先放点杀气吓吓别人呗？"

"柳堂主这解释倒是很精辟……"张牧之肯定道。

"比武而已，怎么感觉要拼得你死我活一样？"游沐风环顾四周说，"何况除了昨天那个老头，没几个能打的。"

"我倒是比较担心阁主你。"张牧之道，"别失手把人家掌门拍死了。还没一统江湖，仇人就杀上门了。"

"我又不是师兄，天天拍人。"游沐风道。

张牧之生气道："阁主你还好意思说风凉话？架还没打呢，老底都给人摸得一清二楚。出门前是不是说让阁主换剑？谁听我的了？"

"你可别看我，这回可真不关老娘的事了。"柳如丝赶紧撇清关系。

聂慎儿却道："剑怎么能随便换呢？阁主的邀月剑和江堂主的蔽日剑可是我师父当年倾尽毕生心血所造。使惯了世间难得神兵，哪还能换得了别的剑？"

"那好歹换个剑穗……"张牧之道。

"行了，别婆婆妈妈的，看到就看到了。"江知白不耐烦道，"你手下的人呢？侍墨到底找到了没有？"

张牧之说："游柏城倒是找到了，这几日一直宿在山下的花楼，没出来过。已经有弟子把守了，大会结束便可活捉了他。至于侍墨……应该是在山上，咱们来清山做客，总不好再做暗中调查的事情。"

"孟子笺却说人不在山上，带人搜他都不怕。"游沐风道。

"他说不在就不在了？"张牧之道，"阁主你什么时候变得这么实心眼？"

游沐风瞪眼："你这是说我蠢？"

不等张牧之回话，只听擂台上发出阵阵巨响，几名魁梧健硕的武师奋力地把一只巨型挂钟拖到擂台中央。只见那钟足有一人多高，上面刻着精美纹饰，青铜所铸，目测似有千斤重。

"这便是龙吟钟？"聂慎儿好奇地问。

昨日站在台上唱诗的小弟子又走上擂台，待众人安静后，站在台上朗声说道："武林盟主一年一选。又有上届盟主藏海派萧掌门死在魔教之手。现下江湖群龙无首，豪杰相聚清山，切磋武艺，为的是共抗邪佞，也为的是保家卫国。"

林若冲靠在远处大树的树杈上，双手垫在脑后，轻唾一声道："切，一群蠢货。"

台下众人齐呼："共抗邪佞！保家卫国！"

小弟子接着说："龙吟钟一年一响，皆为武林雄霸而响。今年规则依旧，各路豪杰皆可上台，没有限制，最先手击钟响者，就是新的武林盟主。"

"用手？"柳如丝震惊道。

"这么沉的钟，就算用内力击响，手肯定也要伤了。难怪连那老头都带了护掌。"游沐风皱眉道，"金丝缠呢？"

聂慎儿从怀里摸出一团金线递给游沐风，道："在这呢。"

游沐风从聂慎儿手中取过那团金线，轻轻展开，金丝铺开，闪着密集的光。原来那金丝缠是用金线密织，混着铁绒的手套。柔中带刚，密不透风，带上能徒手截刀，却又无碍于挥剑握拳。五指上前端有五个指环，游沐风将指环一个一个带好，反复看了看，相当满意。

游沐风道："这金丝缠世上怕是找不出第二对了，多亏聂堂主一双巧手。"

聂慎儿笑眯眯道："属下职责所在。"

这时只听一声铜锣响，台上小童大喊一声："比武开始！"这边声音未落，便有几人飞身上台。

一男子挥舞弯刀率先上台道："今日高手如云，在下虽知拿不下盟主之位，但却还是欲与各位大家讨教一二！"

另一大汉手中握着长鞭也道："小兄弟不必自谦，得罪了！"

大汉语毕便不由分说攻了上去。只看那二人身影交缠，打了几十个回合。使刀那人明显落了下风，不一会儿便自甘认输，下得台去，便又有新人上台挑战。

"这就完了？也太快了吧？"柳如丝道，"连钟都没摸着吧？"

张牧之慢悠悠地说:"这些都是自知内力不够击不响龙吟钟的,不过是想上台比试比试,顺便给门派争光。你且等着,正主马上就要来了。"

此时台上又来了一位用鞭子的红衣女子,没用多久,就把之前领先的男子掀翻在地。姬朗月脚尖点地,纵身一跃飞上台笑道:"姑娘好身手,我来讨教讨教。"

只见姬朗月双手发力一掷,从袖口里伸出五条细细长长的铁爪,套在纤纤玉手上,对比之下不由得让人一阵惊悚。

这个姬峰主看起来温柔妖媚,游沐风心想,怎么用的兵器如此歹毒?

聂慎儿一眼看穿游沐风的心思,笑道:"阁主有所不知,万剑峰向来以剑走偏锋著称,门派里女子居多,力气比不上男人。用这种短小兵器反而更容易近身攻击,避免肉搏。她那对铁爪,我也有所耳闻,传言削铁如泥。今日一见果然名不虚传。"

这边二人说话的工夫,另一边战况激烈。只见姬朗月一个翻身,铁爪划过,红衣女子脸上立刻破相,五条爪印鲜血淋漓。徐清华飞身上台,一掌将姬朗月推开数丈,不悦道:"姬峰主!下手太狠!"

姬朗月却笑着说道:"擂台上本就刀剑无情。"

徐清华冷笑道:"峰主本可点到为止,何苦对小辈穷追猛打?老夫便来陪峰主耍耍!"

只见徐清华也不用兵器,赤手空拳向姬朗月攻去。徐清华掌风凌厉,灌注内力,似是要将周遭气流划出缺口。姬朗月本就不及他内力深厚,此时徐清华又毫不相让,只有连连狼狈招架。徐清华连打十几个回合后突然停手站定,问道:"姬峰主以为如何?"

姬朗月也收了架势,她抖了抖双手,铁爪缩回袖内,笑道:"朗月自愧不如。"

姬朗月也不争执,说完转身便下了台。此时台下众人见徐清华站在擂台之上,竟无人再敢上台挑战。徐清华双手背在身后,环视台下,最终看向孟子笺问道:"孟掌门要不要来比试一下?"

孟子笺笑了笑,微微欠身说:"子笺自知技不如人,这次武林大会清山只主持,不争魁。"

徐清华朗声哈哈大笑，突然眼锋一凛，看向擂台东侧，问道："那天机阁阁主呢？不上擂台一战，枉你们千里迢迢赶到清山来。"

游沐风在台下看了半天，正愁找不到机会上台。此时老头一阵挑衅，她将计就计，轻轻一跃便落在了徐清华面前。

徐清华冷笑道："听闻天机阁论武功属司战堂堂主江知白最高，怎么选出来一个乳臭未干的丫头当阁主。不知阁主武功较江堂主如何？今日老朽倒要讨教一二！"

"武功高就当阁主啊？你那么胖怎么不去当厨子呢？"游沐风翻了个白眼道，"我师兄绝世独立不屑与粗人动手，徐掌门先过了我这关再说吧。"

"我看这老头迟早要被阁主气死。"张牧之认真道。

柳如丝摸出个桃说道："你怎么也管他叫老头了？"

"年轻人好狂傲的口气！"徐清华冷笑一声道，"那就开始吧！"

"徐掌门不用兵器？"游沐风道。

徐清华说道："不用！一拳一掌足矣！"

"既然如此，我也不用了。"游沐风将邀月剑放到一边说，"免得说我欺负老人家。"

徐清华道："无妨……"

游沐风若无其事地打断道："你是长辈，我让你三招。"

徐清华气得眉毛倒竖："狂妄之徒，看老子今天不好好教训你！"

"呃……是我听错了，还是这老头给气得说脏话了？"张牧之在台下问。

"我好像也听到了。"余下三人同时回答。

徐清华本就脾气暴躁，受了刺激之后更是怒发冲冠。他拉开架势，铁掌劈头盖脸就向游沐风打去。游沐风也不接招，真的以身避让，连躲三招。待到徐清华第四掌即将落于她腰间之时，游沐风才出手相抵，手肘打在徐清华腕处，掌心一翻，接下攻击，另一只手又是发力一推，生生把徐清华逼出去老远。

徐清华站定道："有两下子，我倒小瞧了你！"

说罢，徐清华又以更多内力灌入手掌，再次强袭。游沐风用轻功快速躲过，同样掌心发力，又一次击在徐清华手臂上。徐清华只觉手臂上被震得发麻,再一运气竟是真气受堵,气得头顶冒烟,化掌为拳,用起看家拳法攻向游沐风。

江知白在台下道:"这老头是不是气糊涂了,肉搏就算了,非逼着阁主硬碰硬。两人内力都不差,硬要对冲,也是杀敌一千自损八百。"

张牧之笑道:"他之前对盟主之位志在必得,半路杀出个程咬金,肯定气得不行。咱们阁主年轻,速度本身就比他快,精力也比他强,他想速战速决,也只有拼内力一条选择。"

"他以为拼内力就能赢?"江知白嘲道,"阁主的内功是他能比的?"

这时台上二人已交战几百回合,徐清华满头大汗,明显力不从心。此时他终于抓住时机,抬起右臂,手掌握拳,对在了游沐风的掌风之上。

一拳一掌相接,二人周围刹那飞沙走石,气流围绕着盘旋而起。擂台之下寂静无声,大家都目不转睛地注视着台上二人的内力比拼。偌大的武场,此时只剩二人衣摆被气流带起的猎猎响声。

徐清华浑身气血翻涌,额头冒汗道:"你小小年纪,怎么可能内力如此深厚?"

游沐风心里想,废话,你也不看我师父是谁,嘴上却道:"掌门若是此时收手,也不会损耗过多。"

徐清华不甘示弱,再次猛运一股气,却被游沐风打入的真气憋在掌心处,不上不下。他怒道:"我观你这内力至阳至刚,出手套路也是自成章法,不似旁门左道,还与清山一脉有相似之处,你们天机阁的武功到底师出何人?"

游沐风懒得回答徐清华的问题,手上蓄力继续道:"徐掌门若再不收手,恐怕自此便要卧床休养了!"

徐清华此时已觉气血逆流,胸口发闷,见游沐风也不欲伤人,便猛地收手,连连退步,站稳后快速点了自己身上几处大穴,护住心脉。

柳如丝在台下看得一头雾水,道:"这就结束了?"

所有人皆是惊愕不已。

"徐掌门输了?"

"天机阁夺魁?他们战堂堂主都没出手!"

"一个丫头当了武林盟主?"

此时孟子笺走上台来,笑道:"徐掌门……"

徐清华抬手制止孟子笺,道:"阁主,击钟吧。"

孟子笺伸手扶住徐清华,关心地问:"徐掌门有无大碍?"

徐清华长叹一口气,尽显不甘:"无妨,武林中果然是人才辈出! 看来我真的是老了! 阁主,击钟吧!"

孟子笺微微一笑道:"阁主,请!"

只见游沐风不言不语,走到龙吟钟前,左脚后退半步,右手掌心真气凝聚,颈后的蓝蝶刺青爆发光芒,金丝缠上汇集着因真气流转而流窜的石子,随着主人猛一出掌,金丝缠撞击在钟壁上。众人屏息,此时只听一声浑厚的钟声宛若龙吟,直上九霄。

"龙吟四海,恭喜新盟主了!"孟子笺衣袖一挥笑道,"大局已定,新任盟主便是天机阁阁主。请盟主为而今天下武林题字,此卷轴将挂于武林盟庙堂之内。望盟主能引领江湖,一统武林。"

"一统武林?"游沐风看向孟子笺,话里有话地嘲道,"立心立命于天地才是武学之本。"

这时几个小童走上台来,左右一边一个拉住卷轴,竖在游沐风面前,另一个递上笔墨。游沐风想了一刻,接过小童递上的笔,洋洋洒洒一气呵成。徽墨的香气散布开来,两位小童快速转换了方向,把卷轴面向台下众人。只听昨日那个小弟子用同样的声音朗朗念道:"为天地立心,为生民立命,为往圣继绝学,为万世开太平。"

如今家国动荡,一群习武之人不想着保家卫国,反而聚在这里为一个武林盟主争得头破血流。什么玩意儿! 游沐风想着,翻了个白眼转身下了台。

孟子笺见游沐风的表情,自然知道她在想什么。他站出来打圆场道:"今日天机阁阁主夺得武林盟主之位……"

这边台下,游沐风已回到众人身边,说道:"孟子笺这人说话滴水不漏,找他要麒麟墨玉玺恐怕不是件简单的事。"

"当然不是简单的事!"张牧之道,"孟子笺把游柏城留在山下,却把他的家小扣在山上,还故意透露自己是灵族人的消息,应该是试探咱们的立场。

如若有转圜余地,他肯定能推则推,如若天机阁对玉玺势在必得……"

"如果孟子笺没有说谎,他一个灵族人怎么来到清山当上掌门的? 孟氏难不成跟皇嫂是同族? 凤落亭? 福鼎白茶? 他到底有什么秘密?"游沐风还是想不通。

江知白道:"派人去查,别的不好说,只要他是灵族人就一定能查出他的底细。"

"等不了那么久。"游沐风道,"现在武林盟主已经到手,咱们得赶紧商量对策,不仅是孟子笺,还有一个顾骁,虽然现在看他们不似表面那般和谐,但对待玉玺一定是站在统一立场,不会轻易拱手相让的。"

提到顾骁,游沐风向主座处看去。顾骁还坐在昨天的位置上,闵纾站在他身后。游沐风夺得武林盟主的情形尽数落入他眼中。昨夜两人心照不宣都没有提起玉玺的事也算是心有灵犀。喜欢归喜欢,玉玺归玉玺。男女小情是一回事,家国大义是另一回事,不能混为一谈。只是不知道到了取舍之际,二人要如何选择呢?

张牧之沉思片刻道:"是,咱们今晚……"

张牧之话没说完,游沐风猛然抬头。电光石火之间,她感到远处有一丝利器划过空气的声音,但周围太嘈杂,辨不清方向。游沐风警觉望向四周:"有人放暗器!"

"往主台方向去了!"江知白道。

顾骁? 游沐风心道糟糕,想冲去救人却被江知白一把拉住扯到身后。只听江知白道:"暗器不长眼! 你不能去!"

"江堂主说得对! 天机阁身份敏感,不要多管闲事!"张牧之附和道。

此时主座上一阵骚动! 惊慌中有人大喊:"保护王爷!"

"有人偷袭!"

"有暗器!"

众人纷纷亮出武器,台上台下乱成一团,更是什么都听不清。江知白死死抓住游沐风的胳膊,将她护在身后。没了视野,游沐风不禁踮起脚尖,双眼越过江知白的肩膀,透过他散在肩头的发丝猛地看清了什么。

两支一寸长的暗器,远在江知白身前几寸处,高在自己视线正前方,旋转之中破开气流,再次朝着顾骁所在的主座急速飞去!

"是袖箭!"游沐风心惊道,"湖州人动手了!"

张牧之在嘈杂声中不得不扯着嗓门大喊:"这里太乱! 咱们先撤!"

江知白点了点头,冲着周围弟子一挥手道:"撤!"

待天机阁众人匆匆撤出回到院落已经过去大半个时辰,全然不知擂台那边情况如何。游沐风气喘吁吁道:"真的是湖州人,从方向上看至少有四五个人。这么多人孟子笺都没查出来?"

"湖州人是怎么想的? 在这个时候动手!"柳如丝不解地问。

"这个时候动手才叫作出其不意,他们自知已经暴露,九王出入月盈崖都有众人把守,连吃喝都有验毒。武林盟主刚刚选出,大家都懈怠许多,这也是他们仅有的下手机会了!"张牧之道。

"他们山上一定有内应,到底是谁?"游沐风皱眉道。

"那倒不一定。"张牧之说,"阁主不如换个思维,谁跟湖州有共同的目的,想让九王死?"

游沐风恍然大悟,惊道:"顾长明?"

张牧之点点头说:"我早就该想到了,姬朗月是顾长明妻子的娘家表姑。此人平时冷漠清高得很,怎么今日突然出手? 一上来就弄花了小姑娘的脸,说不定就是为了转移众人注意力。"

柳如丝道:"谋害他们自己的王爷,湖州人能跑她又跑不掉,姬朗月不要命了?"

"你有证据吗?"江知白道,"都只是咱们的推断,连孟子笺都没想到。"

游沐风皱眉沉思:"孟子笺……会不会是故意的?"

张牧之说:"借刀杀人? 不太可能,咱们不希望九王出事,孟子笺更不希望。虽说他有别的秘密,可九王是他现下唯一的靠山!"

"那我们现在怎么办?"游沐风泄气道,"孟子笺现在肯定忙得没空理咱们,玉玺一时半会儿也要不回来了!"

"玉玺不急,只要孟子笺在清山,咱们总有办法。当务之急是聂堂主。"张牧之说道。

"我? 有我什么事?"聂慎儿一脸迷茫。

"给阁主换把剑!"张牧之崩溃道,"九王有如此多人保护还是出了乱子,再让他们知道明昭公主在清山,怕是麻烦就要上门了!"

聂慎儿恍悟道:"我房里有几把轻便小巧的,阁主随我去取就是了。"

游沐风愁眉苦脸道:"不换行不行?"

"又不是换一辈子。"柳如丝道,"你就将就一下吧。"

"真是麻烦。"游沐风撇嘴道。

游沐风随聂慎儿回到屋内,聂慎儿取出放在矮柜中的包裹,仔细打开,笑盈盈道:"这次远行,没带什么特别贵重的兵器,都是些小巧的佩剑,阁主看看喜欢哪个。"

游沐风扫视一眼摊在桌上的众多兵器,忽的一瞬,发现了一把剑,细长小巧,剑鞘上刻有一只鹿,明显是一把女子佩剑。游沐风看着剑微微有些出神,问道:"这是'共情'?"

聂慎儿愣了一下,答道:"是。是侍墨掌事的'共情',也不知怎的就把它带来了,许是冥冥之中它希望再见到主人。"

游沐风手指轻轻拂过剑鞘,沉浸在回忆中微笑道:"她与我不同,就喜欢些女儿家的小玩意,绣出来的戏水鸭跟活的一样,却总不爱学武,会的那几招还是我教她的。"

聂慎儿不知如何回答,只能待在一边。

游沐风继续念叨,手指停留在剑鞘那只鹿上,又道:"当年要一起入天机阁,我选了蓝蝶她选了雪鹿,刺青的时候特别疼,我就拉着师兄使劲哭,可是她却能忍得很,连一声都没吭。"

"阁主记性好,这么久的事了……"聂慎儿赔笑道。

游沐风抽出共情在空中挽了几个剑花,说道:"当初我为此剑取名'共情',是想纪念我与她童年相伴的情谊,如今想来倒是讽刺得很。她没把剑带走,可能也是这么想的吧。"

聂慎儿有些担忧游沐风,问道:"阁主想过再见到她时要如何面对吗?"

游沐风微微一愣,她显然没想过。她一直认为侍墨背叛了自己,再见面时定要让她给个交代,但从来没想过自己要跟她说些什么。游沐风的思路被一路小跑来的弟子打断了。

“阁主，不好了，前堂快打起来了！”弟子道，“江宁九王到了，正巧撞上江堂主出门。两人说了几句似是不太愉快。张堂主让您快去，不然江堂主就要动手了！”

游沐风提着共情剑赶出门外道：“我去瞧瞧，聂堂主，你也一起吧。”

同一时间，凤落亭中孟子笺焦头烂额，问道：“闵将军如何了？”

“还是昏迷不醒。”上官舞凤答道。

“王爷呢？”孟子笺又问。

上官舞凤道：“王爷去了重花阁。”

“刺客抓住了吗？”孟子笺接着问。

“没有，目前……”上官舞凤的话说到一半被气喘吁吁赶到的宋筱筱打断，宋筱筱惊慌失措道：“掌门不好了！游柏城带着麒麟墨玉玺消失了！”

重花阁的前院中，游沐风人还没到就听到顾骁的声音传来。只听他轻蔑道：“江堂主，即便你武功再高，这清山依旧是江宁的清山，依旧是本王的清山。只要你脚下踩着这块土，就动不了本王。”

“动不了你？”江知白冷笑道，“九王爷不妨试试，是你的嘴快还是我的剑快！”

张牧之赶忙上前道：“江堂主你少安毋躁，咱们毕竟还在清山做客，拔剑迎主说不过去。”

江知白却不为所动，说道：“这就是清山的待客之道？找上门来要人？”

“本王不过就是想见见你们阁主。”顾骁皱眉道。

江知白毫不客气地说：“王爷何必揣着明白装糊涂，阁主什么身份王爷不知？是你想见就能见的？”

“呵，江堂主现在护主护得倒紧。”顾骁嘲讽道，“怎么？几月之前不是你亲自把你们阁主送进本王的王府的？如今又在这装什么情深义重！”

江知白被戳到痛处，顿时杀意骤起，道：“你不提这事还好，阁主在九王府才待了没多久就差点送命，你顾骁难辞其咎！我说过，阁主受的苦我自当要为她讨回来！”

顾骁冷笑道：“怎么？你们往本王的王府里送细作，还要本王当菩萨供着不成？”

"即便是细作,横竖也是个女人。王爷连个女人都不放过,如今又有何颜面上门寻人?"江知白言语间丝毫不让。

"本王说过了,之前很多事都是误会。"顾骁道。

江知白阴森着脸说:"既然王爷说过了,那就请回吧!否则别怪我不客气!"

"你敢!"顾骁怒道。

"都少说两句行不行!"游沐风一声怒吼。

顾骁立刻变脸,乖巧道:"晴言见过阁主。"

游沐风瞄了他一眼问道:"王爷在擂台没受伤?"

"多谢阁主关怀,晴言无事。"顾骁道。

"王爷找我有事?"游沐风问道,"有话不妨直说。"

"晴言想请阁主出手相助,救闵纾一命!"顾骁抱拳恳求道。

"闵将军中了暗器?"游沐风立刻猜到了。

"不仅如此,袖箭有毒,闵纾为了救本王以身相抵,如今昏迷不醒。"顾骁道。

江知白冷笑道:"王爷果然是洪福齐天,关键时刻总有人挺身而出救你性命。"

"你想找柳堂主去替他医伤?"游沐风问,"清山上就没别的大夫了?非要我的人去?"

"山上山下请来大夫数十人皆束手无策,无人能解此毒。"顾骁道,"请阁主救闵纾一命!"

"我虽说是阁主,但这不是阁内的事,要看柳堂主自己愿不愿意了。"游沐风冲着一旁弟子道,"去把柳堂主请来。"

不一会儿,柳如丝便跟在弟子身后来到前院。她抬眼看到顾骁,诧异道:"你怎么在这?"

顾骁解释道:"闵纾为救本王身受重伤,清山无人能治。请柳堂主救他一命。"

"怎么谁救了你都会身受重伤?"柳如丝道,"王爷你是不是命中带煞啊?"

"行了，别耍嘴皮了。"游沐风打圆场道，"你去瞧瞧吧。"

柳如丝却道："我不想见那个死鱼脸，凶得很……"

"人都昏迷了，凶什么凶，好歹相识一场。"游沐风道。

"阁主不也跟他相识一场?"柳如丝道，"正好，你去我就去!"

游沐风莫名其妙道："我去干吗? 我又不会诊病。"

顾骁听了这话眼睛一亮，正好求之不得。他赶紧开口说："既然如此，就请阁主同去救人!"

游沐风左右想了想，也没什么损失，于是说："那好吧，我陪你去。"

"阁主……"江知白不悦道。

"放心吧师兄，我很快回来。"游沐风道，"王爷带路吧。"

三人前后来到月盈崖，闵纾被安排在侧居的卧室里。柳如丝赶到时正有几个手下和大夫守着。而榻上的人面色惨白，沉睡不醒。柳如丝扒开众人，怒道："都挤在床头干什么? 人没死都给你们憋死了! 去去去，都一边去……"

众人抬头看看顾骁，见他点头示意，便纷纷作揖退了出去。这时又见柳如丝的药童背着个大大的药箱一步三晃地进了屋。

"咱们也出去吧，留在这也是添麻烦。"游沐风道。

顾骁面色凝重地点了点头，领着游沐风退出房外，一句话也没有说。

"王爷别太担心了，柳堂主虽然平时看起来不太靠谱，但是救人定会竭尽所能。"游沐风安慰道。

顾骁转过身看着游沐风道："你刚才叫我什么?"

游沐风简直哭笑不得，道："都什么时候你还有心思说这个?"

"在本王封王之前，闵纾也没领官职的时候，他倒是经常唤我晴言，一转眼都过去这么久了。"顾骁不知为何突然感慨起来，只听他继续道，"阿薰，我问你，如果此时躺在床上的是你至亲之人你可会担心?"

至亲之人? 游沐风想到年三十那夜病床上的游呈宓，顿时理解了顾骁现在的心情，只是没想到闵纾对他那么重要。

"担心自然是担心。"游沐风安慰道，"但事已至此，除了耐心等待我们也做不了其他的事。"

"你刚才想到了谁?"顾骁又沉默了一会儿,轻轻问道,"你师兄?"

都什么时候了还不忘吃醋!游沐风哭笑不得地说道:"不是。我有个侄儿,年幼丧母后身体一直不好,我腾不出空来好好照料他,对此一直心里有愧。"

"太子?"顾骁问。

游沐风点点头道:"是的。"

"你们姑侄关系好,让人羡慕。"顾骁自嘲一笑,说道,"我的侄儿却是费尽心机,不惜勾结外藩都要置本王于死地。"

此话一出,尽显悲凉。游沐风当然明白顾骁的无奈,但她不知如何安慰,因为就连她自己也身处这个旋涡之中。天家薄情,她曾经也怀疑过皇兄对她是不是只有利用。而她自己又何尝不是希望游呈宓赶快长大,可以将自己身上重担交付给他。这是爱吗?算是利用吗?自己若是死在任务中皇兄会难过吗?她自己都想不明白,又怎么安慰顾骁呢?

"我知道你在想什么,你不用安慰我。"顾骁道,"举步维艰之际,只希望有你陪在身边。"

"王爷……"游沐风下意识想拒绝。

顾骁却继续道:"自我受封长川王以来,湖州对江宁便虎视眈眈。晴言一腔热血,只愿做人立于天地,不负故往将来,行事问心无愧,不负圣贤教诲。名将枯骨,黄沙万里,生亦何欢,死亦何惧?但唯独对不起二人,便是你与闵纾。"

顾骁接着说:"闵纾是我幼年伴读,是为数不多可以肝胆相照之人。如今被我连累得生死未卜,是我害了他。"

游沐风越听越难过。

"在王府的时日,没有护好你,晴言心中有愧。而今心之所向,却无可奈何,顾氏玉牒上,我顾骁之妻确实是他人之名。"顾骁叹道。

游沐风说:"我已经说过了,我在意的并不是名分。王爷与我身居高位,享有荣华,自然要承担比平常人更多。深陷局中,枕边之位也得拿出来做交易,王爷又何苦执着于儿女私情呢?"

顾骁目光灼灼道:"只因深陷局中,便连心上之人也要放弃?阿薰,你知我心意。晴言近日总是想到你我廊下初见情景,花开如瀑,美人嫣然。那是我顾骁心之所向。然而你我终有争夺玉玺那一天,晴言不知该如何自处。世人只道帝王家无情,然我顾骁为求无愧江山,是否只能天下负我?"

"我不知道,晴言,我真的不知道。"游沐风悲凉道,"情与义若是必须二选一……我只知道如果王爷想名垂青史,还是以大局为重。"

游沐风站在顾骁身侧,瀑布轰鸣,四溅的水花时不时打在脸上,凉凉的又痒痒的。她不禁看向顾骁,他今日红衣冽冽,身上香味混着水雾扑面而来,他是如此生动鲜活。想着自己刚才所说的名垂青史,再瞧瞧眼前人,也不知日月更替、斗转星移的千百年后,还会有多少人记得这位五陵年少、鲜衣怒马的江宁九王。就算有,他而今这段肺腑感慨除了落入心上人的耳朵,其他的便随着眼前奔腾的流水一去不复返了吧。

顾骁低头苦笑:"名垂青史?阿薰,你可知古往至今向来善战者无功,善医者无名。"

游沐风欲再张口,只见柳如丝走出房门探头探脑地搜寻二人身影。顾骁急忙迎上去问:"如何了?"

柳如丝撇撇嘴道:"不如何,现在情况还算平稳,但并没有脱离危险。"

"连你也治不好?"游沐风惊讶道。

"谁说我治不好?!"柳如丝不高兴地说,"这毒霸道得很,我得好好想想。"

"那你就在这住下,慢慢想得了。"游沐风道。

柳如丝想张口反驳,就见远处宋筱筱疾步而来。宋筱筱向游沐风微微欠身,随后对顾骁道:"王爷,掌门请您过去一趟。"

顾骁皱眉道:"闵将军现在命悬一线,让子笈等等。待他醒来本王再去。"

"王爷掌门说了,有要紧事相商,请您现在赶紧去。"宋筱筱面露慌张,看起来不像说谎。

顾骁犹豫片刻,道:"那本王先随你去看看吧,闵将军就拜托柳堂主了。"

"我?阁主你不会是认真的吧?"柳如丝惊恐万分地说,"你真要我住在这照顾这个死鱼脸啊?我不答应!死也不答应!"

"你自己说要慢慢来,好好想想办法的嘛。"顾骁走后,游沐风恢复了嬉皮笑脸的样子。

柳如丝道:"办法回去也能想啊,每天来看看,想好了再给他治不就好了?"

游沐风挑眉道:"当真?"

"当然啦!"柳如丝道。

"那这可是你自己说的,每天来查脉,直到他好了为止。"游沐风露出满意的笑容。

"阁主你算计我?"柳如丝跳脚道,"你知道我不想给死鱼脸看病,故意说让我住在这,然后退而求其次对不对?"

游沐风笑眯眯地说:"哪有哪有,你想多了。"

柳如丝一脸悲凉:"阁主你怎么胳膊肘往外拐,这死鱼脸有那么重要吗?"

"嗯,他对顾骁挺重要的。"游沐风点点头继续道,"走走走,要抱怨回去再抱怨,闹了一天了!你不饿吗?我饿了。"

柳如丝仰天长叹,悲痛欲绝。而游沐风满意地掸了掸袖子上的水珠道:"走吧,你带路,我不记得怎么回去了。"

柳如丝嘴角抽搐。

游沐风跟着柳如丝,两人晃晃悠悠回到重花阁,只见其余三人面色凝重地站在院中,似有大事发生。游沐风怀疑地问道:"怎么了你们?全都站在这干吗?"

"阁主……"张牧之犹豫道,"孟子笺请咱们去萤火阁有要事相谈。"

"还有完没完了?等我吃完晚饭再去!"游沐风怒道。

张牧之道:"阁主,先去吧。侍墨掌事在萤火阁等您。"

游沐风跟在众人身后,一行五人在夜色中往萤火阁走去。游沐风魂不守舍,始终没说一句话。江知白担心道:"阁主你还好吗?"

游沐风没有回答。

"你要是没准备好,一会儿就在一旁看着,其他的交给我和张堂主就好。"江知白说。

张牧之附议道："对。我们想办法把人先带回去,其余的回去了再说。"

游沐风依旧不语。

"阁主怎么了?"柳如丝问,"费了那么大工夫好不容易把人找到,现在怎么看上去那么纠结?"

游沐风还是没回答。

柳如丝一脸诧异道："阁主,事到如今你该不会还顾念姐妹情分吧?"

聂慎儿扯了扯柳如丝的衣袖,微微摇头,示意她闭嘴。然而游沐风刚才根本什么都没有听见,距离萤火阁越来越近她只觉得越来越紧张,这种紧张甚至连冒充王妃时都没有过,似是有一块巨石盘压在胸口,堵住了心脉,血液阻塞无法呼吸,耳边回响的都是自己扑通的心跳声。游沐风想着一会儿见到侍墨如何开口,是质问她为何背弃情义离自己而去,还是听她解释,说她自己只是迫不得已? 一别几载她可曾后悔? 游沐风一路纠结,终于来到萤火阁内堂门外。

"阁主你脸色怎么那么难看?"聂慎儿道,"要不咱们等等。"

游沐风声音颤抖道："没事,进去吧。"

门吱嘎一声开了,游沐风先看到的是坐在正厅之上的顾骁与孟子笺。二人见到游沐风都是起身相迎,与此同时,堂下右手边坐着的熟悉身影也站了起来,缓缓转过身看向游沐风。

侍墨一脸平静地说道："侍墨见过阁主。"

游沐风深吸一口气,真到面对之时她竟然比自己想象中冷静了许多。她看着多年不见的姐妹,道："你倒是一点也没变。"

侍墨轻轻一笑,说道："几年不见阁主却是越来越美了,想来还是江堂主护得好,不知什么时候能做上驸马爷?"

张牧之听了这话登时色变,他厉声呵斥道："游夫人! 这里不是天机阁,不是什么话都可以乱说! 作为昔日同僚我奉劝你一句,想活命,不该说的话就咽回肚子里!"

侍墨却笑道："张堂主做甚这么紧张,孟掌门和九王爷都不是外人,咱们关起门来说话,这屋里还有谁不知道阁主的身份呢?"

"呵,游夫人在外游历一番,果然嘴上功夫比往日厉害得多。"张牧之冷笑。

侍墨却依旧平静，道："张堂主一惯会笑话我，多年不见，张堂主可还好？"

"张某听差办事无所谓好与不好，游夫人若是有心，倒是该问问阁主是否安好。"张牧之冷冷道。

"是，你说得对，倒是我忘了。"侍墨轻轻一笑，转向游沐风问道，"阁主这些年过得可还好？"

游沐风觉得不对劲，皱眉道："分别时日长久，我还以为你会有别的话要对我说。"

侍墨坦然："是，我确实有别的话要对阁主您说。"

张牧之打断道："既然如此，有什么话回去再说吧。孟掌门，人我们就带走了，此番还要多谢孟掌门相助。"

"愿不愿意走，还是要看夫人自己的意思。"孟子笺沉着脸说道。

张牧之针锋相对道："这恐怕不是你能做得了主的。"

"哦？"孟子笺一声冷笑。

张牧之接着说："既然你已经知道我们阁主的身份，那咱们就明人不说暗话。孟掌门，坦白来说，此人是当今圣上钦点要带回天茗查办的要犯。窝藏朝廷钦犯，我怕这个罪责你清山派担不起。"

顾骁却在此时开口道："张堂主，朝廷有朝廷的律法，江湖有江湖的规矩。你们阁主刚刚得了武林盟主，就要从东家抢人？再者说，口说无凭，玉印呢？圣旨呢？总不能事事都凭你一张嘴。"

张牧之冷声道："我替圣上办事，向来靠的就是一张嘴。王爷若是不信……"

游沐风盯着顾骁，打断张牧之道："王爷要看玉印？"

顾骁明显不想跟游沐风起冲突，他将要说的话憋了回去。游沐风却从怀中摸出一块方正通透半个掌心大的玉印递给顾骁。顾骁接过玉印看了一眼，只见底部刻着"明昭大长公主玉宝"几个密密麻麻的小字。

只听游沐风强硬地说道："王爷看清楚了，长公主玉宝虽不及陛下玉印珍贵，但亦可号令天下。本宫今日一定要带这个奴婢走，不仅如此还有游柏城和麒麟墨玉玺。王爷想阻拦?"

"公主,我是不会跟您走的!"侍墨决绝道。

游沐风猛地抽出共情剑,指向侍墨,怒道:"你是不是以为我真不会杀你?"

江知白赶紧上前搭住游沐风的肩膀阻拦,道:"行了,侍墨,看在相识十几载的分上,阁主本不愿为难你。带上麒麟墨玉玺与我们走吧。"

"麒麟墨玉玺?江堂主怕是要不回来了。"顾骁眯起眼睛瞟了一眼张牧之,说道,"本王还以为张堂主手下办事有多得力,原来还蒙在鼓里。"

张牧之也不气恼,淡淡道:"张某人在清山做客,总不好做喧宾夺主之事。有什么消息还劳烦二位告知。"

孟子笺缓缓开口说:"我也是刚刚接到的消息,游柏城在山下暖香阁内徘徊数日不见踪影,今日本打算接他上山与阁主一叙,谁知弟子找去的时候已经不见踪影。门口一直有我们的人把手,他应该是和人串通,蓄谋已久逃跑了。"

"什么!"游沐风简直无法相信。

张牧之却问:"逃往何方?"

"不知。"孟子笺道。

"那玉玺呢?"江知白问道。

"一起失踪。"顾骁回答。

游沐风震惊到一脸错愕,她缓缓看向侍墨,失神道:"所以他丢下你们母子,带着玉玺跑了?"

侍墨惨然一笑,说道:"是,公主明鉴。"

游沐风怒极反笑道:"难怪你今日见我如此古怪,想来是打算破罐破摔了。"

"柏城是我夫君,他能逃脱,我很高兴。"侍墨轻轻道。

"你就为了这么个畜生背叛天机阁背叛我?弃我们多年姐妹情分不顾?"游沐风又惊又气,甚至为侍墨不平,遂大声质问。

侍墨看着游沐风,轻声道:"原来公主你到现在也没明白啊!"

游沐风提起剑又向她靠近一分,问道:"明白什么?"

侍墨悲凉道:"公主,你我之间,从来就没有什么姐妹情分。你是主,我是奴。从我遇上您的时候开始,我的人生便没有了选择。"

游沐风蒙了。

侍墨继续道:"公主,您知道我原名叫什么吗?连名字都不知道,何来姐妹一说?倒不如说是想当然的施舍,并不管我愿不愿意接受。就像您送我的这把剑,我一点也不喜欢,我不喜欢舞刀弄枪,不想入天机阁,更不想当什么掌事跟着您行侠仗义,可我没得选择。"

"你……"游沐风提剑的手微微颤抖。

张牧之上前道:"阁主,她在故意激怒你!不可上当。"

江知白按在游沐风肩膀上的手微微用力,生怕闹出人命。他怒斥道:"侍墨你知不知道自己在说什么?当初若是没遇到阁主,你不管是卖身葬父还是其他事情随便一样下场都只会更惨。"

侍墨冷笑道:"所以这就是我的错?就该无名无姓?一朝受人恩惠之后就该感恩戴德?公主,你读了那么多圣贤书,满口仁义,说自己心怀天下苍生!我且问你,你见过多少饿殍?见过多少人为了活下去卖儿卖女?又见过多少人吃过人?你过着锦衣玉食的生活,却想跟我这样卑贱的人做姐妹,不是虚伪又是什么?"

游沐风的心瞬间被戳穿,她无法反驳,脸色刹那惨白。

侍墨步步紧逼道:"您曾经说过阁里的弟子一朝入了天机阁,便要誓死效忠。但他们无父无母大多身世凄惨,你又知道多少?"

"够了!"柳如丝愤怒道,"身世凄惨也不是个个都像你那样背信弃义!阁主你别听她的……"

游沐风面色煞白,拿剑的手抖得更厉害了,轻声道:"让她接着说……"

江知白道:"阁主,你冷静一点。有什么话回去再说。"

侍墨却扑哧一声笑了:"公主你看,江堂主还是那么护着你。从小到大,明眼人都看得出来他的感情。可你呢?回报过什么?你不过把他视作理所应当的罢了。"

游沐风浑身颤抖。

江知白勃然大怒道:"你是不是疯了?胡说什么!"

侍墨终于爆发,眼泪夺眶而出道:"我没疯,我很清醒!公主自小万千宠爱,宫外有江堂主这位好师兄,宫内还有当今天子撑腰!连徐姑姑都拿你当亲生女儿养。我自知没那个福分,不过就是想做一个普通女人,嫁人生子。我有错吗?柏城来找我,说他愿意娶我,愿意带我远走高飞,我终于可以选择一次命运,为什么不走?即便是我所托非人,落到如此下场,我也从来没有后悔过!"

"你……不后悔?"游沐风难以置信地问。

侍墨突然扑通一声跪在地上,哭着道:"是,我从没有为追求爱情而后悔过。我唯一做错的事,就是不该偷走麒麟墨玉玺!不该用公主的东西做换取自由的筹码。"

游沐风听了这话眼泪终于忍不住滑落。她看着侍墨跪在地上,依旧用剑直指她的咽喉,说道:"你都知道游柏城是为了玉玺才娶你,你还跟他走?"

侍墨目光无神,嘴角扯出一个惨笑道:"公主,这样小小一份虚假的爱,您当然不会在乎。因为您有许多许多,你看看徐姑姑,你看看江堂主,您真的很幸运。可我呢?我只是渴望那么一点点的爱,哪怕是假的又如何,也可以安慰安慰自己不是吗?况且我还有了义儿,他是我的骨血。我终于有了自己的亲人。每当听到他唤我娘亲,我就想啊,你看我用一份虚假到骗不了自己的爱换回了世间最纯粹的爱。能拥有自己孩儿的爱,便是让我做尽天下丧尽天良之事又如何呢?"

"原来是这样啊!"游沐风不知不觉中已满脸是泪,她疲惫地问,"那你可曾想过我?想过天机阁上下?想过整个雪域?偷走宝物,有多少人会为你陪葬?"

侍墨有些力竭地说:"公主您是鸿鹄,我不过是只燕雀。人各有志,您向来胸怀天下,有拯救苍生的抱负。我所想的,不过是相夫教子的安稳日子。但偷了玉玺是我的罪过时午夜梦回时我常常被噩梦惊醒。公主,是侍墨对不起您,只求以死谢罪,您杀了我吧!但请您救救我的孩子!"

游沐风泣不成声,手中长剑哐啷落地,悲凉道:"到这个地步,你还想利用我?"

侍墨突然激动地向前爬了两步,抓住游沐风的衣摆道:"公主,我求求您了！义儿是个好孩子，我们的事他一点儿也不知道！他父亲弃我们而去，我如今也护不住他。我们全家都是朝廷钦犯，若是被带回天荟，他就是死路一条啊公主！义儿很乖的！我求求您收留他入天机阁！只有您能保他一命。侍墨愿意一死，不，愿意千刀万剐！来世给您当牛做马，求求您，救救他！”

张牧之怒斥道：“你胡说什么？天机阁只收孤儿入阁，就算你死了，孩子的父亲尚在人间。游柏城虽被贬为庶民，但这孩子也是皇家血脉。是去是留，是生是死自有皇上定夺！”

侍墨听了这话，更是死死地抱住了游沐风的腿说：“皇上如此生气，定是不会放过义儿的。公主，皇上最宠爱您了，您去求情一定可以的。说来您也是义儿的堂姑，看在侍墨昔日服侍您的分上，您救他一命吧！”

游沐风看着跪在地上的侍墨，仿佛狼狈的不是她，而是自己。她透过侍墨的眼底看到自己，那是个被人扒得精光的自己，被人掏出心脏皮开肉绽无力反抗的自己，一个狼狈不堪的自己。

此时一个小男孩从内堂走出来，只穿着里衣，打着赤脚，明显是刚刚睡醒。游沐风再次惊呆，光看容貌她就能猜到他是谁。男孩怯生生地来到侍墨身边说道：“娘亲，我听见你唤我名字了。”

侍墨从疯癫中回过神来，松开游沐风的腿，一把将孩子抱在怀里喃喃道：“义儿……我的孩子……”

男孩道：“娘亲你怎么哭了？怎么坐在地上？义儿扶您起来。”

侍墨赶忙摇头，她拉住孩子，二人一起跪在地上，飞快道：“义儿，这是你姑姑！快叫人！”

男孩小小个人跪在地上，头仰得老高，大大的眼睛打量着游沐风，眼里全是好奇。只听侍墨催促道：“快叫！”

张牧之厉声呵斥：“侍墨！”

侍墨却用更大的声音道：“快叫姑姑！”

男孩这才怯生生地叫了一声：“姑姑……”

游沐风瞳孔骤缩。

侍墨抚摸着孩子的头说道：“真乖！义儿，娘亲接下来有话对你说，你听了不能哭，也不许问问题，听懂了吗？”

男孩有些惊恐，但还是点了点头。

侍墨道："娘亲要到很远很远的地方去找你父亲，没法带着你。从今以后，你就跟着姑姑生活。要乖乖地听话，知道了吗？"

"侍墨！"张牧之忍无可忍道，"你这是在逼阁主！"

侍墨完全不顾其他，她晃着孩子的肩膀，厉声道："你听没听到？！"

男孩眼泪在眼眶打转，战战兢兢答道："听……听到了……"

侍墨这才满意，她又一次抓住游沐风的衣摆，哭求道："公主，侍墨求您了！"侍墨说罢俯身，头重重地磕在了地上，又拉住一旁的孩子道，"快，义儿！给你姑姑磕头！"

聂慎儿在一旁看不下去，开口道："侍墨，阁主待你不好吗？您若是还顾念半点旧情，就不该如此胁迫。"

所有人都在说话，游沐风觉得脑子里嗡嗡作响。她沉默了许久，再次开口时声音嘶哑："聂堂主……"

"属下在。"聂慎儿道。

游沐风缓缓说道："带孩子走。"

"阁主！"张牧之语气里少有地带了责备。

聂慎儿皱眉道："阁主，这不合规矩！"

游沐风怒气道："我说带孩子走听不懂吗？"

聂慎儿欲言又止，最后只得一声长叹道："是，属下遵命。"

聂慎儿上前拉住了孩子，牵起他的手带他离开内堂。孩子哭得泣不成声，一步三回头地望向母亲，却也没有挣扎，最后乖乖地跟着聂慎儿消失在门外。侍墨伸长脖子，恋恋不舍地目送孩子直到消失，这才抓着游沐风的衣摆虚弱道："侍墨，死生铭记公主大恩。"

"从今往后，你我主仆二人恩断义绝。"游沐风将衣摆从她手里抽出，决绝道，"你走吧，我永远都不想再看到你。"

游沐风再抬起头时，目光不复清澈。她对手下道："我们走！"四人跟上，游沐风甚至没多看侍墨一眼。

还没走出两步，侍墨的声音从背后传来："公主……愿您此生顺遂平安……"

游沐风转过身时已经晚了,只见侍墨已经捡起游沐风刚才掉落在地的长剑,双手握住剑柄,剑锋架在自己的脖颈上。众人还没来得及伸手阻拦,共情已划过了昔日主人的咽喉,鲜血顺着剑身滚滚而下,染红了剑穗,也掩盖住了剑柄上的雪鹿图腾。共情沐血后散发出凛冽的白色寒光,而侍墨已倒在了血泊之中,没了气息。

此时堂内寂静无声,似乎谁也没想到事情会发展成这样。游沐风死死盯着地上的尸体,仿佛眼前只有一片血红色。

江知白扣住游沐风的手腕,低声道:"阁主?"

见游沐风没有反应,他复又唤道:"韵儿?"

游沐风的眼神在呼唤声中慢慢聚焦,从江知白的眼睛倒影里,她再次看到了那个狼狈的自己。此时四位堂主皆站身后,她挣脱了江知白的手,往前走了两步,最后看了一眼侍墨的尸骸,颤抖道:"传阁主令,天机阁掌事侍墨,以死明志,毙于清山,尸身带回灵山,厚葬。"

"是,属下遵命。"张牧之道。

游沐风眼神往上一扫,看向孟子笺,惨然一笑问道:"孟掌门,朋友一场,这出戏你还满意吗?"

孟子笺不语。

"孟掌门为何要在游柏城逃跑之后立刻让侍墨来见我?"游沐风问。

孟子笺不答。

游沐风道:"我猜是侍墨不愿告诉你们游柏城可能去了哪里,所以你想利用我撬开她的嘴,只是可惜,没能如愿,是不是?"

孟子笺盯着游沐风半晌后,终于开口:"是。"

游沐风的目光慢慢转向顾骁:"这事你也知情?"

顾骁不知该如何作答。游沐风聪明得很,一猜便猜中孟子笺的计谋。孟子笺本来说的是想让游沐风帮忙问出玉玺的下落,谁能最后得到便各凭本事。哪知侍墨居然来了一桩托孤戏码,他和孟子笺也是措手不及。谁也没想到游沐风最狼狈的一面就此暴露在众人眼里,顾骁很不忍心,可如今解释什么都苍白无力。他早先才说过对不住她,现在又弄巧成拙。顾骁千言万语堵在心口,缓缓唤出一声:"阿薰……"

游沐风转身离开了内堂。

几人在背后呼喊："阁主！"

游沐风却怒道："不许跟来，谁也不许跟上来！"话音未落，人便消失在浓浓的夜色之中。

游沐风孤身离开，果真不见有人跟来。她努力平稳心绪，翻墙入院寻到一处酒窖，随手取了一坛酒，飞身上梁。游沐风坐在清山一处不知名的屋顶上，看着朗朗星月，嘴边烈酒入喉，胸口情绪翻涌。

眼看掌中一坛酒见底，她却觉得越喝越清醒，嘴角苦涩也不知是泪是酿。游沐风刚欲起身再去取一坛，背后却传来一个声音："美人夜半月下垂泪，饮酒独醉。这种美景都能撞见，看来我今日走了大运。"

游沐风回过头去，只见一名女子从屋顶另一头信步走来。此女子身披道袍，眉目如画，远黛生烟，更关键的是她步伐稳健，脚踏瓦片竟无半点声响，可见是一武功高手。女子缓缓走近，笑道："阁主有礼。"

"你是何人？"游沐风问。

"过路人。"女子笑道。

游沐风冷笑一声道："你这话，换成今夜之前说我可能还会当真。现在……呵！说吧，谁让你来的？顾骁还是孟子笺？"

女子不气不恼，笑嘻嘻在游沐风身边坐下道："阁主怎的疑心如此之重？"

游沐风却站着不动，说道："吃亏多了自然长记性，我又不是傻子。"

"我的确受人之托而来，但不是九王爷，也不是孟掌门，就凭他们也使唤不动我。"女子道。

游沐风蹙眉问："那究竟是何人之托？"

女子摆了摆手，从袖口摸出个白瓷瓶递给游沐风说："不可说，不过阁主早晚会知道的。喏，这个给你，解酒的。"

游沐风犹豫了一下接过药瓶，并没有打开，收入怀中。她随即问道："不能说何人，那寻我所为何事？"

"谈心。"女子答。

游沐风莫名其妙："谈心？我与你有什么心事好谈？"

女子笑道："阁主一天之内遭人利用，痛失故友，尝尽人情冷暖。在这屋顶哭得梨花带雨，真的没有心事好谈？"

游沐风挑眉道："你偷听？"

"梁上偷听的可不止我一个人哪。"女子嘟了嘟嘴道，"不过这不是重点，重点是阁主日后如何自处。人都已经死了，沉溺于悲痛也没什么用处不是吗？"

"沉溺于悲痛无用？"游沐风反问道，"你又不是我，怎知沉溺悲痛换不出大彻大悟？"

女子看游沐风一眼，又瞟向眼前明月，道："阁主又不是我，怎知我所指的用处是大彻大悟？我今日受人之托来寻阁主的目的，就是劝阁主无须大彻大悟。"

游沐风道："我本有错在先，如不思悔改，失去更多至亲挚友，将来悲痛只会更多。"

"阁主何错之有？"女子歪头问。

游沐风认真道："侍墨临死前说的话字字诛心，我从不知她真实姓名，不知她心里所想，把我的喜欢当成她的喜欢，把我的心愿当成她的心愿。人各有志，我不该强迫，若是姐妹，我早该放她自由，是我逼死了她。"

女子却笑道："她是买回来的丫头，自愿签了卖身契，就该明白日后不再会有自由。依附了阁主拥有锦衣玉食，又想要自由情爱，世间哪有这么便宜的事？更何况，谈到自由，烟火人世哪里有自由可言？阁主你有吗？你看这庙堂暗潮滚滚，阁主现在有抛下一切寻觅情爱的自由吗？"

游沐风想了想道："我是不愿做，和侍墨想做而不能做并不一样。"

"可结果都是一样！都是不做！"女子温柔道，"阁主非要论孰对孰错，只能看结果不是吗？中间思绪婉转，只因世间人只能站在自身设想，看不到也不愿看旁人。阁主这么说，本身就不妥当。"

游沐风发现自己居然辩不过她，有些吃惊道："你的意思是世人所思所想皆不分对错？"

女子站起身，拍了拍手上的灰尘道："不只是所思所想，这世间万象本就没有非黑即白，只有不同立场。同样一朵花，欢喜的人看了，便觉得花儿开笑颜;悲伤的人看了,便是感时花溅泪,恨别鸟惊心。侍墨站在自己的立场,感叹命运不公,只有贩卖自身才能活下去,她没有错。阁主身居高位,夺回宝物,保国护民也没有错。"

游沐风沉默,她努力思索着眼前女子的话。

"阁主最后一刻质问九王与清山掌门,不就是觉得他们为了得到玉玺,利用了你对他们的信任?"女子接着说道,"他们也是为了保家护民,伤了与阁主的情义。我知阁主是性情中人,万事情为先,不能接受这种做法。可一心只为心中情绪,不顾家国大义,阁主不怕成了下一个侍墨吗?"

游沐风瞬间被点醒!

女子继续道:"自古鱼和熊掌不可兼得。侍墨一生为情,最后觉得对不住阁主对不住天下,为义自尽。阁主何不把她当成一面镜子? 正照反照,选情选义,同样也关系到阁主将来生死!"

游沐风起疑道:"你这话说得,难不成能未卜先知? 判我生死?"

女子笑眯眯地双手抱胸,转身准备离去,嘴里唱念道:"日月朝夕凉堂过,潇湘泪洒关外亭。凤鸾悲鸣九天去,芳魂幽幽归故里……谨记……谨记哈……"

游沐风大吃一惊,急忙问道:"你到底是什么人?"

女子踏着步子离去,笑盈盈道:"唐知心。相见情深,未语知心的知心。再会了阁主,多多保重哈!"

"你等等……"游沐风追上前道。

唐知心一闪,便不见了踪影,红鸾鸟一声长鸣划过天际。她的声音远远飘来:"我们还会再见面的……"

红鸾鸟停在了远处屋檐下,另一角唐知心笑眯眯从屋影下走出,对着站在那里许久的顾骁道:"九王爷喜欢听墙角?"

顾骁眯眼问道:"你是谁?"

"过路人。"唐知心说。

"呵,你当本王这么好骗?"顾骁冷笑。

唐知心笑道:"阁主都信了,你为什么不信?"

"你与她说了些什么?"顾骁问。

唐知心双手抱胸,懒散靠着墙道:"原来王爷没听到啊。"

"本王又不是顺风耳,成心要听谁会站这么远? 不过来瞧一眼罢了。"顾骁愤愤道。

"王爷不放心?"唐知心问,"那何不上去看看?"

顾骁却道:"她心里怨我,不会想见到我。"

唐知心打量顾骁,见他身着大氅,遂问道:"看王爷这身装扮,是要回落照了?"

顾骁不语,算是默认。

唐知心道:"一别不知何日再见,王爷不去解释解释吗?"

"有什么好解释的,确是本王对不住她。"顾骁道。

"王爷和她还真是像,连说话的口气都差不多。"唐知心扑哧一笑,说道,"可王爷似乎不知,脾气相近的两人,往往相处最不融洽。"

"……"顾骁沉默。

"我猜王爷还想说,自己为了玉玺,为了江宁,别无选择。"唐知心继续道,"我劝王爷,若不能做到对人全意付出,还是不要过早言爱的好。江山美人都想要,不怕天下人耻笑?"

顾骁轻蔑道:"哼,天下人? 本王从不畏惧流言,天下人又如何?"

唐知心摆了摆手道:"王爷又错了,这天下无所谓之人的流言,王爷当然不惧。但阁主何尝不是天下人之一呢? 她的兄长呢? 师兄呢? 属下呢? 难道不都是天下人? 王爷若是真心爱一个人,会不在意她和她身边至亲的看法?"

顾骁瞬间被点醒。

"好好想想吧王爷,告辞了。"唐知心说罢轻点两步,消失在来时的屋影里。

顾骁一个人在月下停留了许久,他抬头看看屋顶,佳人已经离去。月光洒在游沐风刚刚站过的地方,似乎还能从模糊的阴影里找到一丝她残留的气息。他忽然觉得这个场景很熟悉。夜半,露浓,陌生人,谈及她,仿佛经历过一样。是在哪儿呢?

萤火阁中孟子笺依旧站在厅堂里,刚刚有天机阁的弟子来抬走了侍墨的尸身,现在地上只有一片洗刷过后的痕迹。只见两旁烛火微微一闪,一团黑影破窗而入,一掌就已劈到孟子笺面前。

孟子笺脚下一转,闪身躲过一掌。林若冲见他躲闪,翻掌为爪,又是一招攻去,快得瞧不见影。孟子笺却不还手,向后退去,只避不接,衣带随风飘起。林若冲瞧出孟子笺不欲纠缠,猛然翻掌,掌风直逼对方眉心。

孟子笺侧头不及,脸颊顿时被掌风划出一条血痕!林若冲嘴角一扯,退出一丈外,准备再攻。

"够了!"孟子笺怒道。

"我说过,不许你伤她。"林若冲阴森道。

孟子笺却冷笑:"林教主既然都听见了,也没见你出来制止。"

林若冲也不再攻,收了架势,轻轻一哑,道:"我为什么要制止?坏了你的好戏,这种损人不利己的赔本买卖我才不会做。"

"林教主,躲在梁上偷听,与其说是关心你的韵姐姐,倒不如说更关心玉玺的下落吧?"孟子笺嘲道。

林若冲一脸嘲讽反问:"玉玺?玉玺去哪儿了你会不知道?"

孟子笺冷淡道:"我为什么会知道?"

林若冲晃了晃头,拨开眼前的碎发说道:"你当我和顾骁那厮一样蠢?你说什么就是什么?麒麟墨玉玺是你孟家的宝物,藏在清山连我的人都没找到,游柏城一个武功都不会的废物说带走就带走了?"

孟子笺平静地说:"教主不信子笺也没有办法。我若知道玉玺去向又何必半夜找天机阁阁主一叙呢?"

林若冲阴森笑道:"是啊?为什么呢?要不我猜猜?"

孟子笺也笑道:"教主请。"

"我猜你知道天机阁找上门来不好交差,故意放跑游柏城。"林若冲道,"放跑的时机也很重要,武林大会之前肯定会惹人怀疑,倒不如当着大家的面让他带玉玺走,又怕做得太明显被人看穿,就扣下了他的妻小。至于为何夜半找来韵姐姐,让她们主仆相认嘛……"

孟子笺嘴角勾起,问道:"为何?"

林若冲道:"侍墨在清山住了这么久,能不知道自己活着全仰仗着那一点价值？她是不是还知道了你的什么秘密？玉玺没了，自己朝不保夕，还带着个儿子。你让她今天见愧对之人，无疑就是推她一把，逼她上路，好歹还能换儿子一条命。我说得对不对？"

孟子笺笑着说："子笺听不懂教主的话，何谈对或不对？"

林若冲不屑道："切，你少拿那副道貌岸然的样子对着我，我不是顾骁，不会装什么谦谦君子。你也别高兴得太早，你当天机阁都是吃白饭的？我能想到他们迟早也能想到。不过就是在你的地盘上消息不那么及时罢了。等张牧之查到把柄，看你怎么办！"

孟子笺平静道："林教主说笑了，要是真是你说的那样，等他们日后查到，玉玺也追不回来了不是吗？"

林若冲怒道："姓孟的，你听清楚。我不管你到底是孟子笺还是孟枝途，不管你是不是故意放走游柏城，也不管你有什么目的，只要让我发现你再算计她，就不只是破相那么简单了！"

孟子笺同样一声冷笑道："说到算计，教主也没比子笺好到哪里去吧。不如先把屠佛殿的事料理干净，再来与我分说。"

林若冲满脸厌恶道："你这说话的样子，跟那个老不死的一个样，看着就烦。"

孟子笺道："少主既然不想看，那就请回吧。子笺不送。"

林若冲也不想继续，转身离开。他临行前看了孟子笺一眼，道："孟家真的去了凤落岭以北？这么大一个氏族就剩了你一个？呵，麒麟墨玉玺？你这局还真精彩呢！咱们走着瞧。"

孟子笺继续站在厅堂内，地上水渍已干。他抬手摸了摸脸上的伤痕，眼底不见喜怒。

游沐风一边思索着刚才那个自称唐知心的女子说的话，一边往重花阁的院落走，还没到院门口，远远就看见江知白站在远处树下，明显是在等自己。

江知白见师妹回来，率先开口道："韵儿，师兄要走了。"

游沐风吃惊，问道："去哪？"

"雀岭。"江知白道，"陛下连夜差人送来的密报，让我立即出发。"

"雀岭不是有裴将军守着吗？出什么事了？"游沐风担心地问。

江知白道："信上具体没说，不过就是说裴将军不熟悉雀岭地形，而我曾去勘察多次，正好可以相助一二。"

游沐风皱眉道："密报有被截的风险，一般不会多说。只怕并不是那么简单，难不成湖州人刺杀顾骁不成便开始有了异动？"

"湖州人今早才出的手，就算没成功消息也不会传得那么快。雀岭异动的消息先传至天茗再到我这里，怎么也得三四天的时间。这可能是湖州那边原先就计划好的，刺杀顾骁的同时还有别的阴谋。"江知白道，"不过，现在担心还太早，去了才知道。师兄在这儿等你，就是想跟你告别后出发。"

游沐风突然想起什么，道："等等……那个孩子呢？"

江知白道："柳堂主看着呢，怎么了？"

"你得把他带上一起走。"游沐风道。

江知白惊道："这怎么行，雀岭局势凶险，一触即发。带个孩子去如何使得？"

"使得使不得都得带他去！若是咱们能带着玉玺回去，求皇兄饶他一命还有可能。侍墨畏罪自尽，他父亲又带着玉玺不知去向，眼下带这个孩子回天茗，他就是死路一条。"游沐风坚持道，"既然要活着，总得付出点代价。走吧，咱们去看看他。"

游沐风拉着江知白来到院中，穿过前院，便看到柳如丝推门从一间屋里退出来。游沐风上前问道："孩子呢？"

柳如丝轻声道："哭了整晚刚睡下，阁主你小点声。"

游沐风不为所动地说："去，把人叫起来。"

"孩子刚刚死了娘，有什么话明早再说不成吗？"柳如丝道。

游沐风却说："不成，你快去叫，我和江堂主在正厅等你们。"

游沐风说完也不等柳如丝反应，又拉住江知白去了正厅。从今早开始不断出事，彼时又喝了酒，后劲上来，游沐风只觉得头疼欲裂。她听见了柳如丝带着孩子前来的脚步声，深吸一口气，努力镇定下来。

男孩站在厅里不知所措，他怯生生开口道："姑姑……"

游沐风却打断他道："你不能唤我姑姑。"

男孩慌张抬头，又向柳如丝投去求助的目光，小声道："可是我娘说……"

游沐风再次打断他，道："你娘已经死了，想活命，你就必须听我的。"

柳如丝忍不住开口说："阁主……你这又是何苦……"

男孩听了游沐风的话并没有过多吃惊，只是眼睛忽闪，眼泪如断了线的珠儿往下掉。游沐风也有点不忍心，咬咬牙继续说："本宫是当朝领了封的长公主，圣上的胞妹。能喊本宫姑姑的，只有当今太子，本朝储君，你记住了吗？"

"那……那我该叫你什么？"男孩战战兢兢道。

游沐风早就想好了答案，说道："师叔。"

男孩歪头不解，刚憋回去的眼泪又快掉下来。江知白率先反应过来，惊道："阁主，这……"

游沐风把江知白推到孩子面前，对他说道："这便是你师父，还不快叫人。"

男孩在原地愣了一刻，含着泪的眸子盯着江知白仔细打量，最终还是跪下，给江知白磕了个响头，嘴里有模有样道："师父在上，受徒儿一拜。"

江知白看着小小的孩子跪在地上，还是不忍心，最终道："先起来吧。"

男孩先是抬头望了望，见没人反对，才小心翼翼地起身，不小心踩到自己的衣角，被绊得一个踉跄。游沐风看得心疼，口气也软了些，问道："你叫什么名字？"

男孩小心翼翼答道："回师叔，我叫游拾义，大人们都唤我义儿。"

"拾义？哪个拾？哪个义？"游沐风问。

游拾义答："拾起的拾，义气的义。"

游沐风惨然一笑，问道："你娘给你取的？"

提到娘亲，游拾义眼泪又开始翻滚，他呜咽答道："是。娘亲说她以前做错过事，背信弃义，非常后悔。希望我能替她重拾信义，做个顶天立地的大丈夫。"

游沐风颤声道："好，拾义，你师父如今要远行，你且随他去吧。"

游拾义的目光在游沐风和江知白之间来回打转，最终点了点头。

游沐风想了想，开口道："你母亲的死我亦有过失，你要听师父的话，好好习武，将来可找我寻仇。"

江知白不满道："阁主！"

游沐风却道："江堂主，你们出发吧。雀岭凶险，多多保重！"

江知白见游沐风情绪不稳，也不多说了。他转身离开了正厅，路过时挥了挥手，游拾义便机灵地跟在他身后，一同离去了。柳如丝见二人走远，才缓缓开口："阁主……你何苦跟个孩子说这些？"

"他早晚要知道真相，我本不欲瞒他。与其投入感情将来痛苦，不如让他现在就恨我。"游沐风道，"我甚至不敢看他，不敢同他说话……他那双眼睛，同他母亲一模一样……"

游沐风头疼得更加厉害，单手扶额道："是我逼死了他的母亲。"

"阁主你怎么了？哪里不舒服？"柳如丝凑上前嗅了嗅道，"你喝酒了？"

游沐风没心情同她聊天，问道："我不在，你们都说什么了？"

柳如丝说："我们已经派人往天茗给圣上传话了，侍墨的尸身也快马加鞭送回灵山。张堂主说，咱们明日动身，启程回天茗。"

"明日就走？"游沐风道，"那你得把闵纾带上。"

柳如丝如同见了鬼一般惨叫道："啥？为什么？"

游沐风说："你答应要替人诊病，我也向顾骁保证了。不管发生什么，总不能言而无信。"

"那也不能带他回天机阁啊！"柳如丝愁眉苦脸道，"阿冲您都不让带，现在带他回去算怎么个事啊？"

"又不是让他一辈子待在咱们这，治好了就让他走。"游沐风说道。

柳如丝撇嘴道："顾骁人都走了，留下个病秧子给咱们，就是吃定阁主您肯定不会丢下死鱼脸不管！"

"君子一诺，五岳为轻。更何况治病救人，就当行善积德吧。"游沐风道，"不过不能让他上山，回去把他安排在山下暗阁，派人守好，你每日去诊治便好。"

"哼！"柳如丝愤怒一声。

游沐风站起身准备回房，突然想起一件事。她从怀中摸出一个白玉瓶递给柳如丝问道:"你看看这里面装的是什么?"

柳如丝一脸莫名奇妙地接过瓶子,打开后倒出一粒在掌心,鼻子靠近闻了闻,又放到舌下舔了舔,道:"气味甘甜,提神醒脑。应该是用料珍贵的醒酒药。阁主你哪弄来的?"

"还真的是醒酒药?"游沐风皱起眉自言自语道,"那正好,我头疼得厉害,现在吃一粒。"

"别啊阁主,解酒药我这也有啊!干吗吃别人家的?"柳如丝说罢赶紧把瓶子抛向身后,扔出去老远,笑道,"我这就给你拿去哈!"

重花阁门外张牧之来给江知白送行。江知白见他有话要说,便打发游拾义先上了车,随后问道:"张堂主还有什么事吗?"

张牧之点点头道:"我总觉得今天这事奇怪得很,想问问江堂主的想法。"

"奇怪?你指的什么?"江知白问。

张牧之若有所思道:"侍墨惨死,你说她到底知不知道游柏城去哪了?"

江知白一惊,道:"你的意思是,她根本不知道丈夫的去向?"

"我只是猜测,"张牧之说,"她要是知道,为什么不一起跑?"

江知白思索片刻说:"孟子笺将他们母子二人扣在山上,想跑可能没那么容易。"

张牧之轻轻一笑:"是啊,把他们母子扣在山上,却把游柏城留在山下青楼?"

"你的意思是……"江知白眯起双眼,他似乎懂了。

"侍墨本不会死。"张牧之道,"阁主以为是自己逼死了她,事实上却是另有其人。"

江知白语气冰冷地吐出一个名字:"孟子笺……"

张牧之道:"不错,他利用我们逼死侍墨。就连玉玺再次丢失也是他一面之词,耽误那么长时间,连追都来不及。"

"你的意思是,这一切都是他事先安排好的?"江知白问。

"我不确定。但也不排除这种可能。但他放走游柏城,对他自己也没什么好处不是吗?"张牧之好像抓住了线索,道,"除非……"

江知白突然灵光一闪,打断道:"等等,孟子笺是灵族人?"

"你想到了什么?"张牧之赶紧问。

江知白道:"出发之前徐姑姑曾来找过我,她说麒麟墨玉玺是先皇后的陪嫁之物,并且和皇后的死也有脱不了的干系。"

"孟皇后!"张牧之惊呼道,"孟皇后不是病死了吗?"

江知白继续道:"我看徐姑姑那天吞吞吐吐,像是有什么秘密想说又不能说。事关重大,我也不好随意猜测。不过就算孟子笺没有故意算计我们,但他姓孟总不会是巧合。他的身份你派人查了吗?"

张牧之眉头紧锁,说道:"人已经去了,但天茗路途遥远,还没有回信。我们明日一早出发,回到阁里,我会亲自督促。"

江知白点了点头道:"想知道他到底打什么主意,我们只能从这点下手了!"

"是啊……"张牧之道,"对了,你问了阁主没?屋顶上那个女人是谁?"

江知白摇了摇头道:"没有。她没提,便是不想说。她既然不想说,我便不问。这也是我与她的默契。"

张牧之道:"也罢。此行艰险,江堂主还需多加小心。"

"我知道,阁主就拜托张堂主了。"江知白道,"当务之急,还是得找到玉玺下落,否则圣上与阁主都不会善罢甘休。"

张牧之面色凝重地说:"这也是我最担心的,若是孟子笺设计放走游柏城,给他指路,那他最有可能去的地方,便是我们最不想看到他去的地方。"

江知白吸了口气,吐出两个字:"湖州。"

天茗皇宫中,灵帝独自坐在空旷大殿之中。曹公公匆匆来报,说道:"陛下,徐姑姑来了,在殿外求见陛下。"

"让她进来吧。"灵帝答。

不一会儿徐姑姑进殿下跪道:"奴婢参见陛下。"

"你不好好在天机阁待着,跑到宫里来干什么?"灵帝不悦道。

徐姑姑笑道:"天机阁上下都去了清山,阁里也没什么旁的事情,奴婢便想着进宫给陛下请安。"

灵帝冷笑着说:"请安?你还记得当年朕饶你不死的条件吗?"

"所见所闻烂在肚里，并且永世不得入宫。"徐姑姑冷静答道。

灵帝冷冷道："既然都记得，那你是来找死的？"

徐姑姑道："奴婢已是将死之人，陛下应该最清楚不过了。"

"哦？你就算要死，也是病入膏肓而死，与朕何干？"灵帝玩味地说道。

"知道当年之事的人，除了奴婢、裴将军和太子乳母张嬷嬷，其余的陛下一个也没放过。裴将军自始至终站在陛下身边，自然无事。但陛下留下老奴与张嬷嬷想必还是思虑着公主与太子殿下吧？"徐姑姑缓缓道，"只是日前听说张嬷嬷突然暴毙，不治而亡。不知道她身中之毒，与老奴所中的是不是同一种呢？"

灵帝眯起眼道："你想说什么？"

徐姑姑嘲讽道："陛下，您果然还是信不过任何人啊！"

"你好大的胆子！敢和朕这么说话！"灵帝怒道。

徐姑姑却说："陛下，当年您答应让老奴活着，好好伺候长公主长大成人，却还是不放心，日日下着慢性毒药于我。如今长公主已可独当一面，老奴也是命不久矣。可是陛下，太子殿下还那样小，先失母妃再失乳母！陛下您真的想让他一辈子都不再开口说话了吗？"

灵帝勃然大怒道："你以为你是什么人？连朕都敢教训！张嬷嬷管不住自己的嘴，教唆太子与朕为敌！朕看在她早年伺候皇后的分上，没有诛她九族已经是仁至义尽！你要是想学她胡言乱语，跟明昭说一些不该说的话，朕可以让你活着比死了更难受！"

"陛下，老奴活到这把年纪，该惜的命也惜完了！老奴不会和公主提起当年之事，并不是因为老奴怕死，只是舍不得看到她伤心！公主天性纯良，如若知道自己兄长的真正品行，恐怕会大失所望吧！"徐姑姑冷笑着说。

灵帝怒极反笑道："大失所望？她出生在帝王家，就该明白什么是身不由己！朕做了那么多，牺牲了那么多，哪一样不是为了雪域江山？你一个奴才有什么资格质疑朕？"

徐姑姑说："是，既然陛下秉公无私，还请陛下降旨，给明昭公主赐婚！"

"赐婚？"灵帝眯起眼。

徐姑姑飞快道："是！雪域公主自十六岁便可出阁，明昭长公主嫁龄已过多年,还请陛下降旨赐婚,许她回封地相夫教子!"

灵帝一声冷笑道:"看来你这是有备而来啊! 你打算让朕把妹妹许给何人?"

"天机阁司战堂堂主,江知白。"徐姑姑道。

灵帝嘴角一扯,似是猜到她要这么说,果断拒绝道:"他是卑贱弃儿,如何配得上明昭金枝玉叶。"

"英雄不论出身,雪域驸马向来以人品为先。"徐姑姑道,"况且江堂主与长公主青梅竹马,于情于理都是驸马的最佳人选。"

灵帝冷笑道:"听你这么说,他倒是真的不错。但要是朕就是不允呢?"

徐姑姑焦急地说:"长公主是陛下一母同胞的亲妹妹,韶华之年困于宫中,不得良配,陛下不怕被天下人诟病吗?"

"你养了明昭那么多年,会不了解她的性子? 大敌当前,镇国之宝下落不明,你以为朕赐了婚,她就会安然出嫁?"灵帝道。

徐姑姑愤然地怒斥道:"所以陛下您就打算继续利用她? 利用她找回玉玺? 利用她开启宝藏? 日后是不是还要派她上阵杀敌,直到尸骨无存您才肯罢休?"

灵帝拍案而起,龙颜大怒道:"你给朕住嘴! 她是雪域公主! 与朕一样流着游氏的血! 鞠躬尽瘁,保家卫国本就是应尽之责! 如今边关告急,湖州虎视眈眈,她要是想着十里红妆,就不配为游氏后人! 朕为了守这一方山河,牺牲了如此之多,明昭身为朕的妹妹,理应同样付出!"

徐姑姑沉默了一会儿,继而轻蔑一笑说道:"陛下,您有没有想过,落到如今妻离子散的田地,究竟是为了保护这千里江山,还是为了满足您一己私欲?"

灵帝一愣:"你说什么?"

徐姑姑深深叹了口气说:"欲壑难填,陛下如若一意孤行,致使身旁亲人一一离去,就算得了江山,也只是个孤家寡人,众叛亲离便是您的下场。老奴告退了。"

徐姑姑毅然决然地转身离开,不再看灵帝一眼。这一边,曹公公看徐姑姑出来,便迈步来到殿里,说道:"陛下!"

灵帝努力压下怒火，道："何事？"

"这……"曹公公不敢开口。

"快说！"灵帝不耐烦道。

"张……张堂主派人送信回来，说……说游柏城在武林大会期间带着麒麟墨玉玺偷偷潜逃……不……不知去向……"曹公公紧张得结结巴巴道。

灵帝一掌拍在案上，怒道："混账！一群饭桶！"

曹公公立刻跪在地上，道："陛下息怒啊！张堂主已派人追查……天机阁上下不日便将返程。张堂主说其中有些蹊跷，还需当面向陛下禀告！"

"如此大费周章，还是一无所获。朕倒要看看，他们能讲出什么理由！"灵帝简直要被气疯了，只听他道，"江知白呢？"

"江堂主已奉旨去了雀岭与裴将军会合，估计这会儿已经到了。"曹公公答道。

灵帝深吸一口气，缓了缓思绪说道："派人去天机阁传话，徐姑姑身患重病，朕念其侍奉公主多年，免去她日常杂事，好好休养，不得出门。"

曹公公抬眼看了一眼灵帝，又立刻低下头去。他老实答道："是……"

灵帝接着说道："还有，让公主与张堂主一到天茗即刻入宫面圣。"

曹公公去后，灵帝孤身一人站在金殿之上。阳光洒进金銮殿照在皇帝头顶高悬的一块巨匾上，匾上"锦绣山河"四个大字绚丽夺目。

第二天一早清山重花阁柳如丝推门而入，冲进张牧之的房间吼道："妈耶……张堂主！张堂主！出事啦！出大事啦！"

张牧之慌忙绑好腰带，生气道："你大清早门也不敲，就这么往男人房里闯，像什么样子？"

柳如丝白了张牧之一眼，道："稀罕看你不成？你那背上的伤不是老娘给你治的啊？光着我都见过，你现在躲什么躲？"

张牧之气得话都说不出，这时聂慎儿闻声赶来，道："大早上的你们吵什么！柳堂主，你手上拿着什么？信？"

柳如丝一拍脑袋，瞪了张牧之一眼道："都怪你，打什么岔！"她随即把手上的信递给聂慎儿，说道，"阁主不见了，留了封信，说要自己去找麒麟墨玉玺，让咱们回天机阁等她。"

张牧之一把抢过信,瞪眼道:"什么?"

柳如丝双手抱胸道:"估计昨晚就走了。"

张牧之惊愕地读着信上的内容,柳如丝在一旁问:"怎么办,追不追?"

张牧之焦头烂额,恨不得找棵树吊死自己。只听他道:"废话,不追还得了? 留公主一个人在外,你我有几颗脑袋能砍?"

柳如丝下意识摸摸脖子说:"不至于吧? 阁主武功那么高,身上又不缺银钱,应该不会有事的。"

张牧之瞪了柳如丝一眼说:"你也是在外摸爬滚打过的,这江湖什么时候武功高就没有危险了? 阁主天性单纯,根本就没接触过市井的鱼龙混杂。她从未一个人单独出过远门,万一碰到些什么江湖下三烂的人和事,你觉得她处理得来?"

柳如丝想想也是,不禁也紧张起来,问道:"那怎么办啊! 现在去追追得上吗?"

聂慎儿也焦急道:"咱们又不知道阁主往哪去了,怎么追?"

张牧之沉思片刻说:"要是我没猜错,阁主应该跟我想的一样,往湖州去了。从此地去往湖州必先路过落照。我派人去通知落照的暗桩,密切注意阁主行踪。至于追……"

"怎么了?"聂慎儿问。

"玉玺没有找回,我必须回朝面圣!"张牧之道,"追回阁主的事,只能交给你们了!"

柳如丝想了想说:"要不我去? 我好歹也在落照待过一段时日。"

"不妥。"聂慎儿打断道,"你还有个闵纾没有治好,得先带他回阁里治伤。他要是死在了咱们手里,到时候又是麻烦一堆。还是我去吧。"

"这样也好,我会派慎堂和战堂的弟子跟着你,遇到事不必躲也不必让,一切以找到阁主且平安归来为重!"张牧之强调道。

"我明白!"聂慎儿认真答道。

第三卷·相逢应不识

　　此时的游沐风骑着匹快马已在清山郊外的树林兜兜绕绕了许久,好不容易找到出路,只见前方路边有一茶摊。虽然茶摊看上去破破烂烂,但在迷路了几个时辰之后看见人烟,对她来说也算是久旱逢甘霖。于是她拍马上前,准备喝口茶水润润嗓子,顺便问去湖州的路。

　　游沐风把马拴在茶棚的柱子上,道:"老板,麻烦替我斟碗茶水。"

　　茶摊老板笑眯眯应了。游沐风走进茶棚,寻了处角落的空座坐下,下半身还没挨到凳子上,就听见隔壁桌两个人聊天的声音传来。二人说话声音本就不小,加上游沐风内功高强,自然听了个一清二楚。只听那男子道:"我看着如今这局势,打仗是早晚的!"

　　坐在他旁边的女子口气担忧地说:"那怎么办啊?柱子哥,要不咱们跑吧?"

　　"跑?能跑去哪里?先是雀岭,再接着不就是清山、落照了?"被称作"柱子哥"的男子道,"湖州人要是铁了心要打咱们,听说背后还有中原朱家王朝撑腰,跑到哪里不都是一样的?"

　　女子又说:"咱们皇上不是派兵来了吗?就在雀岭啊!江宁年年进贡,就连咱们交的税也是一分未少,天茗不会不管咱们的。"

　　男子冷笑一声道:"呵,你想得倒简单。有一句话叫'非我族类,其心必异'!你没听说皇帝派来的兵在雀岭驻扎,传令只守不攻?我看灵族人就是做做样子,巴不得看咱们中原人自相残杀呢!"

　　女子赶忙惊恐地伸手捂住男人的嘴,警惕地望了望四周,小声道:"你疯啦柱子哥? 妄议圣上,你想被砍头啊?"

那男子不耐烦地扒下女子的手道:"充兵打仗也是死,断胳膊断腿还不如一刀砍头痛快! 这些王侯将相成天想着称王称霸,谁管咱们这些老百姓的死活?"

游沐风正欲偷听更多,老板已端着茶碗走到她面前,道:"客官,您的茶!"

游沐风点点头,示意他把茶碗放到桌上,才开口问道:"老板,去湖州是打这条路过吗?"

"湖州?"茶摊老板想了想道,"是,这条官道一直通到落照,出了落照再往南便是雀岭,过了雀岭便是湖州了。"

"那从这儿去往落照,你看我这马的脚程,何时能到?"游沐风又问。

茶摊老板瞥了一眼游沐风拴在摊前的白马,笑道:"客官您这马,膘肥身健,鬃毛油亮,一看就是名驹。若是快马加鞭,今儿天黑前就能到达落照了。不过……"

看他欲言又止,游沐风问道:"怎么了?"

"客官要去湖州?"老板看了看四周,压低声音道,"看您的样子不像本地人。您是不知道啊,这江宁和湖州要打仗啦! 雀岭那么小一块地,驻了几万兵,挤得都快磨不开身了。还没打起来,就已经有大批流民往外逃了。您一个姑娘家现在到那里去,实在是太危险啦!"

游沐风却笑了笑说道:"多谢老板提醒,只是我这次前往湖州有急事要办,不得不去。况且我兄长人在雀岭,我此番应当无碍。"

茶摊老板眉毛挤成一团,做了个夸张的表情道:"客官啊,不是我说啊,您是没见识过那些流民啊……所到之处如蝗虫过境,都是些为了活命没有王法的人啊!"

游沐风喝了口茶,次品茶叶又苦又涩。她不禁皱起眉头,开始有些怀念孟子笺的福鼎白茶,随即说道:"流民不也是寻常百姓? 手无寸铁,有什么可担心的? 还能打家劫舍不成?"

"那可说不准……"老板一脸嫌弃道。

"时候不早,我该出发了。"游沐风打断他,又从怀里摸出银两,问道,"多少银钱?"

老板见游沐风不听劝,也不再说。他伸出几个手指一比画道:"三文。"

游沐风递给他一块整银。

老板双手直摇地说:"客官您是贵人,这银子我这小生意哪里找得开?"

"你瞧,这是最小的了。"游沐风又低头翻了翻,找出一块最小的银子递给老板说道,"找不开就别找了,你都拿去吧。"

茶摊老板开心地笑出满脸褶子,道:"哎哟! 那就多谢贵人啦! 贵人您慢走哈! 有空常来!"

游沐风转身冲老板点点头以示回礼,便解下缰绳,策马而去。但从未独自出门的她全然不知,此番在外露富,早已被心怀不轨之人盯上。

幸亏前方官道修得笔直且没有岔路,游沐风接下来的行程居然少见地没有迷路,在傍晚之前赶到了落照城内。因着落照城内车水马龙,游沐风便只能翻下马背,牵着马儿挤在人流中。一会儿天黑也不适合赶路了,她决定还是先找家客栈歇脚。

游沐风走到一家外观看起来不错的酒楼门口,抬起头,门口的牌匾上有镏金的"楼外楼"三个大字。她把马交给门口的小二,嘱咐几句,便迈步进了大堂。

内堂小二立马迎上来,喜笑颜开地说:"哎嘿嘿嘿,客官打尖还是住店啊?"

游沐风答道:"给我一间上房,干净整洁,安静些的。我不喜欢喧闹。"

小二点头如捣蒜似的说:"包您满意! 天字二号间,您三楼请!"

游沐风跟着小二来到房间,果然干净明亮。见他踟蹰不走,游沐风便摸了块碎银递给他。小二眉开眼笑道:"多谢客官打赏! 有什么事您尽管吩咐!"

游沐风放下行李,在桌边坐下问道:"你们这有什么招牌菜?"

小儿一拍胸脯道:"客官您这就问对了,咱们楼外楼的阳春面可是落照一绝,远近闻名啊! 这面点师傅是从天茗学来的手艺。天茗您知道吧? 就是皇帝住的地儿……"

"……"游沐风哭笑不得。

小二滔滔不绝继续道:"说到咱们店里的阳春面,多少人专门到落照,就为了尝上一尝。就连江宁的九王爷,锦衣玉食的人物,也是年年陪着表妹来这过生辰,吃一碗面讨吉利呢!"

我说刚进门的时候怎么觉得这酒楼那么眼熟呢!游沐风心想,原来是这家……还真是巧……

小二完全没注意游沐风思绪飘忽,还在继续说着:"要说这九王爷啊,别看平时挺厉害的,疼起心上人来可是真正的!年年陪表妹吃长寿面就不说了,后来娶进门的王妃还因为争风吃醋和表妹大打出手呢!结果王妃不堪受辱羞愤投井!不过听说那个王妃是个细作……"

游沐风听得嘴角抽搐,赶紧打断他道:"行行行,就阳春面吧!你快去快回,银子记在账上。我饿死了!"

小二笑眯眯点头去了,随手将门带上。

日暮时分,楼外楼河对岸的码头上依旧人山人海。朝暮狠狠地掐了自己胳膊一把,意识到自己不是在做梦后,问道:"蒹葭姐姐,是我眼花了,还是刚才进楼外楼那个就是咱们王妃啊?"

蒹葭使劲眨了眨眼道:"我……我……好像也看见了……"

楼外楼的客房中,游沐风吃完一整碗面,擦了擦嘴,不禁感叹傅勾月虽然脑子不太好使,品味还是不错的。不过游沐风努力回味了一下刚才那碗面,和在天茗吃到的还是不像。

也不知那小二是不是诓我的。游沐风从窗户看了一眼,外面华灯初上,出去走走吧。

出了楼外楼,游沐风沿着门口的护城河往前走。此地河灯夜那晚她曾来过一次,虽然记不真切,但还是凭着记忆认出了周围景象。此时再想到顾骁,游沐风禁不住感叹,不过短短几个月,竟是物是人非。游沐风想着,脚下拐了个弯,离开河岸进入后街,忽然听到身旁的巷子口有几人争执的声音。其中一个女子惊叫道:"你们好大的胆子!把手拿开!"

游沐风登时愣在原地,这声音怎么好像在哪听过?

混乱中一男子道:"呵,郡主,咱们不过奉命行事。你也别为难我们,等您回去见到大人再发脾气吧!"

"你们还知道我是郡主？一群奴才也敢以下犯上？"那女子怒斥道。

李梦眉！游沐风大吃一惊，往巷子里望去，她终于想起来这声音在哪里听过了！之前在雀岭，她与柳如丝于调包之前在帐篷里偷听过李梦眉和丫鬟对话。那时游沐风躲在房梁上，并没有看得清楚，如今抬眼往巷内望去，只见几个穿着夜行衣的高大男人把李梦眉围在中间，其中一个抓着她的手腕，以防她逃跑。而李梦眉则奋起反抗，试图挣脱，奈何只是徒劳。游沐风借着巷内灯笼射出的微弱光线终于看清李梦眉的脸，她整张脸因为愤怒纠结在了一起，声音也因愤怒而变得尖细。只听她道："哼！你们大人？要我去见他，除非我死！"

男子冷笑道："既然如此，那就得罪了，郡主！"男子说完，一记手刀打在李梦眉的后颈，将人打晕过去。另外一名黑衣人顺势接住李梦眉的身体，一把扛在肩头。几人便施展轻功，快速离去。

游沐风下意识要追，但认真想了想又放弃了。她此番有要事在身，不便插手旁人之事。况且那几人的武功很眼熟，跟之前在清山下客栈出没的似乎是一伙人。万一被认出，肯定要被寻麻烦，如此的话更是去不了湖州了！游沐风掂量了片刻，觉得还是以找到麒麟墨玉玺为重，于是假装没看见，转身往客栈的方向走去。刚一回头，游沐风便看到对面一座庙宇，门口站着一个老和尚，他肩头站着一只孔雀，正笑眯眯地看着自己。

游沐风心里暗道自己想事太出神，有人靠近都未曾发觉。而站在寺庙门口之人却仿佛看破了她的心思，依旧笑眯眯，幽幽开口道："施主，咱们又见面了。"

游沐风被老和尚盯得心里毛毛的，不禁开口道："怎么又是你？"

"上一次老衲就曾说过，还会与施主相见的。"老和尚笑眯眯道。

游沐风欲哭无泪道："大师，你每次与我相见都一定要偷偷摸摸地从背后叫我吗？"

老和尚摊手道："这可就怪不得老衲了，谁让施主您总是半夜三更出现在我这寺院门口呢？"

游沐风想到上回自己偷偷潜入寺院，不免有些心虚，遂道："好吧，不过这样也好，我也有些事要问问大师。"

老和尚笑着将游沐风让进了门，说道："施主里面请吧，茶水已经备好。"

游沐风跟着老和尚进入庙门，内院还是与上次来时一样。夜晚的寺院已是空无一人，只有院中的香炉里还徐徐地冒着几缕残烟。一只鹰隼大小的红色鸟儿停在枝头，游沐风觉得这鸟眼熟得很，很像上次傅勾月与柳如丝争抢的那一只。花孔雀看见红鸟，便从老和尚肩头飞上枝头，警惕地打量着对方。

老和尚右手边果然有间屋子掌着灯，他推开房门，对游沐风做了个请的姿势，将她让进屋内。游沐风皱眉问道："大师知道我今晚要来？"

老和尚斟了盏茶递给游沐风，嘿嘿一笑，反问道："施主还是不信？"

游沐风心中万马奔腾，心想不是吧，老头你又来?! 游沐风肠子都悔青了，就不该搭理他跟他进屋，几个月没见都忘了这老头有多爱问别人问题了。眼下逃也逃不掉了，游沐风一副破罐破摔的样子，道："不信。和尚又不会算命，算出来谁信？"

老和尚笑眯眯问："那施主信佛还是信道？"

"我师父修道，我自然信道。"游沐风答道。

老和尚又问："既然如此，老衲敢问施主，佛与道有何区别？"

"道家入世，佛家出世。道修今生，佛参来世。"游沐风简短地答。

"这只是表面，大佛与大道异名而同出，路虽不同，但通达的都是同一个地方。"老和尚摇摇头道，"雀岭剑拔弩张之势，施主可知？"

游沐风点点头道："我知道。"

老和尚说："一旦开战，生灵涂炭。依施主之道，如何普度众生？"

"大道无情，运行日月。无为而治，其舜也与。众生只能自己度自己！"

"哦？"老和尚笑道，"众生多痴妄，如何度自己？"

游沐风抬头一愣，似是没想过这个问题。

老和尚继续道："不论是佛、道还是众生，皆是假名，都是你自己当下的一念之心。施主你有同体大悲之心，是普度众生的不二人选。"

游沐风诧异道："我？我不过肉体凡胎，如何普度众生？"

老和尚问："施主是否记得河灯夜所抽签文？"

游沐风心里一紧道："我正要询问大师此事……"

老和尚却笑着打断，说道："不忙不忙，老衲与施主说过，再次相逢，此签有解。"

游沐风无奈道："当日我便不信这签，大师非要与我分说。那便敢问，何解？"

老和尚并不理会游沐风的一脸无奈，他自顾自地说："施主你命系天下，取大义还是取小义，保众生还是保一人，关系到你的生死。"

"大师的意思是，选对了可生，选错了即死？"游沐风问道。

老和尚捋了捋胡子问道："为何不是选错了可生，选对了即死？"

游沐风恍悟道："是非皆由心生，无论对错。受教了！"

"施主聪慧，一点即通。"老和尚道，"平淡抉择生死，才能看透内心真正一念。众生不明，一人与众生有何不同？"

游沐风思考着，喃喃道："一人也是芸芸众生……"

老和尚满意地点点头。

"选一人与选众生并无区别！我生即我死，我死即我生！"游沐风如醍醐灌顶。

老和尚哈哈大笑道："然也，然也！施主睿智过人，不愧是青云那老神棍的徒弟！"

游沐风大吃一惊道："你认识我师父？"

老和尚笑道："早年间有些交集罢了，后来听得老道儿一把年纪还收了两个天资非凡的徒儿，一个武学奇才，一个能言善辩。老衲开始还不信，今日再见施主，果然名不虚传啊！"

游沐风追问道："那大师可知，我师父现在人在何处？"

老和尚一脸莫名奇妙道："你师父人在何处你做徒弟的都不知道，老衲又怎会知道？"

"那敢问大师，可认识一位名叫唐知心的女子？"游沐风问道。

老和尚笑道："施主何出此问？"

"我在清山遇见此女子，样貌不俗，武功高强。她更是知道当夜签文，提醒我小心行事。那夜寺内并无他人，只有大师相告，她才会知道。"游沐风皱眉道。

"施主又怎知那夜只有你我二人?"老和尚笑道,"况且,九王爷也曾入寺漏夜详谈,询问施主签文之解。施主又怎知不是他说的?"

"顾骁?"游沐风诧异。

老和尚道:"不错。九王爷似乎比施主自己更担心签文所向呢。"

游沐风无奈一笑道:"他的心意我明白,但如今无以为报。如若有缘,还请大师多多相劝于他。"

老和尚笑道:"那日老衲便看出,九王爷单纯固执,情根深种,只怕不是老衲可以劝得动的。"

游沐风道:"此次办完要事,我会寻他说个明白。不过,那日唐姑娘说自己受人之托,但并不是顾骁。"

"施主可否告诉老衲,那位唐施主与你说了些什么。"

游沐风想了想道:"那日我心绪不定,她突然出现,劝我不必纠结眼前,人各有命,不用为他人的过错苛责自己。她虽知河灯夜签文,却劝我以侍墨为戒,不要为义而亡。可如今……"

"如今怎样?"老和尚笑眯眯地问。

游沐风困惑道:"如今大师又劝我心怀众生,这听上去有些矛盾……"

"无妨,施主如今不解,以后总会想明白。"老和尚道,"这位唐施主,老衲认不认识并不重要,她说的话却很重要。至于如何取舍,施主当遵从本心。"

游沐风明显没怎么听明白,欲再问时,老和尚却道:"该说的话老衲都已说完了,施主不必多问。天色已晚,施主请回吧。"

游沐风见他一脸不愿再说的模样,心道也问不出些什么来,只得无奈地起身离开房间,出了寺院。她现在只觉得脑中疑团一个接一个,根本无从解起。

老和尚见游沐风走远,转身拉开身后墙上的暗门。只见暗门后又是一间小房子,里面一矮桌上斟着茶的杯子还缓缓冒着热气。桌案前坐着一名身着道袍的女子,正在用指尖轻轻拨弄杯中漂浮的茶叶。唐知心看见老和尚进来,缓缓开口道:"这茶是给人喝的?我师父年年送来好茶,你就用这个招待我?"

老和尚笑着反问道:"你都听见了?"

唐知心生气道："废话,我大老远赶来,就是劝她别想不开。这下倒好,给你几句话全搅黄了! 你个老秃驴! 你这是想劝她去送死?"

"她本心存善念,老衲不过指引一条明道。"老和尚道。

唐知心挑起眉毛道："切,输赢未见分晓,谁明谁暗还不一定呢! 秃驴,你别以为我不知道你在想啥! 我是不会让你得逞的!"

"这是她的宿命,你们本就不该干涉过多!"老和尚道。

唐知心怒道："你少啰唆! '为众生而亡'本就是我卜出来的卦,如今要救她也是合情合理。你个秃驴,她师父找你帮忙,是让你救她,不是让你劝她寻死的!"

老和尚叹了口气："生灵涂炭就在眼前……青云会体谅的……"

"知常曰明,不知常,妄作凶。"唐知心道,"我还是那句话,谁赢谁输还不一定呢!"

唐知心明显是动气了,她说完话拂袖而去。

而此时,同一座城内的九王府,顾骁也就比游沐风早回来几天,还没收拾妥当就听闻他的真王妃李梦眉被人从驿站劫走了。说真的,要是几个月前,顾骁肯定觉得简直不可思议。不过眼下他倒是很淡定,毕竟不管真的假的王妃,都被劫过很多次了。

管家站在一旁道："确实是湖州人带走的李梦眉,身形、武功看起来都没错。"

"带走就带走吧。"顾骁随意道,"她连王府都没进过,带回去也问不出什么。本王不日写封休书,你派人送到湖州去。"

"是……"管家一副欲言又止的样子。

顾骁道："还有什么事? 说吧。"

"王爷,蒹葭和朝暮今日仿佛在城中看到了……看到了……"管家犹豫道,"看到了王妃。不是假的那个,是真的王妃……哎,不对不对……不是真的那个,是假的王妃……我在说什么?"

"天机阁阁主?"顾骁有点不敢相信地问。

"对对对! 没错!"管家急忙道,"奴才本来也是怀疑的,可是她俩一口咬定看到了。"

顾骁惊愕道:"天机阁来落照做什么? 落脚在何处?"

管家连忙摇手道:"不不不,王爷,就王妃……不是,就天机阁阁主一个人,牵匹马,连个随从也没有。进了楼外楼,半天也没出来,估计是住下了。"

"她一个人? 这兵荒马乱的,她一个人跑到这来干什么?"顾骁这下更吃惊了,问道,"难道说,她也猜到玉玺的下落?"

管家道:"谁说不是呢! 这雀岭的流民都到了落照城门口了,外面实在乱得紧。王爷要不去楼外楼看看,把王妃接回府里?"

"她来了落照都不来找本王,应该是气还没消,不想见到我吧。"顾骁自嘲道,"罢了,你派几个暗卫去楼外楼远远守着,守着她平安出入落照即可,不许多管闲事,更不许被她发现。听明白了吗?"

顾骁叹了口气,接着道:"那人说得没错。若不能全心全意地对她,言爱她也不会相信。现在江宁危机四伏,本王更是自顾不暇,只有力所能及地护她一程算一程吧……"

管家偷偷看了看顾骁,应了之后便退到房外。他朝屋内方向望了望,心道王爷这是转了性子了? 也不知是福是祸。

另一边游沐风还在思量着老和尚的一番话,左思右想不得其解,一路心事重重地回到客栈,已是夜露更深。

她推开房门坐到桌边,心不在焉地摸了摸桌上的茶壶,发现还是温热的。估计是小二来收拾面碗时发现自己不在,便沏好一壶茶送来凉着。游沐风漫不经心地倒了杯茶送到嘴边,喃喃道:"难不成这位大师打从一开始便知道我是师父的徒弟? 那他之前那次不和我提起又是为什么?"

茶是好茶,虽不及游沐风平日里喝的名贵,但还是入口回甘。随着茶水入喉,她突然发现不对劲,手上一软,茶杯脱手,掉到地上,摔了个粉碎。游沐风心中一凛,暗道:"糟了! 茶里有毒!"

她赶紧运功试探,发现四肢绵软根本提不起力。她勉强支撑身体坐回床边,赶紧用最后几分力气封住几处穴道,以免药力入颅失去意识。游沐风额头沁汗,脑里百转千回地想,这毒性与阁里所制的软筋散药效相同,又不致命。会是谁? 想做什么?

她努力思考,尝试脱困。这时只听屋外传来说话的声音。游沐风虽行动受阻，却依然耳聪目明，把二人的对话听得一清二楚。

只听那女子道："柱子哥，你确定是这里吗？"

"你没看客栈后院拴着那匹白马吗？我问过小二了，那女人长得那么好看，出手又大方！肯定不会认错的！"男人回答。

女子声调突然拔高说道："柱子哥！你该不会看上她了吧？你之前答应我只劫财不劫色的呀！"

这不是在茶摊碰到的两人吗？游沐风心想，劫财？原来是碰上强盗了……

男人语气很不耐烦地呵斥道："你他娘的给老子小点声！劫什么色？你没看那女的穿着绫罗绸缎？一看就是大户人家的小姐，是咱们这种人享用得起的？"

"那你还看人家漂亮？"女子道。

男人骂道："你是不是傻？卖到飘香楼不是正好？一定能赚一笔大的！"

女子又问："你都说了她是大户人家的小姐，卖去花楼会不会有人找麻烦？"

"谁让她一个人在外游荡？还带着那么多钱！我看八成就是跟家里闹翻，离家出走的。现在这兵荒马乱的，家里人上哪找去？"男人说道。

花楼？游沐风简直要气笑了。她起先还以为是湖州人发现自己，身份暴露了，没想到竟然阴沟里翻船，中了如此下三烂的招数！现在只能想办法拖延时间，等药效过去方可脱身！她想着，自从上次中毒后自己身上一直带着柳如丝给的避毒珠，应该很快就能恢复。

此时那女子声音已经逼近门口："可是我看那女子身上带着剑！肯定是个会武功的！咱们怎么捉得住她？"

男人脚步声停在门外，声音已能从门缝中传入，只听他道："我已经趁着小二不备在茶壶里放了迷药。这迷药可是我从飘香楼的妈妈那弄来的，无色无味不说，武功再高强的人，吃下去也变成一摊烂泥！"

话音刚落，二人便推门进入了房间。药效发作至最猛的时候，游沐风视线已有了重影，努力望向来人，却是眼睛发胀，头疼欲裂。

那男人笑道："我说什么来着，你看她醒着也是个废物！你动作快点，把值钱东西都找出来！我来把她绑上！"

女子唯唯诺诺地应了一声，开始翻箱倒柜地找游沐风的行李。

男人走到游沐风面前，抬手在她脸上摸了摸道："小美人，乖乖听话，哥哥说不定还能好好疼你！否则别怪我不客气！"

游沐风从小到大何时受过如此屈辱？此时只觉胸腔内气血翻涌，怒气之下只觉一剑捅死此人都不解恨！奈何手脚无力，连骂人都张不了口，只得瞪大双眼，怒目而视！

那女子在一旁却是不乐意了，她开口道："柱子哥你干吗呀！要绑人就快点动手！"

男人欺身向前，刚从袖口掏出一捆绳子准备绑人，突然只听窗边传来一声巨响！游沐风努力抬眼望去，原来是一人从窗外一脚端开锁住的窗扇，飞身进入屋内！当她看清来人时，震惊得目瞪口呆！只见林若冲阴森一笑，问道："动手？动哪只手？"

男人看出林若冲武功高强，但又不甘示弱，战战兢兢道："你是什么人？坏老子好事，想死吗？"

林若冲仿佛没听见对方的话，步步逼近地问道："左手还是右手？"

那男人被林若冲身上的杀气逼出阵阵冷汗，生怕要掉脑袋，颤声道："兄弟，有话好好说！你也看上这女人了？早说嘛！老哥我让给你，让给你，别动手，别伤了和气！"

林若冲眉毛一挑道："让给我？"

林若冲看了看瘫在床上的游沐风，把面前男子逼到她的视线之外的角落，在男子耳边道："叫她一声姐姐，她就是自家人。乱动我的人，有的是办法让你生不如死。"

林若冲说罢手中翻出几根细针，猛地插入男人的两边肩膀，插入肩膀的针入肉便消失得无影无踪，只有几个小洞往外渗着黑血。对方疼得大喊大叫："啊啊啊啊……"

林若冲满脸厌弃地啐了一声，又走向窝在角落里的女子。那女子早就吓得不敢出声，躲在角落里浑身发抖，见林若冲向他走来，开口哀求道："你……你别过来……我……我什么也没干！我没碰她……不要杀我……

呜呜呜……"

游沐风的视线早已模糊,连转头的力气也没有了,完全不知道林若冲在做什么。耳边传来的全是男人的惨叫声和女子带着哭腔的哀求声。游沐风下意识说道:"阿冲……别伤害女人……"

林若冲想也不想地答道:"好。"便再不搭理角落里的女子。

"带我……离开这里……"游沐风道。

林若冲用一只手穿过游沐风的膝窝,另一只手将她带入怀中。他来到窗边,脚下轻点,便从来时的窗户飞身出去。游沐风靠在他胸口,耳边传来强而有力的心跳声。他用轻功穿梭于落照的大街小巷。终于呼吸到了新鲜空气,夜晚的风打在脸上,游沐风觉得头似乎没那么痛了。疼痛消失,药效却还没过,强烈的困意袭来,她不禁觉得眼皮打架,但还使劲眨了眨眼,试图留住意识。再迟钝的人也该感觉到不对劲了,游沐风在林若冲怀里轻声道:"阿冲,你到底是什么人……?"

林若冲抱着人的双手紧了紧,脚下却没有停,他轻声道:"睡吧,韵姐姐。睡醒了我就告诉你。"

游沐风在失去意识前想的最后一件事是:什么狗屁避毒珠,回去一定要找柳如丝算账!

第二天一早九王府迎来了不平静的清晨。自从认识了游沐风,顾骁也不知自己是不是看破了红尘,再听到"王爷,出事了"这几个字时,他居然能做到眉头都不皱一下,内心也是毫无波澜。

"说吧,又怎么了?"顾骁面无表情道。

昨晚才派去保护游沐风的暗卫今早就回来了,被顾骁问得浑身一颤,道:"是属下失职,王妃……让人劫走了……"

"又被人劫走了? 有话说清楚!"顾骁愤怒了,等等,自己为什么要说"又"呢?

暗卫道:"昨夜属下们一直守在楼外楼,按照王爷吩咐不曾靠近。王妃直到接近丑时才回到客栈。本以为夜深人静不会出事,谁知道王妃刚进去不到半个时辰就有一黑衣男子破窗而入,不一会儿就抱着王妃从窗户飞逃。此人轻功甚好,属下们追不上……"

"什么！往哪个方向逃了？"顾骁惊道。

"那人似乎对落照城很熟悉，又好像知道有人追踪，故意挑一些偏僻小巷逃跑，兜兜绕绕，最终脱身。属下们也不知他带王妃去了何方。"暗卫道。

顾骁觉得不对劲，问道："王妃武功高强，如何会被一个不知名的人随意带走，任其摆布？"

"属下也这样想，于是去了楼外楼王妃入住的房间。"暗卫道，"房间箱柜皆被翻开，屋内没有王妃的随身物品，应该是被人拿走了。没有打斗痕迹。地上有血未干，呈黑色，料想是中了剧毒，属下也不确定是不是王妃的……"

顾骁再见多识广，这下也坐不住了。只听他怒道："接着说！"

暗卫结巴道："属下……属下还在房间内找到一个摔碎的茶杯……里面……里面的茶水被人混入迷药，屋里还有浓重迷香残留的气味……"

"你是说王妃先中迷药，才任人摆布？"顾骁道，"她内功不俗，怎会察觉不到茶水里的迷香？"

暗卫道："王爷有所不知，这迷药又称情缠，药力威猛，是飘香楼研制出来专门对付不听话之人，有时也卖给市井，做些下三烂的勾当。"

"飘香楼？是什么地方？"顾骁迷茫地问。

暗卫吞了下口水道："王爷，飘香楼是落照城内最有名的花楼……"

顾骁这下头顶都要冒烟了，大骂道："混账！这么严重的事怎么昨晚不报？"

"王爷这几日为湖州之事操劳过度，属下怕打扰王爷休息……"暗卫道。

顾骁将手里的茶杯狠狠摔在地上，冷笑道："怕？你还知道怕？你就不怕王妃出事本王砍了你的脑袋？一群饭桶！"

暗卫赶忙道："是是是！属下有罪！请王爷责罚！"

"除了请罪你就不会别的了？还跪在这干吗？还不快带人去给本王找？"顾骁暴怒道，"落照所有的花楼，不论大的小的，一家都不准放过！找不到王妃的下落，你就把脖子洗干净等着吧！"

"是是是，属下遵命，属下这就去。"暗卫道。

"还有，去把那个什么楼的老鸨抓了！仔细审问！"顾骁暴躁道，"你描述的那摊血迹和中了奇境花毒的样子很像。去审她们和屠佛殿是什么关系！

还有迷药是哪来的！"

"王爷怀疑屠佛殿的人带走了王妃？"暗卫问道，"那岂不是很危险？"

顾骁摇摇头道："是屠佛殿的人反而更安全。之前他们为何要杀天机阁阁主本王不清楚，不过如今朝局变了，战事一触即发，海镜王就是个稚子，操控政局的还是屠佛殿。他们既然已经表态效忠朝廷，现在带走长公主，最有可能的还是将她送回天茗。"

"送回去也是好事，落照城内现在人心惶惶，雀岭来的流民已经把城外围得水泄不通。"暗卫道。

"人还是要找！找没找到都要来回话！"顾骁继续道，"传本王的话，从今日起落照城门关闭。门外的流民要仔细排查，一个一个地审过才能放进城内安置！这么多人，肯定会有湖州的细作，绝不能掉以轻心！战事比想象中更加紧急，本王择日便启程去天茗！"

"这么着急？"蒹葭在一旁问道。

"还有，本王有些话要带给月儿，启程之后你替本王转告。"顾骁道，"我真是怕了她了，一见面就哭！什么事都哭！她是刘玄德投胎的吗？哭得本王烦躁得很。"

顾骁跟游沐风在一起别的没学会，挖苦人的本事倒是见长。蒹葭自然也不愿意去见傅勾月，不过主子发话了，她只能不情不愿地应道："是。奴婢遵命。"

与此同时，游沐风正在落照某一家小客栈的房间内悠悠转醒。她揉了揉眼睛，清醒后瞬间坐起身，打量四周，嘴里嘟囔道："这是什么地方？"

她仔细回想了一下昨晚发生的事，记忆中最后一幕便是在阿冲怀里，他笑着说了些什么。游沐风检查了一下，自己衣物完好，随身佩剑和行李整整齐齐地摆在桌上。料想是阿冲帮自己一起带过来的。游沐风朝屋内看了看，又嘟囔道："阿冲人呢？"

她试着运了一下内力，发现功力恢复了！游沐风很高兴，翻身下床，穿上鞋，理了理衣服，又去门口望了望，还是不见阿冲的影子。

"算了，出去找找他吧。"游沐风想着，有些事总要问清楚。

游沐风走出客栈，发现眼前这条街并不认识，左看右看，也不知道从何找起。卖早点的摊贩挤在道路两边，架在火上的锅冒出热气，连游沐风也禁不住多看几眼。

突然远处传来一阵吵闹声，声音由远及近，不一会儿一队看上去训练有素的人便驱赶开道旁的行人，停在了游沐风面前一家还没开始营业的酒楼门口。只见领头之人丝毫不顾周围议论纷纷，一脚踹开酒楼大门，说道："王爷有令，飘香楼今日起歇业待查！重要人员缉拿！无关人等立刻离去！你们几个给我进去搜！一间一间仔细搜！找到王爷要的人，重重有赏！"

"飘香楼？"游沐风想，不就是昨晚那个男子说的地方？

这群人进去没多久，店里边传来各种尖叫和咒骂声。一阵叮咣之后，竟然还有几个男人被衣衫不整地扔了出来，摔了跟头，疼得龇牙咧嘴。还有几名楼内的姑娘云鬟披散，香肩半露，正叉着腰冲着房间破口大骂，言语粗俗到令游沐风傻眼。

不一会儿，几个人押着一个四十多岁的女子出来。女子看上去风韵犹存，眼角眉梢俱是风流。虽然被几人拉扯得踉跄，她却还是朱唇带笑，一看就是个见过世面的人物。

老鸨边走边喊道："我说几位爷，有什么话不能坐下来喝口酒，找几个姑娘陪着好好说？衙门里多吓人，我受不住的呀！"

"你少啰唆！平日里干的那些勾当你自己心里清楚！这回触到咱们王爷的霉头，有你好受的！"那领头人呵斥道。

老鸨焦急道："哎呀！咱们王爷风流才俊，跟我这个半老徐娘过不去做甚？你们还没告诉我，到底是啥子事嘛……"

领头人冷笑道："什么事？进了衙门你就知道了！带走！"

游沐风挤在人群里，看得一头雾水，心想，顾骁这是又犯什么病了？大清早的抓个老鸨做什么？

"原来阁主也喜欢看这种热闹。"游沐风背后一个声音道。

游沐风一听声音就知道是谁，转过身道："这落照城是刮了什么风，孟掌门怎么也在这？"

孟子笺笑眯眯道："阁主忘了你我初识便是在落照？怎么说子笺也是这里的常客。"

第三卷·相逢应不识

189

游沐风一脸讥笑地说："说得也是,那孟掌门一大清早出现在这里,是跟踪我至此呢,还是碰巧遇到?"

"子笺与阁主有缘。"孟子笺笑道。

游沐风眨眨眼笑道:"是挺有缘的。大清早的能在这青楼门口碰上,看来孟掌门不仅是落照的常客,也是这飘香楼的常客吧?"

孟子笺轻笑一声,摇摇头道:"阁主似乎很不想见到子笺。"

游沐风嘲道:"你利用我在先,不想见到你难道不是理所应当?"

"阁主还在生气?"孟子笺问。

游沐风反问:"孟掌门不知道我很记仇?"

孟子笺笑了笑说:"阁主还真是偏心啊!"

"偏什么心?"游沐风问道。

"王爷与我。"孟子笺道,"阁主自从冒充王妃进入王府与王爷和子笺相识,几番涉险,看上去生气,却还是处处替王爷着想。子笺这次利用阁主也是迫不得已,阁主也不顾惜往日花廊之谊,见到子笺便如临大敌,还说不是厚此薄彼?"

"你这是牵强附会!"游沐风怒道,"对你俩还需要厚此薄彼?都不是什么好人!"

孟子笺哈哈大笑,弯下腰看了看游沐风的表情,道:"真生气了啊?"

游沐风懒得搭理他:"没有。"

"好好好,是子笺错了!子笺给阁主赔不是。阁主您大人不记小人过,别和我计较了行吗?"

游沐风斜眼看看他,没有说话。

孟子笺笑眯眯继续道:"为表诚意,子笺请阁主用早膳如何?阁主一大早站在这市口看热闹,想必也该饿了吧?"

游沐风说:"饿是饿了,可我还得找人呢!"

孟子笺笑道:"阁主您还真是诚实啊!"

"对吃的我向来诚实。"游沐风认真地说。

"既然如此,口腹之欲要紧,吃完再找也不迟。"孟子笺说完,不容游沐风拒绝,在人群里替她挤出一条空隙,做了个请的姿势。二人便消失在了人海中。

此时落照城的另一端，聂慎儿终于到了。她联系了张牧之安排的手下，连口水都来不及喝便匆匆赶来，一路风尘仆仆，开门见山地问："人找到了吗？"

那弟子答道："属下正在为此事犯愁。慎堂的弟子长期守在暗处，我们没人见过阁主真容，根本无从下手！落照每日来来往往千百人，光凭衣着、武功找人，实在如同大海捞针！"

聂慎儿想了想道："你说得不错，确是我们疏忽了。这样，你一会儿帮我备一份纸笔，我将阁主的容貌画下来，你便带去给手下弟子参考，再结合身形、武功、衣着，相信应该会很好辨认。"

"如此甚好！有劳聂堂主了！"弟子道。

"你们那还有什么消息？"聂慎儿问。

弟子答道："张堂主的来信上说，阁主来落照很有可能会去找九王，属下派人打探过，顾骁府上这几日并没有外人入府，他也没有什么特别动向。只是今天一早他突然让人搜查了落照所有的青楼，还带走了其中一个老鸨，似乎是在寻找什么东西。属下担心与阁主有关，也同时派人巡查，但所有青楼都找遍了，没有符合阁主身手的女子。"

"青楼？！"聂慎儿觉得匪夷所思，问道，"你确定没有？"

弟子肯定道："属下确定。"

聂慎儿松了一口气，说道："没有最好，那就接着找吧，越快越好！"

聂慎儿只顾着与手下说话，并没有注意后方有人来。道路本就不宽，后方来人的手下气势汹汹，伸手就要推开站在前方的聂慎儿。还是那名弟子眼疾手快地将聂慎儿护在身后。

那名气势汹汹的下人，正是明月。

明月生气道："不长眼睛的吗？冲撞到我家主子，饶不了你！"

傅勾月抬眼看了看聂慎儿，不带喜怒地道："算了明月，不要生事。快走，正事要紧。"

明月应了一声，快步跟上傅勾月，还不忘回头恶狠狠地瞪了聂慎儿一眼。聂慎儿一脸蒙，看着那主仆离去的背影，问道："这人是谁？如此嚣张！"

"回禀堂主，那是顾骁的表妹傅勾月。"弟子答道。

"你说她是谁？"聂慎儿震惊道，"你再说一遍！"

弟子莫名其妙道："此人真的是九王府里的人，顾骁的表妹傅勾月！"

"你确定没认错？"聂慎儿还是不敢相信，再三确认道。

192

"傅氏自从来到九王府，在这落照城便出入无阻。属下见过她很多次，不会认错的。"弟子肯定道。

"这……不可能。"聂慎儿惊恐地道，"这个人根本不是傅勾月！"

落照城的另外一处，游沐风跟着孟子笺来到一座酒楼前。说是酒楼，样子却别致清雅，也不似寻常饭庄一般热闹。游沐风道："你从哪寻来这么个偏僻的地方用早膳？"

孟子笺却笑道："正所谓陈酿一开香千里。味道好，偏僻些又有何妨？阁主请！"

游沐风抬脚跨入院落，只见院内小小的水榭之后有几间厢房，一个小跑堂迎出来，带他们朝其中一间走去。游沐风抬头看了看梁上匾额，匾上的字迹还有点眼熟。

"尚可居？"游沐风念道。

孟子笺问："是。阁主以为如何？"

游沐风哼了一声，道："尚可。"

孟子笺哈哈一笑，欠了欠身说道："子笺等阁主消气。"

待小二拉开房门，将二人请进屋里入座，孟子笺又道："佳肴相邀，阁主还不满意？"

"口味不合，再好的佳肴也是味同嚼蜡。"游沐风撇嘴道。

孟子笺笑着给游沐风添了杯茶道："这家的酥酪点心很有诚意，断不会让阁主失望的。"

游沐风笑着看他，说道："孟掌门如何知道我喜欢酥酪？"

孟子笺笑道："听王爷说，阁主在王府时总爱寻些新奇糕点吃。"

"这样啊……"游沐风点了点头，拈起茶杯先闻了闻，再抿了一口。只听她又道："既然如此，子笺可曾听说过自古佳肴配美酒如同美人配英雄？有菜无酒，想哄我高兴恐怕不容易。"

孟子笺笑道："阁主是美人，子笺可不敢自居英雄。二者缺一，无英雄自然无美酒。"

游沐风却笑眯眯地说："子笺不敢当英雄，我敢啊！我当英雄，你做美人，甚好！"

孟子笺不知游沐风在耍什么心眼，只得应道："让子笺做美人也不是不行。但既然是英雄配美人，还请阁主相告，怎么个配法？"

游沐风戏谑道："佳人在侧，食之入髓。等美酒配上佳肴，自然告诉美人。"

孟子笺有一种被人调戏的感觉。他无奈笑道："清晨不宜饮酒，阁主重伤初愈，应当以身体为重。"

游沐风眼珠一转，问道："子笺是担心我，还是怕喝不过我折了面子？"

孟子笺喝了口茶说："跟阁主比酒量，子笺自愧不如。"

"孟子笺……"游沐风终于得逞了。只听她道："我以前是不是认识你？"

孟子笺瞬间瞳孔骤缩，但又很快恢复平静。

游沐风接着说道："从你默认自己是灵族人开始我就在怀疑，你姓孟，知道凤落亭，喝得惯福鼎白茶，你是不是皇室中人？和我皇嫂有什么关系？我是不是认识你？"

孟子笺将茶杯放回桌上，纤长的手指在案面上敲了敲，说道："阁主说笑了，如若认识，阁主自己怎么会不知？"

"我刚出宫拜师学艺的时候被毒蛇咬过一次，虽然捡回了命，但蛇毒入脑，之前的有些事却记得不是很清楚了。"游沐风答道。

孟子笺几不可见地松了口气，说道："既然如此，阁主也不必费劲去想了。子笺与阁主在九王府后花园中的美人蕉下乃是初见，之前不曾相识。"

游沐风收起脸上笑容，问道："那你怎么知道我酒量好？"

孟子笺道："子笺自然……"

游沐风打断他，说："从王爷那听来的？王爷不让我喝酒，根本不知道我酒量如何。"

孟子笺没有说话。

"你不说也无妨，天机阁早晚会查个水落石出，你瞒不住我。"游沐风道。

孟子笺却笑道："阁主这是在算计我，套子笺的话？"

"是。"游沐风坦然承认。

"互相算计一次，那这下你我二人可算是扯平了？"孟子笺笑道，"阁主这下该消气了吧？"

明明之前是自己占了上风，不知怎的话头又被他抢去，游沐风更加生气了，翻了个白眼道："我气消没消自然是我说了算！"

孟子笺只好赔笑："好好好，阁主是英雄，自然自己说了算！"

这时，小二敲了敲门进来，一言不发，摆了几盘精致的糕点在案上，便又退了出去。游沐风低头看了看桌上的菜，不高兴地问："你到底请我来做什么？我可不信孟掌门专程追到落照来寻我只为了请我吃顿饭。"

孟子笺脸上笑容不减，慢慢吐出两个字，道："看戏。"

游沐风疑惑："看戏？看什么戏？"

孟子笺用眼睛余光看了看屏风后的另一间房，用手在唇边比了比，示意噤声，随即用口型比了两个字："好戏。"

游沐风这才明白过来，原来他示意自己偷听隔壁谈话。于是她赶紧沉下气息，注意隔壁动静。墙壁虽然不薄，但凭二人的内功，听清楚谈话还是毫不费力的。只听一个声音传来……

"明月，你去门口看看人来了没有。"

"这声音是……"游沐风顿时瞪大眼看着孟子笺，小声道，"傅勾月？"

孟子笺点了点头，又摇了摇手示意别再说话。游沐风还没从震惊中回过神，隔壁房间又传来一阵门窗碰撞的巨响！

丁零当啷一阵之后，两间房俱是安静至极，不一会儿游沐风听见傅勾月率先开口。只听她冷笑道："有门不走偏要走窗户，不愧是魔教教主。"

隔壁另一人的脚步声由远及近，最后似是在墙壁边的椅子上坐了下来。游沐风听着那脚步声，断定是个武功不错的男子，又觉得无比耳熟，直到他开口说话……

"你都说是魔教了，走窗户很奇怪吗？"林若冲吊儿郎当地说。

游沐风如遭晴天霹雳，愣在原地。孟子笺抬手在她肩上拍了拍，似是安慰。但游沐风完全没心思在意孟子笺的举动。她回过神来后脑袋里想的全是认识阿冲以来的种种情形,她不是蠢,只是总是选择相信别人,天性如此。她只用一瞬便想清了前因后果,心里五味杂陈。对于阿冲的欺骗,她自然是很难过,可眼下还有一个更重要的问题,他和傅勾月怎么会认识?

"说吧,找本座来干吗?"林若冲不耐烦地说。

傅勾月冷笑道:"你这自称用得倒是挺顺口。怎么,手刃亲父的感觉不错?"

林若冲也不生气,漫不经心地道:"如果不是跟圣火令有关,就不要废话了。本座忙得很,先走了。"

"怎么?急着回去找你的韵姐姐?"傅勾月冷冰冰地问。

林若冲冷笑道:"你跟踪本座?"

"我怎么说也是屠佛殿的圣姑,想知道教主的消息还需要跟踪?"傅勾月轻蔑地说。

林若冲踱步的声音传来,桌椅挪动,他坐下道:"说吧,你想如何?"

傅勾月轻笑了一声说:"我想过了,父辈的恩怨已经了结,到了你我这里,不应该继续。"

"哦?你是这么想的?"林若冲道。

傅勾月顿了顿,片刻后才慢慢道:"不错,虽然你杀了我师父,但是她先杀了你母亲。师父对我有养育之恩,却也没多少情分。"

林若冲神色不明,没有开口。

只听傅勾月继续说道:"师父没教过我武功,自出师起我便被偷梁换柱送入九王府做细作。师父早就猜到会有打仗的一天,她为了你爹什么都愿意做,我也不过是他们争权夺利的一颗棋子罢了。我从没入过屠佛殿,自然谈不上感情,这个圣姑对我来说不过是个头衔而已。"

"你到底想说什么?"林若冲问。

傅勾月莞尔道:"我跟你无仇无怨,上一辈的恩怨我不在乎,屠佛殿的圣姑我也不在乎,圣火令我更不在乎,我可以交给你。"

"什么条件?"林若冲懒懒道。

傅勾月这次没有迟疑,似是早就想好了答案:"让我留在九王府,留在王爷身边,继续做傅勾月。"

林若冲轻蔑一笑道:"你爱上他了?"

傅勾月语气坚定:"是。"

林若冲无所谓地耸耸肩道:"好,本座答应你。还有什么?"

傅勾月又是一阵沉默,片刻后犹犹豫豫道:"还有……"

"你说不说,不说本座就当你说完了。"桌椅挪动发出响声,林若冲不耐烦地起身要走。

傅勾月见状突然站起身,下定决心道:"杀了天机阁阁主。"

林若冲瞬间被惊呆了,他缓了缓,道:"你说什么?再说一遍?"

"杀了天机阁阁主。"傅勾月语气坚定地重复道,"杀了她,圣火令归你。"

一阵死寂之后,林若冲慢悠悠地开了口,又恢复了以往懒散的口气道:"为了顾骁?"

傅勾月被刺痛心事,激动道:"不错,王爷的性子没有人比我更了解,一旦认定绝不会轻易回头!我本来就要成功了,却叫她捷足先登!如何甘心!只有她死,我才能寻回王爷的心!"

林若冲嫌弃道:"蠢货。顾骁心里有没有你,与他人何干?没有你,谁死了都不会有你。"

傅勾月却冷笑着说:"这是我的事!王爷心里没有我没关系,但不能有她!如果不是她,王爷也不会在生辰那日拒绝我!你无须操心,杀了她,令牌我双手奉上。"

"所以河灯夜第二天你就让无影动手杀她?她要是死了,只怕你家王爷更忘不掉呢……"林若冲懒洋洋地说。

傅勾月怒道:"我都说了这是我的事,你只需要动手就好!还是说林教主你舍不得?"

林若冲懒散的表情瞬间消失,阴森森一笑道:"舍不得?"

傅勾月冷哼一声继续道:"被我说中了?你也对她动心了?呵,这个灵族公主到底有什么狐媚妖术,是个男人都不放过。"

"总把别人的心思猜得跟你一样龌龊。"林若冲周身寒气四起,一把掐住傅勾月的脖子道,"啧啧啧,一点武功也不会,还偏偏长了条恶毒的舌头。不知道拔掉会不会好些,不会说话的表妹还会不会得到顾骁的宠爱呢?"

傅勾月用手制止一旁试图呼救的明月，艰难开口道："我死都不要紧，何况一条舌头？可你却再也得不到圣火令！你千辛万苦跟着她，不就是为了麒麟墨玉玺的下落？她死了定会有人替她继续找玉玺，你可以再探。可是圣火令只有我知道下落，不杀她，我死也不会给你。林教主，想想你的身份。自古正邪不两立，她若知道真相，知道你差点要了她的命，说不定还得来杀了你！屠佛殿是你的心血，你千辛万苦夺来的教主之位，连亲生父亲都杀了，还舍不得个女人？"

阴狠渐渐爬满双眼，林若冲手上力道却松了下来。他在思考，最终将傅勾月扔在地上，道："好，我答应你。"

傅勾月被摔得后背生疼，使劲咳嗽了两声，大口喘着气道："多谢林教主。事成之后，用游沐风的人头换圣火令，决不食言！"

林若冲看了一眼坐在地上的傅勾月，眼眸深不见底。他没再多说一句，从来时的窗户飞身而去，不见了踪影。

最后，游沐风听到隔壁的傅勾月发出松了一口气的叹息。可这一声叹息，却紧紧地揪住了她的心房。游沐风看了一眼孟子笺，魂不守舍地伸手摸茶，却将茶碗打翻。

"阁主还好吗？"孟子笺问。

游沐风努力定神道："我需要时间想一想。"

"子笺有问必答。"孟子笺轻轻道。

游沐风问道："王爷知道此事吗？"

"不知。"孟子笺答。

游沐风问："你为什么不告诉他，反而先来寻我？"

"因为相比之下，子笺更想先告诉阁主。"孟子笺答。

"你又是什么时候知道的？"游沐风接着问。

孟子笺答道："比阁主早不了多久。"

游沐风冷笑道："那你此时以这种方式告诉我，安的是什么心？"

孟子笺却道："不用这种方法，子笺说了只怕阁主也不会相信吧。"

"孟子笺，你到底有什么目的？"游沐风暴怒，阿冲倒还是其次，她从未感受过如此屈辱，从武林大会时孟子笺就在算计自己，一直到现在！他就像一只狡猾的狐狸，但游沐风却不像鸡。她觉得自己像一只鳖，被人掐着脖子按在瓮中。

孟子笺却十分坦然，他耐心劝导游沐风道：“子笺只想让阁主明白此刻局势！在这尚可居墙外，整个落照都有人在寻找阁主踪迹。不论是王爷，林教主还是天机阁，被任何一方找到阁主都不可能再有机会脱身去寻找麒麟墨玉玺。只有子笺可以帮你，你只能依靠我！”

“靠你？”游沐风难以置信道，“你打算跟我一起去找玉玺？”

孟子笺笑道：“不错。玉玺在湖州人手上，阁主虽武功高强，但寡不敌众。有子笺帮忙，只会事半功倍！”

“你？”游沐风冷笑道，“玉玺再次丢失你难辞其咎！我甚至怀疑是你串通湖州人故意为之！我凭什么相信你？”

“就凭阁主现在没有第二条路可选！”孟子笺飞快道，“出了这个门，要么被天机阁带回天茗，要么到王爷那面对傅勾月，要么被屠佛殿追杀。我知道阁主什么都不怕，但时间不等人。阁主想离开这落照城，只有依靠子笺。”

乍一听游沐风居然觉得他这话很有道理。她心动了，又仔细想了想道：“我跟你走可以，但找到玉玺之后呢？你我立场不同，玉玺归你归我？”

孟子笺笑道：“这么久远的问题阁主为何要现在深究？”

“不行，这是原则问题。”游沐风道，“你不回答，我是不会跟你走的。我大可以去找顾骁，告诉他真相再想办法逃走。”

“阁主，事到如今你还不承认自己偏心王爷？危急关头，你不信任我却还是想着找他？”孟子笺叹了口气继续道，“我就是现在答应玉玺归你又如何？阁主会信？就不怕子笺到时候反悔？”

游沐风似乎真的没想过，她跟顾骁是一样的，认为说出去的话自当一言九鼎。然而她却忘了，当初在清山时孟子笺就告诉过她，他从来就不是那样的人。

“君子一诺！”游沐风道。

孟子笺笑道：“子笺连英雄都不敢自居，更何况君子？阁主非要子笺应你一句，那便这样，寻到玉玺之后归谁，咱们各凭本事，如何？”

话说到这，游沐风不答应也得答应了。

落照城的街边，聂慎儿还未从震惊中回魂，身边的弟子问道："堂主怎知此人不是傅勾月？"

聂慎儿皱眉道："我早年间与真正的傅勾月有些交集，算是旧识。此人虽有些像她，但举手投足完全就是另一个人！"

"或许是来了王府后有些变化？"弟子道，"况且刚刚也只是草草见了一眼，堂主会不会没看清楚？"

聂慎儿飞快否认道："绝不可能！此人虽有意模仿，但却有疏忽。傅勾月从小体弱，及笄之前一直服食冷香丸。自此体带异香，靠近者皆能闻得到。"

"属下确实没听说她体带异香的消息。但若是傅勾月被人调包，顾骁怎么会没发觉？"弟子问道。

"顾骁虽与傅勾月年少定亲，但应该是他母亲为家族权势一力促成。我在傅府住的时候，从没有见过顾骁和他母亲来过。他们应该也不屑于专门跑到岳城去看这些无权无势的亲戚吧。他们没见过之前的傅勾月，没发现问题也属正常。可是……"聂慎儿想不通，继续道，"可是为什么连傅家人也没发现自己女儿被人调包了？傅勾月来落照不是已经很多年了吗？傅家人一次都没来过？"

"确实一次都没来过。听说傅家人在岳城一带嚣张至极，顾骁很不喜欢他们，要不然也不会这么多年不娶傅勾月。不过现在想来，也许也因为现在这个傅勾月怕自己的身份被揭穿，从中煽风点火。"那弟子道，"九王府的消息在落照城实属最难打探，我们当年只知道傅勾月一人带着个丫鬟匆匆出现在九王府门口投奔顾骁。听说是半道遇上了劫匪，顾骁还借此铲除了不少绿林势力。这样看来，此事却有蹊跷。"

"事关重大，你们抓紧寻找阁主下落。我修书一封，你按你们的规矩送到张堂主手上，不得有误！"聂慎儿当机立断道。

"是！属下明白。"弟子领命，不一会儿便带着聂慎儿的手书飞速离开了。

落照城的一家客栈内，林若冲坐在空空如也的房间里，面色阴沉，随手捏碎了一个茶杯，怒喝道："让你好好守着！干什么去了？"

戚风弄委屈地说:"不是教主你临走的时候嘱咐属下去给游姑娘买桃花酥当早点的吗?"

林若冲阴森森一笑道:"你的意思是这是本座的错喽?"

戚风弄吓得一个激灵,赶紧认错。

林若冲却道:"算了,现在罚你也没什么用,你去找了吗?"

"属下回来时游姑娘已经不知去向,属下猜测她可能会直接出城继续赶路,于是属下就往城门方向去了。不过属下并没有找到游姑娘,但是却看到孟子笺入了城。"戚风弄道。

"他也追来了啊? 这下可热闹了。"林若冲跷起二郎腿道,"天机阁那边有动静吗?"

戚风弄答道:"没有。司巧堂堂主亲自来了,他们也还在找。"

林若冲冷笑着说:"九王府的暗卫昨晚被我甩掉之后就再没了踪迹,圣姑又让本座替她杀人。看来顾骁也没找到韵姐姐。"

"总不可能凭空消失……"戚风弄道。

"当然不会。"林若冲冷笑一声,又拿起个茶杯,只听咔嚓一声茶杯碎成几片。他继续道,"八成是被孟子笺拐走了。"

戚风弄琢磨着说道:"他? 有可能。孟子笺入城如果没去找顾骁,那就一定是为游姑娘而来。"

"呵,这个老狐狸,本座倒要看看他还有什么本事!"林若冲道。

戚风弄说:"孟子笺为麒麟墨玉玺而来,一定是和游姑娘一起去湖州了。教主可要追?"

林若冲拿起第三个茶杯,说道:"不急,咱们先把令牌拿到手。海镜支持朝廷,要打仗了,现在不把教内事情摆平必生后患。"

戚风弄问:"那教主真打算杀了游姑娘换令牌?"

林若冲把玩手中的茶杯,淡淡道:"风弄,本座在乎她,表现得很明显吗?"

"这……教主您对游姑娘确实挺上心的,但是不一定是那种……"戚风弄结结巴巴道。

"老妖婆,敢威胁本座!"林若冲咔嚓将第三个茶杯捏得粉碎,阴森道,

"那咱们就以其人之道还治其人之身,让她也尝尝被威胁的滋味如何?"

戚风弄不太明白,问道:"教主的意思是……?"

林若冲道:"既然圣姑如此在意她的心上人,那咱们就请顾骁去屠佛殿喝杯茶,小住几日。看看圣姑会不会用圣火令来换他喽。"

"只怕顾骁不会轻易跟我们走。"戚风弄说。

"怎么说海镜和江宁现在也是盟友,大敌当前,大家都是一条船上的蚂蚱。再说了……"林若冲拿起桌子上最后一个茶杯给自己倒了杯茶送入嘴边,慢悠悠道,"咱们是邪教,就要有邪教的样子。人请不来,绑也绑不来吗?"

落照尚可居中,游沐风跟在孟子笺身后不明所以,问道:"你这是要带我去哪?"

"自然是带阁主出城了。"孟子笺一边说一边带着游沐风绕过尚可居的花园,来到院落后方。居然有大片水域映入眼帘,看起来是一条河。岸边有一木板搭建的小小码头,旁边泊着一只乌篷小船。

游沐风看向孟子笺惊叹道:"这饭馆后面还有景色如此别致的地方。"

孟子笺笑道:"如何? 阁主现在还觉得尚可居还只是尚可?"

游沐风白了他一眼道:"你打算带我走水路?"

孟子笺点点头说:"不错,现在城外流民围城,东西南北四个城门都堵得严严实实,王爷必定派人把守。就算没人找阁主,轻易也出不去了。"

"走水路就没人查? 我看未必。"游沐风道。

孟子笺笑眯眯地说:"走水路一样有人查,不过流民大多租不起船只,没有那么多人,自然查得要懈怠些。"

游沐风不得不承认他说得对,嘴上道:"听上去有些道理,那便出发吧。"

孟子笺笑道:"子笺扶阁主上船。"

此时风起,水面上微波荡漾,带着船儿也摇摇晃晃。孟子笺用脚尖点地,轻轻一跃站上了船头。游沐风看着他站在对面船上,墨发扶风,衣带飘飘,眼眸深沉,带着一如既往的笑意,向自己伸出一只手来,柔声道:"来,手给我。"

电光石火之间,游沐风只觉得这个声音和这个画面猛然敲击在脑海中的记忆深处。仿佛有一个身影与面前之人重叠在一起，却又模糊不清。记忆就像指间沙，她越是回想越是想不起来。那是一团模糊的黑影同样说道："韵儿，来，把手给我。"

游沐风自言自语道："我一定见过你……"

孟子笺不知是真没听见还是装作没听见，他并不接话，转而说道："阁主，上船吧。"

游沐风看着他递给自己的手，犹豫了一瞬，还是把自己的手递入了孟子笺的掌中。他手掌一握，胳膊一带，用一臂之力将游沐风轻飘飘地带上了船。

此时船舱内钻出个头戴斗笠的船夫，对着二人作了个揖便走向船尾，解开拴在码头上的绳索，撑起竹竿，小船便晃晃悠悠往江中驶去。

孟子笺道："水面风大，阁主指尖冰凉还是进仓休息吧。"

游沐风看着渐渐远去的码头，水天一色，耳边尽是流水潺潺。尚可居深灰的屋顶在翠绿环抱中若隐若现，一副大隐于市的景象。这时一只燕儿从游沐风头顶划过，穿过翠绿树木，远远地停在灰色的屋顶翘角上。不知是不是幻觉，游沐风仿佛听到了那翘角下挂着的风铃随着燕儿扑翅发出的丁零零清脆的响声。

游沐风忍不住轻轻低喃道："旧时王谢堂前燕，飞入寻常百姓家……"

"明明大好风光，阁主为何突然伤感？"孟子笺听了这诗心中诧异，以为是游沐风想起什么了，用这首诗影射自己。

游沐风却望向远方，笑了笑道："可能今日多思，有些伤神。不过我倒是没想到，这昼夜繁华的落照城还有如此冷淡清雅的景象可看。"

孟子笺轻轻一笑道："确实不可多得，这尚可居的一草一木皆有专人照料。毕竟是王爷最爱的地方，自然要用心得多。"

"他？"游沐风有些意外。

孟子笺笑道："是，王爷对此地尤为偏爱，进门处挂着的牌匾都是王爷亲手所题。"

怪不得匾上的字那么眼熟，游沐风想着耸耸肩道："看不出来他还有这等雅好。我还以为他更喜欢楼外楼，小二谈起他来都眉飞色舞的。"

孟子笺哈哈大笑地说:"这落照城总归就这么点大,王公贵族的生活流传到市井都成了大家口中的传奇。阁主您是公主,自然最明白不过,王爷也是个普通人。非要说不同,便是多了些身不由己。他虽喜欢尚可居,却也没空常来享受闲云野鹤的时光。至于楼外楼,不过是傅氏喜欢,王爷有时拗不过便一起去了。"

游沐风打趣道:"我看他不是拗不过,是懒得争了吧。我在九王府住了月余,看傅勾月那个样子,也不像很受宠。顾骁亲口告诉我他并不想娶亲,傅勾月背后还有母族的烂摊子,对王爷来说也是无奈大于愤怒吧。"

孟子笺别有意味道:"阁主玲珑剔透,自该明白王爷对你一片真心。"

游沐风白他一眼道:"你不必试探我,我没兴趣回九王府和他的女人们撕脸扯头发。我可是刁蛮得很,万一没忍住毁了他的后花园,打死了他的表妹,到哪里去赔给他?"

孟子笺狡黠笑道:"听说王爷已写休书送往湖州。至于傅勾月,阁主应当了解王爷用情纯粹,喜欢你便追到天涯海角,不喜欢连看都不会多看一眼。"

游沐风有些无奈道:"他不喜欢楼外楼也好,喜欢尚可居也罢,都不是我能控制的。他的心思我自然明白,说不感动连自己都骗不过。但他有他的无可奈何,我也有我的。眼前河山即将付之一炬,金戈铁蹄之下又岂容我多思儿女情长?"

孟子笺听出话中意味,皱眉问道:"这么说,若是开战阁主打算挂帅上阵?"

游沐风笑道:"不然呢?难不成出嫁和亲?若要二者选一,我宁愿战死沙场,守我游氏山河。"

孟子笺眉头皱得更深了。

游沐风突然觉得奇怪,问道:"你这是怎么了?从上船到现在一直在试探我。我对顾骁如何跟你有什么关系?你这么帮他说话,不怕我更偏心他?"

孟子笺又换上笑脸道:"不过是跟阁主摆明事实而已。子笺从不畏惧与人比较,王爷喜欢尚可居喜欢阁主,但第一次与阁主你坐在尚可居里对饮,美人配英雄的可是子笺。阁主又怎知往后几日朝夕相处之后，你不会偏向我呢？"

"你这人嘴上还真是吃不了亏，不反驳别人的话能憋死你吗？"游沐风难得遇到吵不过的人，生气道。

孟子笺哈哈大笑地说："我可不只是嘴上吃不了亏，阁主上了子笺的船自然要给点报酬。让我嘴上占点便宜不是应该的？"

"懒得跟你争……随你怎么说……"游沐风无赖道。

"又生气了？是子笺不好，总惹得阁主生气！仓里有酒，不如阁主进去暖暖身子？就当子笺赔罪了！"孟子笺说完，转身替游沐风打起船舱的帘子，游沐风虽然生气，但听说有酒也不再发作，哼了一声便转身往舱内走，临进门时问道："你不进？"

"舱内狭窄，男女二人不方便。子笺在这守着就好。"孟子笺答道。

游沐风看了一眼船舱，摆着一张小桌之后确实容不下二人，便点点头道："也好，遇到麻烦就叫我。"

孟子笺笑着放下帘子，声音从帘外传来，应了声好。

游沐风坐在桌边，拿起桌上的酒自己斟了一杯一饮而尽。赶路这几天遇到各种事，游沐风实在心力交瘁，加上船身摇晃，不一会儿便趴在桌上睡着了。那个黑影再次出现，游沐风在梦中再一次回到童年，只是要更早。那是她还没出宫的时候，那时还不认识江知白和侍墨，那时她成日在宫中闲逛，那时皇嫂还在，总抱着她逗枝头的喜鹊，那时……似乎还有一个人……

"韵儿，来，把手给我。"那团黑影说道。

"不，我不要，你又要骗我了！"小游沐风怒道。

黑影道："你不愿意算了，那我走了。"

小游沐风焦急阻拦："别啊，途哥哥，你别走啊！你要是走了我就告诉皇嫂去！说你又欺负我！"

"途哥哥……途哥哥……"

自己童年的声音像一阵风吹过脑海，卷起那尘封已久的记忆碎片……此时船身一晃，游沐风猛然惊醒！她揉了揉脑袋，使劲想着刚才的梦。只听外面传来一个声音，问道："船上什么人？"

孟子笺的声音从外间传来:"在下姓孟,清山人士,带着小妹来落照游玩。还请各位行个方便。"

"仓里就你妹妹一个人?"男人又问。

孟子笺答道:"那是自然,这么小的船哪里容得下第二个人?"

"哥哥,咱们是到了吗?"游沐风顺口道。

孟子笺随口说:"还没有,准备出城了。人家要查船呢!"

游沐风起身掀开帘子,不高兴地走到孟子笺身边嘟囔:"有什么好查的,搅人清梦,头疼。"

孟子笺伸手覆住游沐风的额,笑道:"酒没醒?"

游沐风撇撇嘴,又点点头道:"疼得厉害。"

"这会儿知道撒娇了?"孟子笺笑道,"出了城再睡会儿吧。"

那守城男子看二人关系亲密,并不像作假,又穿着华贵,谈吐不凡,确实像游山玩水的富家子弟。他在船上巡查了一遍,没发现什么可疑物件,便回到自己的船上,开了城门放人离去。

游沐风看着城门在身后关上才松了口气,嘴中还不忘调侃道:"哥哥?你胆子倒是不小。我哥哥可是当今圣上。"

孟子笺摊手道:"那要如何? 兄妹不行,那夫妻?"

"假扮夫妻我倒是有经验,比兄妹还容易些。"游沐风调侃自己也是毫不嘴软。

孟子笺笑眯眯道:"我倒是觉得夫妻不如兄妹,子笺更喜欢听阁主叫哥哥。"

游沐风嘲道:"谁说扮夫妻就不能喊哥哥了,话本里的姑娘不都哥哥长哥哥短地唤情郎?"

"途哥哥……途哥哥……"

梦中声音再次想起。

游沐风想起刚才那个梦,又陷入沉思。她总觉得有块迷雾马上就要解开了,真相触手可及。她喃喃自语重复道:"哥哥……途哥哥……"

孟子笺瞳孔骤缩,颤声问道:"你叫我什么?"

游沐风沉浸在思考中,没注意到孟子笺的不对劲。她思索道:"没什

"想不起来就别想了。"孟子笺努力镇定道,"阁主准备准备,我们要换画舫了。"

游沐风同孟子笺顺利离开了落照城,可聂慎儿还如同热锅上的蚂蚁。弟子拿着画像找遍了落照城中大街小巷,结果自然一无所获。

"难不成张堂主猜测有误?阁主没往落照来?"毫不知情的聂慎儿开始怀疑自己是不是被同伴给坑了。

弟子在一旁道:"会不会是阁主来了落照但并未停留?快马加鞭又继续赶路了?"

"那你还愣着干吗?"聂慎儿简直焦头烂额,道,"赶快派人出城追!"

"堂主,城门被流民围堵,顾骁已下令封城严查,之前比较宽松的水路刚刚也封死,现在就算插了翅膀也飞不出落照城了。"那弟子答道。

"这个顾骁,关键时候添什么乱?"聂慎儿生气道,"你即刻去九王府递名帖,我今天亲自去见他!一定要他放我们的人出城!"

弟子有些犹豫:"这……顾骁能答应吗?"

聂慎儿说:"他为什么不答应?拿人手短,吃人嘴软。闵纾还在柳堂主手里医治呢!受了天机阁这么大的好处,自然是要还的!"

弟子一听有理,立刻答道:"属下这就派人去办!"

聂慎儿叹了口气道:"阁主这次也太任性了!能找回来还好,万一有个三长两短,咱们怎么跟圣上交代?"

"阁主不是有传音铃戴在身上?要是真遇到危险,还是可以与我们联系的。"弟子安慰道。

聂慎儿眼睛一亮道:"对啊,我怎么把传音铃忘了?等等……可这传音铃的另一只也不在我手里啊……"

另一只传音铃在哪里呢?答案不言而喻。雀岭的军营中,裴锦焕推开江知白的房门。他是灵帝的亲信,一早被派来驻扎在雀岭,对于江知白这位新来的同僚横竖有些看不过眼。

"江堂主,你找我?"裴锦焕问道。

"是。我有一事不明,还请裴将军指教。"江知白道,"江某虽初至雀岭,但已见城外剑拔弩张之势。为何传令只守不攻?这是圣上的意思还是裴将军你的意思?"

裴锦焕皱眉道:"江堂主话可不能乱说,守城是陛下的旨意。圣旨你也看到了,陛下说了能谈就谈,能不动武就不动武。一切等你们天机阁取回麒麟墨玉玺再说。"

"江某愚钝,打不打仗和麒麟墨玉玺有什么关系?"江知白不解地问。

裴锦焕道:"玉玺是国宝,事关国运。这么重要的事情裴某如何得知?"

江知白皱眉道:"找到玉玺前不开战,难不成这玉玺隐藏的宝藏与战事有关?"

"圣意也不是你我能随意揣测的。我姑姑当年嫁入孟府,乃孟皇后生母,看着她带着玉玺出嫁为后。我也只是听说,这麒麟墨玉玺绝不仅仅是块玉石头。"裴锦焕说。

"陛下有陛下的思量,你我听差办事。只是江某一路行来,看见雀岭百姓苦不堪言。湖州士兵处处挑衅,烧杀抢掠,无恶不作。我们不作为,牺牲的还是百姓的性命!况且不足两月便要入夏,大批流民逃难,一不小心便会瘟疫横行!"江知白义正词严地说。

裴锦焕听了这话不悦道:"江堂主此言差矣!自古打仗便是如此!百姓的命是命,若是开战,我这麾下将士兄弟的命就不是命?"

江知白生气道:"保家卫国本乃将士使命,若是惜命还当什么兵?回家种地不是更好?"

裴锦焕冷哼一声道:"江堂主莫要忘了,这里是军营不是你的司战堂!我和我的将士只听令皇上!公主宠幸你又如何?别以为大家不知道你所图为何,就算你当了驸马爷这里也轮不到你指手画脚!"

裴锦焕说完转身离去,江知白没有阻拦也不再争辩,愤怒过后倒显得异常平静。他从怀里摸出一只传音铃,握在掌心,想温暖铃铛表面的玄铁,还是想温暖些别的什么没人知道。他所图为何呢?江知白心中自问:不过是心上人平平安安。远处游拾义正在练剑,江知白教他教得很认真,似乎从他身上看到了旁人的影子。

落照城外,游沐风和孟子笺坐着乌篷船一路飘飘荡荡,不一会儿来到一艘华丽的画舫前。孟子笺依旧先行一步,将游沐风扶上甲板,随即说道:"子笺已订好了房间,阁主跟我来吧。"

孟子笺领着游沐风熟练地穿过人群密集的甲板,来到船舱内,上了几个台阶又拐了个弯,来到几间房门口停了下来。他推开其中一间的房门说道:"这是画舫顶层了,一般人很难上来打扰。阁主一路奔波还是好好休整一下。两日后画舫便可停靠湖州首府永沛。"

游沐风瞥了一眼屋内奢华的摆置,竟然与天机阁不相上下。她开口道:"你倒是对自己有自信得很,我要是没随你来,你这么贵的房间不是就白订了?"

孟子笺知道游沐风又在打趣他,抬眼笑了笑道:"阁主有事就拉一下窗边的小铃,会有丫鬟小厮前来伺候。或者唤我也行,子笺就住在对面房间。"

虽说还不知孟子笺是敌是友,但既来之则安之,游沐风对这房间的安排还是颇为满意的。她用手试了试床榻,除了颈枕有些硬以外,其他都好。自从离了天机阁后游沐风已经很久没睡过这么舒适的床了,于是也不跟他客气,爽快地答应了。

孟子笺见游沐风心情不错终于放心了。他在她房里转了转,确认没有不该有的东西后,又从随身的行李中翻出一个小巧别致的锦盒,变戏法般从锦盒里掏出一捧茶叶,道:"知道阁主喝不惯外面的茶,子笺给阁主带了今年开春刚上的新茶。"

"你倒是真有心了。"游沐风道。

孟子笺笑了笑。他起身拿起一旁炉子上暖着的水壶,打开盖子闻了闻,才放心倒入茶壶中,放进茶叶。新茶的香味顿时伴着蒸腾的热气扑满整间屋子,游沐风似乎觉得脑子都清醒了一些。

孟子笺又用热水暖了两只茶盅,先给自己倒了一杯尝了尝,才倒了第二杯推到游沐风面前,说道:"出门在外,江湖险恶,阁主不可轻信他人言语,没有自己过手确认的吃食也要小心为上。"

游沐风看着他不知该如何回答,总怀疑他是不是知道自己那晚被人下药,所以才话里有话。孟子笺却在此时起身告辞,道:"阁主休息吧,子笺不打扰了。"

待他走后不久,画舫就缓缓地离港启程了。两岸景色不错,游沐风唤来了丫鬟,要了桶水好好地泡了个澡。一身清爽后躺在舒适的床榻上,对面房间有哗哗的水声传来,估计是孟子笺也在沐浴。游沐风突然反应过来自己这是在偷听男人洗澡,不禁面上有点窘。她往被子里缩了缩,渐渐地眼皮沉重,便睡着了。

落照城九王府中的正厅内聂慎儿坐在椅子上抿了口茶,见顾骁来了,便放下茶盅站了起来道:"见过王爷。"

顾骁转个身坐下,挥了挥手示意聂慎儿同坐,问道:"聂堂主怎么来了落照?闵将军还好吗?"

"闵将军很好。"聂慎儿答道,"但我是为阁主而来。"

"你们阁主并不在本王这里。"顾骁直截了当地说道。

聂慎儿也直接道:"我知道阁主不在王爷府上,这次前来,不过是想请王爷放我出城,好让天机阁尽快将阁主接回。"

"等等,你的意思,她是一个人偷偷跑出来的?"顾骁惊愕道,"你们怎么不看好她?"

聂慎儿被人指责又不好翻脸,只得冷冷道:"这与王爷并不相干。"

"不相干?你知不知道你们阁主被什么人带走了?"顾骁道,"当日她在城中酒楼中了迷香,被一屠佛殿高手带走,本王的暗卫最终也没追上。不过如今海镜也算是自己人,应当不会害她。"

"屠佛殿?怎么又是屠佛殿?"聂慎儿问,"王爷可知,从此处去往海镜要多少时日?"

顾骁答道:"从落照去海镜走陆路三四天行程,先至雀岭,继续往南是湖州,往北便是海镜。"

聂慎儿突然眼睛一亮道:"雀岭?也就是说,阁主无论是去湖州还是海镜都要先经过雀岭?"

顾骁道:"如果走陆路,便是这样。不过现在外面兵荒马乱,路程可能更久。怎么?聂堂主定当亲自去寻?"

"我听差办事,便一定要将阁主带回去。请王爷放我出城。"聂慎儿道。

此时，突然听见门外出来一阵争吵声。管家焦急阻拦道："姑娘，王爷在谈要事。您不能进去！"

傅勾月愤怒的声音传来道："你让开，表哥要走的事定是你们这帮下人瞒着我的！我要是见不到表哥，要你们好看！"

"王爷要出远门？"聂慎儿问道。

顾骁尴尬到脸色发黑，说道："是，本王准备启程前往天茗，与陛下共商战事。"

"既然如此，我就不打扰王爷了。还请王爷看在往日情分上，卖天机阁一个面子。"聂慎儿礼貌道。

顾骁说："本王会亲手写封文书交给聂堂主，不仅可以出城，如若路上碰上麻烦，也可用本王手书去江宁境内的所有驿站，定会有人相助。"

聂慎儿松了口气说："那便谢过王爷了。"

此时门外的争吵声越来越大，傅勾月的哭声也越来越激动。聂慎儿往门外看了一眼，别有深意道："王爷虽政务繁忙，但还是要多多小心身边之人。告辞了。"

顾骁一头雾水。

聂慎儿转身离开之时，正巧碰见傅勾月不顾管家阻拦，冲进前厅。二人擦肩而过，傅勾月含泪的美目中只有顾骁一人。而聂慎儿却在身形交换处仔细观察了一眼，从而更加坚定心中所想。这个"傅勾月"到底是谁呢？不过是谁都不是现在最要紧的事。聂慎儿想着，对等在门外的弟子道："顾骁答应放我们出城了，你找人送信回天茗，与张堂主说明这里的所有情况。我们立刻启程。"

"去湖州？"弟子问。

"不，去雀岭。"聂慎儿道，"既然去湖州与海镜都要路过雀岭，那咱们便去寻江堂主。他手上有另一只传音铃，定能将阁主找回来！"

九王府正厅内傅勾月哭得泣不成声，一边抽泣一边道："表哥，你真的不打算跟月儿道别就走了吗？你到天茗去做什么？现在外面那么乱，路上多危险！"

顾骁道："本王前往天茗与战事有关，势在必行。"

"那我同表哥一起去！"傅勾月道。

"胡闹！你当是去游山玩水吗？"顾骁本想发怒，但转念想了想，又道，"罢了，有些话本想让蒹葭转达给你。今日你既然来了，本王便亲自与你分说。"

"本王在南城置了套宅子，虽不及王府奢华，但胜在清新素雅。"顾骁一口气继续道，"管家这几日便会把房契交给你。你回去收拾收拾，喜欢什么尽管拿去，等本王走后便搬过去吧。"

傅勾月不敢相信道："你……要赶我走？"

"不是赶你走。"顾骁道，"战事绵延，本王此次面圣也不知什么时候能回来，一时半会儿也顾不上你。"

傅勾月激动道："可表哥你说会好好照顾我的，怎么能食言呢？"

"月儿，本王知道你的心意。"顾骁叹气道，"你终究是本王的妹妹，有些话本王点到为止，以为你能明白。然，时至今日，本王有自己心中所念之人。你的心意本王无力偿还，既然只能辜负，不如还你自由之身，寻觅一个真正疼惜你的人。总不能叫你一辈子在这王府里年华空负。况且，家国危难，本王此去生死不定。实在无暇分心顾及你。若是开战，你便进宫去寻你姑母，王城里还是安全的，你记住了吗？"

"所以……一切还是因为她，对不对？"傅勾月惨然道。

"对。也不全对。"顾骁坦诚道，"本王的确爱慕她，这一点毋庸置疑。想把身畔之位留给自己心爱之人，无论是情感上还是名义上都是合情合理的。但更多的原因，却是因为本王自己。因为一直以来本王便觉得情爱奢侈，特别是在名利旋涡中，更难有真情实感，所以才答应两藩联姻。直到遇见她，那样鲜活生动的一个人。本王才发现，并不是没有办法两全其美，只是没遇上值得费心的那个人罢了。战事将近，谁都不知道还可以活多久，这一次，本王想追逐内心。"

"那要是她死了呢？"傅勾月冷冷地问。

顾骁却笑了，说道："与子同穴，死又何妨？"

江中画舫上，沉睡中的游沐风眼睫轻颤，做着一个光怪陆离的梦。梦里各种场景在走马灯似的闪过。最终定格在顾骁的脸上，他金盔铁甲跪坐在一片断壁残垣之上手指苍天,嘴唇轻颤不知在说些什么,泪珠滚滚而落,沾满衣襟。

为什么?为什么他会如此难过?到底发生了什么?

此时,游沐风又听到有个声音在唤自己,既温柔又熟悉……

"韵儿,韵儿……你怎么在这睡着了?"

"韵儿,快醒醒了。要着凉了。"

"皇嫂……你来啦?"

梦中的孟枝遥笑道:"怎么了?什么事这么开心?"

小游沐风伸出一只手道:"途哥哥送了我一只蓝色的蝴蝶!他捉了两只,我们一人一只。皇嫂你瞧,好看吗?"

"好看好看。"孟枝遥笑道,"你好歹也是个公主,怎么让那个小坏蛋用一只蝴蝶就哄得这么高兴?"

游沐风不好意思地笑了两声,道:"就算是公主,也不是什么都有。"她将蝴蝶举过头顶,对着阳光,抬起头透过薄薄的蓝翼打量天空,继续道,"途哥哥说,不是人人都能这样看到蓝色的太阳的。"

孟枝遥笑嘻嘻地将小游沐风带入怀中,说道:"他倒是会讨你欢心。走吧,嫂嫂带你用膳去。"

小游沐风眨巴眨巴眼,道:"有上回的米酒喝吗?"

孟枝遥用指尖戳戳她的脑袋说:"小小年纪就染上酒瘾了?回去我便要罚了枝途,偷偷摸摸带你喝酒。要不是曹公公发现得及时,那一坛子酒都要进了你俩肚子里了!"

小游沐风耍赖道:"别……别啊……皇嫂……"

"别……"

游沐风突然一个激灵从床上猛地坐起,顿时梦便醒了。她伸手揉了揉脖子,一阵酸麻。游沐风撇撇嘴,看来是枕头太硬,落枕了。

她一觉睡醒已是夜半时分,窗外传来浪花拍打船身的响动,有风微微敲击着窗栏。房内寂静无声,桌上摆着孟子笺离去前泡的两杯清茶。此时人走茶凉,游沐风走到桌前分不清哪杯是他喝过的,便随意拿了一杯递到嘴边。清凉入喉,神清气爽。她看着杯中茶渍,又陷入沉思。

游沐风轻轻道:"我到底在难过什么呢?"

游沐风瞥了一眼窗户,缝隙中似有光芒透过,便走过去推开了窗户。江面上一轮明月,散发着幽幽的光芒,如薄纱一般轻轻笼着水中寒夜。她耳朵竖了竖,敏锐捕捉到画舫顶上坐着的人,抬头一看,果然是他。游沐风便从窗户钻了出去,跃上了画舫顶端的横梁。

孟子笺卧躺在横梁的凸起上,用手肘支地,撑起上半身,一条长腿曲起,另一条则随意搭在梁上,呼吸起伏间露出一截月白色的里裤。他一副沐浴过后随意的模样,衣襟半敞,发丝随意地绾在脑后,有几缕已被夜风吹乱,挂在额前。孟子笺的脚边摆着几个空了的酒坛。饶是游沐风刚靠近,就闻到浓烈酒气萦绕。他白皙的皮肤下透漏出酒后绯色,从脸颊延续到耳根脖颈,最后爬满胸口。眼角与薄唇更是通红,看见游沐风来,便布满笑意道:"阁主来了? 坐吧。"

自相识起,孟子笺便一直是一副温文儒雅的模样,游沐风何曾见过如此不羁的他? 她踟蹰了片刻,还是走上前去,挑眉道:"大半夜在这吹冷风? 子笺也是好兴致。"

孟子笺眉梢眼角的笑意更浓,丝毫不介意游沐风挖苦的语气,用手拍了拍自己身侧的空当,重复道:"过来坐吧。"

游沐风犹豫了一下,还是走过去,坐在他身侧。横梁虽宽,但却被他一人占去了大半,游沐风见他也没有要挪动的意思,只得挤在他身侧坐下。画舫在江中沉浮,游沐风感到周身有暖流传来。原是他运转内力,为自己驱寒。

周围气息凝结片刻,孟子笺率先开了口,只听他道:"阁主很久没有唤过我子笺了,如今可是气消了?"

游沐风道:"差不多了。我既然叫了你子笺,你也别阁主阁主的了。明昭或者沐风,你选一个便是。"

孟子笺若有似无地靠近些,似是在游沐风眼中寻找什么,随后缓缓道:"我……想选韵儿,如何?"

"你……"游沐风一惊,愣在了原地。

孟子笺自嘲般摇了摇头,轻笑间低声道:"我醉了。"

　　游沐风不答,孟子笺却别有深意地瞧着她。他抬起刚才的手指,轻轻擦过游沐风的唇角。酒气染红的指尖上沾上一片墨绿的茶渍,在游沐风面前晃了晃,道:"瞧,嘴上沾了东西。"

　　游沐风不高兴道:"左右不过一片茶叶,你说一声我自己擦不行吗?"

　　孟子笺却笑道:"这是子笺今日泡的茶?"

　　"是又如何?"游沐风挑眉道。

　　孟子笺笑着道:"子笺下午的茶,第一泡没有滤干净的给了自己,第二泡没有杂质的给了你。怎的阁主偷喝了我的那杯?"

　　游沐风顿时百口莫辩道:"我……刚睡醒,迷迷糊糊便随手拿了一杯,哪分得清你的我的?"

　　"阁主觊觎子笺的茶,还留下了证据。"孟子笺嘲道,"阁主该看看自己此刻的表情,活像只被人揪住尾巴的猫儿。"

　　"都说了不是故意的。"游沐风暴躁道。

　　孟子笺哈哈一笑道:"喏,亮起爪子来更像了。"

　　游沐风看着他眼里的笑意,更加恼怒。她刚欲还嘴,只是突然一瞬,却在他茶色的瞳孔里看到了一个影子。游沐风怒气瞬间被取代,她开口道:"子笺……"

　　"嗯?"孟子笺发出一个鼻音。

　　"你……见过蓝色的蝴蝶吗?"游沐风轻轻问。

　　孟子笺愣了片刻,随即笑道:"自然见过……阁主颈后不就有一只?"

　　"我说的是活的。"游沐风道。

　　"阁主是活的,蓝蝶自然是活的。"孟子笺道。

　　游沐风反驳道:"笑话,不过依附之物,如何鲜活?"

　　孟子笺朝游沐风颈后点了点道:"阁主难道不是喜欢这只蓝蝶才纹在颈后? 有了阁主的心思,它自然是活的。"

　　游沐风低头笑了笑道:"小时候我是不聪明,蓝色盖在眼前就以为太阳也是蓝色的,一心只是相信眼睛看到的景象。"

　　"看到什么很重要吗? 心里真的认定,就算是蓝色的,为何不能当真呢?"孟子笺道。

游沐风眼睛明亮，莞尔道："你这叫一叶障目，途哥哥。"

孟子笺的笑容立刻僵硬，过了很久他才道："只此一次，阁主。以后莫要再将子笺认成旁人。"他说完话飞身跳下船顶，钻入窗子，回到了自己房中。

月色撩人，孟子笺想，差点被迷住了神志。他最后的话还有半句没有说出口：就算是以前的我也不行！

天机阁暗阁的房间内闪着幽幽的烛火。简单的几样家具，桌椅板凳倒是一样不缺。往床榻上看去，一名男子正闭眼躺在床上，眉心微蹙，将醒未醒。他上身赤裸，胸口缠着一层又一层厚厚的纱布。

闵纾突然睁开眼，一个挺身坐起，警惕地环顾四周。柳如丝刚好推门进来，道："你醒啦？"

闵纾脸上出现疑惑的表情，问道："小翠姑娘？"

柳如丝阴森道："老娘看你是刚醒就又嫌命长了吧？"

闵纾又看了看四周道："我……这是在哪？"

柳如丝把手中的药碗放到桌子上，双手抱胸看着他道："天机阁。"

"我为什么会在天机阁？"闵纾一脸不解。

柳如丝嘲笑道："因为你家王爷不要你了呗，老娘一想还缺一副骨架入药，就把你捡回来了。"

闵纾一本正经道："小翠姑娘……不是……柳姑娘你莫要打趣我了，是王妃让你救我的，对吗？"

"你还真是想死了。你猜猜是老娘药死你快还是江堂主拍死你快？"柳如丝阴森一笑道。

闵纾更加不解，问道："柳姑娘这什么意思？"

柳如丝怒道："谁是小翠姑娘啊？谁是王妃啊？你怎么跟你主子一样自以为是，都那么讨人嫌！"

闵纾蹙起眉头道："我惹姑娘生气，姑娘骂我便是，何苦带上王爷？王爷待王妃一片真心，日月可鉴！"

"你家王爷待人真心就是成天凶巴巴的跟阎王爷一样啊！"柳如丝讥讽道，"老娘跟你说，虽说咱们江堂主人无趣了点，其他哪点比不过那个姓顾的？要是让他听见你编派他媳妇儿，不拍死你才怪！"

闵纾一脸认真道:"不会,王妃迟早会是王妃的。"

柳如丝嘴角抽搐:"你们这主仆俩还真是一模一样,脑袋里就一根筋吧?真是的,怕不是傻?简直白瞎了这么好看的脸。"

闵纾面不改色地道:"王爷不喜欢别人说他好看,我……也不喜欢。"

柳如丝简直目瞪口呆,道:"你倒是会顺着杆子往上爬呢!我说你好看了吗?啊?老娘说了吗?"

闵纾一脸蒙,根本不知她为何生气,道:"柳姑娘明明就说了。"

柳如丝气急败坏道:"我说谁好看了?你说!"

闵纾好像终于摸清了头绪,想了想道:"这屋里只有你我二人,我不好看,那就姑娘好看吧。"

"什么叫那就我好看吧?你把话说清楚!"柳如丝气得头顶冒起青烟。

闵纾一脸无辜地道:"我说什么你都生气,我不说了。"

柳如丝才不会轻易妥协。她走到床边,猛地伸出手,朝着闵纾胸前的伤口就是一掐,狰狞地说道:"说,我好不好看?"

闵纾突然吃痛,下意识脱口而出道:"好看!好看!"

柳如丝满意拍拍手道:"这还差不多。"

闵纾顺着痛感低头看去,发现自己无衣物蔽身,脸顿时就红了,问道:"我……我衣服呢?"

"扒了。"柳如丝得意道。

闵纾顿时结巴:"姑娘……柳姑娘……"

柳如丝再次狰狞一笑,道:"怎么?想让我把你裤子也扒了?"

闵纾沉默了。

"这下知道厉害了?"柳如丝赢了之后心情大好,道,"算了,不逗你了!吃药吧。"

闵纾突然抬头,目光如炬道:"我知道姑娘是为了救我才如此这般……"

柳如丝一脸茫然。

闵纾认真道:"我会负责的!"

"啥?"柳如丝继续迷茫。

"真的,你相信我!"闵纾真诚道,"男子汉大丈夫,姑娘为了我如此牺牲,闵纾定当不负姑娘委身相救的情谊！"

柳如丝眼皮直跳，突然有一种不祥的预感，她试探地问："老娘……我信你什么？"

闵纾似乎下了很大决心，笃定道："我会娶你的！"

柳如丝眨巴眨巴眼，眼里净是茫然："你……有毛病吧？这一箭还能伤到脑子？"

"柳姑娘这是不信我？"闵纾道，"无妨，姑娘早晚会信的！"

江中的画舫晃晃悠悠，清晨的江面平静无风，游沐风自昨晚与孟子笺月下一叙后便无法安眠。好不容易在破晓时分将将入定，却被楼下传来的丝竹之声逼得不得不起了榻。她拉了拉小铃，唤来了丫鬟，一番洗漱后便推门而出，发现孟子笺已是穿戴整齐地站在门外，也不知等了多久。

孟子笺见游沐风出来，脸上便又挂上笑，随即唤道："明昭。"

游沐风经过昨晚后依旧不依不饶，她笑道："怎的？昨天不是说要唤我韵儿，一觉睡醒便不认了？"

"昨夜我醉了，随口一说没想到你竟然放在了心上。罢了，你喜欢韵儿，子笺改口就是了。"孟子笺一脸无辜道。

"你别乱说，谁说我喜欢。"游沐风连连摆手道，"明昭就明昭，你爱叫什么叫什么！"

孟子笺笑道："我也觉得明昭挺好。你瞧，王爷唤你阿薰，林教主唤你韵姐姐，你那位师兄唤你韵儿。子笺也想要一个特别的称呼。"

游沐风瞪他一眼，敏锐捕捉到关键之处："你倒是什么都知道。我怎么记得王爷提起阿薰的时候，周围没有旁人？"

孟子笺哈哈一笑道："我自然有我的方法。"

游沐风耸耸肩道："你随意。不过你也该知道，我从一出生便破例得了封号，却是没几个人叫我明昭。身边的人都是韵儿韵儿地叫，可不是只有师兄。"

孟子笺反问道："我为什么该知道？"

"哦？你不知道？"游沐风笑得意味深长。

孟子笺道:"明昭,这一路还很长,别总是试探我。"

"子笺,这一路确实还很长,还记得你上回说的吗? 咱们各凭本事。"游沐风得意道。

游沐风跟着孟子笺在画舫上兜兜绕绕,来到了大厅。明明只是清晨,厅堂内竟然歌舞不停,丝竹不绝。一派莺歌燕舞、纸醉金迷的景象。孟子笺招呼小二,与游沐风挑了个窗边不显眼的位置坐下,要了壶茶和几份点心。

游沐风笑道:"看来子笺是这里的常客?"

孟子笺笑眯眯地给游沐风斟了杯茶,道:"明昭说是便是。"

游沐风见他不上套,自己讨了个没趣,便撇了撇嘴,将目光移向大厅中央的舞台。此时歌舞刚歇,换了个歌女抱了把琴,在台上咿咿呀呀地唱着小曲。游沐风仔细听着,女子歌喉婉转,断人心肠。只听她唱道:"环易缺,难解同心结。痴呆佳人才子,情缘重、怕离别。意切……"

游沐风戏谑道:"还真是楚楚惹人怜。"

"才子佳人的故事多是凄凄惨惨,不足为奇。"孟子笺笑道。

游沐风道:"话本呢我也看过不少,不过我看这些写故事的人多半是满肚子迂腐的书生。不然哪里冒出来如此多的才子配佳人? 酸得人牙都要掉了。"

"哦?"孟子笺问道,"那依明昭之见呢?"

"依我?"游沐风道,"男儿自当立身天地,轰轰烈烈。才子佳人在歌女嘴中千古传唱,倒不如英雄美人在史书上寥寥几笔。"

"那明昭觉得,史书上能排上号的,谁是英雄?"孟子笺笑道。

游沐风想了想道:"楚霸王是英雄。"

孟子笺玩味道:"哦? 项羽难道不是懦夫?"

"英雄。"游沐风坚持道。

"明昭没听过吗?"孟子笺笑道:"江东子弟多才俊,卷土重来未可知。"

"子笺没听过吗?"游沐风反驳道,"生当作人杰,死亦为鬼雄。至今思项羽,不肯过江东。"

孟子笺不再接话,二人皆是一阵沉默。此时窗外江面一阵风起,伴随着歌女的歌声萦绕耳边。此时一曲快要结束,只听女子娓娓道来最后几句:

"人路绝,共沉烟水阔。荡漾香魂何处,长桥月。断桥月。"

游沐风轻瞥了一眼,将头转向了窗外,不屑道:"战士军前半死生,美人帐下犹歌舞。"

孟子笺笑着摇了摇头,他当然知道游沐风在讽刺什么,大战将临,有的人殚精竭虑,而有的人还是一派莺歌燕舞的模样。不过,世间不就是如此吗? 多少朝多少代了,早该习以为常。

"吃些东西吧,一会儿画舫便要靠岸了。"孟子笺笑道。

游沐风草草用了些早膳,却总觉得心里愤愤。看着孟子笺云淡风轻,又觉得是自己愤世嫉俗。心里一口闷气上不去又下不来。不一会儿,台上又换上来一个说书人,她隐隐只听到几句。

说书人道:"话说那赵构逃到了江南,建立了南宋。且只看那青山无尽楼阁连绵望不见头,西湖上的歌舞几时才能停休? 暖洋洋的香风吹得贵人如醉,简直是把杭州当成了那汴州……"

果然没过一会儿,画舫便慢慢悠悠靠岸停在了湖州的首府永沛城。只见沿岸车水马龙,人潮涌动,一派异域景象。看上去比落照还要繁华,然而繁华之下却让游沐风嗅出一番别样的气息。

孟子笺伸手将游沐风扶下码头的阶梯,道:"明昭在想什么?"

游沐风回头望了望烟波浩渺的江面道:"正所谓物极必反,盛极则衰。这永沛城大有一副山雨欲来风满楼的景象。"

"明昭似乎近日总是多思呢!"孟子笺笑道。

游沐风眺望远方,叹气道:"永沛距离雀岭不过百里,一旦开战,虽说冰炭不容,势成水火,但这百姓终究是我游氏百姓。这江山终究是我游氏江山。"

"明昭,你……错了……"孟子笺也望向同一片江面,反对道,"这天下是天下人的天下,这江山……是天下人的江山。"

游沐风听出了他话中有话,没有出声。

孟子笺继续道:"你也说了物极必反,命曰环流。王朝更替本就是一个循环。人无千日好,花无百日红,没有一个王朝可以经久不衰。只有这天下百姓脚下的江山才是永恒的江山。咱们不如瞧瞧,群山起伏,江山易主,谁主沉浮？”

“说出此番话，你也是胆大。大逆不道之罪，当诛九族。”游沐风冷笑道。

孟子笺却笑着耸耸肩说：“子笺孤身一人在这世上，早就没有九族给公主诛杀了。”

游沐风愣了片刻，道：“子笺，我有一个问题……”

“子笺知无不言。”孟子笺道。

游沐风叹了口气道：“也许你真的不是我幼时记忆里的那个人。不过无论如何，你我始终朋友一场。有些话，我知道你不会据实以告。我不问你为什么一定要找到麒麟墨玉玺，也不问你有什么目的，你只要告诉我，会不会有一天……你我兵戎相见？”

孟子笺沉默。

游沐风深吸口气道：“我知道了。”

“明昭……”孟子笺想解释，抬头对上游沐风的目光，要说的话却被她打断了。

只听游沐风道：“我……不会退让的。”

“什么？”孟子笺愣住了。

游沐风坚定道：“我说刀剑相向的那一天，我不会退让。”

孟子笺眼雾深沉，半晌又挂上笑意答道：“……好。”

“这还是相识以来你第一次同我争辩。”游沐风道，“然，我敬重你是君子。在那天到来之前，咱们还是朋友。”

游沐风双手抱胸，噘了噘嘴继续道：“这位朋友，咱们现在去哪儿啊？带路吧。”

孟子笺看着她，有样学样地也双手抱胸道：“咱们先找个地方落脚，这位姑娘，意下如何？”

游沐风仰起头哼了一声，道：“可以，不过我要找个舒服的客栈。免得在你这受了气，还得委屈了身子。”

孟子笺哈哈大笑，打趣道：“我哪敢委屈了明昭你，客栈你随便挑就是，子笺听你的。”

“我又不认得路，自然是跟着你走。你若挑一个我能满意，咱们这章就此揭过。"游沐风耍赖道。

孟子笺笑着问:"要是我挑的你不满意怎么办?"

"不满意? 你试试不就知道了?"游沐风挑眉。

孟子笺尿得相当果断,道:"不敢不敢,我自是知道明昭不好惹。我去找便是,包你满意!"

游沐风拍拍手道:"这还差不多,走吧。"

二人顺着码头前方的街道往前走去,孟子笺看上去对永沛城并不熟悉。他们在热闹的市集里穿梭了许久,终于来到了城中。孟子笺在一家酒楼门口站定问道:"明昭觉得这家如何?"

游沐风点点头:"不错,很豪华。"

"人流不绝。"孟子笺附和。

游沐风笑眯眯道:"打探情报的好地方。"

孟子笺点点头:"那就这家吧。"

游沐风与孟子笺心照不宣地抬脚进了面前的酒楼,只见酒楼大堂里人潮涌动,密密麻麻的,挤满了形形色色的人。孟子笺侧了身子,护着游沐风挤出一条路。好不容易来到柜台,半天才有位小二上前招呼。只听小二问道:"客官打尖还是住店?"

孟子笺问:"你们还有空房吗?"

"有是有,不过上房不多,看二位客官衣着样貌,应该也住不惯地字间……"小二犹豫道。

孟子笺笑着从怀了摸出了一块碎银递给小二,接话道:"的确,我夫妻二人一路远行至此,希望今日可以睡个好觉,还望小哥行个方便。"

小二收了银子眉开眼笑,改口道:"一间的话,怎么样都能给您匀出来。这样我现在派人去收拾,先带您和夫人去用点午膳如何?"

"如此甚好。"孟子笺笑道。

于是乎二人又跟着小二重新穿过人群,来到当堂内仅有的一张空桌旁。小二去沏茶,游沐风压低声音,不悦道:"你还真是次次擅做主张!"

孟子笺也低语道:"掩人耳目罢了,明昭不是不同意扮作兄妹吗?"

"你还知道我不同意?"游沐风道。

孟子笺却笑着说："若打探到东西下落，一间房方便行动……再说了，子笺就不能有些私心吗？"

上次在尚可居游沐风英雄配美人地占了孟子笺便宜，孟子笺总算是找着机会调戏了回来。游沐风在心中暗骂这个人睚眦必报，暗地里掐他一把道："你还有没有点正形，都什么时候？依我说那小二一看就是个人精，一会儿派你去套他的话，听见了吗？"

孟子笺只觉胳膊被掐得一痛，立刻赔笑道："好好好，我去，明昭手下留情！"

不一会儿，小二便提着茶壶回来了，见二人离得那么近，看上去像极了打情骂俏，不禁掩嘴偷笑道："小夫妻就是不一样，感情这么好，真叫人羡慕。"

"也没什么要紧的，我们不过在说第一次来这永沛城，没想到竟然如此繁华……对吧，夫君？"游沐风一边说手里又是一掐，示意孟子笺赶紧问。

孟子笺手臂上又是一疼，听到游沐风故意咬重最后两个字，心中不禁犯怵。他咳嗽一声道："正是如此，这一路行来真是人山人海。完全出乎意料。"

小二立刻眉飞色舞道："可不是？永沛虽说是首府，但本就不是什么大地方，加上前方战事，更是人流密集。要我说当年封藩的时候本就不公平，江宁占了块绿水青山的地盘。可咱们呢？相隔不过百里，永沛还没对面的雀岭大。真希望这仗可以打赢！江宁欺压咱们多年，总算有机会出口恶气！"

孟子笺笑了笑道："小哥这话可不能乱说，朝廷出兵支持江宁。若是真打起来，却是你们不讨好了。"

"客官是从外藩来的吧？海镜还是河内？有些事你们不知道，谁不希望两藩交好？咱们这些老百姓，哪有人盼着打仗的？就年前，还说好的和亲来着，你们猜怎么着？江宁那个九王居然把咱们嫁过去的郡主休了！要不是赵大人及时赶到落照，郡主说不定就要客死他乡。怎么？他们江宁的王爷是王爷，咱们湖州的郡主就不是金枝玉叶了？这成亲才多久？不是故意给咱们郡主难看吗？故意打咱们湖州人的脸吗？这一战我们师出有名的，有什么好怕的?"小二压低声音道。

"赵大人?"游沐风警惕道,"就是传说中权倾朝野的湖州左相,赵寺淮?"

小二竖起大拇指,夸张地说:"夫人不仅貌若天仙,还见多识广啊!不错,就是赵左相!要说咱们湖州能有现在的样子,也是多亏了他呀。左相神通广大,连湖州王都十分器重。这不,听说他这回不知道从哪寻来了个能人,听说曾经还是个灵族王爷,还传闻此人定能助咱们打赢这场仗。大家都觉得赵大人比前线能征善战的大将军还厉害哪!"

"灵族王爷?"游沐风大吃一惊,手中茶杯差点掉在地上。

孟子笺赶紧伸手按住她,说道:"既是如此,咱们还是不要在永沛停留太久了。兵荒马乱,刀剑无情。我们休息两日,便早早回去河内。"

"虽说这世道乱逃到哪里都没用,不过总归回家好些。"小二点头附和道,"那我就为客官留两日的上房,如何?"

"甚好,有劳小哥了。"孟子笺道。

接着孟子笺快速点了几个菜,不一会儿便铺满了整张桌子。游沐风随便吃了几口,便有些食不下咽了。孟子笺见她心不在焉,主动开口问道:"明昭认识赵寺淮?"

"只是听说过。"游沐风摇头道,"他很有名,连远在天茗的圣上都知道此人。他在湖州也算是一人之下万人之上,有时候湖州送去天茗的请安奏报都由他代笔。"

孟子笺沉默了一会儿,道:"至少现在事情有了眉目。"

"是啊,有了头绪还是一样发愁。"游沐风叹气道。

孟子笺道:"我有个猜想,中原刚得了皇位的燕王朱氏弄丢了自己的传国玉玺,知道灵族也有一枚玉玺流落在外,于是勾结了赵寺淮,不仅找到玉玺窃取宝藏还要顺势彻底将雪域连根拔起。正所谓一山不容二虎,这样他朱氏江山才坐得牢固。湖州也可以借机吞了江宁,也不枉赵寺淮下的一盘好棋。"

"那小二刚才说得有鼻子有眼,但都只是片面之词。赵寺淮大费周章编故事蒙骗众生,为了什么?赵寺淮既然带领湖州走上谋反这条路,为何老百姓还向着他?"游沐风不解地问道。

"顺德者昌,逆德者亡。兵出无名,事故不成。"孟子笺答道。

游沐风恍然大悟:"所虑者师出无名,难以号令天下?"

孟子笺点点头,笑眯眯继续道:"明昭不再吃点了吗?"

"不吃了,没什么胃口。"游沐风道。

孟子笺起身道:"那我送你回房间休息。"

"那你呢?"游沐风问道。

孟子笺道:"我去打探一下这位想做董公遮的赵大人到底是何许人也。"

"古有董公遮说汉王,今有赵寺淮助湖王。"游沐风冷笑道,"用董公遮形容他倒是贴切。"

孟子笺哈哈一笑道:"你看,这不是巧了? 他想学刘邦,明昭仰慕项羽。看来冥冥之中你与他就不对付啊!"

"我才没兴趣和这种人有交集。"游沐风一脸嫌弃道。

孟子笺也没再多说,他与来时一样,替游沐风在人群中挤出道路,将她送回了房间便转身出了客栈。

天茗皇宫内,灵帝站在偌大的宫殿正中,一身玄袍,北斗至尊。此时帝王盛怒,宫女太监都被遣走,殿内鸦雀无声。只听他暴怒道:"简直是混账! 你们这些属下怎么办事的? 阁主都能弄丢? 你怎么不弄丢自己的脑袋?"

张牧之单膝跪在殿内砖地上,低着头道:"是属下们失职!"

"那么多人,连公主都看不住! 要你们有何用?"灵帝怒气冲冲道。

"陛下,阁主武功高超,她若想悄悄离开,是不会有人能发现的。"张牧之低着头道。

"现在说什么也没用了,加派人手,赶紧去找!"灵帝深吸一口气又问,"你就那么确定长公主去了湖州?"

张牧之答道:"麒麟墨玉玺的下落,除了湖州属下实在想不出别的可能。"

灵帝皱眉道:"你说的那个清山掌门,你为何怀疑他故意放走游柏城?"

张牧之想了想道:"孟子笺此人绝不简单……"

灵帝突然打断道:"等等,你说他叫什么?"

"孟子笺。"张牧之回答道,"当然也有可能是道号并不是真名。他说自己是灵族人,连清山掌门所住之所都唤作凤落亭。"

"凤落亭?!"灵帝大吃一惊。

张牧之顿时起疑,问道:"是的,陛下。有何不妥?"

"无事。之前没听你们提过此人。"灵帝缓过神后依旧不死心地追问,"他姓孟? 是灵族人?"

张牧之答道:"这是孟子笺亲口对阁主说的,想来他不会撒谎。也没必要撒谎。"

"你先加派人手去找,务必把长公主与麒麟墨玉玺找到。找到之后及时来报,不许擅自行动!"灵帝沉默许久,好一会儿才开口道,"明昭这次太不像话了! 朕下旨,不管在哪找到公主立刻禁足,敢抗旨休怪朕不客气!"

张牧之有些犹豫:"这……陛下……"

灵帝打断道:"朕这是为了她好! 大战在即,她身为天机阁阁主,任务没完成就算了,还如此添乱,不给点教训以后还得了?"

张牧之只得答道:"是。"

"还有……那个叫孟子笺的……也派人去找!"灵帝突然抬头道,"天机阁找到此人……就地诛杀。"

张牧之退出殿外,只留灵帝一人默默站在空荡荡的殿内。背后的龙椅混着窗帷缝隙溜出来的阳光,洒出熠熠光辉。眼前是帝王盛年,浩荡乾坤。灵帝看着前方喃喃自语道:"枝遥啊枝遥……你还怨恨朕吗? ……朕知道的……是他,他来寻仇了……"

就在灵帝失神的时刻,曹公公匆匆从殿外赶来。他双手呈上一封信,说道:"陛下,雀岭传来的急报。"

"朕不想看,你念给朕听。"灵帝皱起眉,挥挥手道,"写了些什么? 挑重点说。"

曹公公快速看完信件,复述道:"信上说,雀岭剑拔弩张,湖州人处处挑衅。前线两位将领意见不合,江堂主主战,裴将军主和。二人僵持不下,请圣上裁夺。"

"一个两个都不叫朕省心!"灵帝大怒道,"派人去前线传旨。就说朕说的,拖! 拖到找到明昭公主和玉玺为止! 什么时候找到,什么时候开战!"

湖州永沛城中的客栈,游沐风坐卧在客栈房中的床榻上,说是休息,但思绪一刻也停不下来。她心中一面疑惑孟子笺种种不寻常的言论和行为,另一面却又觉得自己既然答应还将他视作朋友,就不该如此揣测对方。但最让她烦恼的,还是麒麟墨玉玺的下落。

游沐风思索着低喃道:"赵寺淮……"

此时游沐风灵敏的耳朵一竖,远远分辨出孟子笺上楼的脚步声,便站起身来,走到门边,推开房门,正巧迎到他在门口。孟子笺见状笑道:"明昭好耳力。"

游沐风转身进屋,摆了摆手道:"别说这些没用的了,你打探到了什么?"

孟子笺进屋后随手关上房门,来到桌边坐下,笑着道:"你还真是,连口茶都不让我先喝了?"

游沐风不高兴道:"我发现你这人,熟了以后还真是不好伺候。"

"子笺虽不及明昭出身高贵,但好歹也是一派之首。"孟子笺道,"我本来就不好伺候。"

游沐风斜眼看他道:"行行行,你喝你喝,喝饱了再说!"

孟子笺笑着摇头:"你怎么又生气了? 好好好,不逗你了,我说……赵寺淮把游柏城留在了自己的府里。"

"你从哪听来的消息?"游沐风问。

孟子笺笑眯眯地斟了杯茶递到嘴边道:"连个客栈小二都能知道的事,有什么难打听的。我找了个往赵府里采办送货的小贩问的。现在的赵府确实有客。"

"人在,不代表东西在。"游沐风想了想道。

"明昭啊明昭,你怎么上一刻古灵精怪,下一刻又呆头呆脑?"孟子笺又好气又好笑地道,"有了玉玺,赵寺淮还能留着游柏城? 我不敢说东西他拿没拿到,至少玉玺和宝藏的关系赵寺淮肯定还不知道。在这之前,他又能将玉玺拿到哪儿去呢?"

游沐风冷笑道:"宝藏? 一个两个都惦记着灵族宝藏。先不说这宝藏到底有没有,就算是有,到底是什么也不知道。也不怕现在争得头破血流,往后竹篮打水一场空!"

孟子笺放下茶杯,看着游沐风答道:"不会。"

游沐风愣了愣,突然回过神,问道:"这么说,你知道?"

孟子笺笑而不语。

"你既然什么都知道,为何还要带我来湖州?"游沐风问道,"自己寻到玉玺再去开了宝藏,岂不是事半功倍? 为何要带上我给自己找麻烦呢?"

孟子笺轻轻一笑道:"我发现明昭你不仅爱钻牛角尖还爱刨根问底。这世上哪有如此多为什么? 事事都要追究到源头,活着多累? 再者说,我也没有什么目的。"

"我不信。"游沐风认真道。

"要非要说有……也行。"孟子笺笑道,"子笺之前也说了,明昭国色天香,我……还不能有些私心了吗?"

游沐风生气道:"你这人……"

孟子笺见她又欲生气,连忙出言打断,笑道:"明昭要生气,不如等我把话说完再气?"

游沐风恶狠狠道:"你还有什么话要说?"

"我……还得到了一个消息。"孟子笺卖关子道。

游沐风顿时来了兴趣,便顾不上生气了,问道:"跟赵寺淮有关?"

"不错。"孟子笺不紧不慢道,"坊间都流传赵左相赵大人为人寡欲,不近女色,鳏居多年,也未曾续弦。"

"那又如何?"游沐风问。

孟子笺慢悠悠道:"那小贩告诉我,赵府后院最近多了个女人,深居简出,从未露面。不过衣食用度却是不缺,女儿家的东西也是按着分量往里送。"

"这是偷偷藏了人,不愿让人发现?"游沐风思索道。

孟子笺点了点头道:"而且按平日用度来看,应该是个年轻姑娘,身份不低。"

"年轻姑娘……有身份……"游沐风喃喃自语,突然脑中灵光一闪,"难不成……李梦眉?"

游沐风看着孟子笺的表情就知道他也是这么想的。果然只听孟子笺道："明昭想不想去打探打探玉玺的下落,顺便看看为何李梦眉会被困于赵府?"

"你怎么知道她是被困在府里的? 说不定是……"游沐风突然想到李梦眉在落照小巷中被强行带走的那晚,又止住了话头。

孟子笺却轻描淡写道："赵寺淮拿她做文章发兵江宁,这时候自然不能让她到处乱跑。"

"那你想怎么打探?"游沐风问。

孟子笺轻飘飘说出两个字:"翻墙。"

"啊?"游沐风以为自己听错了。

孟子笺笑道:"怎么? 明昭对自己的轻功没信心?"

游沐风翻了个白眼道:"我以为你能有什么好主意呢!"

"跟明昭待在一起时间久了,确实觉得粗暴点解决问题最有效果!"孟子笺摊手道,"再说,这主意不好吗? 子笺觉得甚好!"

游沐风又要发怒:"你讽刺我,是吧?!"

"那你说,还有什么好办法?"孟子笺双手抱胸问道。

游沐风思索了半天,也没想出什么更好的计划。孟子笺就坐在面前直直地瞧着她,眸子中逐渐泛起得逞的笑意。

"翻墙就翻墙!"游沐风咬牙切齿道。

与此同时,与永沛城遥遥相望的落照城外,顾骁骑着匹高头大马,在官道上奔驰而过。身后跟随的护卫早就被他远远地甩在了身后。更别提装着贡品的车队,早就看不见九王爷的影子。顾骁骑术精湛,胯下又是匹四蹄生风的名驹。马儿是跟随主人多年的宝骑,仿佛有灵性一般,能感受主人心头焦虑,跑得越发卖力。

顾骁一路飞驰,此时官道到了尽头,他便轻轻一捻手中缰绳,马儿便轻盈地拐上了岔路。他只是没想到,就在进了岔路的树林没一会儿,便听到头顶树枝上传来不规律的沙沙声。顾骁武功虽不及游沐风,但也是出身名师,听得声音便知晓树上有人。他一扯缰绳,宝马发出一声嘶鸣,停了下来。果不其然,树上跳下一个人,正巧落在顾骁面前。戚风弄双手抱拳道:"见过九王爷。”

顾骁坐在马上俯视来人道：“来者何人？”

戚风弄依旧低头抱拳道：“不过一个奴才，不足挂齿。”

“寻本王何事？”顾骁问。

“我家主子请王爷过府一叙。”戚风弄道。

顾骁哂了一声问：“你家主子是屠佛殿的主人？”

“王爷好眼力。”戚风弄道。

顾骁冷笑道：“哼，本王可是等他多时了。没想到他会派人在此守候。”

戚风弄道：“落照是王爷的地盘，自然要等王爷出城。”

“好你个屠佛殿，你还知道落照是本王的地盘？在本王的地盘你还敢随处撒野？”顾骁明显在记仇林若冲将游沐风从客栈带走的事，现在见到正主自然勃然大怒。

戚风弄不咸不淡道：“王爷容不容得，事情都过去了。不如想想眼下处境。”

“王妃呢？”顾骁质问道。

“属下不知道什么王妃。”戚风弄面无表情道。

“呵，装蒜？”顾骁冷笑。

戚风弄道：“属下只知道，游姑娘是我家教主的朋友。”

“朋友？”顾骁扯起嘴角道，“既然如此，王妃的朋友便是本王的朋友。你前方带路吧。”

戚风弄没想到顾骁这么干脆，他本以为今日必然要动手。不过他还是训练有素的，并没有表现太多情绪，只是微微一愣，便飞快答道：“是。”

顾骁看在眼里轻蔑道：“怎么？以为本王会怕你？留下你的人给本王的侍卫传话，让他们直接去天茗候着，本王过几日便到。”

“是。”戚风弄道。

顾骁的坐骑跟在戚风弄身后，二人不过前后相差半个马身子的距离，谁也没有多说一句，身后跟着屠佛殿教众。一众人日夜兼程往海镜行进。

不过一日多的光景，一行人便到了海镜境内。顾骁本以为屠佛殿会如同清山派一样，建在个山清水秀的地方。没想到在戚风弄的带领下却是越走越繁华。不一会儿便来到海镜的首府，丰都。

城门口外顾骁有些疑惑，面上却没表现出来。戚风弄将马赶到一边，比了个手势道："请王爷入城。"

顾骁皱眉道："首府城中，如何骑马行进？"

"教主为王爷辟出条街道，早早清空，方便王爷入城。"戚风弄道。

待到顾骁入城，身后的屠佛殿教众便转身离去，并没有跟上来。二人一路策马，途经的街道果然空无一人。马蹄踏在青石板上发出清脆有力的声音，不过半炷香的时间，戚风弄将马停在一座宅邸正门口。顾骁抬眼往匾额上一瞧念道："平肃王府？"

顾骁翻身下马问道："你家主子是哪冒出来的王爷？"

戚风弄跟在顾骁身后下马，答道："教主生母乃海镜公主，是丰都的外姓郡王。"

顾骁心下了然，怪不得他敢如此明目张胆。

顾骁便抬脚进了前门。

林若冲站在平肃王府后院的花厅内，嘴里叼着根狗尾巴草，弯腰逗弄着正在桌上打瞌睡的狗子。他用手挠了挠猫儿头顶为数不多的几根毛，自言自语道："真的长不出来了吗？"

此时院中响起的脚步声打断了他的思绪，一抬头正好撞见顾骁气势汹汹的眼神。顾骁来到花厅中，也不等眼前人说话，便撩起前袍坐在了石桌旁的圆凳上。狗子见来了生人，便舔舔爪，跳下石桌，眨眼就没了踪影。顾骁见了林若冲，挑了挑眉毛道："是你？"

林若冲见狗子跑了，便收回手，拍了拍手上的猫毛，耸了耸肩道："是我。"

顾骁皱眉道："邀人不迎，这是小王爷的待客之道？"

林若冲将嘴里的狗尾巴草插入头上的发髻中嘲道："本座什么时候邀你了？明明就是绑了你来，这都看不出？"

"无妨，本王心甘情愿至此，也懒得跟个小娃娃计较。"顾骁呷道。

林若冲眼神犀利，冷笑一声道："小娃娃？我说顾骁，虽说两人相比之下孟子笺比你更讨人厌，但也不代表我有多喜欢你。信不信本座剁了你给我的猫儿加一餐?"

"要杀早杀了,还能等到现在?"顾骁嘲笑道,"小王爷这吓唬人的本事也就只能对付对付三教九流的地痞无赖。本王听说在落照客栈下毒杀人的黑衣人看上去年纪轻轻,想必就是你了吧?"

林若冲掀袍坐下,道:"我本来是不想杀你,你看,本座好歹也该叫你一声姐夫,杀了你难不成让我表姐守寡?虽说这位表姐本座从未见过,但总归沾亲带故的。不过本座向来也是没人性惯了,你要是非逼得我六亲不认杀了你,也是你自找的。"

顾骁一脸嫌弃:"谁是你姐夫?"

林若冲漫不经心道:"你明媒正娶的九王妃李梦眉,她娘与我娘一母同胞。你可不就是我姐夫吗? 怎么,想赖账?"

"不赖账,你韵姐姐也是姐姐。"顾骁笑道,"既然如此本王也是长辈。小王爷先喊声姐夫来听听吧。"

林若冲眯起眼睛阴森道:"我看你是真的活腻了。"

"李梦眉如今同本王已没有瓜葛。本王向来坦诚,不介意再说一次,王妃之位本王只属意她一人。"顾骁说着说着声音突然阴沉,"她到底在哪?"

林若冲声音散漫地说:"你问我? 要不等你助我拿回了圣火令,本座告诉你韵姐姐的下落如何?"

"圣火令? 什么圣火令?"顾骁皱眉道。

林若冲笑眯眯道:"顾骁,你一心一意心里揣着的就一个她? 府里的女人醋坛子翻了都不知道?"

"你是说月儿?"顾骁问,"这跟她有什么关系?"

林若冲笑嘻嘻伸出一只手指,指了指自己道:"你的月儿,手里有本座想要的圣火令。你猜猜她开的条件是什么?"

顾骁面色阴沉,没有开口。

"她要本座取了你心上人的项上人头。"林若冲道。

顾骁冷哼一声:"满口胡言,本王会信你?"

林若冲却自顾自地往下说道:"本来呢,她若乖乖交出东西,本座是打算放她一马,让她继续留在你身边守着活寡……"

"月儿为什么会有你的东西？"顾骁眯起眼睛打断道。

林若冲并不搭理他，依旧自顾自地说："但是呢，怪就怪她非要闹这么一出。本座不喜欢她开的条件，也不喜欢被人要挟。只能绑了你来，换我要挟她了。如何？"

"本王说了，不会信你。"顾骁冷笑道。

"信不信我无所谓，等她来了你不就知道了？你说她那么爱你，只找她讨个令牌也太便宜了，不如加条舌头如何？本座一直觉得这老妖婆言语恶毒，正好可以彻底闭嘴。顾骁，你说她会不会为了你，心甘情愿做个哑巴呢？"林若冲不依不饶地说，"话说回来，你管她叫月儿，屠佛殿上下管她叫圣姑。倒是没人知道她真名叫什么。等她来了，你记得替本座问问。"

"月儿是圣姑？你开什么玩笑！"顾骁思绪飞转，试图找出林若冲的破绽。

而林若冲却扑哧一下笑出声来道："我说顾骁，你真的就从没怀疑过这个女人根本就不是你表妹吗？看来我娘说得一点不错，情爱这事儿若是不在乎，就算自己十恶不赦也不会引起对方注意。"

顾骁没有说话。

林若冲继续道："若是本座告诉你，这已经不是第一次她要害韵姐姐了呢？"

"你是说，那日的刺客？"顾骁反应过来道。

林若冲双手垫在脑后道："你以为是我干的？也对，一半算我干的。本座一早便知道韵姐姐不是真正的李梦眉。不过看她那么好一个人，在你那受尽委屈，顺水推舟帮她一把，早日脱离你这个祸害……"

顾骁瞬间抓住林若冲话中漏洞，冷笑道："哦？是这样？小王爷敢说你那时没有私心？敢说自己不是为了麒麟墨玉玺？"

"反正……下令杀她的人不是我。"林若冲被戳中软肋，突然站起身，面色难看道，"这个仇你若是不报。我也必定会替韵姐姐讨回来的！"

林若冲说完这话，没等顾骁反应过来就匆匆走了，但敏锐如顾王爷，还是从他刚才的话语里听出几分慌乱。顾骁一个人又在花厅坐了许久，狗子从一旁的花丛中探出脑袋，打量占了自己领地的入侵者。它上前两步，发现此人并没有什么危险，便又跳回自己的桌子。顾骁有心事，完全没注意到一旁的狗子。他想，若是林若冲被人拆穿后会表现出如此慌乱，难不成他之前镇定自若说的那些都是真的？

戚风弄从远处慢慢走近，立在顾骁身边道："王爷，属下带您去休息。"

"月儿她……不，你们圣姑什么时候到？"顾骁问。

戚风弄答道："属下在王爷刚出落照便去送信了，按路程算，三五日之后便到。"

顾骁站起身道："告诉你家主子，等人到了，本王要亲自见她。"

湖州永沛城，游沐风深更半夜跟着孟子笺出现在了赵府后院的围墙外。游沐风抬头看看院墙问道："你真确定咱们就这么进去？"

孟子笺笑道："明昭你都嘀咕一路了，现在来都来了，总不能空手而归，你说是不是？"

这世上最恐怖的四个字莫过于"来都来了"。游沐风叹了口气道："你说我这个雪域公主当得憋不憋屈？一路吃苦受累不说，现在还做起飞贼来了。"

"人生在世，总有意想不到的事发生。谁说公主就不能做飞贼了？"孟子笺道，"走吧明昭，别再纠结了。"他话音刚落便掠过游沐风飞身上梁，后者无法，只得跟在他身后一跃而上，落到了赵府后院的一个房顶。

夜半时分整个赵府上下静悄悄，特别是这后院，感觉比九王府的月闻阁还要偏僻。游沐风放眼俯视，连点着灯的房间都没几个。她不禁给了孟子笺一个怀疑的眼神。此时孟子笺也在皱眉，他思索片刻用手指了指几间亮着灯的房间，手指一画定在了最右边的一间。游沐风看懂了他的意思，他们便打算从最右边一间亮着灯的房间开始挨个搜查。

正当二人准备抬脚之时，突然在一间亮着灯房间里传来一个尖厉的女声凄厉地喊道："赵寺淮，你究竟想干什么？"

声音虽然不大，但听得出来愤怒的情绪。墙头二人本就内功不凡，敏锐捕捉到声音源头后，便向那间屋顶移去。游沐风与孟子笺轻轻跳下房梁，后者指了指墙上半开的一扇窗，窗的另一边连着围墙。本就狭小的一块地方，游沐风进去之后，孟子笺也挤了进来。游沐风恶狠狠地瞪了他一眼。

　　孟子笺一脸无辜指了指窗户,示意自己也没别的地方可去,随后制止了游沐风的愤怒,让她专心观察屋内动静。

　　此时屋内气氛紧张极了。里面站着两个人,背对游沐风的女子她一眼便认出是李梦眉,而李梦眉对面被称作赵寺淮的男子,她居然也见过!那不就是……自己在清山脚下客栈屋顶偷听时,湖州大汉口中的"大人"吗?

　　只听赵寺淮冷笑道:"郡主不说实话,倒怪罪到我的头上了?"

　　"我已经说过很多次了,我不知道!"李梦眉愤怒道。

　　赵寺淮掸掸手中扇子道:"郡主不想说也可以。你只需告诉我,为何要包庇天机阁,我便放你出去。"

　　"什么天机阁?"李梦眉厉声斥道,"我不知道你在说什么!"

　　赵寺淮挑起眉道:"不知道?连顾骁都知道你被天机阁的人劫走,你自己会不知道?"

　　"我为什么会知道?绑了我还会自报姓名吗?"李梦眉不甘示弱道。

　　赵寺淮步步紧逼:"他们为什么杀了你的丫鬟,却放了你?"

　　"因为小翠看到了天机阁阁主的脸!"李梦眉争辩道,"那日她从身后敲晕了我,我什么都没看见!"

　　"你到底知不知道天机阁上山的路?"赵寺淮问。

　　李梦眉答道:"我不知道!他们根本没带我上山!"

　　"你到底见没见过绑架你的人?"赵寺淮质问。

　　"没有!"李梦眉气道。

　　"顾骁呢?"赵寺淮问。

　　"我连顾骁长什么样都不知道!"李梦眉气急败坏道,"你到底什么时候放我回宫?"

　　"等郡主愿意说实话的时候。"赵寺淮冷冷道。

　　李梦眉厉声道:"我说的都是实话!"

　　"那就等我证实了你的实话!"赵寺淮冷笑道。

　　房内二人的对话结束了,赵寺淮丢下李梦眉,独自离开了房间。大家心知肚明,李梦眉活不长了。赵寺淮要用她做文章开战,事成之后也不会让她活下去。游沐风心中扬起悲悯的情绪,毕竟自己劫持过她,虽说这对于结局不会产生改变,但自己冒充过她,总会有些同理心。更何况这位湖州郡主什么都没做过,不过是牺牲品罢了。

突然间孟子笺一把拉过还在发愣的游沐风,推入身后。二人紧紧地贴在墙边的角落,身形隐蔽在墙下阴影之中。赵寺淮从房中推门出来,在门口立了许久。久到游沐风心里开始怦怦跳,怀疑他是不是发现了自己,便不自觉地握住腰畔长剑。狭小的空间内,孟子笺的半侧身子与她紧紧相靠,感受到游沐风的动作,他伸出右手覆在她握剑的手上,轻轻拍了拍,示意她安心。

赵寺淮来到屋外后终于缓缓开口,唤了一声:"阿祥。"

隔壁屋内推门走出一家丁模样的男子。游沐风瞧了瞧,便认出这是清山客栈屋顶逼得她与林若冲跳水的男子。

阿祥作揖道:"主子。"

赵寺淮停顿片刻道:"去给那人送些吃的,顺便告诉他,他夫人已经死了,儿子被天机阁带走。现在除了我没人能救得了他。让他好好想想到底要不要乖乖合作。"

"是。属下这就去办。"阿祥答道。

赵寺淮说完这话便转身离开。震惊之余,游沐风望向孟子笺,他摇了摇头。二人心思一致,那名唤作阿祥的男子武功高强,不宜跟得太近。于是二人便等到他走远再悄悄上前,飞檐走壁片刻后落入后院另一边的墙根,刚巧见到阿祥从一间屋里出来,手上空空如也,想来已经按照吩咐办完了事。等他走远,二人便跳下房梁,如刚才一样,从窗户缝隙中观察屋内景象。

屋内是个熟悉的身影,这么多年了,游沐风终于找到了他!游沐风想到侍墨死时的景象,想到游拾义看着自己的眼神,面前这个身影让她气血翻涌。

游柏城有些落寞地坐在桌边,口里不知低喃着什么,然后慢慢从怀中掏出一个锦布包裹的物件。游沐风震惊了!那是……麒麟墨玉玺?

游沐风此刻再顾不得其他,直接迅速推开窗户,飞身入内。孟子笺在一旁试图阻拦没有成功,也只好赶紧跟了进去。

游柏城在有人破窗而入后明显受到惊吓。他拿着玉玺往后退了几步,不敢相信似的看着眼前的人。他的眼神不停上下扫视,过了好久才磕磕巴巴道："明……明昭？"

游沐风冷笑道："怎么，见了我吓成这样？"

"你……怎么会找到这里来？"游柏城声线颤抖。很明显，比起吃惊他现在更多的是害怕。

孟子笺转身关好窗户，也开口道："郡王爷，别来无恙。"

"是你？你们怎么会在一起？"游柏城抖得更厉害了，看起来他相当害怕孟子笺。

孟子笺却只是笑了笑，并没有说话。他突然出招，手劈在游柏城的手腕处，一招便抢过了玉玺。让谁都没想到的是，他居然把玉玺递给了游沐风。

"收好。"孟子笺笑道，转身又对游柏城道："郡王爷似乎很不想见到我呢。"

游柏城突然醒悟，看到游沐风和孟子笺一起出现他仿佛瞬间想通了什么。他的脸煞白，一只手直指孟子笺，颤抖道："我明白了，原来是这样……孟子笺原来你……"

"原来我这般遭人嫌弃？"孟子笺打断道，"游柏城你早该想到有今日了。"

游柏城像是没听见，他睁着惊恐的双眼突然看向游沐风道："明昭，你是来取我性命了吗？"

游柏城失神地自言自语道："我当年不过一时鬼迷心窍，没想到竟然为了这枚玉玺落得半生落魄的下场。"

"到这个时候，你还只想着自己？"游沐风怒道。

游柏城同样愤怒地道："我不过自保罢了！是不是你杀了侍墨？是不是？"

游沐风冷漠道："是又怎样，不是又怎样？你有什么资格质问我？"

游柏城激动道："她是陪着你从小一起长大的人。这么多年来她一直后悔，一直敬你。我以为留下她们母子你会放他们一马！你怎么如此狠心？"

游沐风一脸震惊："我狠心？你怎么有脸说出这种话？你……"

"现在不是处理恩怨的时候，明昭，正事要紧！"孟子笺道。

听了这话游沐风才反应过来，她厉声道："说，宝藏的位置你有没有告诉赵寺淮？”

“我要是说了还能活到现在？”游柏城自嘲一笑。

“那你还来投奔他？”游沐风质问。

游柏城激动地上前两步，绝望地说：“我有别的选择吗？落到天机阁手里岂不是死得更快？我逃不掉了……”

游柏城说到这突然一顿，随即意味深长道：“明昭……你也逃不掉了……”

游沐风看着有些癫狂的游柏城皱起眉头，问道：“你疯了吗？我什么时候说过要逃？”

孟子笺明显不想跟个疯子纠缠话题，他插话道：“明昭，东西到手我们该走了。”

游柏城突然一把抓住游沐风的手，疯癫道：“我明白……我终于明白了，他们利用我。明昭，你信我……他们……”

孟子笺焦急催促道：“明昭！”

此时屋外突响起大喊，有家丁吼道：“什么人在里面？来人！有人闯入府内啦！”

游沐风暗道不好！她与孟子笺对看一眼，当机立断道：“快撤！”

可游柏城却发疯般拦在游沐风面前，嘴中还在道：“明昭，我懂了！你听我说！我和侍墨只是偷了玉玺，后来的事……是他们……都是他们……”

游柏城癫狂的话语戛然而止，他还想努力辩白，但已发不出声。孟子笺的剑直直地插入了他的胸口！一剑穿心！

孟子笺招式凌厉地抽回手中宝剑。血光飞溅，溅到游沐风脸上。游柏城倒在了血泊之中。

游沐风完全没反应过来这瞬间发生的事，她眼睛瞪大，不可置信地看着孟子笺，口中道：“你……孟子笺！你疯了？”

家丁的声音从门外传来：“就是这间！快来！别给他们逃了！”

孟子笺手里的剑寒光闪闪，还在往下滴血。他说道：“明昭，我们该走了。”

游沐风心情跌宕，无法平复，但玉玺到手还是逃跑要紧，她跟着孟子笺，催动轻功，从来时的窗户飞了出去。

游柏城断气前最后的声音从背后传来，只可惜游沐风并没有听到。

"明昭……小心……小心……"游柏城气息微弱，最后彻底咽气。

此时整个赵府已经灯火通明，几十个家丁举着火把正向这里围来。赵寺淮已经站在门外，身边占了阿祥等好几个高手。只听赵寺淮笑道："明昭公主，久仰。"

游沐风刚欲上前取了他的性命，却再次被孟子笺拦住。孟子笺焦急万分道："打什么打！你忘了咱们是来干什么的？东西都到手了还不快走？"

他话音未落便拖着游沐风离开。游沐风本想反抗，但眼见周围人越来越多，就算能杀赵寺淮，想走也是难上加难，于是只能放弃念头，跟着孟子笺一路飞速离开了赵府。

阿祥看到情形后，试探道："主子……"

"追。"赵寺淮简短道。

游沐风与孟子笺跑了很久，才渐渐甩掉了赵寺淮派来的人。此时已经离永沛城十分遥远。孟子笺寻到一片树林，二人钻进去先行躲避。游沐风连口气都没喘，直接一掌便打向孟子笺。孟子笺同时抬手接掌，却因内力不及游沐风，生生被掌风逼退好几步。

游沐风愤怒异常，大声质问道："你为什么杀人？"

"他已经疯癫！留他活着万一把宝藏的秘密说出来怎么办？"孟子笺被刚刚那一掌打得失了颜面。他没想到游沐风会动手，眼下也有些恼怒。

游沐风逼近道："那你就杀人？咱们可以带他一起走！"

"逃命还带个疯子?!"孟子笺冷笑道，"明昭你怎么总是被感情冲昏头脑？"

"他是我堂兄！"游沐风大声道。

"他是敌人！"孟子笺同样提高声音道，"清醒点，明昭！你要心软到什么时候？"

游沐风愤恨怒吼："血脉相连，你考虑过我的感受吗？"

"我不是王爷，也不是你师兄。我不会像他们那般宠着你。"孟子笺眸中布满寒气，冷声道，"明昭，我不过叫你面对现实。"

"那我还得感谢你不成？"游沐风冷笑道。

孟子笺叹了口气，语气缓和下来道："有空生气，不如想想现在的处境吧。这里不宜停留，赵寺淮肯定会封锁整个湖州搜查你我下落，这下不仅湖州回不去，连回江宁和天茗的路也被阻断。"

"那也不能坐以待毙。"游沐风生气道。

孟子笺慢慢靠近，试探问道："明昭，我们去开宝藏如何？既然回不去，便朝前走。"

"孟子笺，事到如今我最后问你一遍，玉玺宝藏的秘密你到底知不知道？"游沐风质问道。

四周寂静，时间凝结。孟子笺紧紧盯着游沐风，像是在做最后的决定。

很久后，他长叹一声，妥协道："我知道一部分。"

游沐风明白了他的意思，挑眉道："你要去凤落岭？"

"不错。"孟子笺道。

游沐风冷笑道："玉玺在我这里，我为何要带你同去？"

孟子笺表情认真，他的眼睛始终不曾离开游沐风的脸庞。只听他诚恳答道："相信我，明昭，你用得着我。"

海镜丰都的平肃王府前，一驾马车停在了正门口，车内丫鬟帘只打了一半，傅勾月便行色匆匆地下车。她头顶的发髻有些散乱，看着风尘仆仆，眼眶乌青，明显也是没怎么休息。傅勾月身量本就娇小，疾步之下脚绊在马车边缘的台阶处，差点摔一个跟跄。不过她顾不上那么多，提起裙角，也不等门房通传便冲进了府内。

"教主，圣姑到了。"戚风弄道。

此时的林若冲正躺在花廊下的围栏上眯着眼睛晒太阳。他双手垫在脑后，跷起的二郎腿有一搭没一搭地晃着。林若冲睁开半眯的眼睛，挑起眉毛问道："这么快？"

"是，换马不换车，日夜兼程，一刻未停。"戚风弄答道。

林若冲冷笑一声道："呵，她倒是痴情得很，你去准备吧。"

戚风弄刚转身离去不久，这一边傅勾月便火急火燎地冲进了花厅，后面跟着的明月一路小跑也没跟上她的脚步。傅勾月三两步来到林若冲面前，气都没喘匀便劈头盖脸道："王爷人呢？"

林若冲依旧晃着二郎腿，斜眼瞧了瞧傅勾月问道："圣火令呢？"

傅勾月气急败坏道："林若冲！你不守信用！"

林若冲却被逗笑了："你哪里来的错觉？本座看着像个守信用的人？"

傅勾月冷笑道："你还真是没脸没皮。"

"是又如何？"林若冲毫不在意地道，"难不成天下男人都和你那心上人一样道貌岸然，蠢得没边？"

"王爷是君子，清朗如月，一诺千金。怎是你这种地痞流氓可比的？"傅勾月怒道。

"清朗如月？"林若冲嘲道，"还不是被你这个毒妇耍得团团转？"

傅勾月反唇相讥道："呵，你的韵姐姐不也被你耍得团团转，至今蒙在鼓里？别的不说，光凭王爷为人坦荡，你就比不上他。"

"本座倒是小瞧你这张嘴了。"林若冲突然伸手掐住傅勾月的脖子道，"既然这样，本座直接杀了他不就好了？"

傅勾月被掐得说不出话来，面色通红艰难发出声音道："你……你……"

林若冲眼底杀气肃起，冷冷地道："这种时候激怒本座，我看你是不想救你的王爷了。别让本座问第三遍，圣火令呢？"

傅勾月艰难地憋出几个字道："你……你先放了……他……"

林若冲一声冷笑，怒气更浓了，道："你还敢提条件？你一而再，再而三地挑战本座的底线，是真蠢还是破罐破摔了？"

傅勾月不停挣扎着，张着嘴却难以呼吸，像一只离开水的鱼。

林若冲手下越来越用力，道："最后一次机会，交出令牌，否则你和你的心上人都去百兽园做盘中餐！"

此时傅勾月已被掐得气若游丝，她闭上眼睛，似是权衡了片刻，睁眼看向了一旁的明月。明月接住了主子的眼神，急急忙忙从身上摸出一块鎏金的令牌，战战兢兢地递到林若冲手中。

林若冲一只手接过令牌，另一只手却还是没松开傅勾月。他仔细打量了圣火令，确认无误后收入怀中。他脸上的怒气消去，却又被另一种表情取代。只听林若冲玩味笑道："好，咱们之间的账算完了，接下来该算算你伤害韵姐姐的账了。"

傅勾月眼里满是惊恐。

林若冲笑着俯下身,弯着腰把脸贴到傅勾月面前道:"你为何用这种表情看着本座?你自己都说了,本座是个言而无信的人。况且我有说过交出圣火令就饶了你吗?无影有没有告诉过你,屠佛殿折磨人的方法千百种。要不本座让你自己选?选得我高兴了,就放了你的王爷。如何?"

"够了!"此时远处一声怒斥,顾骁大步流星穿过花廊而来。

林若冲皱眉道:"本座让你看着,不是让你来插嘴的!"

顾骁却怒道:"东西你也拿到了,现在把人放了!"

"她伤害韵姐姐,本座说过,你不管我管!"林若冲任性道。

顾骁不甘示弱,上前一步道:"阿薰纯良,她会愿意你为了她杀人?她会原谅你为她杀人?你自己歹毒也就罢了,何苦要连累她因为你担上骂名?"

林若冲被这番话气得浑身发抖。定格片刻,他最终还是松了手,将傅勾月扔在地上。他冷道:"顾骁,你果然是个霁风朗月的磊落君子呢!冲着韵姐姐本座不杀人,赶紧处理了这个女人!"

林若冲拂袖而去,整个花厅突然间鸦雀无声。顾骁看了看跪坐在地上的傅勾月,她连夜奔波本就面容憔悴,脖子上的掐痕又触目惊心。他叹了口气,伸出手想扶起地上的人。只是手还未触及,傅勾月似是坚持不住,低低呢喃了一句,便倒在地上昏死过去。

"表哥……"傅勾月轻轻唤道。

傅勾月在厢房的软榻上悠悠转醒之时,身边只有随身带的明月陪着。她半撑着坐起身问道:"王爷呢?"

明月赶紧上前来扶道:"王爷……在外间呢。"

傅勾月脖子上传来痛感,微微蹙眉道:"为何不进来?"

顾骁踱步在厢房的厅堂,不知道在想些什么,里间卧室门口打着纱帐什么也看不见。他听见了传出来的对话声响,便站定下来道:"你醒了?觉得如何?"

"王爷现在是连见都不愿见我了吗?"傅勾月黯然道。

顾骁显然已从震惊中恢复。他叹了口气道:"你别想太多,这里不是王府,你也不是本王的妹妹。男女大妨,本王自该避嫌。"

傅勾月苦笑。

顾骁继续道:"大夫说你现在不宜多思,本王只问你三个问题。你如实回答,答完便好好休息。"

傅勾月惨然道:"我若是不说实话呢? 王爷能奈我何?"

顾骁道:"你一弱质女流,本王确实不能拿你如何。你在王府也待了不短的时日,我顾骁身侧能赤诚相待于我的有几人? 本王若句句猜疑,与那些心怀鬼胎的小人有何区别? 我自心明坦荡,何须多疑? 你答吧,答了本王便信。"

傅勾月艰难地挪了挪身子,语气里皆是苦涩,道:"多谢王爷信任了……那王爷便问吧。"

顾骁深吸一口气,问出第一个问题:"本王的表妹,是不是你杀的?"

傅勾月低着头道:"不是。师父让我假扮她,本意是先杀再替。可是我找到她时,她已经死在强盗手里。我验过她的尸身,一剑穿心,死前应该没有多少痛苦。"

顾骁点点头道:"好,第二个问题。对阿薰……不,明昭公主,是不是你派屠佛殿的人下的杀手?"

"是。"傅勾月咬了咬嘴唇答道,"我怕王爷您爱上她,想除之而后快。"

顾骁停顿了片刻,似是在消化刚才得到的答案。傅勾月不知是不是心灰意冷,也没有出声,只是安安静静地等着。

片刻后,顾骁再次开口时目光如炬。只听他问道:"最后一问……你人在王府这么多年,除了刺探本王的情报,有没有做过伤害江宁百姓,伤害番邦基业的事?"

傅勾月听后突然激动,她答道:"我没有! 我一心一意全是你,只愿王爷心愿得偿。怎么可能去伤害王爷最为看重的东西?"

"既然如此,你为何要伤害本王最为看重的人呢?"顾骁轻轻地问。

傅勾月语塞。

"算了。"顾骁黯然道,"情爱之事,向来无甚道理。"

傅勾月却竭力摇头道:"不,不是这样的……"

"你执着于本王,本王却执着于她。皆是情痴,本王没有资格责怪你。假扮他人,你也是身不由己。既然没做伤天害理之事,本王也不再追究。只有一条……不许再做任何伤害她的事!你听明白了吗?"顾骁接着道。

傅勾月闭上眼睛,泪珠滚滚而落。

顾骁踱步向前,停在了厢房的窗前。此时窗外花开正浓,面前正好一簇红艳艳的绣球花,根茎交织地叠在一起,开得红红火火,团团圆圆。他盯着花儿半晌,才开口道:"本王身边,已没有什么可以真心相待之人了。人心难测,连血肉亲情也是凉薄之至,本王也是无能为力。然,她是本王心中最后一轮明月。即便最后如同那老和尚说的,求而不得。本王也要守她不染尘泥。你……不能再伤害她。"

傅勾月不答,似是默认了。

顾骁收回停在窗外的目光,轻轻道:"你回去吧。"

"可是林若冲他……"傅勾月担忧道。

顾骁打断道:"他不过为吓唬你,不敢对本王如何的。你回去吧,回落照去。留给你的东西还是你的,你继续住下也好,卖了重新过自己的日子也好,都随你。"

"王爷……"傅勾月抽噎着唤着顾骁,却不知该说些什么。

顾骁道:"你若离去,本王便着人为你发丧。你若留下……便多进进宫看望母亲。她年纪大了,莫要让她知晓真相。她对本王虽无多少情分,待你却是不错的。别再伤了她的心。"

"我知道了。"傅勾月颤声答道。

"那你好生休养吧,林教主不会再为难你了。"顾骁说。

傅勾月没有出声,她不知道该说什么。外间安静了一会儿,顾骁离去的脚步声响起。她愣了愣,思绪似是恍惚,可身子却在不停地颤抖。终于,在连脚步声都听不见了那一刻,她声线沙哑,蜷起身子放声大哭。哭得凄惨,哭得委屈,如同天地间再无自己心心念念的那份情意,再没有心心念念的那个他……

绣球花成团成簇,花开花落,朝夕轮替。人间八苦,爱嗔痴苦,恨别离苦,求不得苦,深陷其中样样都是痛不欲生。

"教主,王爷,圣姑走了。"戚风弄道。

林若冲哼了一声,没有说话。

还是顾骁叹了口气道:"走了就走了吧。"

"你倒是绝情得很,难为她一片真心。"林若冲冷冷道。

顾骁面无表情地说:"林教主无须讽刺,情爱之事本就不能强求。你找本王来,应该还有更重要的事要说吧?"

林若冲轻哂一声道:"你这个时候倒是聪明起来了! 不错,本座有话要和你说。"

"什么话?"顾骁警惕道。

林若冲说:"海镜与江宁同仇敌忾,你我说到底也是一根绳上的蚂蚱。不过话说回来,要不是为了韵姐姐,我真的懒得管你们那些破事!"

顾骁眉毛一挑,冷笑道:"既然林教主提到了你的韵姐姐,不如据实相告,她究竟人在何处?"

"你问本座?顾骁,本座才夸你聪明真不想转脸就要说你蠢。"林若冲笑道,"蛰伏在身边这么长时间的细作,表妹没认出来,兄弟也没认出来。"

顾骁眼睛眯起道:"兄弟?你是说……子笺?"

"不错。"林若冲道,"你不如问问他到底是何人,将韵姐姐带去了何处,打算对她做些什么。"

这一边,找到玉玺的游沐风与孟子笺在永沛城外一番合计后决定一起前往凤落岭。游沐风本就在生他的气,更不欲与他同行。怎奈何自己随身的行李还留在客栈,身无分文。她只能愤恨地让孟子笺跟在身后。

孟子笺跟在游沐风身后也是无奈,开口又怕火上浇油。终于,他跟着游沐风在树林里兜兜转转半个时辰后实在忍不了,伸手拉住即将再次右转的她,一把带入身后。

"你跟着我走吧。"孟子笺崩溃道,"杀人的事是我莽撞了,你消消气,咱们赶路要紧。"

游沐风哼了一声道:"我这一路都给你磨得快没了脾气。不跟你计较,你还蹬鼻子上脸,在我面前杀人,你真拿我这个长公主不作数吗?"

"杀都杀了,你要如何?"孟子笺深吸一口气问道。

游沐风气鼓鼓地道:"没想好,你带路,我先气着!"

孟子笺如蒙大赦,带着游沐风弯弯绕绕,不一会儿便出了黑漆漆的树林,又在夜半敲开一户农舍大门,花重金买下两匹马、一些干粮。二人便一人一骑,一路向西,直奔风落岭。

要不是总听世人道风落岭荒凉,游沐风甚至都不敢相信眼前景象。

这风落岭位于雪域腹地,距离四藩重地距离都不远。他们一路快马加鞭,也就一晚上光景,天刚刚亮就快到达了,赵寺淮的人也没有追上来。这一路越行越荒芜,刚开始只是人烟稀少,到最后已然草木难寻,到处都是黄沙、断崖与光秃秃的丘壑。

终于,又行了一个时辰,一座残缺至摇摇欲坠的角亭出现在二人眼前。天孤地寂之中亭子远远立在黄土中,只有顶上的斑驳红漆看得真切。待他们二人走进后,只见亭上悬着一匾额,上书"风落亭"三个大字。字迹早已被腐蚀得残破不堪,"亭"字下一钩红漆掉落,犹如血迹浸染,没来由地让人平添了凄惨的感觉。孟子笺率先拉缰停马,道:"前面道路崎岖,不宜骑马。明昭你休息一下,我们步行吧。"

"这样也好。"游沐风翻身下马。

二人一前一后走进亭子,只见这角亭内垣比外部看起来更加残破,墙面斑驳得没一块好皮,红色的墙漆落了一地,连缘角坐的地方也是稀稀落落的一片,根本没地方休息。游沐风站在其中,打量着梁上榫卯。而孟子笺,从一进来就显得有些不太自在。

游沐风想到清山上掌门居凤落亭的名字,开口询问道:"这亭子,对你意义不凡?"

"你不生气了?"孟子笺挑眉笑道。

游沐风见他答非所问,横他一眼道:"不愿意说拉倒!"

孟子笺却笑道:"是有些意义,当年我师父便是在这捡到了我,带我回了清山。"

"你缘何一个人来到这么偏僻的地方?"游沐风问道。

孟子笺回忆起往事,道:"我与家人一路至此,途中遭遇不测,只有我一个人活了下来。"

游沐风哑然，随后道："是我莽撞了，我不是……"

孟子笺却打断道："清山掌门居所从我师祖那辈起一直叫知心堂。师父可怜我心系往事道心不稳，便改为凤落亭，也是希望我能早些释怀。"

游沐风低着头，不知该如何接话。此刻脑海里各种问题不断地升腾。孟子笺能知道宝藏的位置，他必然和灵族孟氏一族有渊源。可要说他就是自己记忆中的途哥哥，此番身世背景却又对应不上。况且他以往万事云淡风轻，何曾有过如此惆怅。此时他以往总是挂着笑意的眉眼中，多了一抹悲哀。配上周围的景象直让人觉得心口猛跳，有种不祥的预感一晃而过。

安静了一会儿后，孟子笺徐徐开口道："子笺听说，江堂主……也是孤儿？"

游沐风听他岔开话题，不由得松了口气，答道："是，他以前叫江离。我师父，就是你师祖的师父……在路边捡到的他。看他骨根奇特，是练武奇才，就带他回了灵山。后来我入了师门，他便成了我师兄。"

"他叫江离？"孟子笺问道，"怎的不曾听大家提起？"

游沐风道："我不喜欢这个名字，江离，将离，听起来不吉利。后来师父给他起了字，取得是'知白守黑，和光同尘'的意思，他也就不用这个名字了。"

"他倒是宠你得紧。"孟子笺笑道，"同样是孤儿他却比我幸运。"

"为什么？"游沐风问。

"因为他有你。能伴着你一起长大，是一件很幸运的事。"孟子笺眼眸深沉，轻轻道，"走吧，前面没什么遮蔽之处，再不出发太阳该毒了。"

江宁雀岭，聂慎儿的马车由江宁驿站的人马护送，一路颠簸来到雀岭城外。城外大门紧锁，两军剑拔弩张。时不时还能看到流窜的百姓和躺在路上无人问津的尸体。她不敢走正门入城，拐弯来到北边城门，看到两边把守的士兵，便下马上前。

士兵好奇地打量聂慎儿道："这种时候还有人入城？"

另一个士兵也道："也是奇了，这城里的人逃走都来不及，还有姑娘往城里进？"

聂慎儿拍了拍衣袖，上前问道："麻烦这位大哥前去通传一声，我找城内兵营的江知白，江堂主。"

士兵还没来得及回话，正在巡逻的江知白就远远走来。他看着聂慎儿一脸诧异道："聂堂主?!"

聂慎儿仿佛看见了亲人，飞奔扑过去，对着江知白泪流满面，问道："铃铛呢?"

"什么铃铛?"江知白被扑了一个趔趄，问道，"你怎么到这来了?"

"现在没空，说来话长了，一会儿再解释。"聂慎儿急得六亲不认道，"传音铃呢?"

江知白愣了一下道："在我这呢，怎么了?"

"响过不曾?"聂慎儿追问。

"不曾。"江知白有种不祥的预感涌上心头，他问道，"到底怎么了?"

聂慎儿听到传音铃没响时宛若晴天霹雳。仿佛被震荡的不是铃铛，而是她脆弱不堪的灵魂。聂慎儿对着江知白警惕的眼神，欲哭无泪道："江堂主你稳住……阁主丢了……"

雪域凤落岭。

游沐风与孟子笺蹒跚在崎岖的山路上，周围除了山石峭壁什么也没有。头顶的天空更是无风无云，毒辣的阳光更是灼得二人大汗淋漓。孟子笺看了看游沐风，往前走了两步，将她纳入自己身形的阴影之中有一搭没一搭地与她聊天解闷。孟子笺道："明昭，你可知道此地为何叫凤落岭?"

游沐风摇了摇头道："我不知道，从没听人提起过。"

孟子笺抬头看了看天空，估算一下前路距离，随后道："世人只知道灵族乃青鸾之后，却不知最早的传说之中有三只神鸟。青鸾与火凤点化凡人，被称作二灵。还有一只红鸾从没出现过，便不算在其中。"

"二灵?"游沐风问，"那火凤与这凤落岭有何关系?"

孟子笺道："相传远古时正邪一战，火凤战死，尸身坠落后，烧尽方圆千里草木，往后千百年这里依旧寸草不生，此处便称作凤落岭。"

游沐风疑惑道："那青鸾既然被称作情鸟，难不成与火凤是一对?"

孟子笺笑着点点头道："明昭聪慧。不错，火凤青鸾本就相随相依。火凤陨落后，青鸾悲痛欲绝。它将火凤遗留下的宝物埋藏在凤落岭后，便独自飞往灵山，与世隔绝，修炼得道。"

"这不对啊，若是有两只灵鸟点化凡人，为何最后只有一只的故事流传下来？"游沐风疑惑道。

孟子笺笑道："不过是神话故事罢了，哪个王朝兴起之时都会有这样的传说，不然如何证明自己是天选之人。传说只是巩固社稷的手段，世人只知晓其中一半，是因为另一半被人刻意抹去了而已。"

游沐风挑眉道："既是被人刻意抹去，你又如何得知？"

孟子笺没有回答她的问题，转过刚才的山丘，前方已是路的尽头。他俯下身子四处查看，手摸上一块石头缝隙，敲了敲又用力推了推。

孟子笺确认一番后道："就是这了，明昭，我们到了。"

游沐风快步上前，挤在他身边看，果然看见一条细细长长的缝隙顺着一块巨石从上往下，将石块一分为二。缝隙边缘整齐平滑，一看就是人工打磨过的。

孟子笺纤长的手指顺着缝隙摸索着，上下滑动，似是在寻找什么。终于在他触碰到石壁上一小块凸起时，发出清脆的咔的一声。

游沐风瞪大双眼，一动不动地望着眼前景象。伴随机关被触碰，石壁隐隐颤抖，周围覆盖着的陈年灰尘开始不断掉落。石壁上出现一个四四方方的凹槽，再凑近看，凹槽周围浮现出一圈浮雕图腾，两只鸟儿绕着圈，互相叼尾，将凹槽围在中间。

"这是……"游沐风大惊道，"青鸾与火凤？"

孟子笺安静片刻后道："明昭，你准备好了吗？"

游沐风从怀中拿出了失而复得的麒麟墨玉玺，仔细小心地将玉玺填入石壁上的凹槽。她紧张得不行，耳边全是自己如雷的心跳声。游沐风寻找安慰似的望向孟子笺，只见他也紧紧锁眉，嘴唇紧闭，心情并没有比游沐风好多少。

好在玉玺与那凹槽的大小完美匹配，墨色的玉嵌入石壁后突然发出一阵光芒，旁边的两只鸟儿因着光芒瞬间神采奕奕，栩栩如生。游沐风站起身子，深吸一口气道：“就差最后一步了……”

她抽出腰畔长剑，皱了皱眉，用剑锋划破自己左手掌心，鲜血顿时滚滚而出。游沐风将顺着掌心流下的鲜血滴落到嵌入墙壁的玉玺上，一滴，两滴，三滴……

周围声音似乎都听不见了，她屏息凝神，只听到鲜血滴落在硬物上的敲击声……时间过去良久……依旧无事发生……

游沐风难以置信，皱眉道：“这不可能！怎么会没用！”

孟子笺站在一旁看着游沐风的一举一动。见对方嗔怒，他笑了笑伸出双手，将游沐风血流不止的手握入自己的掌心。又不知从哪里变出一条帕子，小心翼翼地替她包扎好伤口，仔细检查后才松手。随即他又用自己的手握上了游沐风拿着剑的手。他抬起自己的左手掌心，握着剑，学着游沐风刚才的样子也割破了自己的手掌，抬手将流下的血液也滴落到玉玺之上。

他的血液混着游沐风刚才的血液一同流入凹槽，二人一动不动，游沐风反应过来发生了什么，只听轰隆一声，眼前巨石剧烈晃动，竟变化成两扇石门，逐渐向两侧打开，露出了里面一条深不见底的走道。游沐风被眼前状况震慑了，孟子笺的声音与气息却贴着耳侧传来，只听他笑道：“明昭，我说过，你用得上我的。”

游沐风震惊过度，大声道：“这……这怎么可能?！皇兄明明说过，只需要玉玺和我游氏嫡系血液，便可开启灵族宝藏！”

孟子笺将流着血的左手随意往衣袍上蹭了蹭，笑道：“他骗你的，傻丫头。你怎么还是同小时候一样，别人说什么都相信？”

“你……你是……”游沐风震惊得说不出话来。

孟子笺道：“游氏自称青鸾之后，同样地，我们孟氏自称火凤之后。你也看到了壁上图腾，青鸾火凤的宝藏，自然需要两族人的血液才能开启。”

游沐风的目光在石门后的幽暗与孟子笺笑意不减的脸之前不停徘徊，脑海中似是有团乱麻突然解开，但心情却犹如坠入冰窟。

“途哥哥……”游沐风缓缓道。

孟子笺明亮的眼睛闪烁着，笑眯眯地答道：“韵儿，这么多年了，枝途……很想你……”

孟子笺看着游沐风半天合不拢的嘴,摇了摇头,帮她把剑送回剑鞘,道:"还准备吃惊多久?咱们该进去了。"

游沐风魂不守舍地点点头。孟子笺又从袖口掏出一个小小的白色瓷瓶,打开瓶盖,倒出两粒黑色药丸在掌心。他挑出其中一颗递至游沐风面前。

游沐风回神,问道:"这是什么?"

孟子笺道:"你皇兄没告诉你门后石洞瘴气缭绕?武功再高你也不能一直闭气,这是解毒药丸,免受瘴气干扰。"

游沐风接过药丸吞下,怀疑道:"你怎么会连这种药都随身带着?难不成你一早就知道咱们要来这儿?"

"你怎么疑心病这么重,不过就是寻常解毒丸,出门在外随身带着很奇怪吗?"孟子笺笑道,"走吧,事不宜迟。有什么话进去再问。我又不会跑了。"

二人先后进了面前山洞,背后石门似是能察觉有人进入一般,游沐风后脚刚迈入洞内,门便轰隆一声紧紧合上,堵住了来时的路。

没了身后光源,洞内突然间一片漆黑。游沐风不适应地用力眨了眨眼,下意识伸手想扶住石壁,却不想刚探出的手便落入一个温暖的掌心。孟子笺将她的手握住,又怕触及刚才的伤口。游沐风感觉他手顿了顿,换了个姿势。孟子笺的声音从背后传来道:"别怕,有我。"

游沐风刚要开口,却突然被眼前景象震惊——就在石门关闭后,洞穴内不知从哪升起了点点萤火,散发着幽蓝的光芒。不多不少刚好照亮前方道路。游沐风觉得这景象十分诡异,而孟子笺却道:"萤火引路是好事,走吧。"

他依旧拉着她,二人顺着幽光向洞穴深处走去。游沐风似乎听到前方有潺潺流水的声音。孟子笺却是突然开口,说起了不相干的话题:"你小时候,手掌胖乎乎的,捏起来像个面团子。"

游沐风撇撇嘴道:"谁家娃娃不是白白胖胖的?我可是公主,自然好吃好喝。"

"如今再牵起你的手,感觉却是不一样了。"孟子笺轻轻道,"多了许多茧。"

游沐风道:"那是自然。习武之人,总要练功,成茧在所难免。"

"本不该这样。"孟子笺低喃道。

游沐风又开始疑惑,她道:"你怎么感觉怪怪的,什么不该这样?"

孟子笺道:"自然说的是你。你本就不该吃苦学武,这双手也不该留下伤痕。我的韵儿小时候像一朵娇艳的花,金枝玉叶,生动又明媚,本就该继续天真无邪地长大。而后如寻常女子那般,嫁作人妇,一生虽平淡,但平平安安,与我共度余生。没有江知白,没有天机阁,没有麒麟墨玉玺。你本不该接触尘世丑恶。"

游沐风突然抬头问:"与你共度一生?"

孟子笺却笑道:"怎么? 明昭,没人告诉你吗? 你我一早便有婚约。"

游沐风生气了,奋力挣脱他的手,质问道:"既然早有婚约,为何不告而别? 皇嫂走后这么长时间,你去了哪里?"

海镜平肃王府。

顾骁神色凝重地问:"子笺他,到底是什么人?"

"灵族人。"林若冲答道,"天茗孟氏几代权倾朝野,一夜之间销声匿迹的旧闻听说过吗?"

顾骁皱眉道:"传闻是子孙不恋朝权,还政天子,全族归隐,迁徙至灵山以北?"

林若冲哑道:"话是这么说没错。雪域北方是蛮荒之地,寸草不生,连生活都困难。几百号人迁到那去做甚? 本座以为,你们这些人是书呆子投胎,隐居也该找个能醉生梦死的地方。"

"既然是孟氏后人,为何隐姓埋名做了清山掌门?"顾骁不解道。

林若冲笑着道:"说到这可就有趣了。本座早早就觉得他这人里子比表面更狡猾,便派人去查了当年旧闻。就在孟氏传出北迁消息不久之后,号称不再收徒的时任清山掌门段未语,便不知从何处接回了一个孩子,收为关门弟子。这个孩子就是孟子笺,往后还将掌门之位传了给他。再看孟氏族谱,翻遍所有名字,年纪能对得上的,只有已故皇后孟枝遥的一母胞弟,雪域的小国舅爷,孟枝途。"

雪域凤落岭。

"我自然是在清山拜师学艺了。况且,我也没有不告而别。临行那日,我去宫里寻过你。只不过曹公公说你走了,跟着徐姑姑去了灵山学武,可能很久都不会回来了。"孟子笺笑道,"你就是那时候认识江知白的吧?"

"我……"游沐风不知如何作答。

孟子笺继续道:"你就是那时候……开始忘记我的吧?"

游沐风此时心里难受,又有问题堵在心中,不知如何开口。孟子笺说起当年旧事依旧笑意盈盈、云淡风轻,她心中揪痛,孟子笺却道:"我们到了。"

二人拐过最后一条岔路,眼前豁然开朗。路的尽头连接着一个巨大石穹,穹顶之下一条小溪蜿蜒而过,溅起清凉的水雾。然而水流蜿蜒的中心是一座巨型石像。那是一个女人,五官刻画得栩栩如生,她手里托着个木匣,似是站立在水面上俯视芸芸众生。要说一路行来所见所闻让游沐风震惊,此时她的心情可不只是震惊那么简单了。饶是游沐风见多识广,此时也张大嘴发不出声音。一切都是因为,那石像女子的容颜与自己竟是一模一样。

孟子笺也是一愣,随即笑道:"看来这石像便是青鸾了,或者说是火凤眼中的青鸾。"

游沐风结巴道:"这……这……这怎么可能……"

孟子笺却笑道:"小的时候我便听说,明昭自出生便命格不凡。青鸾之后,火凤之命。看来你还真是二灵投胎,凤鸾九天,要救天下苍生于水火呢。"

游沐风却在此时想到了一首打油诗,喃喃道:"凤鸾悲鸣九天去,芳魂幽幽归故里……"

孟子笺抬头,没听清游沐风刚才的话,遂问道:"你在说什么?"

"没什么,有些头晕。"游沐风摇摇头道,"那宝藏呢? 在哪?"

孟子笺用手指了指雕像女子手里的木匣,道:"喏,便在那盒子里。"

游沐风顺着他的手往上看去,问道:"里面是什么?"

"你不知道?"孟子笺笑着问道。

游沐风茫然摇头道:"皇兄没告诉过我。"

孟子笺轻哂一声："他还真是谁都信不过。"

"到底是什么?"游沐风追问。

"兵书。"孟子笺道。

丰都平肃王府。

顾骁疑惑道："就算孟子笺就是孟枝途,就算他想要麒麟墨玉玺,他带走明昭公主又是为什么?"

"虽然我也想不明白,但本座总有种不好的预感。"林若冲思索道,"湖州人和中原朱氏是一伙的……姓顾的,你说,孟子笺会不会跟湖州人是一伙的?"

顾骁身躯一震。

林若冲喃喃道："似乎只有这样,他的所作所为才解释得通。"

顾骁道："他若是投靠了湖州和中原燕王朱氏,便是与灵族作对。你说他是灵族人,难不成当年孟氏北迁的事没那么简单?"

林若冲摊手道："本座也是猜的。不过这也并不难猜,古往今来,功高盖主,锋芒毕露的有几个落得好下场。有点脑子想想就知道圣上不可能放孟家人安安稳稳地隐退喽!"

"那你还有空和本王在这里废话? 孟子笺若真心怀不轨,公主跟着他必定凶多吉少。必须立刻去天茗禀明圣上,抓紧时间救人!"顾骁怒道。

"告诉你这些,就是让你去救人的。"林若冲道:"你可以走了。"

"你不与本王同去?"顾骁问。

"一旦开战,本座自然要留在丰都守我家园。韵姐姐喜欢你,明眼人都看得出来。将她交给你,你必须照顾好她。"林若冲道,"不过话说回来,我总有种预感,孟子笺虽然不是什么好东西,但他也不会对韵姐姐怎么样。"

雪域凤落岭。

"兵书?"游沐风简直难以置信。宝藏是本兵书……不过好像也说得通。

"不错,兵书。"孟子笺笑道,"传说远古那一战打得惨烈,火凤遗留下来的兵书,能教后人战无不胜,攻无不克之法。"

"还有这种事？我去取来瞧瞧！"游沐风迫不及待地说道。

孟子笺伸手拉住她笑道："你都说自己头晕了，便在这等着吧。我去取。"

游沐风顿时警惕道："不行！"

"这里连出路都没有，你还怕我带着东西跑了不成？"孟子笺无奈道。

游沐风想了想，觉得他说得也有道理。虽说出发前他说过各凭本事，但眼下看起来，还是齐心协力拿到东西出去再说。于是她点了点头，孟子笺见状，便轻功一跃，飞身上了雕像外侧，长剑一挑便将木匣带入怀中。

他回到游沐风面前，将盒子递到她手上。

"打开看看吧。"孟子笺道。

游沐风小心翼翼打开木盒。年代久远，盒子却看着挺新。内里有一层红色的宣纱，果然底下躺着一本略带斑驳的书。游沐风取出书来随意翻看，道："果然是兵书。"

只见书内每一章回都有兵权谋略提要，以及相应的破解之法。整本书密密麻麻，全是小字。游沐风本就头晕，眼下只觉得字都看不清楚。她有些烦躁地翻到书的最后一页，只见上书："千章万句，不出乎制人而不制于人也。"而后跟着一行小字："受制于人……"

"无解？"游沐风读着书上最后一行字，想不明白什么意思，只觉得越想越是天旋地转。

而此时的孟子笺，站在一旁看着游沐风。他什么也没有做，任由她翻着手中兵书。

游沐风突然觉得不对，猛地望向他，眼前却是模糊一片！

游沐风厉声道："你刚刚给我吃的药里……掺了别的东西……对不对？"

"明昭，此时你该多休息。"孟子笺平静地道。

"孟子笺！你怎么如此卑鄙！"游沐风震怒。

孟子笺却冷冷道："卑鄙？明昭，我是不是早就提醒过你，出门在外防人之心不可无。没经过自己手的东西不可以乱吃？"

游沐风明显感觉药力在身体里发散，无论怎样压制都没有用。如此霸道的药性，孟子笺肯定早有准备。她不敢相信，他是自己幼时玩伴，明明他们刚刚才相认。为何？为什么他要如此对自己？

"为什么……"游沐风无力道。

孟子笺冷笑道："为什么？不如你回去问问你皇兄？屠我孟氏上下满门三百八十余口！逼死发妻，囚困幼子！是为了什么？"

"你胡说！这不可能！皇兄待皇嫂情真意切，怎么可能对你们孟家下杀手？"游沐风愤怒道。

"火凤青鸾相携尾，游孟二族在神话中便是平起平坐。他抹去故事的后半段是为了什么？明昭，你猜猜？"孟子笺笑着靠近游沐风，自问自答道，"因为他害怕了。怕世人怀疑自己不是天选之人，怕他的帝位动摇。随即动了杀心，以绝后患。"

游沐风无力瘫坐在地上，神思不清道："你在说谎……若是这个神话已流传千百年，为何之前你们孟家可以一直安然无事？！"

孟子笺在游沐风面前慢慢蹲下身，道："因为游氏一族叶脉凋零。先皇只有你与你皇兄两位后人。而我孟家人丁繁盛，人才辈出。他们……还是害怕了。"

游沐风眼前一片漆黑，早已看不见孟子笺的脸。她强撑住最后一丝清明说道："这不对，倘若皇兄真欲杀死孟氏全族，这宝藏永远就开不了了。"

"傻丫头，你怎么这么固执？"孟子笺抬起手轻按住游沐风的脸说道，"你皇兄他……有了太子啊！"

原来是这样！

"姐姐当了皇后之后，她和孟家都希望你我成亲。如此便可解除两家隔阂。你皇兄虽表面答应，但背地里送你出宫习武，你猜猜是为什么？"孟子笺继续道，"因为如果你我成亲，生下的孩子也带着两族人的血液，会威胁到他自己的儿子。明昭，他连你都防着呢！"孟子笺的声音仿佛从另一个世界传来，他像在说给游沐风听也像在说给自己听。

"你说谎……"游沐风意识模糊。

"他为什么要送你学武？他不会让自己和自己的儿子以身犯险。凤落岭艰难险阻，不会武功根本寸步难行。他在利用你啊明昭，从小将你培养成杀人工具，统领天机阁，日后再为他取得灵族宝藏。这就是你的好皇兄。"孟子笺悲凉道。

游沐风绝望了,她的心仿佛被利刃穿透,她用最后的意识声嘶力竭道:"所以这一切都是你计划好的,对吗? 从邀我同行开始,一步一步,到夜探赵府……你根本就是和赵寺淮一伙的,设局让我往里跳……你这样对我,和他有什么分别?"

"对不起。"孟子笺轻轻道。

"你……"游沐风无力倒地。

孟子笺跪坐在地上,将失去知觉的游沐风揽入怀中,声音平静地继续说着,仿佛在说别人的故事。

"那一年的凤落岭大雪纷飞,血染红了凤落亭外大片大片的白雪。明昭,亭子里留下的不是红漆,是枝途双亲被利刃封喉后溅出的鲜血呢。"孟子笺抱着失去意识的人,继续一个人喃喃自语,"这么多年了。本以为余生只剩复仇,怎料还是被你闯入? 我嫉妒江知白,本该伴着你长大的人是我……朝朝暮暮的人是我……长相厮守的人也是我……

"我没有办法,明昭。你别怪我……

"不破了你的国,如何慰我的家?"

孟子笺平复心情后,轻轻将游沐风放在地上,脱下自己的外衣盖在她的胸口,转身拿起兵书。他思索了片刻后又突然折返回,在游沐风腰间摸索了一阵,找出了一个做工精致挂着流苏的铃铛。孟子笺拿起传音铃晃了晃,自嘲一笑道:"罢了,还是他会来带你走。"

孟子笺说完这番话,转身而去,顺着水流的尽头,拧开一扇暗门,便消失在其中。

门外不远处,宋筱筱已经等候多时,见孟子笺出来,便快步上前问道:"少爷怎么一个人出来了?"

孟子笺叹了口气说:"她在里面。"

宋筱筱问道:"少爷准备放过她? 那便是失约赵寺淮。"

"他? 不足为惧。"孟子笺轻蔑道。

"雀岭有江知白挂帅。带上她走,以她为质,胜算翻倍!"宋筱筱不甘道。

"开战后江知白也不一定守在雀岭。"孟子笺皱眉道,"行了,我自有定夺。清山如何了？"

　　宋筱筱只得作罢，道："已经传信去昆仑了，段掌门正在赶来的路上。"

　　孟子笺点点头道："这样最好。清山有师父坐镇，也不会让百年基业为我所累了。"

　　"少爷……"宋筱筱还想说点什么。

　　孟子笺却打断她，道："走吧。"

　　"去哪？"宋筱筱问。

　　孟子笺抬头看看天空，答道："找赵寺淮。"

第四卷·莫话封侯事

江宁雀岭城内的兵营中，聂慎儿忧心忡忡。昨天傍晚时分，江知白的传音铃突然响起，二人顺着声音一路寻到凤落岭。他们围着一座山绕了半天，无论如何找不到入口。最后还是江知白跳入河中，一路逆流而上，找到了水下一个半人高的洞口，钻进去将游沐风带了出来。江知白在水下撞上了暗礁，左臂皮肉绽开，如今包着纱布。聂慎儿替他换了药后，站在游沐风房门口问道："如何？阁主醒了吗？"

江知白摇了摇头道："没有，不过大夫说不会睡很久的，应该快醒了。"

聂慎儿还是很担心，她说："柳堂主不在，也不知道阁主吃下去的东西有没有别的害处。万一……"

"不会，孟子笺既然把人留下了，何必再用下三烂的手段加害呢。"江知白打断她，转而又问，"张堂主来信说什么了？"

聂慎儿压低声音道："圣上下旨，让你去守绵安。天机阁其余人全力追查孟子笺下落，找到后就地诛杀。"

"绵安背后就是最富庶的明昭城，守卫绵安确实重要。陛下知道我与裴锦焕意见不合，将我调走守绵安也属正常。"江知白皱眉继续道，"不过昨日有探子来报，孟子笺与湖州左相赵寺淮一起来到雀岭。如今应该在对面军营。"

"这么说张堂主猜测得没错？"聂慎儿吃惊道，"他果然是故意放跑游柏城，与湖州人串通一气？"

江知白又向屋内看了看，道："现在说这些都不重要了，圣上要杀他可以有一万个理由,也可以完全没有理由。信上还说什么了? 皇上有没有怪罪阁主?"

"圣上说公主就地圈禁,他会派人来接公主,十日后回朝。"聂慎儿道,"圣上看起来真的发怒了。"

江知白思索片刻后道:"你去屋里盯着,我去给天茗写封密报。动之以情,晓之以理,求陛下对公主开恩吧。陛下还要靠我打仗,如今总要卖我几分薄面。"

屋内,游沐风迷迷糊糊地睁开眼睛,感觉自己睡了很久,头有些昏沉。她打量周围,发现环境陌生,便警惕地猛然起身。直到看见聂慎儿,她才松了一口气,揉了揉脑袋问道:"你怎么在这? 等等,这是哪里?"

聂慎儿向她解释了前因后果,以及江知白如何将她救出来。游沐风揉按着太阳穴问道:"师兄受伤了? 严重吗?"

聂慎儿摇了摇头道:"我也不知道,他说不严重,不让多问。不过从昨日到现在没怎么休息倒是真的。"

"等一下,那你为什么在雀岭?"游沐风问道。

聂慎儿欲哭无泪:"阁主你还好意思问我,我一路从清山追着你到这来容易吗?"

"那其他人呢?"游沐风又问。

聂慎儿说:"张堂主和柳堂主回天茗了,陛下说了,要公主十日后回朝。"

提到灵帝,游沐风一声冷笑道:"何必等到十日后? 现在就出发! 皇兄还怕见不着我吗?"

"不行,阁主! 你现在刚醒,哪都不能去!"聂慎儿厉声拒绝。

"我不要紧!"游沐风翻身下床道,"我有重要的事,要回天茗找皇兄问个明白!"

聂慎儿却伸开双手拦在她面前道:"阁主,你现在真的不能出去! 皇上下令了,让您先好好待着!"

"什么意思? 皇兄还想软禁我不成?"游沐风怒道。

"反正您哪都不能去就对了!"聂慎儿强调。

"你让开! 谁给你的胆子,连我都敢拦?!"游沐风火气上头,摆出了公主的架势。

聂慎儿却不吃她这一套,坚决道:"不行! 阁主您需要休息!"

"让开!"

"不让!"

此时一声闷响,房门被人一把推开。二人同时愣住,望向门口。只见江知白手里端着个药碗,里面的药汁冒着热气。游沐风敏锐地观察到他面上的表情此刻阴沉得快要结冰。以自己对他的了解,自然知道大事不妙,游沐风不由自主地缩了缩脖子。江知白把药碗往桌上一放,阴森道:"聂堂主,你先出去吧。"

聂慎儿如释重负,一溜烟不见了人影,独独留下游沐风与江知白二人在房间里。游沐风不打算开口,便等江知白先说。江知白面色不善,只听他道:"刚醒又打算去哪?"

江知白平时很少生气,一旦生气,后果十分严重。游沐风相当了解自己师兄,心知他是真的动了气,只得结结巴巴道:"我……我有要紧事……"

江知白阴沉着脸道:"我要是就不放你走呢?"

"师兄,你不能这样……你听我说……"游沐风焦急地解释。

江知白怒气冲冲打断道:"你还知道叫我师兄? 是不是平时太惯着你,现在反了天了? 怎么? 跟姓孟的出去野了一圈长本事了? 我不让你出去,你是不是要跟你师兄动手了?"

"你怎么知道我和孟子笺一起?"游沐风赶紧认怂,缩了缩脖子。

江知白继续生气道:"他把外衣都留给你盖着,你师兄我又不是个瞎子!"

认怂保平安,认怂保平安! 游沐风心里想着,自己又不能真的和师兄动手,就算动手也打不过他。如今只有使出撒手锏了,只听她道:"师兄,我知道错了……"

"回床上躺好!"江知白哼了一声道,"吃药!"

"师兄喂我!"游沐风奋力讨好道。

"不喂! 你本事这么大,自己吃!"江知白生气道。

游沐风委屈巴巴道:"手疼……"

江知白简直被吃得死死的。他看了一眼游沐风缠着纱布的左手,因为用力又透出点点血迹。他最终叹了口气,掀起前袍在床沿上坐下,用嘴试了试药的温度后,舀起一勺递到师妹嘴边。游沐风乖乖张嘴吃药。江知白火气下去后苦笑道:"从小到大,你这条命啊,我救了多少回了?嗯?你自己数数。是不是该算成我的?你就算不为自己想,就当疼惜疼惜你师兄,别再做那些危险事了,好不好?就当师兄求你。"

游沐风被说得愧疚,再想到昨天发生的事,不禁又委屈,一时间心中五味杂陈。只听江知白又道:"师兄要走了。"

"走?去哪?"游沐风一惊,抬头问道。

"绵安。"江知白答道,"皇上让我去守绵安,一会儿便要出发了。你也不用太担心,守绵安便等于守明昭,师兄心甘情愿去那里。"

游沐风瞪着眼,不知所措。

江知白继续道:"此行不能陪你回朝了,你自己要多加小心。陛下盛怒,战事又急,你不要处处顶撞他。来日方长……"江知白一副不知所措的样子,恍惚间让游沐风产生了一种即将生离死别的错觉。

不过她的错觉还没持续多久,聂慎儿就急急忙忙冲进屋,匆忙间碰倒了桌上的药碗。她嘴里还不停念叨:"阁主……出事了……"

"什么事火急火燎的?"江知白问。

聂慎儿气喘吁吁地说:"张堂主刚刚派人送来急件。徐姑姑……她快不行了!"

几日前,天茗天机阁中张牧之本在后堂,听见弟子来报便匆匆来到前厅。他匆匆而来后,对着面前人拱了拱手问道:"九王爷怎的来了此处?也不提前让人通传一声,张某也好去迎一迎。"

顾骁回了个礼道:"圣上这两日繁忙,觐见延后。本王正好得空,心里有事放不下,想来寻张堂主问个明白。"

张牧之不用想也知道他的来意,遂笑道:"这里不是说话的地方,王爷这边请。"

张牧之带着顾骁一路行至天机阁内院,穿过花园,来到一处花廊坐下。他冲顾骁比了个手势道:"王爷请坐!"

不一会儿，上来两名弟子上了茶。张牧之递了一杯到顾骁面前，幽幽开口道："天机阁很少有外客，招待不周，还请王爷见谅。"

顾骁抿了口茶道："张堂主客气。"

"王爷见过闵将军了？"张牧之笑道。

顾骁放下茶杯郑重道："见过了，刚刚在山下，柳堂主将人照顾得很好。此事，本王欠天机阁一个人情。"

张牧之同样放下茶杯道："属下听差办事是应当的，王爷不必放在心上。"

"那本王便是欠她一个人情。"顾骁笑道。

张牧之却挑眉道："哦，她？哪个她？是阁主？是公主？还是让王爷牵肠挂肚的那个她？"

顾骁认真道："本王明白她身份特殊，既然心系于她，自然会保守秘密。张堂主无须多虑，这个她自然是没了身份、本王牵挂的那个她。"

张牧之这才又笑着拿起茶杯道："王爷是聪明人，也是痴情人。"

顾骁安静片刻道："本王此番回答，可否换张堂主一个明示？"

张牧之顿了顿，把茶杯放回桌上道："王爷请问。"

"你们找到她了对吗？"顾骁问。

"是。"张牧之答。

"听闻陛下震怒？"顾骁又问。

"是。"张牧之答。

顾骁皱眉道："可会为难她？"

"已经软禁，数日后回朝，全凭陛下处置。"张牧之压低声音道。

"这么严重？"顾骁吃惊道。

张牧之道："王爷近日面圣，还请为阁主多多周旋。"

"这是自然，本王……"顾骁说着，却被一个声音从旁打断。

徐姑姑缓缓而来，笑道："牧之，有客人？"

张牧之赶紧起身来扶道："姑姑不在房里休息，怎么到这来了？病都没好，别再着了凉。"

"我自己的身子，自己清楚。"徐姑姑笑道："这位是？"

张牧之赶紧引荐道:"江宁来的九王爷,与阁主是旧识。"

徐姑姑笑眯眯行了个礼道:"素闻江宁九王风流倜傥,韵儿提起过,果然百闻不如一见。"

顾骁奇怪,面前女子衣着并不华丽,但听她口气却有威严,还能直接称呼公主乳名,想来应该是重要的人。于是他赶忙起身问道:"您是?"

徐姑姑笑道:"王爷抬举,我不过是一个奴婢。公主年幼时喝过老奴一口奶,便唤我一声姑姑。"

"那便是长辈了,晴言见过姑姑。"顾骁端端正正行了个礼。

徐姑姑揶揄道:"王爷倒是客气得很。"

"不……不客气……应当的……"顾骁踌躇道。

徐姑姑又转向张牧之问道:"你们刚才聊什么呢?"

"没什么,王爷来接闵将军,顺便探望张某。"张牧之道。

徐姑姑笑意深沉地看向顾骁,问道:"是这样吗,王爷?"

顾骁一听张牧之的话就明白了,再看徐姑姑略带病容,估计是大家没把游沐风的事告诉她。顾骁是聪明人,当即咳嗽一声道:"……是。"

徐姑姑笑道:"既然如此,我送王爷回去吧。"

张牧之却道:"姑姑病还没好,赶紧回去休息吧。我送王爷下山就好。"

"是,姑姑有病在身,不必为晴言费心。"顾骁也道。

"怎么?王爷是不愿给我这老家伙个脸面?"徐姑姑笑道。

顾骁头一回见家长,哪里还敢拒绝?只得老老实实点头道好。

徐姑姑恢复笑脸道:"王爷这边请吧。"

她带着顾骁,又是一阵弯弯绕绕。眼见不是来时的路,顾骁也不敢多问,安静地跟在后面。走了半炷香时间,他们一前一后来到一座院落里。徐姑姑这才开口道:"王爷要进去看看吗?"

顾骁摸不着头脑,又不敢乱说话,只得试探问道:"敢问姑姑,这里是……"

"韵儿的住所。"徐姑姑答道。

顾骁一愣,随即道:"既然是公主闺房,晴言就不进去了。"

徐姑姑笑道:"难怪韵儿总提起你,王爷确实有不凡之处。"

顾骁眼睛一亮，问道："她……提到我时……说了什么？"

"说王爷是君子。"徐姑姑笑道。

顾骁却苦笑着道："她古灵精怪，这话都不知是夸我还是损我……"

"王爷确实是君子，正气浩然却不善说谎。"徐姑姑漫不经心道。

"……"顾骁不敢接话。

徐姑姑抬头看向他说："你们有事瞒着我是不是？"

"……"顾骁更不敢说话了。

"韵儿出事了，对不对？"徐姑姑问道。

"……"顾骁无言以对。

徐姑姑无奈，笑了笑道："我老了，自然也是没什么用处。除了瞎操心，也做不了别的。只是你们瞒得了我一时，瞒得了我一世吗？虽说这把老骨头没什么用，但你们也该体谅体谅我怜子之心。"

话都说到这个分上了，再瞒也不忍心，顾骁犹豫再三，终于开口道："公主带着玉玺与他人私开了灵族宝藏。陛下震怒，怕是要深究。"

徐姑姑一惊："开了宝藏？这么说，那孩子回来了？"

"姑姑说的是谁？"顾骁疑惑道。

徐姑姑意识到自己失态，随即摆了摆手道："没什么，年纪大了记错事了。"

顾骁保证道："姑姑不用担心，晴言自当全力劝说陛下开恩。"

徐姑姑也是见过大风浪的，随即笑道："我还当出了什么大事呢，人没事就好。我不担心。我相信韵儿，她能处理得来。倒是王爷你，似乎对韵儿十分上心。"

顾骁坦然道："晴言一厢情愿，心之所向，不敢多思，不过是想护她周全。"

徐姑姑点点头赞许道："王爷倒是坦荡。"

"徐姑姑谬赞了。"顾骁有些不好意思。

徐姑姑继续道："本来，知白是我看着长大的，知根知底，我自然更属意于他……"

"……是。"顾骁在一旁垂手听着应声。

徐姑姑停顿了片刻道："王爷可知,这院中种的什么花?"

"芍药,我知她喜欢芍药。"顾骁答道。

徐姑姑点点头道："是了。王爷可知,在天茗芍药又称作离别草,或者将离草?"

"为何?"顾骁问。

徐姑姑答道："男女交往,临别之际以芍药相赠,寄托爱意。"

"若将离别,长命花也变成了别离草。"顾骁苦笑道,"罢了,只要她喜欢便好。"

徐姑姑笑道："王爷可曾听过醉拍春衫惜旧香,天将离恨恼疏狂。"

"相思本是无凭语,莫向花笺费泪行。"顾骁接道。

徐姑姑满意点头,回到了刚才的话题："我的确更属意知白,只是感情之事谁也做不了主,但能多一个人守着她,总归是好的。王爷,希望你能记住今日说过的话,护她周全,莫向花笺费泪行。"

"是。晴言自当铭记于心。"顾骁郑重道。

徐姑姑笑道："此处出去前行便到正门。王爷好走,我不送了。"

顾骁再次向徐姑姑行了个礼,也没多说什么,转身离去了。

这一边,游沐风一骑绝尘,飞驰在回天茗的途中。眼见快要入城,她却有些犹豫。她回头看了看跟在她身后皇上派来的护卫。说是护卫,实际上则是监视她的一举一动。皇兄破例许她提前回天茗,她本该先回宫谢恩。但游沐风实在挂念徐姑姑,犹豫再三还是决定先回天机阁。

柳如丝面色难看地从徐姑姑房中走出来,将手中药碗塞给药童,拍了拍手,皱着眉蹲在院中太阳地里,双手抱膝。她焦急地望向门外,口中喃喃道："阁主怎么还不回来? 再不来真见不上最后一面了!"

"太阳这么毒,蹲在这里做甚?"闵纾突然出现道。

柳如丝吓得跳起："娘嘞! 你怎么还在这? 你不是跟你家王爷走了吗?"

闵纾面无表情道："哦,王爷允我先留下陪着你。"

"陪我? 我有什么好陪的?"柳如丝不解。

闵纾老实道："你是我娘子,我自然陪着你。"

"谁是你娘子? 再乱说老娘毒死你!"柳如丝咬牙切齿道。

闵纾认真地道:"你才把我救活,毒死了不就白救了吗?"

柳如丝彻底恼了:"你还知道老娘费劲才救活了你? 那你还恩将仇报? 我警告你,别再缠着我了!"

"这怎么是恩将仇报? 我是认真的,娘子……"闵纾认真解释。

"别叫我娘子!"柳如丝怒道。

"那叫你什么?"闵纾真诚地问。

柳如丝懒得理他,又蹲回原样,道:"你能把嘴闭上吗? 老娘烦着呢!"

闵纾有样学样地蹲在柳如丝身边问道:"娘子你在烦什么?"

"徐姑姑没多长时间了,阁主再不回来,连最后一眼都要瞧不上了!"柳如丝气恼道。

"还有你救不回来的人?"闵纾问道。

柳如丝掏出一只手在他面前摆了摆,道:"你不明白! 不是救不了,是不能救! 能拖到现在,已经是很不容易了!"

"哦,我懂了。"闵纾点点头道。

柳如丝疑惑:"你懂什么了?"

"屋里那人,是皇上要她死,所以你不能救她。对吧?"闵纾问道。

柳如丝一把捂住他的嘴呵斥道:"要死啊! 你乱说什么? 让人听见咱俩小命都玩完啦!"

"医者仁心,想救而不能,你烦恼是因为自责?"闵纾接着问。

柳如丝被人拆穿心思后却是一愣,下意识否认道:"我……我没有……"她转念想了半天说辞,最终泄气道:"徐姑姑待大家都很好……况且我师父常说,为医者,必先具仁心。先医己心,而后医人。你不懂……能救却不救,感觉我也成了帮凶……"

闵纾安慰道:"娘子,这不是你的错,她……"

话音未落,游沐风风风火火冲进院内问道:"姑姑人呢?"

柳如丝飞扑而来道:"娘嘞……阁主你可算回来了!"

闵纾用手指了指房间道:"属下见过王妃。人在屋里呢。"

此时游沐风已顾不上与他们二人多说,飞快冲进屋内。

徐姑姑的房间还是老样子,案上放着她平日里摆弄的茶具,床边堆放着布料针线。屋里门窗紧闭，昏昏暗暗。游沐风愣了愣走到床边，只见榻上的徐姑姑脸色苍白如纸，呼气不稳，已是进的气比出的气少。

游沐风一路颠簸本就疲累，看见榻上之人大限将至，一腔浓烈的痛苦从心口传至百骸，竟是连泪水都流不出来。而此时榻上之人却睁开眼睛，看见她来，露出个笑。

徐姑姑笑道："你瞧瞧你，怎的弄得这么狼狈？披头散发的，哪里有点公主的样子？"

游沐风上前跪在榻边，轻轻唤道："姑姑……"

徐姑姑伸手将她脸侧乱发拢至耳后，问道："知白呢？"

"师兄去守绵安了。"游沐风声音沙哑道。

徐姑姑虚弱地点点头道："原该这样，有他们照顾你，我也可以安心上路了。"

游沐风鼻头发酸，想说些宽慰的话："姑姑……"

徐姑姑却在此时打断了她："你都知道了？"

"我都知道了。"游沐风答道。

徐姑姑转脸望着床顶，认真回忆道："那孩子，也是可怜……小时候便聪明……我跟着皇后学茶艺，他便坐在一边看着……时间长了，居然也会了……我那时也觉得，他与你很般配……"

游沐风泪珠滚滚而落，泣不成声道："姑姑你别说了，休息一会儿，吃了药便会好的。"

徐姑姑摇了摇头说："韵儿，你知道的，我不能活着。况且，我也活够了……"

"皇兄他不能这么对你，他不能这么对我！"游沐风气急，悲凉地怒吼道。

徐姑姑抓住游沐风的手，认真道："孩子，改变不了的事就不要再想了。姑姑最后几句话，你要仔细听清楚，知道吗？"

游沐风擦了擦眼泪应下。

徐姑姑似是有些不适，皱了皱眉，继续道："宫里有一封信，乃孟皇后绝笔。你若是能找到，便将信交给太子，希望他能理解。"

"好……"游沐风哽咽道。

徐姑姑吃力地抬起一只手指了指身边布料道:"我给你最后做了几件内衣。下人们做的,总归不会太上心。有些没拆的边角,我也来不及做了。回头叫聂堂主帮你收拾收拾,日后再去苦寒之地记得穿上,记得添衣,记得照顾好自己。"

"好……"

"那几个孩子,都是好孩子。无论日后你如何选择,我若泉下有知,都会欣慰的。你是个姑娘家,总归需要有个人照顾……"徐姑姑喃喃道,"眼下虽困难重重,但姑姑相信你,你可以应付,做出最好的选择。"

"我不会……姑姑,你不能离开我……我现在什么都不会……我觉得自己怎么做都不对……如何选都是错……"游沐风绝望道。

徐姑姑却笑了:"傻孩子,做不做在你,选不选在你,但有时候成不成那是看天。既然天道无情,索性就不要在意,做你想做的事吧……"

"可我什么都不想。"游沐风哭泣道,"只想你好好的……你们都好好的……"

徐姑姑抓着游沐风的手不住颤抖,她认真道:"你有的。韵儿,你要问自己,若不是公主,也不是阁主,你想做一个怎样的人? 姑姑希望我的韵儿可以做一个正直的人,心明无悔、坦坦荡荡的人。人生不过短短几十载,总有些比性命更重要的东西,对吗? 姑姑不怕死,我知道你也不怕。所以眼下就去吧,去做你自己,做你自己觉得对的事就好……"

"可是……"

徐姑姑不等她说完,疲惫地闭上眼睛,轻轻道:"这一世,你我主仆缘分已尽。韵儿,公主,万望珍重!"

"姑姑!"

"去吧。"

徐姑姑一脸决绝,再也不多看身边人一眼。游沐风懂她的心意,所谓怜子心苦,这番决绝也是逼自己成长。

游沐风从榻边站起,向后退了几步,整了整衣衫,拢了拢鬓发,擦了擦泪水,双膝一屈跪在地上,对着床榻上的女人郑重地磕了三个响头。

"自古养之恩大于生之恩。明昭无父无母,手足寡情。感念姑姑多年来视我为亲生骨血,教养成人。羊有跪乳之恩,鸦有反哺之义。此生缘浅,明昭惭愧,无以为报,来世愿再续母女之情。母亲大人在上,明昭就此拜别。"游沐风说完,也不敢再去看榻上之人的反应,拿起一边新做的衣物,头也不回地冲出屋外。

躺在榻上的女人了却了最后心愿,便没了生欲,随着眼角两行清泪落下,呼吸渐停,没了生息。

正所谓:慈母手中线,游子身上衣。临行密密缝,意恐迟迟归。谁言寸草心,报得三春晖。

游沐风出了徐姑姑的住所,顾不上柳如丝的询问,回到自己房中,放下手中衣物,匆匆洗漱一番,换了件衣服就赶往宫中。

金殿前微风依旧,柳絮纷飞,再次站在这里,游沐风恍若隔世。阳光照在宫殿金色的屋顶上,折射出刺眼光芒。那道光像神明的天眼,庄严地俯视天地百态,人世沧桑。高悬的"锦绣山河"四个大字依旧绚丽夺目,这四个字出现在多少名将枯骨的血色大梦之中?而今山河犹在,故人却不知归期。家国天下,若没有家,何以为国呢?游沐风望向天空,喃喃自语道:"不,不应该……不该是这样。"

大殿之内传来灵帝的怒喝:"你还准备在那待多久?"

游沐风一腔怒火欲要喷发,进殿后还没开口,便发现灵帝身边还站着怯懦的太子。高台之下,立着神情严肃的顾骁。

清山一别,二人再次相见。谁也没想到事情会变成现在这样。多日情愫在顾骁眼中千回百转,最终还是被他咽下肚。顾骁行了个礼道:"江宁长川王顾骁,见过长公主。"

"你还有脸回来?"灵帝怒道。

游沐风面无表情地行礼:"明昭参见皇兄。"

灵帝冷笑道:"皇兄?你眼里还有我这个皇兄?你看看你干的好事!"

"明昭做错事,甘愿受罚。"游沐风同样冷冷道,一时间兄妹二人表情如出一辙,"为何要杀徐姑姑?"

灵帝大怒,道:"朕的决定,什么时候轮到你质疑?公主一意孤行闯下大祸,身为奴婢没尽到规劝之责没有照顾好公主不该受罚?要怪就怪你自己,她是替你受过！"

顾骁见势头不妙，上前劝阻："陛下息怒……"

游沐风激动道："那皇嫂呢？孟枝途呢？孟家上下三百多口人命呢？替谁受过？替陛下的千秋功业，还是只因陛下欲壑难填？"

"你放肆！自古成王败寇！"灵帝勃然大怒道，"孟樊那个老东西处处与朕作对，咄咄逼人！他不是自比方孝孺吗？他不是大言不惭，将朕比作燕王朱棣吗？这般有气节，朕就是诛他十族又何妨？"

"自古文臣有觐见规劝帝王之责，怎可一言不合大开杀戒？"游沐风毫不相让道，"孟樊好歹也是皇嫂生父，大不敬之罪顶多一人受罚！陛下连坐九族，难道不是因为火凤青鸾之说？"

"是又如何？朕是皇帝！"灵帝怒道，"帝位之侧怎能容得下他人酣睡？明昭，你该感谢朕！不杀了他们，你还能安安稳稳做这个雪域长公主？孟家窥伺皇位已久，乱臣贼子！死有余辜！"

"死有余辜？"游沐风颤声问道，"那皇嫂呢？可也是死有余辜？"

站在一侧的游呈宓身子猛然一颤。

灵帝瞳孔骤缩道："朕没有杀她！朕没有想她死！"

"这么说皇嫂果真是自尽的。"游沐风怒吼道，"陛下诛杀发妻娘家满门，上自高堂下至幼弟，一个活口不留。换作是谁可以独活？换作是谁可以不记仇恨？换作是谁……还可以继续陪王伴驾？让我猜猜，太子是不是知道了真相？父逼母死，从此患上失语之症？陛下才将人囚困东宫的？"

灵帝猛然从龙椅上站起身，大声斥道："你好大的胆子！"

顾骁赶紧上前两步挡在游沐风身前道："陛下息怒！公主连夜赶路，之前又受变故惊吓，情绪不稳。请陛下宽容，请陛下开恩！"

"你听到她刚才的话了？"灵帝怒道，"拖出去砍了都不为过，你还想替她求情？"

"陛下仁慈，顾念手足之情。公主一时糊涂，本该小惩大戒。只是现在战事紧急，陛下当以国事为重。"顾骁在暗处扯住游沐风的衣袖，打圆场道，"孟子笺得到宝藏投奔赵寺淮，如今湖州如虎添翼，雀岭、绵安、丰都、青阳关都岌岌可危。陛下不如先想对策。"

"既然你护着她,朕就与你讨论讨论对策!"灵帝冷笑道,"朕问你,湖州进犯,该战该和?"

顾骁平静道:"该战。"

"可朕这里刚刚收到一条议和文书,孟子笺亲笔所书。你有何看法?"灵帝冷冷道。

顾骁微微皱眉,问道:"敢问陛下,他开了什么条件?"

灵帝轻轻敲了敲身前桌案说道:"孟子笺拿了当年信物,让朕遵照当年承诺,续游孟两家之好。"

"什么?"游沐风惊愕。

灵帝继续道:"孟子笺议和的条件是,求娶明昭为妻,公主出嫁和亲。"

"这怎么可行?"顾骁傻眼了。

灵帝冷笑说道:"兵不血刃能保国泰民安,为什么不可行?"

"孟子笺这是图谋不轨,且不说求娶仇家女,就算是平常和亲,也是沦为人质,前途难料啊陛下!"顾骁急忙道,"堂堂雪域怎可对藩国不战而降?用公主和亲此等屈辱之法,有损国威,有损陛下清誉啊!"

灵帝没有表态,似是在考虑。

"何况敌人的话说出口能不能作数都成问题。万一公主和亲,他再翻脸不认,依旧要战。"顾骁坚持道,"臣熟知孟子笺为人,既然愿意议和,便是还有余地。臣愿做阵前使臣,前去劝降。"

灵帝不为所动,突然看向游沐风问道:"明昭,你觉得呢?"

话听到这里,游沐风心里再无波澜,抬头望向高台金銮宝座之上那人,骤然浑身冰冷。游沐风用力挣脱顾骁抓着她的手,走向大殿中心,目视高高在上的兄长。二人一上一下,气势相当,各不相让。只听游沐风冷冷道:"皇兄当真想以我为质,送去和亲?"

"你是公主,理应为国牺牲。"灵帝道。

游沐风道:"既然如此,本宫请问九王爷此时战况,雀岭、绵安、丰都与青阳关,何处最险?"

顾骁吃不准她的意思,不敢贸然接话。

灵帝却幽幽道:"青阳关最险。"

"兵力几何?"游沐风又问。

灵帝答道:"十万。"

游沐风猛然下跪,双手抱拳道:"既然要牺牲,明昭甘愿为国献身。明昭自请出征,挂帅青阳关,不胜不归。"

"你说什么?"灵帝震惊道。

"青阳关道阻且长,险峻之地怎可派皇亲国戚驻守?请公主三思!"顾骁赶紧道,"公主重伤初愈,心思不稳,刚才是冲动了。臣愿替公主出征青阳关。"

"本宫同皇上说话,什么时候轮到九王爷质疑了?"游沐风冷冷道,"求皇上成全!"

顾骁心急如焚:"公主不能去青阳关!臣……"

"你就是不愿出嫁?"灵帝声音颤抖道,"用这招逼迫朕?"

游沐面无表情道:"明昭不敢,求皇上成全。"

"你这是寻死!"灵帝怒道。

"明昭不惧生死,只愿报效家国……求皇上……成全。"游沐风声音不大却字字铿锵,俨然视死如归。

灵帝彻底被激怒,他怒极反笑道:"好好好!不愧是朕的好妹妹!你想去死,朕由得你去!朕孤家寡人,死你一个依旧是皇帝!朕恩准,明昭公主三日后出征青阳关,不胜不许还朝!你满意了?"

"明昭,谢陛下隆恩。"游沐风行了个礼道。

皇帝金口玉言,顾骁见木已成舟,遂焦急道:"臣请命随行,跟随公主前赴青阳关!"

灵帝怒挥衣袖道:"谁也不准同行!是她自己一心求死!莫怪朕不顾惜手足情分!"

游沐风心下知道灵帝此刻说的是气话,皇兄也许是想让她和亲,但并不想让她丢了性命。游沐风看了看拼命为自己周旋的顾骁,心头苦涩,不知该说些什么,忽地想起徐姑姑临终前的那句话:"人生在世,总要有些比性命更重要的东西不是吗?"

游沐风整了整衣襟,对着高高在上的兄长郑重作揖。

游沐风道:"明昭一跪,拜别天茗深宫,愿我游氏江山永存。明昭二跪,拜别雪域天子,愿吾皇乾坤浩荡。明昭三跪,拜别如父长兄,愿兄长身体安康。关外寒风瑟瑟,自此再难相见。明昭此去,不问生死,不问归期。"

游沐风说完此番话,整了整衣袖,退出大殿。殿内寂静无声,没人出言阻止她。殿外的阳光依旧晃眼,金灿灿地普照这危危山河。

不知是不是错觉,游沐风仿佛听到了一声稚嫩的轻唤……

"姑姑……"

多年未开过口的游呈宓抽噎道:"姑姑……"

江宁雀岭。

赵寺淮手里捏着一枚黑子,踟蹰片刻后将棋子落下,抬头扫了一眼对面的孟子笺,道:"孟掌门,哦,不对,现在是孟大人,该您了。"

孟子笺笑了笑,执起一颗白子,落入盘中,并不搭话。赵寺淮讨了个没趣,也不介意,依旧笑谈道:"听闻孟大人一纸红帖入天茗,要求娶明昭公主为妻?"

"不错,确有此事。"孟子笺终于说话了。

赵寺淮玩味道:"你可知结果如何?"

孟子笺淡淡一笑:"自是不会应允。"

"既然如此,何必自取其辱?"赵寺淮问。

孟子笺却道:"孔圣人说,知其不可为而为之。赵大人,做事不是因为是否成功才决定做不做,而是应该去做,便做了。"

"有理,赵某受教了。"赵寺淮点点头道,"既然如此,此战非打不可,孟大人准备何时将兵书交出来?"

"不急。"孟子笺笑道。

赵寺淮挑眉道:"孟子笺,当初说将公主带回来扣为人质的是你,以上古兵法助我军一臂之力的人也是你。怎么屡次反悔? 倒不符合你这个翩翩君子的形象了。"

孟子笺品了品桌上战局,笑道:"君子不敢当,子笺如今不过寄人篱下,万事仰仗着大人。将兵书交与大人也没什么,不过大人真的知道该如何用?"

"哦？孟大人这是看不起赵某？"赵寺淮又落下一子道。

孟子笺道："不敢，既然手谈此局，大人不如关心眼下。世有围棋之戏，或言是兵法之类也。不是吗？"

赵寺淮目光移向棋盘道："博弈之道，贵乎谨严。宁输数子，勿失一先。"

"善胜者不争，善阵者不战。善战者不败，善败者不乱。夫棋始以正合，终以奇胜。"孟子笺接着道。

赵寺淮哈哈大笑："孟大人不必跟我兜着圈子说话，想来你也该知道我的意思。大敌当前，你我二人谁去青阳关？"

"赵大人心下早已有答案了不是吗？"孟子笺也笑道，"青阳关易攻难守，不似雀岭这般难缠。大人何时启程前赴？子笺为您饯行。"

赵寺淮摆摆手道："饯行就不必了，不过兵书你必须交出来。"

孟子笺笑道："赵大人攻克青阳关如同探囊取物，还需兵书相助？"

赵寺淮突然眼睛一亮，道："孟大人莫不是还没得到消息？天茗对战布阵已有结果。"

"哦？那烦劳赵大人明示。"

"海镜平肃王领兵镇守丰都，江知白去了绵安，要来雀岭的是江宁九王。"赵寺淮笑道。

孟子笺皱眉不语。

"故人相见，挚友变敌人。孟大人还须好好应对啊！"赵寺淮嘲道。

孟子笺却很平静："自从走上这条路，子笺便知道会有这一天。赵大人无须担心。"

赵寺淮将手里棋子扔回框中道："孟大人好心性，只是不知听到接下来的消息，还会不会如此镇定呢？"

孟子笺指尖一顿，问："什么消息？"

"孟大人可知，何人挂帅青阳关？"赵寺淮问。

"谁？"孟子笺面色微变。

"你那未过门的媳妇，明昭公主。"赵寺淮讥笑道。

孟子笺如五雷轰顶，猛地起身道："什么？"

孟子笺回到房中，房间内宋筱筱跪在地上，低着头。她从来没有见过自己主子如此生气过,一时半会儿竟然找不到话语为自己辩白。

"你好大的胆子!让你去打探的事,居然敢瞒我?"孟子笺大发雷霆。

宋筱筱低着头道:"筱筱不敢。"

孟子笺冷哼一笑道:"你不敢?明昭要去青阳关,你不知道?"

"筱筱知道。"宋筱筱面色平静道。

孟子笺呵斥:"知道为什么不说?"

宋筱筱依旧低着头:"少爷知道,定要想办法阻止。咱们好不容易走到这一步,不能再为了她打乱计划!"

孟子笺将手里茶杯狠狠放到桌上,道:"这么说,你还是为了我好了?"

"是。"宋筱筱突然抬头道,"少爷不该求娶明昭公主!"

孟子笺冷笑道:"那依你之见,我该当如何?"

"少爷不该感情用事,为了这个女人一次又一次与赵寺淮为敌。如今上策,当是与河内联姻,娶徐清华之女为妻,她母系有王族血统,能争取到河内势力,此为重中之重!"宋筱筱激动道。

"筱筱,你真是白跟了我这么多年。"孟子笺冷冷道,"我孟枝途想要的东西,需要用这种卑劣的手段达到?"

宋筱筱争辩道:"联姻本就是正常之事,怎么能叫卑劣?顾骁都能联姻!"

"王爷早就后悔了,而后做了这么多事弥补,你没看见?"孟子笺怒斥道,"出卖情爱,用枕边之位换取利益不是卑劣?是男儿所为?"

孟子笺忽地转过身,凝视着跪在地上的宋筱筱。他平日谦和的脸上挂着从未见过的怒气,怒气似乎灼烧着他眼底的水雾,密而长的睫毛下,是凌厉的双眸。他一甩衣袖,将身子直立,而后说的这一番话,更是让宋筱筱有一瞬以为自己从没看透过自己的主子。

孟子笺道:"你记好了,我不屑做的事,没人可以左右我去做。也没有人可以替我做决定!我孟枝途,半生辗转,颠沛流离,身负血海深仇。然,即便寄人篱下,依旧一身铮铮铁骨!七尺男儿,报仇雪恨,战死沙场,又有何妨?"

他顿了顿继续道:"两族早有婚约,求娶明昭公主,本就是我孟枝途身为火凤之后、家嫡氏该做之事!我就是要做!没被灭门要做!被灭了门一样要做！成功如何，不成功又如何？朗朗乾坤，天地为证，知其不可为而为之，我偏要看看这个天下能奈我何？"

天茗皇宫中，当游沐风从大殿出来之时，烈日晃晃，晒得她睁不开眼睛。身后没有响动，没有人追出来。她失神地走在偌大的宫中，这个曾被她称作"家"的地方，而今平添了几分讽刺意味。

她转身来到膳房门口，趁着管事小太监不在，飞身入院，拿了坛酒，回到儿时那株老槐树下坐着。这里曾经有唱着童谣的徐姑姑、抱着她回宫的皇嫂，还有总是笑眯眯伸出手的途哥哥……不知不觉中，一坛酒就下了肚。

游沐风抬头看了看天空，阳光相较之前已是弱了不少，温柔地洒在她眉间。不知怎的，耳边又回响起儿时的嬉戏声……

"即便是公主，也看不着蓝色的太阳啊……"

"明明是偷酒给你喝，每次挨罚的都是我……"

还有那日在山洞中，自己昏迷时耳边传来的痛苦呢喃……

"我去找过你……

"你走了……

"我嫉妒江知白，该陪着你长大的人是我，朝朝暮暮的人也是我……

"我没有办法，明昭，不破了你的国，如何慰我的家？！"

突然间记忆开闸，倾泻而出。游沐风脑海中一个又一个片段接连不断地闪回：从儿时一同捕萤捉蝶的途哥哥，到相逢不识深秋共伞的孟子笺，最后变成了不共戴天的孟枝途。

一路行来至此，游沐风与他的关系便如同面前潺潺流过的灵溪泉流，看似涓涓向前，顺理成章，实则覆水难收。

游沐风感觉心中陡然一颤，耳边传来一个声音……

"姑姑……"

游呈宓唤道："姑姑。"

游沐风大吃一惊道："宓儿？你怎么来了？"

游呈宓没有说话，伸出手轻轻拉住游沐风的衣角。

"你父皇让你来寻我的？"游沐风低头询问道。

游呈宓轻轻摇了摇头。

"你自己来的?"游沐风又问。

游呈宓多年未曾开口,如今明显不太适应。他犹豫了片刻,点点头。

游沐风叹了口气道:"你不该一个人偷跑出来,回去又少不了挨罚。"

游呈宓还是没有开口。也不知是不是游沐风的幻觉,孩子在几个月中似是长高了不少。游呈宓长着与母亲酷肖的面容,她如今才发现,这张小脸细看之下竟有三四分像孟子笺。尤其是那双闪着水雾的眸子,真是儿像娘舅。只是身躯依旧单薄,看不出一点儿天家富贵的福威,实在是惹人心疼。

游呈宓将头轻轻地埋入她腰间,撒娇般蹭了蹭。一声气音压抑不住,后背开始抽搐,游沐风便知道他哭了。孩子哭得无声无息,抽噎的鼻息都几不可闻,可怜的样子让她忍不住伸手扶上他的脑后,张了张嘴,准备说点什么安慰他。

游呈宓却在游沐风出声之前突然抬起头,满脸泪痕,嘴唇颤抖着吐出两个字。

"别去……"游呈宓轻轻道。

换作以前,游沐风自该教导他,告诉他自己为何要亲赴青阳关,告诉他为何明知前途难料但义无反顾,告诉他虽出身帝王家,但一身肝胆不可缺,告诉他什么是比性命更重要的事,是受屈不改心,然后知君子的气节,是纵死侠骨香,不惭世上英的风骨。

但此时,经历了诸多变故后的她没了心情说教。孩子舍不得自己,自己又如何舍得下世间所剩无几的至亲血脉?

游沐风努力笑了笑道:"等姑姑回来,带你去骑马。"

游呈宓使劲摇头。

"姑姑若没回来,宓儿要记得替我报仇。"游沐风又笑道。

游呈宓听出话中内涵,面上的表情千变万化,一番心理斗争后,眼泪也止住了,最终点了点头。游沐风刚准备开口夸赞他,只见他突然从怀中摸出了一个锦盒和一个信封,递到自己面前。游沐风伸手接过,先是打量手中锦盒,这不就是刚才灵帝在殿中所说,孟子笺送来的当年信物?她吃惊地打开盒子,里面是一只蓝田姜花玉的贵妃镯,晶莹剔透,触手生温。

游沐风惊愕道:"你偷出来的?"

游呈宓表情复杂，小小的脸皱成一团，用小手指了指玉镯，又努力吐出两个字……

"舅舅……"游呈宓道。

游沐风愣神，反应了半天才明白他口中的舅舅是何人。然而算起来，孟子笺离开天茗的时候，太子不过两岁。她不敢相信他居然还有记忆。

"你还记得他？"游沐风问道。

游呈宓点点头，艰难地吐出一串话："舅舅……抱……过宓儿……"

此时的游沐风望着玉镯悲从中来，她与孟子笺皆是倔强的，他为了心中正义求娶，她为了心中正义拒嫁。然，此时就算是他愿娶她愿嫁又如何？两情相悦在国恨家仇面前显得微不足道。缠缠绵绵的儿女情也终将如奔腾入江的硝烟，没入漫漫黄沙与滚滚红尘，一去不返。

游呈宓拉了拉游沐风的衣角，又指了指她手中的那个信封。游沐风抬眼一瞧信封上字迹，顿时惊得说不出话来。

这信封上仿晋卫夫人簪花小楷的落款，不正是自己已故皇嫂孟枝遥的字迹？落款写的是灵帝的名号，明显是妻子写给丈夫的信件。信封发黄，已是年头久远，看起来却被收藏得很好，连四角都不曾磨损。估计也是孩子从他父皇那里偷取来的。

游沐风望了一眼游呈宓，在他目光的催促下颤抖地展开了手中信件。孟枝遥的字迹映入眼帘，真是徐姑姑临死前提到过的皇后绝笔：

陛下尊展：

又是一年春回，年关将至。虽说天茗四季如一，但妾近日越发觉察春意料峭，寒蝉凄切。凤落岭人间炼狱，一场浩劫已过月余。宓儿安睡，妾此时灯下提笔，与陛下话别。

遥忆当年与夫初见，天茗红妆十里，朱墙红帐生香，不及陛下红烛印目一星半点。枝遥一颗真心倾覆，化作春泥，守深宫净土，换满树梨花硕硕盈盈。只愿陛下望景，能得一丝笑颜。

然，家国抉择当前，妾心如悬于烈火烹油之上，一点一滴皆是皮肉分离。妾为皇后，应同陛下分担江山社稷。怎奈何人间之至，骨肉亲情。妾为儿女,双亲暴尸荒野,怎慰泉下之灵?妾跪求陛下恩典,哪怕看在宓儿情面,赏外祖双亲一坟一碑。枝遥来世愿为奴为婢,报答陛下隆恩。

妾知幼弟幸存,犹感心悸。清山一脉乃孟氏故人,道家圣地,清心无为,枝途此去定当重新做人,不记仇恨。求陛下饶他一命,枝途年幼,心地纯良,乃妾一手带大,实不忍见他未韧先折。联姻之事已无凭无证,求陛下许他一世碌碌无为,莫赶尽杀绝,为妾全族留最后一丝血脉。

妾愿一死,成全陛下千秋帝业。

枝遥戴罪之身,不敢玷污皇家陵墓,惊扰历代先帝安眠。复又身为不肖子孙,无颜面对孟家列祖列宗。死后愿化尘埃,随风而去,还陛下圣洁。

今夜一别,再无相见。愿陛下社稷千秋,愿夫君身体安泰。

妾,去也。

枝遥 敬上

在游沐风久久没有回神之际,游呈宓踮起脚尖,指着母亲信件上书写的"枝途"二字,低喃重复着两个字,一遍又一遍……

"舅舅……舅舅……"

他仿佛在提醒游沐风,母亲娟秀字迹下的人名,不是敌人,是至亲……

而在此时,千里之外的雀岭城墙上,孟子笺玄盔铠甲,神情肃穆立于城墙之上。同一片阳光,同样洒在他的眉心,却是截然不同的光景。他恍若立于天地,衣袍猎猎,身后千军万马,身前号角铿锵。厮杀悲鸣之声化作战歌,一曲终了,若人间至情至亲如孟枝遥涕泪血书一般直白,跃然纸上,到头来又是谁赢谁输?

孩子既然已经拿到了信,徐姑姑的遗愿也算完成了。游沐风又把那只玉镯送给了游呈宓,也算是舅舅留给他的念想。眼见天色不早,曹公公焦头烂额地来寻太子,游沐风心头的火也差不多随烈酒穿过了肚肠,便告别了侄儿,打算回去面对现实。

说是面对现实,但还不是要先面对那个人?

游沐风撇了撇嘴自言自语道:"顾骁这厮,我真是上辈子欠了他的。骗他拜了个天地,真是要连人带心卖给他不成? 罢了罢了,寻寻他去吧……活生生个冤家。"

她抬脚离开院子,刚出院门还没走出几步,便听见远处有脚步声渐近。游沐风站定回头,果然看见顾骁正穿过水榭拱桥,朝这边走来。

他似乎没料到游沐风会此时回头,在桥上愣了。只这片刻停留,便在她心间敲下一副画印。

世人都道江宁九王风流倜傥,朗艳独绝,世无其二。五陵年少,正是"俱怀逸兴壮思飞,欲上青天揽明月"之时。现下他站在水榭高处,身边花团锦簇,身后夕阳万丈,眼底却柔肠百转。

自此一别的几年之中,游沐风每每想起他,脑海里都会浮现今日之景——皎如玉树临风前。这也是悲痛欲绝中,沙场浴血后,人鬼殊途前,她心中最后一抹美好。

而今四目相对,百转千回,相见情深,未语知心。

顾骁见游沐风呆立在对面,眼底似是有怒气渐渐升腾。他大步向前,瞬间就来到了她面前。

"你跑哪去了? 我到处找你!"顾骁怒道。

游沐风也不高兴了,道:"这是我家,我爱上哪上哪!"

这两人好不容易见面又吵起来了,跟斗鸡一般,真是活冤家。

顾骁一把抓住游沐风的胳膊,冷笑道:"原是我小瞧你了! 没看出明昭公主竟是如此有能耐!"

"你少冷嘲热讽! 快把手放开!"游沐风挣扎道。

顾骁则怒气冲天道:"怎么? 公主方才能拿身份压我,现下倒是先委屈上了?"

"胡搅蛮缠! 再不放手我不客气了!"游沐风怒道。

"行,有本事你就一剑杀了我!"顾骁勃然大怒道,"处处让着你依着你不过就是怕我自己太莽撞逼急了你! 你倒好,真长能耐了?"

游沐风被他吼得发蒙,认识顾骁这么长时间以来,他生气不在少数。但像如今这般愤怒,游沐风还是头一次见。也不知是因为看着他被怒气浸染绯红的双眼让游沐风意识到严重，还是他身上气息混着满园清风使她混沌地想起了当九王妃的日子。总之，权衡了一下，她还是选择认怂，不敢回嘴。

顾骁继续道："你可知那青阳关是何地？关外千险，身经百战之将都不敢贸然前赴。你倒好，眉头都不皱一皱！"

游沐风试图辩解道："我……"

顾骁直接打断道："你这个人怎么这么自私？在我这里一向说来就来，说走就走！我顾骁在你心里就如此无足轻重？你想着你的皇兄，想着你的太子，想着你的家国！你就不能腾出你那颗心的一星半点，想想我吗？"

顾骁情绪转变得太快，让游沐风措手不及。她想开口安慰，他却字字诛心，使她有种说不出的酸楚。顾骁似乎看穿了她眼中愧疚，语调也不再怒音浓烈，却平添了一抹悲凉。

"明明就有别的路可以走，你做什么偏要破釜沉舟？现在好了，你要我怎么办？我该拿你怎么办？"顾骁声音沙哑痛苦道。

一腔哀痛破堤而泄，他似乎隐忍到了尽头，一把将心上人搂入怀中，哀求道："我去求皇上，让他收回成命……你别去！求你了！我顾骁这半世从未求过人，我这次求你！你别去！别去好不好？"

游沐风看着他，心下实在不忍，在他怀里也不敢乱动，只得抬起双手环上他的腰，轻轻安慰道："你放心，不会有事的。我会照顾好自己……"

顾骁抱着游沐风的手松了松，他将她拉开了些许距离。他目光灼灼，一只手抚着她的肩膀，另一只手有些犹豫又有些颤抖地轻轻覆住了她红艳的唇。

顾骁悲痛道："你别说了，越说我就越是害怕。你不懂……以前我也不懂，现在想想都是我的错。若是那日我陪你去看了河灯，是不是就不会有那支签了……都是我不好……是我的错……想我顾骁桀骜半世，何时如此患得患失……现下只怕是遭了报应……"

顾骁说着说着就语无伦次了。他哽咽，眉头紧皱，眼里已有水雾却强忍不让泪珠掉落。他喉头滚动，嘴唇轻颤，似乎还在强忍着别的情绪，忍得痛苦……他最终还是忍下了逾越之举——那一吻，吻在了覆在她唇上的自己的手背上……

一掌寸间，谦谦君子，充耳琇莹，会弁如星。

游沐风轻轻拉下他的手，感到他指尖微凉，便将他的双手握在自己掌心之中，不知怎么的，却是笑了起来。

顾骁眼里还有泪光闪烁，却问道："你笑什么？"

游沐风对上他的眼睛道："笑王爷好看……王爷你生得真好看……"

顾骁知她是故意的，但有些气恼道："你……"

游沐风扑哧一笑道："王爷何时这般没有自信？追求心仪的姑娘，自是该拿出点魄力！"

顾骁愣了："你的意思是……"

"王爷是君子，难不成要我这个小女子主动？"游沐风打趣道。

顾骁终于听懂了游沐风话里含义，他有些激动，从怀中摸出了那个黄莺柳絮的步摇，轻轻插入她的发鬓间，又将了将缠绕的发丝。柔光倾泻，金簪挂鬓，如同时光倒流，回到了那一日马车中，唯见美人嫣然。

顾骁说话时激动得发抖："珠还合浦。晴言带了三媒六聘入天茗，愿许十里红妆，阿薰你嫁我为妻可好？"

游沐风眨眨眼笑道："原来王爷还没拿我当媳妇啊？那我岂不是吃了大亏，白给你叫了这么长时间的王妃？"

"你这人还有没有点正行？这是开玩笑的时候吗？"顾骁简直崩溃了。

"我这不是想逗你开心，你怎么又恼上了？"游沐风讨好道，"真生气啦？王爷？晴言？"

顾骁一顿，这还是游沐风离开王府后第一次这么唤他。

"顾晴言，你真想娶我？"游沐风笑着问道。

"是。"顾骁答得干脆。

"那便等我回来。"游沐风道。

顾骁简直要气笑了，他道："我怕是等不到你凤冠霞帔，先要替你披麻素缟了。"

游沐风却道："谁让你之前那次不看？我可是凤冠霞帔等你一夜呢王爷！"

"之前……是我不对……"只要一提从前，顾骁就觉得理亏。游沐风又抓住他一个软肋。

"顾晴言,既然要娶我,那你便要信我!"游沐风笑道,"正所谓,结发为夫妻,恩爱两不疑。"

顾骁接道:"生当复归来,死当……长相思……"

那一日的天茗深宫,因着一对有情人的剖白变得生动起来。然而两年后,真当顾骁一袭白衣祭奠心上人的时候,他只恨那日夕阳太美,恨那日满园花草太美,恨她婉转嫣然的那一笑太美,骗得他敞开心房,骗得他放她离开……一场寂寞凭谁诉。算前言、总轻负。早知恁地难拚,悔不当时留住。

天茗天机阁。

闵纡跟在柳如丝身后,绕着药房进进出出。柳如丝手指着药童说道:"去把后面那三味药也抓了,包好了一起装车上!"

闵纡跟在她身后可怜巴巴道:"娘子……"

柳如丝回头瞪他一眼道:"你家王爷明天就要去雀岭了,你怎么还在这?"

"你真要去青阳关?"闵纡问道。

柳如丝双手叉腰道:"怎么,张牧之去得,老娘去不得? 看不起谁呢?"

"你不会武功。"闵纡诚恳道。

"你还不会看病呢! 给你下味药,你就不会武功了。"柳如丝挑眉道,"还有,你别再叫我娘子了,老娘什么时候答应做你娘子了?"

"那你怎样才能答应?"闵纡一脸真诚地问,"八字和合? 三书六礼? 明媒正娶?"

柳如丝仿佛被人戳痛心事,怒道:"明媒正娶? 我? 你是不是脑子里余毒没拔干净?"

柳如丝一记咆哮,这下换作对面人没了声响。闵纡面上一阵惊愕,明显给吓得不清。柳如丝一脸阴沉地望着他,用手指了指自己鼻尖,开口道:"闵将军话可不能乱说,将军夫人给谁做? 我可是青楼里待过的人。"

"那又如何?"闵纡满不在乎道,"娘子怎可因出身不可抗,便自轻自贱?"

柳如丝无言以对。

闵纡继续道:"刚才是我不对,不该瞧不起娘子本事。闵纡三生有幸,乱世之中能与娘子相逢。你安心随王妃出征，莫要担心我。等战事平息，双双还朝，我便三媒六聘，娶你过门！"

有道是脂浓粉香，痴儿怨女，来如春梦，去若朝云，天把多情赋！

三日之后，天茗城外大军整肃，占满了城外目及之地。十万铮铮铁甲在艳阳下射出耀眼光芒。游沐风伸手摸了摸腕上冰冷护手，一步一步顺着石阶走向城墙楼台。城下黑压压一大片，她使劲皱起眉头，还是看不清城下将士的面容。

游沐风抬头望了望天空，风和日丽，万里无云。城下十万人鸦雀无声，只能听见偶尔传来的几声兵器相接声和战马嘶鸣。灵帝没有来送行，只让曹公公送来了虎符和烈酒，就算是皇帝，心狠手辣如他，终究还是有不愿面对之事。

帝王未现身，城墙之上便以公主居首位。众人目光灼灼，都在等着游沐风开口。她再次摸了摸腕上护铁，眼前这十万人，寒光玄铁下，任谁不是同自己一样有一颗热血奔腾之躯和昭昭报国之心？

游沐风喉头有些发干，接过身边人递来的酒碗。

城下十万人举目，皆整齐划一地举起手中酒碗。

游沐风不禁有些恍惚，努力定下心神，慷慨开口道："今日誓师，三碗浊酒，与君共饮。"

"这第一碗酒敬天，乾坤朗朗，苍天在上，明昭躬擐甲胄，愿以吾血祭上苍，换得九天无蔽日！"

"这第二碗酒敬地，疆土万里，欣欣向荣，明昭履丝步坚，愿以吾血祭后土，换得神州永太平！"

"这第三碗酒，敬在场的各位壮士。国之危难，民之浩劫，明昭一腔热血，愿以吾血祭英雄，换得一世同生死！"

"如今天下，一分为二，中原虽非我族，亦是雪域子民。湖州谋反，盗我雪域至宝，杀我雪域子民，辱我雪域帝王，夺我雪域江山！我游氏一脉乃神鸟之后，天地为鉴。俯仰今古，名不正则言不顺，鱼目岂为珠，蓬蒿不成椟。罔顾君臣纲常，其罪当诛，人尽可伐！三军师出有名，乃顺应天道之为！守我边关，震我国威！"

"明昭一身肝胆,恳请三军将士将性命交付于我,并肩抗敌,醉卧沙场!人生在世,生又何欢?死亦何惧?古来青史谁不见,今见功名胜古人!干了这最后一碗酒,跟着我,打胜仗!还家乡!"

"对酒当歌,人生几何?……周公吐哺,天下归心!"

四边伐鼓雪海涌,三军大呼山阴动。十万人齐声高呼"天下归心",一遍又一遍,震动山河,响彻云霄!

而后大军开拔,壮气连云,白骨缠草,不问归期。

与此同时,天茗一座高楼的屋顶,唐知心抱胸伫立,眉头紧皱。一旁的慧德老和尚笑眯眯道:"回去转告你师父,欠我的茗茶该交出来了。"

唐知心恶狠狠地瞪了老和尚一眼道:"你这秃驴!就那么盼着她死?"

"老衲早就言明,一人亡还是万人亡是她自己的选择。"老和尚笑道,"倒是你,若真想保她性命,不如赶紧回去重卜一卦风归云。小凤儿能不能涅槃重生,就看你的了。"

唐知心道:"我忙着呢!清山出了这么大的事,我自然要帮段未语了结。救她……说不定有别的办法。"

"只怕红鸾不会答应。"老和尚眼珠转转又道,"听闻清山掌门居,从凤落亭又改回了知心堂?"

唐知心眉毛一挑道:"你这秃驴,消息倒灵通!"

"话说回来,那孟子笺也是你师侄……"老和尚嘟囔道。

唐知心不耐烦道:"我说你这秃驴怎么总是如此关心我师门之事!跟你有什么关系?"

老和尚依旧笑眯眯道:"青云是我好友,他自己不管徒子徒孙的家务事,还不准我这老骨头问一问?你是孟枝途的师叔,教成这样你也有责任。"

"段未语的徒弟,关我什么事?"唐知心撇撇嘴道,"反正我守着公主,你休想支开我!"

"小丫头不听劝,小心到时候后悔莫及。"老和尚嘿嘿一笑。

唐知心不以为然,哼了一声。

老和尚又问:"你为何总是对秃驴我有如此大的敌意?"

"这话问你自己吧!"唐知心瞟了一眼身边人冷笑道,"佛道之争自古便有,走着瞧吧秃驴,这一次我们不会输!"

雪域举全国兵力抗敌,几十万大军兵分四路,就在游沐风动身前往青阳关的同时,江知白去了绵安,林若冲守在丰都,而顾骁则启程去了故事开始的地方——雀岭。他不禁有些感慨,迎亲的时候没亲自去,现在兜兜绕绕仿佛回到原点一般,造化弄人。

雀岭距离天茗最近。不过几日,顾骁就率先到达了目的地。此时雀岭已打了大大小小好几场仗。他马不停蹄,到了的第一件事,就是召裴锦焕议事。

"如今对面何人主阵?"顾骁问。

裴锦焕答道:"孟子笺。"

顾骁眉头一皱又问:"是他?赵寺淮呢?"

裴锦焕顿了顿答道:"赵寺淮去了青阳关。"

"青阳关!"顾骁惊愕,"此人老奸巨猾,公主如何是他对手?"

裴锦焕劝道:"陛下信得过公主,王爷也当相信公主。何况战事四起,雀岭距离青阳关最近,若是咱们早日解决雀岭战事,自当赶赴青阳关助公主一臂之力。"

"既然如此,目前战事如何?"顾骁严肃道。

"大大小小加起来打了七八场,有胜有负。"裴锦焕不喜欢江知白,对顾骁还是很客气的,毕竟也没什么威胁,说话时态度都谦卑许多。他继续道,"不过孟子笺明显以试探居多,并未展现真正实力。"

"裴将军有什么想法吗?"顾骁试探道。

裴锦焕听懂顾骁话里有话,赶紧抱拳道:"陛下命王爷主帅,末将自当全力以赴协助王爷,保住雀岭。"

顾骁欠了欠身,回了个礼道:"既要同生共死,尊卑便形同虚设。私下里,你我兄弟相称便可。"

"属下不敢。"裴锦焕道。

顾骁摆了摆手,问道:"裴兄,话说回来,孟子笺是你表弟?"

裴锦焕愣了一瞬道:"……是。"

"那裴兄应当很了解他。"顾骁笑道。

裴锦焕又是一愣,随即道:"末将年幼时便与父亲常年待在军营,连孟氏销声匿迹都是后来得知,与孟子笺年幼时也就见过几次,屈指可数。"

"裴兄的姑母,死在了凤落岭?"顾骁又问。

裴锦焕听他旁敲侧击,心中又是一惊,赶忙道:"是……不过当年之事已久远。家父誓死效忠皇上,如今末将也当全力以赴!"

"这么说,本王倒是没猜错。"顾骁玩味道,"前去凤落岭剿杀孟氏的是裴兄父亲?杀了妹妹与妹夫全家?"

顾骁从裴锦焕一句话的口气就推测出往事的前因后果,当真厉害。裴锦焕额头出汗,慌忙答道:"皇命不可违,王爷……"

顾骁笑了笑,打断他道:"皇命自然不可违。本王没有别的意思,裴兄莫要多虑。"

"是……"裴锦焕心中郁闷,本来以为顾骁是个锦衣玉食的闲散王爷,没想到他一来就立威,倒是自己气势矮了半截。

"裴兄不了解孟子笺,本王却是了解的。你与他冤家路窄,他若要报仇,首当其冲便是裴兄的项上人头。裴兄自己万事小心,毕竟明枪易躲,暗箭难防。"顾骁笑道。

裴锦焕听得心惊,道:"是,多谢王爷关心……"

"这是其一……"顾骁再次打断了他,这一路上他想了许多,对于这份友情似乎也释怀不少。他淡淡开口道,"以本王对孟子笺的了解,得知本王前来,他必会有所行动。说不定很快就要见面了。"

裴锦焕从房里出来的时候,后背全是冷汗,迎面却见聂慎儿端着筐针线朝他走来。聂慎儿自从上次到了雀岭就一直留在了这里。她不会武功,开战后更是想走也走不掉了,一来二去和裴锦焕好了起来。聂慎儿几步走到裴锦焕面前,问道:"跟那顾骁聊得如何?"

裴锦焕心有余悸道:"呵,聊天没有,下马威倒是十足得很。"

"怎么?他还能唬住你?"聂慎儿歪头笑道。

裴锦焕道:"这个江宁九王,是个厉害角色。"

"厉害?我怎么觉得他木讷得像块木头?"聂慎儿扑哧一笑道,"你是没见过他在阁主面前的样子,说话舌头都捋不直,十足的愣头青。"

裴锦焕却道："我倒是觉得,只有九王爷这种人才能配得上我雪域公主。"

聂慎儿嘲道："你看他那傻样……"

裴锦焕也被逗乐了,道："自古英雄难过美人关。你看我在你面前不也经常被嫌弃?"

聂慎儿怒道："呸,哪有人自己夸自己是英雄的? 要不要脸了?"

"美人面前还要脸做什么?"裴锦焕无赖道。

裴锦焕拿出流氓那一套,聂慎儿被戏弄得生了气,转身就要离去。裴锦焕几步拦在路前,讨好似的岔开话题道："你这筐里的衣服是做给我的?"

聂慎横他一眼道："你想得倒美。这是我做给阁主的,青阳关那么冷,自然要添几件冬衣。"

裴锦焕却一把擒住她的胳膊问道："你要去青阳关?"

"除了江堂主去了绵安,大家都去了。我自然要去。"聂慎儿道。

"你不能去!"裴锦焕道。

聂慎儿试图挣脱,口中怒道："我又不是你这军营的人,凭什么听你的?"

"你这是去送死!"裴锦焕大声道。

聂慎儿也提高嗓门道："我又不怕死!"

两人争吵得如火如荼,突然城门方向传来了一阵嘈杂声。裴锦焕闻声怒斥道："前面怎么回事?"

守城士兵答道："回将军,城外有一批流民,开战后湖州人断了去北边的路,他们无处可逃,便要进城。"

裴锦焕想了想道："进城便进城,你们仔细排查有没有湖州细作混杂其中,还有患疾的,一律不许放进来。"

士兵领命去了。聂慎儿是顺着方向朝城门望去,只见确实一大批人堵在了城门口。人群之中,大多是弱妇孺,衣衫褴褛。她随意望了两眼,刚准备收回视线之时,一个人影吸引了她的目光。

聂慎儿瞧着那人越看越眼熟。她使劲眨眨眼,在震惊中,猛地想起了这个衣着朴素不施粉黛之人之前的样貌。她张张嘴,吐出几个名字。

"傅勾月!"聂慎儿惊呼。哦不,是假的傅勾月,聂慎儿想,她来做什么?

顾骁果然没料错,就在他到达雀岭的第三天,孟子笺便派人送来了请束,请他过府一叙。只是这要求,令人惊心。

"一人赴约!笑话!你对面大营多少兵马?"闵纾冷笑道。

"八万。"信使答。

"八万人,让我们王爷单刀赴会?"闵纾呵斥道,"孟子笺什么居心?辜负王爷多年视他如手足!"

"孟大人说,王爷是君子。"那信使接话道。

闵纾冷笑道:"王爷千金贵体,轮不到他评论……"

"闵纾,住口。"顾骁打断道。他从广袖中伸出两只修长的手指轻轻一夹,从信使双手中抽出信纸。也不知他是有心还是无意,信纸随着指尖力道唰地一下划过送信之人面颊,留下一道不深不浅的红痕。

顾骁抖开信纸,瞄了两眼,面上却是一丝未变。信使低眉顺眼不敢出声,孟子笺临行前确实与他说过顾骁是君子,条件再苛刻也不会为难他。甚至还说……顾骁必会赴约。他似乎有些明白了,眼前之人临危不乱,荣辱不惊,确有孟大人所言之君子品格。只是这江宁九王虽说君子翩翩,面目如玉,却从骨子里透着一股清高孤傲,仿佛万般皆不放在眼中,桀骜之气压得人有些难挨。

那信使想着,顾骁却笑了笑道:"既有兄弟情义未断,本王自然信得过他。单刀赴会?子笺既是要做鲁肃,就算是龙潭虎穴晴言也要走一遭。舍命陪君子,做他一回关云长!"

顾骁顿了顿,随即笑容更深道:"八万兵马?呵,闵纾,你是看不起本王了。本王倒要看看,就算是八万天兵天将,又能奈我何?"

又一个三日后,雀岭艳阳高照,战火疮痍后的郊外一派萧肃。城门徐徐而开,顾骁一身貔貅啸天战甲,头戴红翎,腰挂佩剑,胯下一匹四蹄赤色的踏血名驹,正所谓"赳赳将军,犰狳绝群"。他双腿轻轻一夹马腹,骏马通灵脚下生风地来到驻扎在城外不远处的湖州军营。

湖州军营早已有人在等,一个武将带着两排人马迎在大营门口,这人看似品阶不低,趾高气扬,立在队伍正中。

那武将抱了个拳,也不作揖,趾高气扬道:"九王有礼。"

顾骁扯了扯缰绳，问道："你是何人？"

武将面无表情道："在下孟大人麾下副将赵源，在此迎接王爷。"

顾骁一声冷笑，也不下马，他双手用力一扯缰绳，胯下马儿立刻前蹄离地，顺势一声长鸣便作势站起，逼得面前赵源硬生生后退了好几步。

赵源本就心怀敌意，顾骁不下马，他只得仰着头与马上人对视，一高一低，他顿时怒气迸发道："顾王爷，你这是何意？"

顾骁手中马鞭一指，道："笑话！请本王前来的书信，何人所写？"

赵源双手抱胸道："自然是我家大人！"

顾骁手里马鞭一挥，卷起一股尘沙，怒斥道："谁写的便让谁来迎本王！本王是你家主子的客人，你又算个什么东西？"

两军阵前，气势最重要。换作以前，顾骁不屑与宵小之辈计较。可如今敌我两军十几万双眼睛看着，统帅孤身一人闯敌营千军万马，自然不能输了阵仗。

再看那赵源气得额角青筋凸出，怒道："好你个顾骁！你也不看看这是在谁的地盘！你……"

此时一个声音从赵源背后传来，来人一举一动皆落入顾骁眼中。

孟子笺还是那副绛紫发冠，一身玄甲衬得他越发冷淡了。他脸上依旧挂着往日笑容，掩盖着内心变化。只不过，还是瞒不过昔日好友。

孟子笺笑道："赵将军心急得很，说好的一起迎接贵客到来，怎么自己先来了？"

赵源冷哼一声道："那是孟大人来晚了！"

孟子笺笑了笑，不再搭话，转而朝向顾骁，行了个礼道："清山一别，多日不见。王爷别来无恙？"

二人相视。孟子笺面带笑意，顾骁神情自若。恍恍惚惚间，天地仿佛定格。时光倒退，年少知己，扬鞭策马，痛饮同游。清山月盈崖边，似乎还存留着二人醉后狂傲笑谈之声，还有浓郁不散的竹叶青酒之香。

沙场再见，却是不如不见。

顾骁跟着孟子笺来到营帐内。也不知是不是在孟子笺处碰了钉子，赵源并没有跟上来。

二人来到桌边，屋内桌上横着一捆草席。

顾骁心下明了，却不作声，目光移向帐内横梁间悬着的一副草书，洋洋洒洒，一看就是孟子笺亲笔所书。孟子笺斟了一杯酒，推到顾骁面前道："军营里没有好茶好酒，王爷见谅。"

顾骁望着桌上酒盏，没动，也没吭声。

孟子笺又笑道："王爷……近日可好？"

顾骁却抬眼凝视他，道："子笺，干了这杯酒之前，你我还是兄弟。"

"自然。王爷愿意独自赴约，便是对子笺的信任。"孟子笺笑道。

顾骁又抬眼看了看那墙上挂的那幅字，若不是立场不同，他当真想赞美此字写得好。如今却只能揣测着诗句背后深意。顾骁徐徐念出纸上诗句："飒飒西风满院栽，蕊寒香冷蝶难来。他年我若为青帝，报与桃花一处开。"

"王爷见笑了。"孟子笺谦虚道。

顾骁却皱了皱眉道："子笺，本王这友人当得却不合格。"

"王爷何出此言？"孟子笺问道。

顾骁道："我只知你喜欢菊花，却不知你是因为喜欢黄巢而钟爱菊花。"

"子笺有意隐瞒，王爷又岂会得知。"孟子笺用余光瞟了一眼那幅字，笑道，"我确实喜欢菊花，也欣赏黄巢。"

顾骁面色凝重道："黄巢造反，大逆不道。"

"君王无道，兵变起义。王爷又怎知，不是顺应天命？"孟子笺笑着道。

顾骁义正词严道："顺应天命？子笺，江山易主，主宰者若是只求一己私欲，如何能称顺应天命？民不聊生，代价几何？"

"王爷抬举子笺了，黄巢是主宰者，子笺却不是。"孟子笺道，"向往却不能，所以子笺才钦佩他。"

"可是黄巢败了！"顾骁厉声道。

孟子笺又笑了："那又如何？"

顾骁道："狼虎谷一战，哪见得你所言之英雄骨？"

"人生在世几十载，任谁不是暂寄红尘？天下豪杰何其多，能青史留一名，足矣！"孟子笺针锋相对道。

顾骁怒了："你真正是被仇恨蒙蔽，青史留名你便效仿荆轲刺秦王，何苦拉着芸芸百姓与你受罪！"

孟子笺的笑容也消失了，他冷冷道："王爷一叶障目，若是只死灵帝一人。如何恢复我孟家清明？如何补偿我自小卧薪尝胆？如何夺回属于我的女人？"

顾骁拍案而起，大声道："你的女人？阿薰心性，宁为玉碎不为瓦全。若不是你一纸红笺，能逼得她亲赴青阳关？"

孟子笺同时起身怒道："为何是我逼她？我不过告诉了她真相！王爷不会天真以为，我不说，她就会一辈子不知道了吧？"

顾骁斥责道："你我兄弟反目，为的是天下。不是女人！今日之事，莫要将她牵扯进来！"

孟子笺一声冷笑："好！王爷要说这天下！子笺就与你说说这天下！这天下是何人的天下？"

顾骁毫不示弱道："这天下，是天下人的天下！"

"不错！你我皆是天下之人，取这天下有何不可？"孟子笺质问。

"错！"顾骁答道，"天下人心怀天下！只为私人恩怨，你算什么天下人？"

孟子笺哈哈大笑："我不算天下之人，灵帝算得上心怀天下？杀我孟氏全族，是为自己还是为天下？"

顾骁怒道："你这是执迷不悟！身为帝王，自己便是天下！天下便是自己！"

"王爷无须再说！为天下还是为自己不由他说，唯有心证！"孟子笺决绝道。

顾骁深吸一口气："你当真不退？"

孟子笺冷笑道："黄巢咏菊，王爷难道只知其一，不知其二？"

顾骁心头一震，知他说的是什么。他边念边觉得后脊发凉："待到秋来九月八，我花开后百花杀！"

"冲天香阵透长安，满城尽带黄金甲。"孟子笺笑着接道。

二人话说至此，已是到了尽头。沉默许久后，孟子笺举起桌上酒盏。

孟子笺面色凝重道："举杯吧，王爷。"

顾骁没有说话，右手举起酒杯，却是有些颤抖。酒液在杯里晃出阵阵波纹。

"子笺半生颠沛流离,能有过一知己也是死而无憾。"孟子笺苦笑道,"劝君更尽一杯酒,西出阳关无故人。王爷,保重!"

孟子笺将酒杯拿到嘴边,抬头一饮而尽。顾骁淡淡看着他,最终一声叹息,干了兄弟二人之间最后一杯酒。

顾骁随即抽出佩剑,剑锋凌厉,在空中划出一阵白光。宝剑出鞘,他手腕飞快一转,面前的茶桌连同桌上的草席瞬间被斩一分为二,摔落在地。

顾骁收回长剑,头也不回地掀帘而去。留下孟子笺一人面对着一片狼藉。他立了一会儿,似是心情平复后,也离开了营帐。只有这地上被斩断的草席昭示着曾经的挚友,如今一分为二,割席断义。

顾骁怒气未消,出了孟子笺营帐后穿过校场,从小兵手中牵过自己的坐骑,翻身上马,一路奔驰。就在快要出湖州大营城门之时,马儿突然受惊。顾骁牵住手中缰绳,马儿便在原地转了个圈。

此时只见木头搭建的高台之上,数百人突然从围栏之下钻出,将顾骁团团围在中心。赵源手持长弓,箭在弦上,立于高台,箭心对准了顾骁。

顾骁坐在马上,毫无惊惧之色,再次抽出佩剑,遥指对手,满脸挑衅。

面前赵源怒气冲天道:"死到临头,还敢瞧不起人?"

顾骁却冷笑着吐出两个字:"你敢?"

赵源怒道:"有何不敢?我要杀你,孟子笺也救不了!"

顾骁轻蔑道:"造反本就有违纲常!再加上言而无信,杀了本王,信不信这城外十万将士今日就踏平了你这老巢?"

赵源手有些颤抖,却嘴硬道:"威胁我?怕了你不成?"

"本王何须威胁你这无名小辈?"顾骁笑道,"后背这便交于你,有胆子你就放箭!"

说罢,他使劲一扯手中缰绳,踏血骏马一阵嘶鸣,抬脚便踹开面前几名士兵,驮着主人冲出重围,一骑绝尘!

围困的士兵本就没得主帅命令,现在更是不敢追。只有赵源一人,依旧浑身颤抖,举着弓箭。他额头冒汗,怒火冲天,望着顾骁离去的背影,却又迟迟不敢放箭。

脑后迟迟未有箭风传来，顾骁笑得轻蔑。快到雀岭城门前，闵纾已带人早早等在门外。在粗略估计此时已超出射程范围后，他便调转马头，遥遥望着远处执弓之人吐出两个字的口型。虽说距离甚远，但赵源看是看了个真切，气得他怒摔手中长弓在地，上等兵器硬生生断成了几节。

"懦夫。"顾骁嘲道。

当游沐风带着十万兵马来到青阳关之时，已是三个月后。各地战报陆陆续续传来了不少，比如绵安大捷，丰都连战，雀岭胶着。

今日一场恶战，赵寺淮明显保存了实力。关外沥水河滚滚，对方每每只派千余人渡河来袭，见势不妙便收手退回对岸。这一次好不容易将来人一举歼灭，游沐风回到城内军营房内，将邀月剑解下放到一旁，手里接过刚刚送到的信件。信里有朝中派发命令的，信中说希望能在半年内把仗打完。游沐风不禁摇了摇头，若是真有说起来这么容易，湖州岂不是成了纸糊的老虎？

张牧之也是一身战甲刚卸，换了身便衣。军营里没那么多顾忌，他敲了敲门，便来到了游沐风身侧。他瞄了一眼游沐风手中信纸笑道："这是哪里又来了信？有什么战报三天两头说不完？"

游沐风抬手将信塞入他怀中道："我累得不想开口，你自己看。"

张牧之接过信纸展开道："半年？开什么玩笑？别说青阳关和雀岭了，就是最好守的丰都如今对方也有王卞挂帅。这个人绿林出身，就是个土匪，难对付得很。"

游沐风拿起案上的茶盅喝了一口道："王卞难缠，守丰都的林若冲是省油的灯？连我都能骗，倒不知他打算用什么阴招对付人家。"

张牧之却道："带兵打仗，还有什么阴招阳招？能赢就是好招。赵寺淮阴毒着呢，阁主切记，不能跟他讲什么道义。"

游沐风摆摆手道："我知道了，师兄那有消息了吗？"

"江堂主今早刚来的信，没打官印，差的是跟去的阁里弟子，也就不算战报了。一封家书，报报平安，说战事大捷，一切都好。"张牧之道。

"师兄这人，向来报喜不报忧。他说这话你也信？"游沐风嗔道。

张牧之摊手："不信还能这么办？总不能插个翅膀飞去瞧瞧。况且绵安大捷是事实,战况损伤呈表阁主不都看过了？还有什么不放心的？"

"呈表上只写战死人数,没死就是没事吗？"游沐风感叹。

"上阵杀敌,没死就是万幸了。"张牧之叹气道,"看看那雀岭,听说尸体都堆成了山……"

提到雀岭,游沐风与张牧之同时沉默。雀岭关要,本就是兵家必争之地。昔日同袍割席断义一时间传遍三军,人尽唏嘘。之后雀岭便硝烟四起,孟顾二人各自挂帅,互不相让,几场硬仗下来,雀岭死伤无数,尸横遍野。前日的尸体还没来得及埋入土,往后的死尸又盖一层。最后竟是埋都没地方埋,只能一把火烧干净,英魂化灰骨。

游沐风心情沉重,守边关这些日子她也感受到战争残酷,远不及诗词歌赋中写得那般激昂。饶是她早有心理准备,还是难以接受。真真应了那句:凭君莫话封侯事,一将功成万骨枯。

而她最关心的那个人,已经好久没有来过信了。游沐风皱着眉头问:"顾骁他如何？"

张牧之同样蹙眉道:"别的不好说,至少……活着。"

游沐风顿了顿,想起顾骁昔日鲜衣怒马,意气风发的样子,如今……

游沐风苦笑道:"活着便好。"

张牧之岔开话题道:"阁主要回信吗？给王爷去封信,他也能高兴些。"

赵寺淮领兵攻打青阳关本以为胜券在握。谁知这个明昭公主居然是个硬骨头,明的暗的不知攻了多少回,整个青阳关坚若磐石,竟是一寸都攻不下来。赵寺淮虽说踢到了铁板,但依旧镇定自若,今日又吃一场败仗,他将手下唤来问道:"这次渡河的有多少人？"

"回大人,五千。"阿祥道。

赵寺淮冷笑:"五千人,全军覆没？"

"是,属下无能。"阿祥下跪道。

赵寺淮道:"我本想着就这么耗着他们,入冬之前一举拿下。青阳关易攻难守,沥水河天然屏障。公主要守城定不会渡河而来。"

"是,大人好计谋。"阿祥道。

赵寺淮笑道:"没想到这个雪域公主看起来弱不禁风,倒是块硬骨头。"

"天机阁阁主本就身手不凡,加上她身边那个张牧之老谋深算,大人的确不能轻敌。"阿祥认真道。

赵寺淮心生一计,阴险笑道:"既然如此,咱也该给公主殿下送份大礼了。"

几日后,湖州兵马再次渡河偷袭。只是偷袭是假,阴损是真。不过三日,青阳关内鼠疫爆发,肆虐横行……公主染病,危在旦夕。

江宁雀岭。

顾骁几天前才收到游沐风的来信,一张信纸历经千难万险才到他手中,顾骁本来很高兴,哪知没高兴几天就听说青阳关爆发鼠疫,公主生命垂危。他赶紧找来裴锦焕问道:"到底怎么回事?"

"青阳关入秋后一直雨水不断,死尸太多来不及处理泡在水里本就容易发病。"裴锦焕道,"赵寺淮用投石机将沾染鼠疫的衣物甚至尸体投入青阳关城内,不出几天染病士兵就过半了。"

"这些本王知道。"顾骁道,"本王是问公主的病怎么回事!"

"公主去探望过染病将士,上午去过兵营晚间就发病了。现在高热不退,昏迷不醒。"裴锦焕道。

"柳堂主不是也在?"顾骁心急如焚道,"她什么疑难杂症都能治,热症还能治不好?"

"公主染病前就将药分给将士们了。"裴锦焕道,"增援的粮草药材都被阻塞在路上,根本送不进青阳关。巧妇难为无米之炊,柳堂主也没办法。如今之际只能等咱们打退雀岭外的兵,打出一条供给粮草之路。现在别说远在天边的青阳关了,就是雀岭如今也是缺医少药。好在孟子笺尚有良知,这种丧尽天良的招数也只有赵寺淮能使出来!"

顾骁心急,恨不得亲赴青阳关。但他是主帅,大敌当前有将无帅是兵家大忌。他咬咬牙道:"半年内将对面的湖州兵赶出雀岭城郊!"

"半年?"裴锦焕瞪大眼。虽说朝廷一直说半年内结束战役,但大家心知肚明,这几乎不可能。

"不错,半年。先想办法让他们退回渭水南岸,明年开春河水涨潮后再想渡河就不这么容易了,咱们可以趁机让粮草先行。到时候本王会向陛下请旨,让裴兄驻扎雀岭,本王带一半兵力增援青阳关。"顾骁道,"还有,聂堂主不是一直吵着要去青阳关吗? 派一队精兵保护她,准备好了立刻出发。本王这里还有些药材,让她快马加鞭带去青阳关给公主,先解决燃眉之急。"

另一边的聂慎儿手里拎着几块米糕和一小袋药材,边走边寻,脚步沉重地来到雀岭城内一座残破不堪的小院前。这已经是她能寻到最好的吃食,和仅有的一些药材。雀岭生灵涂炭,弹尽粮绝。就连顾骁也不见得能日日吃上精米了,更别说药材,都是她自己随身带来的体己。自从那日之后,聂慎儿打听了许久,才从邻里口中得知新搬进来的人住在何处,并且还有些基本情况——她病得很重,怕是命不久矣。

聂慎儿刚抬脚跨进小院就忍不住皱眉。想想这人的身份不说真的假的,好歹也在王府过着锦衣玉食的日子,沦落至此也不知到底是因为什么。

院子塌了半边墙,磨不开身。满院萧条,长着枯黄的杂草。草堆的屋顶已漏了好几个窟窿。烈日灼烧着稻草屋顶,散发出阵阵焦煳的味道。此时却突然有只杜鹃飞来,站在屋檐上叽叽喳喳唱个不停,却被屋里一阵剧烈的咳嗽声打断……

聂慎儿抬头看了看,诧异道:"这兵荒马乱的,怎么还能见到杜鹃鸟儿?"

傅勾月沙哑的声音从屋内传来:"谁在外面?"

聂慎儿叹了口气,抬手推开了虚掩着的斑驳木门,进了屋内。傅勾月躺在一张木床上,看见来人强撑身体坐了起来,一手扶着床沿问道:"你是谁?"

聂慎儿想了想道:"我不过是过路之人,来看看你。"

傅勾月瞧了瞧聂慎儿的衣着和带来的东西,警惕地问道:"表哥……王爷让你来的?"

聂慎儿摇摇头坦白道:"不,我是天机阁的人。"

傅勾月听了这话,似是松了口气,转而脸上挂上嘲讽。她冷笑道:"怎么,天机阁的人来看我笑话?"

聂慎儿皱眉,将手中物品放在床沿上。屋里连张椅子也没有,她便站着与床上之人对话。只听聂慎儿叹了口气道:"你别多想,我与真正的傅勾月是旧识。以前……也算是有些纠葛。眼下兵荒马乱的,来瞧瞧你,也算是瞧瞧她。"

傅勾月眼眸变暗，道："这样啊，那你恐怕要失望了。她已经死了。"

"怎么死的？"聂慎儿问。

傅勾月道："山贼。"

聂慎儿没想到会是这样的答案，一时间语塞。

傅勾月不耐烦道："你问完了吗？问完了就带上东西走吧。我难受得紧，就不下床相送了。"

聂慎儿看着躺在床上的傅勾月，心里还是不忍，问道："你怎么弄成这个样子？顾骁看着也不像是个苛责女人的人，怎的连条后路都不给你安排？"

傅勾月挣扎起身道："你别乱说！是我自己硬要来的雀岭！不关王爷的事！"

聂慎儿不解："你为何要来雀岭？为了顾骁？那又为何不去找他？"

傅勾月咳嗽两声，难受得眉心一拧道："关你什么事？"

聂慎儿耸耸肩道："我就是好奇随便问问。你不想答就算了，那我这便走了。"

聂慎儿并没有拿起放在床沿上的东西，她最后看了一眼床上的人，抬脚离去。

却听傅勾月突然在她背后开口。

"等等！"傅勾月道。

聂慎儿回过头问："还有事？"

傅勾月犹豫开口问道："她……呢？"

"谁？"聂慎儿问。

"还能有谁？你们阁主。"傅勾月苦笑道。

聂慎儿转过身面对傅勾月，答道："阁主去了青阳关，挂帅抗敌。"

傅勾月不敢相信地重复道："挂帅抗敌？"

"如今阁主可比你惨，遭人陷害，身患恶疾。青阳关的条件比雀岭好不了多少，有医无药，昏迷半个月了，也不知道救不救得回来。"聂慎儿冷笑道。

傅勾月愣了一会儿，问道："王爷知道吗？"

"应该刚得到的消息。"聂慎儿道。

傅勾月却喃喃自语道："那他该多伤心啊！"

"谁?"聂慎儿没听懂她的话。

傅勾月摇摇头问道:"她还能撑多久?"

聂慎儿不高兴道:"关你什么事?"

傅勾月又咳嗽起来,很是严重。一阵喘息过后,她吃力地从怀中摸出一方绢帕,颤颤巍巍地伸出手递给聂慎儿,道:"我散尽家财前来雀岭,半途遭劫,如今身无分文。只有这枚丹药,我从小随身携带。是我师父给我的,说关键时刻能起死回生。你将它带给你们阁主,服下后三日便会苏醒。"

聂慎儿瞪大眼睛,不敢相信道:"你……"

傅勾月打断她道:"当然,你若是不信我,出门丢了也无妨。"

"为什么?"聂慎儿不解。

傅勾月惨笑道:"我不想看他难过。"

聂慎儿简直难以置信:"你都病成这样了,自己吃了活下去不好吗?"

"他不要我,活着也是痛苦。"傅勾月苦笑着道,"这药珍贵得很,能拿来换他笑颜,也是物尽其用。"

聂慎儿惊得无以复加:"你疯了?为了这点情爱连命都不要了?"

傅勾月却激动道:"怎么?她守她的家国大义,我守我的小情小爱!只准她殉国,不准我殉情?"

"这不一样……"聂慎儿试图反驳。

傅勾月打断道:"有什么不一样?都是遵循心中执念,凭什么你们都觉得我不如她?同样都是一个心!我的心装不进天下,但独独能被那一人撑满!凭什么死到临头,你们还觉得我的心不如她的心?"

聂慎儿噎住。

傅勾月咳嗽两声接着道:"我知道王爷喜欢她,但不代表我认输。她能住得了月闻阁,我也能住得了这茅草屋。她能为王爷奋不顾身,我亦能飞蛾扑火。就算是死,我也能比她做得更多!"

"你这是为谁而做?为了他,还是为了成全你自己?"聂慎儿只觉得悲凉。

傅勾月嘴角一扯却是笑了:"有什么区别吗?到了这个分上,我想的是他,我的心是他,我便是他。"

聂慎儿无言以对,不知该同她说些什么。她愣了许久后才缓缓开口:"好吧,你有你的决断。无论如何,还是多谢你的药。"

傅勾月冷哼一声,躺回床上道:"你别谢我,救她是为了王爷。我才没那么好心!之前……我害过她一次,这次救她一命,大家扯平。哼!到了阴曹地府,休想为了她记一笔账到我头上!"

聂慎儿道:"可是……"

傅勾月打断道:"别告诉她药是我给的,我不想和她扯上关系。"

傅勾月又是一阵剧烈咳嗽,用袖口擦了擦嘴角,继续道:"也别告诉王爷……"

"别告诉他我来了,别告诉他我现在这个样子,别告诉他我快要死了……"

"为什么?"聂慎儿问。

傅勾月一只手捂着胸口似是很痛苦,道:"求你了……"

聂慎儿没来由鼻头一酸,问道:"我不懂,既然你想得这么明白。心中揣着自己的念想就好,何苦非要到雀岭来?何苦非要搭上性命?"

这一次咳嗽来得更猛,傅勾月没办法说话。半晌过后,她努力咽下喉头腥甜,但还是有点点血迹沾在了袖口上。她眼角含泪,也不知是咳嗽剧烈带出的泪水,还是心中酸楚压抑不住。

"我……很想他……"傅勾月哽咽了,"每每想到,能和他待在同一座城,头顶同一片云……偶尔能远远望上他一眼……我就会很满足……"

聂慎儿实在于心不忍,道:"明日在东城门誓师,顾骁亲自点兵。你……要不要来城下看一眼?"

"真的?"傅勾月眼里燃起希望。

聂慎儿点头道:"真的。"

傅勾月的眼泪滚滚而下道:"好……好……我去……"

聂慎儿出来茅屋之时,只觉得日光刺眼。房顶的杜鹃依旧还在,一声一声叫得人心慌。

第二天,顾骁准时出现在城楼上,还是那一身瑞兽啸天战甲,气宇轩昂。但傅勾月却没有来。聂慎儿在人群中搜寻了许久,心里有些预感。她走回那间茅屋,果然床上的人已成一具尸体。

尸体还未僵硬,可见刚咽气不久。傅勾月死前手里紧紧握着一方手帕,帕子上针脚细密地绣着几行字:"零落桐叶雨,萧条槿花风。勿云不相送,心到青门东。相知岂在多,但问同不同。同心一人去,坐觉长安空。"

同心一人去,她那颗心又去了哪儿呢?早年间落照王府初见,红衣映雪,朗目星眉。那一眼便误了一生……

为了给傅勾月找一卷草席下葬,聂慎儿费尽周折。物资吃紧,前线将军战死都领不到草席。她一路争取,从裴锦焕那要不来,又吵到闵纾处。最终,顾骁还是知道了这件事。

那一日顾骁一身铠甲未卸便匆匆赶到城后乱葬岗。他脸上身上俱是斑斑血迹,也不知是自己的还是旁人的。他眼前荒草野坟,有点恍惚。

他回来之前闵纾就已做主,傅勾月的尸身也就仅仅裹着一片马革安葬于此。香魂已断,往昔难寻。顾骁叹了口气,从身后摸出了一坛酒。只听他道:"战事吃紧,雀岭已快弹尽粮绝。草草安葬于此也是没有办法,委屈你了。"

他说完这番话,对着酒坛,仰头饮了口酒。顾骁平日克己自律,连战事严峻时都很少碰酒。如今更是寻不到什么佳酿。烈酒入喉,他不禁微微蹙眉。

"也没有什么好东西祭奠你。一坛浊酒,晴言敬你。"顾骁说完,将酒洒入面前黄土,溅起一阵黄沙,他继续道,"说起来,这么长时间,我还是不知道你的名字。"

他又饮了一口酒。

"罢了,还是唤你月儿吧。"顾骁道,"我不信鬼怪之说,月儿,也不知你能不能听见我这番话。若能,你便听话,早早安歇吧。国之将倾,铁蹄之下人命如草芥,这一世也没什么好留恋的。若是为了我,更没有必要。此生终究是我有负于你。世人多痴妄,晴言何德何能,得你一颗真心倾覆。我虽不知你为何而来,但既是长眠于此,想来你也是死得其所。罢了,总归这雀岭尸横遍野,黄泉路上也不会孤单。"

顾骁顿了顿,伸手拂去那简陋墓碑上的尘土,又将坛里最后的酒液倒入土地。忽地一只杜鹃落在墓碑上,悲啼几声。

顾骁道:"月儿,晴言敬重你。"

正所谓:生如一抹浮萍飘摇,死作一缕芳魂昭昭。

滴不尽的相思血泪抛红豆,开不完的春柳春花满画楼。

奈何,苍天不解人间意,神佛只笑世人痴。

儿女情,情成痴,痴成妄。

到头来,枉顾的是卿卿性命,成全的是魂梦君同。

荒坟野冢,杜鹃啼血。襄王神女梦无期,一寸断肠一寸离。月如钩,情难许。

不如归去,不如归去哉……

雪域青阳关。

游沐风昏迷后一直昏昏沉沉的,她这次没有做梦,只觉得身旁的人换了一批又一批,有男有女。有人用手摸她的额头,有人替她掖被角,也有人将苦药灌入她嘴里。要是自己就这么死了,大家伙不是白折腾了?游沐风迷迷糊糊想着,慢悠悠地在床上转醒,只觉头昏脑涨,喉头灼热,眼皮仿佛有千斤重,怎么睁也睁不开。黑暗中,游沐风听见两个声音在不远处小声对话。她竖起耳朵,依稀辨认出是柳如丝与聂慎儿的声音。

"这顾骁给的药成不成啊?怎么吃下去那么长时间还没醒?"聂慎儿焦急道。

柳如丝还是一如既往地暴躁,道:"你怎么跟江知白一个德行?都说了吃下去的是药!是药!不是仙丹!"

"要不把这丹药给阁主吃了吧,说三天一定能醒!"聂慎儿小心翼翼道。

柳如丝却怀疑道:"你这药,哪里来的?"

"怎么?有什么不妥?"聂慎儿问。

"不妥倒是没有,只不过这药稀奇得很。晶莹剔透,散发清香,其中有一味昆仑雪莲入药,据说有起死回生的功效。"柳如丝答道。

"昆仑雪莲?"聂慎儿眨眨眼,显然没听懂。

"昆仑山从盘古一气化三清之时便被称为天路,昆仑雪莲便是天上的灵药。世间只得三朵。据我所知,我师父有一朵,清山掌门师叔唐知心有一朵,还有一朵是海镜时贞公主出嫁时的陪嫁之物。不知这丹药里用的是哪一朵。"柳如丝道。

"你别管他是哪一朵,能保命不就行了!"聂慎儿着急道,"快给阁主吃下去,小心顾骁赶来扒了你的皮。"

柳如丝却道:"用不着,顾骁这药够用了。昆仑雪莲能治百病,解百毒。留着给阁主日后保命用不是更好?"

游沐风晕晕乎乎在床上听着,脑壳涨痛,实在是听不下去,动了动手指,又努力睁开眼睛,发现二人根本不搭理她,气得哑着嗓子一声嘶吼:"你们两个别聊了! 谁去给我倒杯水!"

"娘嘞……阁主你醒啦?"柳如丝喜出望外道,"你看我说什么来着,保证能醒还不相信! 一个两个成天就想着扒老娘的皮,粗不粗鲁?"

聂慎儿也高兴道:"阁主你感觉怎么样? 有没有哪里不舒服? 头疼不疼?"

游沐风无奈道:"水……"

聂慎儿恍然大悟:"哦哦哦……水……柳堂主快去倒水!"

一会儿,清水入喉,游沐风觉得好受了不少,缓了缓便开口向坐在床沿的聂慎儿问道:"你怎么在这?"

聂慎儿道:"我从雀岭一路快马加鞭赶来的。"

"顾骁派人送你的?"游沐风问道,"药是他给的?"

聂慎儿点点头道:"是啊。他特意要我转告,这是他自己随身携带的私药,不算公物。让阁主不要有负担。"

游沐风撇撇嘴道:"药给了我,他自己怎么办?"

"王爷说他自有办法,让阁主不必担心。"聂慎儿道。

游沐风皱眉:"这话你也信? 刀剑无眼,万一……"

聂慎儿却笑着打断道:"没什么万一,阁主就放心吧。您没事王爷才能没事对吧? 再说已经吃到肚子里了,又吐不出来。"

"王爷他……还好吗?"游沐风担忧地问道。

聂慎儿犹豫道:"阁主……想听真话?"

游沐风突然害怕起来,但还是点点头。

"不太好。"聂慎儿道,"雀岭如今成了人间炼狱。地方本就不大,日日里飘着焚化尸体的焦煳味。前几日,我在后山砍竹,看见他一个人站在那盯着沙场发呆,也不知是不是心里不好受,唤也唤不醒。总觉得与平日里的样子差了许多……"

游沐风不知该说什么。

聂慎儿接着道:"粮草供不上,早先裴将军说主帅日日清晨还能喝上一碗白米粥。后来顾骁自己说要与将士同甘共苦,连粥也断了。他再逞英雄,肠胃也是娇生惯养的。肉眼可见的瘦了一大圈,前两日还受了点伤……"

游沐风越听越觉得心里酸楚,又有些感同身受。怎么说自己从小习武还吃过些苦,而他……宫中斗争虽险,但与战场凶残却是两码事。她知他心中怀仁,却不得不杀。往日里君子翩翩的江宁九王,如今也怕是要脱胎换骨了吧。

"信里他从未提起……"游沐风喃喃道。

聂慎儿苦笑着说:"身在炼狱,再提苦难,岂不是一点希望也寻不到了?"

"张堂主呢?"游沐风猛然想起,"青阳关战况如何了?"

"鼠疫肆虐,军民损伤过半。"聂慎儿道,"赵寺淮……已经在攻城了……"

"什么时候的事?"游沐风大吃一惊道。

"就在阁主病倒后不久,已经打了几场硬仗了。"聂慎儿道,"张堂主说,拼了性命不要,也会为阁主守住青阳关。"

"是我大意,负了三军将士。都知青阳关天险,但既然来了就不能空负出师前许下的诺言。传令三军,不惜一切代价,也要守住青阳关!如今我醒了,便要那赵寺淮知道厉害!"游沐风愤然道,"但使龙城飞将在,不教胡马度阴山!"

屋外后院厨房边,聂慎儿好不容易才找到柳如丝。彼时她正在煎药,糊了一脸煤灰。

聂慎儿笑道:"你看看你,里看外看都不像个姑娘家。"

"像姑娘家有什么好? 你看看那王府里成天哭哭啼啼的傅勾月,想想就脑瓜子疼!"柳如丝撇嘴道。

"傅勾月死了。"聂慎儿道。

柳如丝停下手中活,瞪大眼睛道:"啥?"

"死了,埋在乱葬岗。死者为大,你少说两句。"聂慎儿惆怅道,"昆仑雪莲的丹药是她给的,别告诉阁主,这是她临终遗愿。"

柳如丝想了想道:"不说也好,省得日后阁主真吃了她的药,心里有负担。"

"傅勾月的尸身,闵将军埋的。他那日看起来,心里也不太好过。"聂慎儿试探道,"他让我给你带了些药材,都是自己的公配。说你可能用得上。"

柳如丝冷哼一声道:"老娘不稀罕他的药材。"

"还有封信。"聂慎儿笑道,"你看不看?"

柳如丝翻了个白眼:"不看。"

"真不看?"聂慎儿笑着把信塞入柳如丝怀中道,"看看吧。人家战场杀敌,回来还给你写信。没有功劳也有苦劳不是? 英雄气短,儿女情长,对你也是一片真心,你别总是这样冷言冷语的。"

柳如丝横她一眼道:"你看他这般胡搅蛮缠,不这样老娘还能怎样?"

"以身相许?"聂慎儿讥笑道。

"别逗了……"柳如丝苦笑道,"我配不上他。"

聂慎儿没回答。柳如丝突然有些惆怅,她改口道:"算了,打完仗再说吧。兵荒马乱的,总归……要有点念想……你说是不?"

聂慎儿也一声长叹道:"是啊……总归要有点念想……"

此刻二人皆沉默。谁都怕生离死别,一场爱恨变断肠。谁都怕将军百战,小情小爱成累赘。英雄气短,儿女情长。谁是谁的英雄? 谁又为谁情长?

柳如丝不敢继续想,遂岔开话题问道:"你手里拿着什么?"

"我在雀岭后山找到片竹林,生得极好,便带了些回来取心抽丝,给阁主做一件胸甲。"聂慎儿笑道。

"斑竹?"柳如丝皱眉问道。

"是啊,潇湘竹。"聂慎儿问,"怎么了?"

柳如丝摆摆手道:"没什么,眼皮突然跳了跳。"她抬头看看天空说,"这关外另一边,赵寺淮难以置信道:"醒了? 不是说昏迷半个月很快就要咽气了吗?"

阿祥抱拳道:"城内探子得来的消息,不会有错的。"

"一只脚踏进鬼门关都能活回来,这天机阁阁主是大罗神仙投胎不成?"赵寺淮冷笑道。

"能救回来不是天机阁阁主神仙转世……"阿祥犹豫道,"大人,属下有句话不知当讲不当讲?"

赵寺淮道:"哦? 你先说来听听,我才知道你当讲不当讲啊。"

阿祥道:"天机阁分四堂,司济堂堂主柳如丝医术绝伦,妙手回春。"

"然后呢?"赵寺淮问。

"她……是韩亦,韩景榕的徒弟。"阿祥道。

赵寺淮愣了一下,转而嘴角一扯道:"呵,这可真是冤家路窄啊! 这么说来,阿祥,这柳堂主也算是你半个师妹了。"

"属下不敢!"阿祥跪地道,"当初决定跟随大人后,属下便与韩景榕没有半分瓜葛了!"

赵寺淮淡淡地道:"你先起来吧。"

阿祥并不起身,依旧跪地抱拳道:"大人,恕属下直言。不杀了柳如丝,天机阁阁主就算死透都能被她救活。"

"怎么? 你是想借我的手,解决你们师门恩怨?"赵寺淮冷笑道,"不过你说得也有道理。杀了她,公主少了左膀右臂也是件高兴事。但现如今关内如铜墙铁壁一般,攻都攻不进去,如何杀她?"

"攻不进去,咱们可以骗柳如丝出来。"阿祥道。

赵寺淮眉峰一挑问:"你有计策?"

阿祥沉默了一会儿,跪在地上一动不动。就在赵寺淮失去耐心准备呵斥之际,他突然开口道:"早年共事时,属下听说她……有个弟弟……"

雪域青阳关。

一大清早,聂慎儿就急匆匆地冲进了游沐风的房间。彼时后者的病还没好全,一边喝着药,一边与张牧之研究如何能断了赵寺淮的水路。游沐风见她满头大汗,气喘吁吁,便放下手中药碗问道:"什么事这么火急火燎的?"

聂慎儿焦急道:"出事了,阁主!柳堂主走了!"

"走了?"什么意思,游沐风问道,"去哪儿了?"

"她去了对面湖州大营!"聂慎儿激动道,"去找赵寺淮了!"

"这怎么可能?她认识赵寺淮吗?"游沐风仿佛听见了一个笑话,"她不要命了?"

"真的!她留了封信!说对面有至亲的消息,不得不去!"聂慎儿赶紧道。

游沐风一把抢过聂慎儿手中信纸,寥寥几行字,她反复看了好几遍,顿时五雷轰顶,书信最后一句更是触目惊心,柳如丝写道:"谁都有心中执念,无论真假我都得去试上一试。若是回不来,阁主权当我死了吧……万事以大局为重,切不可为了我坏了战局。"

游沐风看完信,脑袋里嗡嗡直响,将信塞入张牧之怀中道:"还愣着干吗?还不赶紧派人去追!"

张牧之也将信看了一遍,道:"追肯定是来不及了。今早属下亲自带人换的防,应该是昨天晚上就走了。"

游沐风抓起桌上佩剑飞快道:"找几个轻功好的跟我去救人!"

"阁主莫要冲动行事,赵寺淮既然能将人弄走,必然也是想了万全之策。战事愈演愈烈,去了就是自投罗网。"张牧之将信放回桌上,分析道。

"不管他们骗走柳堂主有什么目的,此时若是坐以待毙,等赵寺淮派人来谈,咱们只会更被动。"游沐风想了想说。

张牧之道:"事已至此,阁主若想保柳堂主活命,只能等着赵寺淮派人来谈条件。被动也没有办法,先听听对方怎么说吧。"

果然不出半日,赵寺淮便派了信使前来。退兵十里,换司济堂堂主平安归来。

"退就退,我就不信我打不回来!"游沐风一拍桌子道。

张牧之却道:"退兵是小,影响士气是大。眼下两军胶着,谁退一步都影响日后军心。"

游沐风怒道:"横也不行,竖也不行。总不能看着柳堂主送死!"

张牧之思索道："要不这样，咱们先佯装答应赵寺淮的条件。保住柳堂主的命，争取点时间也让他们放松警惕。今晚连夜派慎堂的弟子去救，阁主意下如何？"

游沐风沉默半晌道："主意是个好主意，只是言而无信……"

"跟赵寺淮这种老奸巨猾的狐狸有什么信用好讲？阁主有那闲工夫，不如数数他身后长了几条尾巴！"张牧之哭笑不得地说。

游沐风道："若是不守承诺，岂不是跟他一样……"

"阁主以为咱们退了兵赵寺淮就会真的放了柳堂主？若让他发现柳堂主是阁主你的弱点，下一次就不是退十里了，退百里都有可能。"张牧之打断道，"阁主，兵不厌诈。"

游沐风最终道："好吧，那就照你说的办！务必小心，一定要救出柳堂主！"

"是！阁主放心！"张牧之领命去了。

青阳关药王殿。

柳如丝从昨日起便被关在这一尺见方、不见天光的破庙里。她手中死死攥着随信而至的破破烂烂的香囊，又从自己怀中摸出同样一只，一手一个。她蜷坐在地上的草堆里，望着手中东西发呆，也不知在想些什么。

门外传来铁链开锁的声音，破木门吱呀一开，阿祥来到屋内，面无表情道："师妹，别来无恙。"

柳如丝抬起头问道："阿卿呢？"

阿祥笑道："你都成阶下囚了，还惦记着你弟弟呢。"

柳如丝恍若没听见一般，口中重复道："阿卿呢？"

"阿卿在哪，你该去问你的好师父。"阿祥轻蔑道。

柳如丝问："你没有他的下落，这只香囊又是从哪来的？"

阿祥道："我最后一次见到阿卿的师父时，他转交给我的。"

柳如丝瞪大眼问道："你最后一次见他？什么时候？在哪？"

"十年前，江宁落照，楼外楼。"阿祥道。

"楼外楼？"柳如丝震惊道，"难不成……这不可能，师父他不会骗我的！"

阿祥冷笑道："韩景榕是什么样的人，师妹早些看清为好。你问了我这么多问题,也该回答我几个问题,这样才公平,你说是不是?"

柳如丝垂下眼帘道:"我知道你想问什么……我什么都不知道……"

"不知道?韩景榕就你这么一个徒弟,你会不知道?"阿祥冷冷地道。

柳如丝摇头道:"不知道。"

"昆仑雪莲到底藏在何处?!"阿祥阴森道。

柳如丝也不惧他,冷冷道:"我说了,我不知道!"

阿祥暴怒:"你是不是以为我不能拿你怎样?虽说年少离师,但让你求生不得求死不能的本事我还是有的!"

柳如丝沉默了,坐在地上一动不动,她还是死死盯着手里的破烂香囊,眼里的光亮渐渐消失。她最终开口道:"你杀了我吧。之前的事,的确是师门对不起你。师父如今下落不明,司济堂堂主的位置也交于了我。你要报仇,就冲着我来吧……"

"想死?不说出昆仑雪莲的下落,不会让你这么便宜了结的!"阿祥怒极反笑道,"何况大人留着你还有用呢!对了,师妹你还不知道吧,你家主子疼惜你紧得很。愿意退兵十里,换你一条命!"

"你说什么?"柳如丝大吃一惊。

"哼!你也别得意!等你没了用处,咱们再好好清算旧账!到了阴曹地府,见到阎王爷,千万别忘了,是韩景榕害死了你!"阿祥说完这话,愤怒地摔门而去。

门外又传来落锁的声音。柳如丝神情有些恍惚,她终于将目光从那一对香囊上移开,将东西收入怀中。手中触感传来,她微微一顿,才反应过来怀里还收着一封未拆开的信。她将信拿出展开,闵纾的字迹印目而来:

芊芊如丝垂岸柳,遥遥一望碧水间。长夜漫漫,烛火炬炬。边关连角起,日里杀敌千百恍若隔世,夜里枕卧难眠披衣案前,只字千里,只问卿卿可好?纾自知口顿舌拙。只愿卿心存一念,待彼时战了,待彼时回还,勿忘三书六礼之聘,勿负长相厮守之约。

柳如丝看着信笑了,笑着笑着却见两滴清泪落入纸间,晕开一片墨迹。

"真是个傻子……"柳如丝苦笑道。她自知闯了大祸，她一心想着寻找弟弟的下落，本来想着就算是陷阱自己死也要把往事真相弄清楚，谁知道游沐风竟然会为了自己退兵十里。她心中有感动，也有愧疚。柳如丝也知道赵寺淮和阿祥不会善罢甘休，想要解决问题只有一个办法。

她将信收回怀中，站起身来看了看周围。药王殿内孙公塑像威严肃穆。破败的木匾上"悬壶济世"四个大字依旧清晰可辨。杏林妙手又如何，有些病终究药石无医。

当晚，游沐风坐在案前等着张牧之带回柳如丝的消息。说来奇怪，本是心乱如麻，却不知怎么恍恍惚惚间趴在桌上睡着了。梦中柳如丝翩然而至，像个仙女。她对游沐风道："阁主，我要走了……"

"走？去哪？"游沐风问道。

柳如丝道："天下这么大，飘到哪算哪。我这个人，命不好，还总爱惹事……走了好，给阁主省心。这一次，是我一时冲动，阁主能想着救我……这份心意属下……来世再报吧。将士守城不易，不能为了我负了千千万万条性命……我这就去了，该散的散，该了的了……"

"等等……"游沐风伸手想抓住她，却抓了个空。

柳如丝想想继续道："哦对了。闵将军他……他……算了，是我没那个命。让他好好的吧……我想想，这下真没别的了……日后吃药别总是怕苦，保重，阁主……"

"阁主……阁主……醒醒……"

游沐风猛然惊醒，看见张牧之站在一旁，赶忙问道："柳堂主呢？回来了吗？"

"回来了。"张牧之面色不太好。

游沐风却没注意到，继续问："人呢？"

张牧之犹豫道："人……在偏厅……"

游沐风快速起身道："我去瞧瞧！"

张牧之拦在她面前道："阁主……"

"你让开！"游沐风厉声道。

"阁主……柳堂主她……去了……"张牧之艰难说道。

"你骗我！让开！"游沐风从刚才梦醒就有不好的预感，眼下她更不愿意面对事实。

"阁主你冷静一点！"张牧之也很难过，他大声道，"柳堂主真的死了！尸身还没有清理好，现在不能去看！"

"死了？"游沐风恢复神志后有些茫然，问道，"怎么死的？"

"自尽的……在药王殿里……触柱而亡。"张牧之哽咽道。

游沐风不说话了。

"阁主？"张牧之怕游沐风病刚好受不得刺激，担心道，"阁主你没事吧？"

游沐风还是没说话，她眼底通红，如同走火入魔。她脑袋嗡嗡直响，耳朵里全是血液倒灌的声音，根本听不见张牧之的话。

张牧之赶紧堵在门口问道："阁主要去哪里？"

"杀了赵寺淮……碎尸万段……杀了他……"游沐风现在脑中只有"复仇"二字。

"阁主要冷静啊！现在冲动便是中了他的计！"张牧之早料到会是如此，他想好对策道，"报仇之事从长计议，眼下柳堂主尸骨未寒，如何处理后事还需阁主定夺啊！"

"后事？"对，还有后事，游沐风这才稍稍冷静了些。尸骨未寒，得让她走得体面。

张牧之见游沐风有了反应，继续问道："是啊，是就地葬在青阳关，还是送回天茗？"

"派人去雀岭。"游沐风失神道，"带着公主玉印请闵将军速来青阳关……送她最后一程……"

七日后，闵纾从雀岭赶到了青阳关，没停留多久，便带着柳如丝的尸身回了落照。游沐风没有阻拦，跟着他也许是好事，总比留在空落落的青阳关与天茗强。后来便听世人说，凯旋的年轻将军娶了个死人。十里红妆，新娘子凤冠霞帔躺进了棺木，就下葬在落照河水边悠悠的垂柳下。

替柳如丝守灵的七日间，她没有再回来，连头七时也没有……远山外又是一阵猿鸣，似在悲啼。一个刚烈又凄切的巾帼女儿故事便在这一片荒草萋萋中烟消云散了。可歌还是可泣？可悲还是可叹？

功过之后，不过后人一场笑谈。

江宁雀岭。

苍茫的战场上散发着焦灼的气味，和死亡笼罩下衰败的气息融合在一起扑面而来，熏得顾骁睁不开眼睛。

上个月的战况异常惨烈，天气阴晴不定，为了防止尸体腐坏散发尸毒，只能一把火烧了，火光冲天。每个士兵出征之前都会带着写有姓名和祖籍的木牌。顾骁命人烧之前把所有木牌全收了回来，挂在郊外的竹林里。密密麻麻的木牌挂满了所有竹枝，风一吹，便相互碰撞发出"叮叮咚咚"的脆响。顾骁这几日不管走到哪里都能听见竹林里木牌的响动，彼时他正站在城楼上，又是一阵风袭来，他只觉得这声音，像是死人在哭。

从半个月前开始，对面便开始由赵源带兵。顾骁见过这个人，知道他生性莽撞，成不了大器。果然半月之后，湖州一方损伤惨重，昨日更是退兵二十里调养生息。看来半年内将敌人赶回渭水河岸的计划是有希望实现的，他也能尽快赶往青阳关。闵纾走了，带着柳如丝的尸体回了落照。出征前的生死相许，顾骁现在根本不敢多想，他害怕。只得把注意力都转移到战事上，但如今顾骁心里还有些别的考量，他不禁皱了皱眉。

顾骁没有猜错，孟子笺受伤了，并且伤得很重。

裴锦焕来到城楼上，抱拳道："王爷，闵将军派人带话回来了。"

"他到落照了？"顾骁问。

裴锦焕答道："是。裴将军说，将夫人后事安排好后便快马加鞭赶回雀岭。"

顾骁摆了摆手道："无妨，让他先处理好自己的事。"

裴锦焕补充道："闵夫人已经下葬了。"

"葬在何处？"顾骁问道。

"信上说，在落照河畔的垂柳树下。"裴锦焕答。

"告诉公主了吗？"顾骁又问。

裴锦焕犹豫片刻，答道："青阳关战火纷飞，双方都在拼命。根本传不进消息。"

顾骁一想也是，苦笑道："以她的性子，怎么可能咽得下这口气，势必是要报仇的。"

"闵将军信上还说,公主……"裴锦焕支吾道,"公主……似乎受到刺激不小。与往日很不一样,像变了一个人,话少了很多,除了上战场杀敌,闲下来基本就一个人发呆。"

顾骁沉默望向眼前战场,尸堆依旧冒着滚滚浓烟。

"传令下去,这两日不可松懈,要乘胜追击。"顾骁深吸一口气,闭上眼睛道,"早早收拾了雀岭这个烂摊子,离开这个鬼地方。本王……要去找她。"

对面湖州大营中上官舞凤一路驰骋来到了雀岭。也亏得她从小骑术超群,从清山赶到雀岭也不过只用了几天时间。她此时已是三天未曾合眼,刚入大营,便冲进孟子笺的营帐,气喘吁吁问道:"公子如何了?"

宋筱筱守在孟子笺榻前,正在为榻上之人擦去额上汗水。她看起来也很憔悴,眼下乌青,六神无主。她哽咽道:"飞箭离心房不过就差了两寸,如今昏迷不醒。"

"大夫怎么说?"上官舞凤问。

"看造化。"宋筱筱往床上看了一眼,接着问道,"清山怎么样了?"

上官舞凤道:"上官数月之前便将公子的信送上了昆仑。段未语亲自出山,我来雀岭之前他便赶到了清山。如今清山掌门姓段,不再姓孟。掌门居所也从凤落亭改回知心堂。有段掌门坐镇,朝廷不敢对清山如何。"

"掌门师叔呢?"宋筱筱又问。

上官舞凤疑惑道:"哪位师叔?"

宋筱筱答道:"唐知心,唐师叔。"

上官舞凤说:"她也去了清山。"

"她手上有昆仑雪莲!"宋筱筱有了主意,"你再回趟清山,请唐师叔救救少爷!"

上官舞凤犹豫道:"这……只怕她不会答应……"

"你去求她不一定会给,段掌门去求就不一样了。"宋筱筱飞快道,"你回清山找段未语,去求他,一定要救少爷一命!念在往日情分,保孟氏最后一条血脉!"

上官舞凤点点头应道:"好!筱筱姐姐放心!我这就去,一定将此事办好!"

"等等!这几日我无暇顾及别的,其他几处战况如何了?"宋筱筱问。

"筱筱姐姐还不知道?"上官舞凤吃惊道,"眼下四处情形均不乐观。丰都战况胶着,林若冲正在养精蓄锐准备背水一战,以王卞的本事来看,怕是抵挡不住。绵安更是已经战败,江知白完胜归朝,要不是朝中无兵派遣,恐怕他早就请旨去青阳关了。再看顾骁更是急不可耐要去青阳关支援,若是……"

"若是让他赶到青阳关增援,后果不堪设想。"宋筱筱打断道,"青阳关如今怎样?"

"双方都杀红了眼,沥水河的水成了血红色,青阳关外的尸体摞得都快比城墙高了。都说明昭公主是个厉害角色,青阳关那么难守,居然硬撑到现在。"

"这个女人……若不是为了她,少爷何至于此?"宋筱筱凄厉道。

上官舞凤对孟子笺的私事并不太了解,遂问道:"姐姐在说什么?上官听不明白。"

宋筱筱摇摇头道:"没什么,你去吧。务必把事情办好。"

上官舞凤有些怀疑但还是点了点头道:"好。"

上官舞凤离去后,宋筱筱的目光又转回榻上。孟子笺此时脸色惨白,昏迷不醒。他眉间紧皱,额头之前刚擦过,此时又爬满了汗珠。

宋筱筱两行泪珠滑落双颊道:"少爷疼吗?您再忍忍,药很快就来了。这么多年都忍过来了,您再坚持一下……咱们就快要成功了……就算败了,筱筱……"

宋筱筱话到嘴边,突然停止,此刻她脑海中划过一个念头,越是琢磨……越觉得这条计策可行。她起身来到孟子笺日常收纳重要物品的房间,开始翻箱倒柜地找东西。

宋筱筱是跟着孟子笺从死人堆里被救出来的,对孟子笺的情谊自然也很深,是主仆之情还是爱慕之情她自己也说不上来。她陪着孟子笺蛰伏在清山,一路计划复仇至今,早将这份仇恨当成了自己的仇恨。一切都在计划之内,除了游沐风!宋筱筱想,这个女人……必须得死!

找到了东西后，宋筱筱吩咐几名亲兵照顾好孟子笺。她出了军帐，找到了正在校场练兵的赵源。

宋筱筱见到赵源说明来意，赵源惊得瞪大了眼睛道："兵书？这就是传说中的灵族至宝？"

宋筱筱冷冷道："不错。你家大人让你留在这里，不就是为了它。"

赵源道："大人确实想要宝物。但你这么轻易交给我，没有别的条件？"

"没有。"宋筱筱面无表情道，"你抓紧时间找人送往青阳关能把仗打赢才是关键。"

赵源嘲道："怎么？糊弄你家主子娶河内郡主不成，现在又开始偷他东西了？你不怕他醒来治你的罪？"

宋筱筱淡淡看他一眼道："少爷心愿得了，我死又有何妨。兵书交给赵寺淮，打下青阳关，杀了明昭公主。我们履行了诺言，能不能成就看你家主子的本事了！"

赵源玩味道："大人何时说过要杀长公主？这是你家主子的意思，还是你的意思？"

"少爷顾念旧情，自然舍不得她死。现在这一切都是我的主意，与我家少爷无关。"宋筱筱道。

赵源哈哈大笑："我说小丫头，你莫不是怕你家少爷旧情未了，先下杀手以绝后患吧？"

"少爷乃孟氏遗孤，与姓游的不共戴天。"宋筱筱阴狠道。

赵源嘲道："孟子笺现在躺在床上命悬一线，生死未卜，你倒是有闲工夫争风吃醋。要是他死了，不如你跟了我？本将军……"

宋筱筱冷冷地打断道："赵源，将兵书交给你，并不是因为我有多信任你与赵寺淮。不过是没有办法的办法。赵将军不要得寸进尺，还是公事公办，履行承诺为好。"

赵源讪讪地扯了扯嘴角道："兵书我会派人送去给大人。至于杀不杀明昭公主……不是我能说了算的。"

宋筱筱却笑道："公主性子刚烈，才不会干出像你一样弃城退兵的事情。青阳关若是败了……她岂会独活？"

雪域天茗。

威严肃穆的天家大殿中，灵帝独自一人站在案台前写字。眼前是一幅他早年初登皇位时临摹王希孟的千里江山图。多年后展开再看，图还是那张图，绿水青山，江河千里昭示了他的千秋帝业。他用手轻触纸面，当年未改年号，便没来得及题跋钤印。他提笔写下几行诗句：最后落款处犹豫片刻，他最终写下了"游沐年"三个字。

有多久没有提起过这个名字了？上一次是什么时候？他默默思索，是父皇母后在世之时？不对，他记忆有些飘忽……是尚在东宫之时吧……那时，枝遥总是如此唤朕。

这世间乾坤万代，代代都道最是帝王家无情。无情？帝王嘴边挂起一抹苦笑："朕若是无情，当初就不会听了你的，放枝途一命。早知杀他一人便可免如今战火，枝遥啊，你是不是也会站在朕这一边？"

"明昭不理解朕，非要弃朕而去。只能说她比朕幸运，尚可任性抉择，为情生为义亡。朕是皇帝，除了这江山，没有别的选择！哪怕这天下尽负我，妻离子散，家破人亡！朕都不能负这天下半分！朕没的选……"

帝王喃喃自语的悲痛之声，惊动了等在殿外的几位大臣。他们不知殿内出了什么事，只得赶紧入殿请罪。

"谁让你们进来的？"灵帝不悦道。

"臣等有罪！"几位大臣纷纷下跪。

"有什么事情快说。"灵帝从寂寥情绪中抽身，又成了冷冰冰的模样。

"陛下，青阳关……快要守不住了！"其中一位大臣道，"守城副将张牧之八百里传书，敢问陛下退还是不退！"

"公主呢？"灵帝问。

"杀敌三日，未曾合眼。"大臣答道。

"有无受伤？"灵帝又问。

"不知。"大臣道，"陛下，臣以为此时不能退兵啊！雀岭已有胜利希望，江宁九王可以带兵支援。若是能再拖一段时日……"

"不可，青阳关能守到现在已经是神佑！拼死血战到底也没有益处，何况皇亲国戚挂帅，怎可不顾公主性命？"另一位大臣大声道。

"此时退兵,军威何在?! 就算援兵赶到,再难重整旗鼓!"

"请陛下三思! 公主皇家血脉,求皇上顾念骨肉亲情!"

"请陛下顾全大局! 战事紧急,苍生危难,不可因小失大啊!"

"不可再战了,陛下! 全军覆没,公主必死无疑!"

"不能退兵! 陛下……"

大殿上数人僵持不下。而此时的江宁落照一僧一道坐在宽阔的院子里研究一盘珍珑棋局,脚边的茶冒着白色的热气。小和尚歪着头,倒在树下打起了盹。孔雀明王停在枝头,用前爪打理胸前碧绿的羽毛。

慧德老和尚道:"青云啊,你说这世人究竟为何愁苦?"

被称作青云的老道,正是游沐风的师父,唐知心的师祖。他穿着广袖道袍,头顶子午簪,长长的胡须花白,老得看不出岁数。只听他道:"万物皆有道,愁苦不过是看不穿。大道无情,有情便有愁苦。"

"既然如此,当作何解?"慧德老和尚问。

青云老道说:"无解,传道不传教,修仙先做人。想得明白怎么做人再想怎么成仙。'愁苦'二字,世人只能自己度自己。"

"世人多痴妄,双眼蒙蔽,只能靠佛祖庇佑免去苦难。有大悲地藏菩萨,度尽世人一切苦难。地狱未空,誓不成佛。众生度尽,方证菩提。"老和尚摇着头道。

"道化万物,空空而来,空空而去。无善便无恶,无喜便无悲。地狱空了,还要这满天神佛做甚?"青云老道笑道,"秃驴,你猜猜,咱们这次谁赢了?"

正午时分,天茗皇宫东门大开,一骑快马风驰电掣,朝着青阳关方向绝尘而去。八百里加急,天子手书,落笔成鉴。

青阳关退兵五十里,公主当以性命为重。

血腥气味笼罩下的青阳关,散发着万物待尽的气息。如果真有地狱,是不是就如同眼前景象这般呢? 游沐风站在泥泞的沙场,满眼猩红,机械挥舞长剑时这般想着。

青阳关这几日下着淅淅沥沥的小雨,由秋入冬,气温骤降。雨水冲刷下的战场,人血流入沥水,染红了江河。落入水中的尸体鱼虾争食,翻腾着腥甜之气。就连难得的夜晚临时停战休整,也是听得城外传来蹲守已久的豺狼抢夺腐尸的声音,和没有死透之人的挣扎哀号。

张牧之好说歹说,今夜才将游沐风从战场上劝下来休息。说来也奇怪,明明刚才不觉得,她这会儿进屋才发现,自己提剑的右手已经抬不起来了。

游沐风匆匆沐浴,洗尽一身污血。又由聂慎儿帮她上药,几处伤口上,传来冰冰凉凉的感觉。这药还是柳如丝不久前才配好的。自从她走后,大家都如同商量好一般,没有人在游沐风面前提起她。仿佛不提起这个人,就不会触碰到游沐风的悲伤。然而,青阳关日日都在死人。将士死前的哀号如同这窗外的细雨,虽不磅礴,但却像钝刀剜肉般一点一滴地冲刷着游沐风的心。

是谁说过要带着他们打胜仗? 是谁说过要带他们回家乡? 又是一年月圆之时,那些尸骨无存的上万英魂,是否能找到归乡的路? 归途万里,他们会不会迷失在茫茫天地,变成孤魂野鬼?

是谁说过要同生共死? 游沐风换了身干净衣服,站在窗边望着雨后的一轮明月,不禁想起那时出征誓师,自己说过的话。

"一杯浊酒敬将士,明昭一身肝胆……愿以吾血祭英雄,换得一世同生死。"

"阁主,该吃药了。"张牧之推门而入道。

游沐风回过神道:"你先放那吧。"

张牧之道:"几天未曾合眼,阁主应当好好休息。"

游沐风摆摆手,随后问道:"聂堂主呢?"

"刚刚歇下。"张牧之答。

游沐风点点头道:"我这有几件徐姑姑没做完的衣服,记得拿去让她帮我改改。"

"阁主,属下知道您心里难受。但如今,想不得这些……"张牧之叹了口气道。

游沐风却道:"我不难过。仗还没打完,还不到难过的时候。"

"这青阳关守不住了,你我心知肚明。"张牧之道,"何必再自欺欺人?"

游沐风端起桌上的药碗吹了吹,淡淡道:"我能守住。"

张牧之焦急道："阁主，现在不是意气用事的时候！胜败乃兵家常事！江东子弟多才俊，卷土重来未可知啊！失了地，日后打回来便是。您这到底是在跟谁较劲？赵寺淮，还是您自己？"

游沐风喝了口药，平静道："要走你走，我不走。仗能不能打赢是一回事，本心是另一回事。说好的同生共死，我若苟且而去，那些战死在青阳关的亡灵该当如何？我能带着他们的尸身一起走吗？"

"这怎么能叫苟且……"张牧之气急道。

"雀岭战事将熄，顾骁将最后收尾留给了裴将军，带人亲赴青阳关，比预计的半年还提前了些。雀岭距离此地最近，他半月前出发，算算日子，应该快到了。"游沐风又喝了一口药继续道，"援兵都在路上了，你还担心什么？……这药真苦。"

张牧之道："赵寺淮天天变着法地攻城，他们地理条件本就占着优势，策略一天一换，根本防不胜防……"

"以前柳堂主在的时候，喝完药还会赏我一盅秋梨膏吃。"游沐风喃喃道。

张牧之恼怒地说："我在跟您说正事呢……"

"哦，我在说这药。"游沐风喝完最后一口药，缓缓道，"赵寺淮应该是拿到兵书了。那兵书我在凤落岭的山洞里草草翻过，看过的都记住了。虽不说出奇制胜，但招招有解，也能与他周旋些时日。"

"这不是时日的问题。"张牧之道，"圣上也会有打算！"

"牧之，我明白你的意思。若是真到了不得不退之时，我会考虑的。"游沐风笑道，"这些日子我时常在想，若是打了胜仗，能再喝一次柳堂主的秋梨膏就好了。"

张牧之愣了愣，眼前的主子仿佛一夜之间变了一个人。以前明艳生动的一个人，如今沉寂如摊深水。要不是骨子里的倔劲还同从前一模一样，他都快认不出来自己跟随多年的阁主了。

此时门外一小兵匆匆来报："启禀将军，天茗信使到！带来圣上御笔！"

眼下还能送信进青阳关的，除了那拼了命不要的顾骁，也就只有当今天子了。游沐风起身来到门外对小兵道："拿来吧。"

游沐风接过信封,小心拆开,抖开信纸,却是愣住。天子许久没有旨意传来了,她本以为会有什么指示,没想到望川跑马,千里迢迢送来的仅仅着寥寥数字。也就是这寥寥数字,轻而易举地击垮了她多日以来的坚强。

"青阳关退兵五十里,公主当以性命为重。"

天茗宫中盛开的梨花仿佛还在眼前,长长的艳艳的红色宫墙好似望不到尽头。出宫习武前的游沐风还不到五岁,平日总爱缠着兄长,哭闹着要他背自己去折树梢头开得最好的那朵花。折下来挂在耳边,便像拥有了最大的满足。骨肉亲情说到头来打断了骨头还连着筋,就算是一代帝王,生杀在握,事到临头也躲不过凡亲俗情。就算相隔万水千山,那一丝妙不可言的血脉同源最终还是击败了帝王冷酷无情的心。

一滴清泪落入纸间,字迹顺势散开,晕出了天茗宫中点点的梨花瓣……

"阁主?"张牧之惊道,"出什么事了? 怎的哭了?"

游沐风含着泪水笑道:"没事。皇兄他……挂念着我。"

八月十五之后的青阳关依旧雨水不歇,没有丝毫要停下来的意思。关内开始拔营后撤,虽然游沐风心中另有想法,但圣旨已下,皇命难为,还是不得已接下了军令。

带来的十万兵只剩余五万,折损过半后显得十分萧条。游沐风心情很低落,也看得出来大家的悲哀,她站在屋檐下,望着地上一摊积水,只觉得有些喘不过气来。她这几日噩梦缠绕,每晚都会梦见一群孤魂野鬼在月下徘徊,久久不去……好像是在等她。梦醒时,游沐风却不觉得害怕。她早就不会害怕了,她的心死在了青阳关。心都死了,还有什么好害怕的呢?

就在此时,游沐风和张牧之再次起了争执。

游沐风怒道:"你别再说了! 我是不会同意的!"

"现在不是妇人之仁的时候,阁主! 数万将士的命也是命!"张牧之大声道。

"那也不能丢下百姓!"游沐风怒吼道。

"雨天本就泥泞难行,再带上城里三万百姓,那么多老弱妇孺撤到什么时候?"张牧之极力争辩道,"赵寺淮又不是个傻子,一定会挑咱们最虚弱的时候进攻! 再不抓紧走,所有人都走不成了!"

游沐风怒道："你都说了是老弱妇孺,咱们走了留下他们,那就是一个死!"

张牧之也怒道："成大事者不拘小节! 咱们当以战局为重!"

"所以这门外供你吃喝的几万百姓,在你眼里就是小节?"游沐风简直不敢相信。

张牧之吼道："打仗哪有不死人的? 凭君莫话封侯事,一将功成万骨枯。总要有人成为代价!"

游沐风冷笑道："一将功成万骨枯……代价? 就算让我做代价,也不能让手无寸铁的百姓做代价!"

此时青阳关外的树林中,唐知心焦急地向城中张望。她肩头站着红鸾,头顶的树枝上停着孔雀明王。

唐知心道："她活不了多久了。"

"你不救她?"孔雀明王问道。

"我怎么救?"唐知心道,"事到如今,我要是有办法还会在这里等? 倒是明王你,来这里做甚?"

"我来送她一程。她要是死了,也算是为我佛尽了一份心。"孔雀明王玩味道,"你说是不是,红鸾?"

红鸾鸟冷哼一声,没有说话。

"你那卦算得如何?"见红鸾不搭话,孔雀又向唐知心问道。

"睽卦。"唐知心道,"火泽睽。"

"哟呵?"孔雀提高声音道,"睽主任性叛离之象。上兑下离,异卦相叠,这是下下卦啊……"

"芦花鸡,你懂个屁!"红鸾终于开口了。

"之前还有一卦凤归云呢!"孔雀笑道,"两卦相叠,该当何解啊红鸾?"

"我看不明白。"红鸾冷冷道。

"是看不明白还是想不明白?"孔雀嘲道,"还是不想明白?"

红鸾受不了孔雀的冷嘲热讽,怒斥道："关你什么事? 你到底来干吗?"

"别吵架!"唐知心劝架道。

"她能行到此处已是不易。既然有一卦凤归云,我佛也有好生之德。"孔雀道，"红鸾，我是来劝你的。"

"劝我?"红鸾道，"劝我什么?"

"我知凡人有负于你，但她好歹也是青鸾的嫡系后人。"孔雀说完这话，拍拍翅膀便飞走了。

同样的青阳关，赵寺淮此时心情倒是不错。只听他道："撤退？打算逃了？我还以为这位长公主有多硬的脾气，倒是我高估了她。"

阿祥道："确实是在撤退没错，不过带着城内百姓，速度缓慢。"

"不能让他们跑了，这个时候不将他们一举拿下，更待何时?"赵寺淮下令道。

"可咱们该使出的招数都试过了，至今还未……"阿祥犹豫道。

赵寺淮笑着打断道："谁说都试了？这兵书上的招法她都能拆了，那若是无解之法呢?"

赵寺淮的笑有些瘆人，阿祥不禁缩了缩脖子。只见赵寺淮从桌下的抽屉里取出孟子笺的那本兵书，翻到最后一页递给阿祥，又道："制人而不至于人，方可成事。此招……"

阿祥惊愕地看着兵书最后一页最后一行的最后两个字，道："无解?"

青阳关城内大队人马正在撤离，士兵拖着百姓加上些老弱妇孺，张牧之看得心里着急。他找到游沐风，彼时游沐风正在队伍前方。张牧之道："阁主，这样真的太慢了，今夜之前肯定走不了了。"

游沐风一边指挥一边道："你让他们用最快的速度接着搬，其他的由我顶着。"

张牧之忧心忡忡："阁主……"

游沐风却一口回绝道："你不必再劝。"

此时远处一小兵穿挤过人群，匆匆而来，道："不好了，将军！湖州人打过来了！"

"到哪里了?"游沐风问。

士兵答道："大部队正在渡河，先行队伍已在戒备，似乎是想断了沥水纽带，制约咱们。"

游沐风又问："来了多少兵马?"

士兵答道："似乎全军出动了。"

游沐风飞快做出决断道："牧之，你赶紧去准备，务必在对方封河之前带百姓们先走。河水顺流而下，若他们真的封河，我们无计可施。"

张牧之却道："来不及的，即便咱们抢先渡河，他们还是可以从陆路进攻！受制于人，怎么样都走不掉了。"

此时游沐风脑海中突然一丝念头闪过，回忆起当初在风落岭山洞中看过的兵书最后一页。

"千章万局，不出乎制人而不制于人也。受制于人……无解。"游沐风喃喃道。

张牧之却一头雾水，问道："什么受制于人？什么无解？"

游沐风一声冷笑，心中的不屑与仇恨同时升腾。只听她道："赵寺淮想靠着我灵族至宝打下我灵族的青阳关。无解？我偏偏不信！牧之，撤退的事不可耽误，依旧走水路，越快越好。让百姓什么都不许带，金银细软统统留下，所有人轻装而行。"

"那城外这边怎么办？"张牧之问。

游沐风心中已有对策，她下定决心，这一次势必要跟赵寺淮同归于尽。只听游沐风厉声道："你再找一批人在城楼上安排炸药，越多越好，不得有误。"

张牧之瞪大眼道："阁主是想……鱼死网破？"

游沐风道："不过拖延些时间罢了，顾骁带着援兵就要到了。城楼炸了之后，可以抵挡一时，他们再怎么赶，挖出一条路至少也要半天时间。你们抓紧时间，能走多远走多远。"

"什么叫你们？"张牧之五雷轰顶，问道，"阁主你呢？"

游沐风冷笑道："玉石俱焚，我倒要看看这受制于人到底有没有解！"

张牧之瞪大眼睛道："阁主是想自己留下？这绝对不可能！"

游沐风却笑了："牧之，你我二人，今日就此别过了。"

"什么？"张牧之显然被震惊，不知该如何回话。

游沐风淡淡道："总要有人留下点燃火药。"

张牧之争辩道："这么多将士，哪个不是一身肝胆，谁都可以替阁主去。"

"你自己说的,将士们的命也是命。"游沐风道,"我……辜负他们太多。"

"两军交战,怎可阵前无将?"张牧之怒道,"阁主若执意炸楼,属下愿意替阁主留下,点燃火药!"

游沐风也拿出了主将威严道:"你不必再争了,我意已决,这是军令!"

"末将斗胆,请将军三思!"张牧之坚决道。

"此番退兵,必定影响士气,军心受挫。我愿以死明志,重振士气!"游沐风坚定地道,"你也不必有所顾虑,生死之事我早已看开。我将虎符交于你,从现在开始,你便是三军统帅,让将士们护送百姓先走,违令者立斩。"

张牧之眼见劝不住主子,急得双眼噙泪道:"阁主,你我主仆多年,同生共死。出行前陛下将您托付于我,事到如今属下怎可眼睁睁看着您去送死?我还有何颜面再去见皇上?还有九王爷,您就算不替自己想,也要替他想想,您可是他的命啊!"

"命?这时候谈命太过奢侈了。"游沐风惨然一笑道,"牧之,你低头看看这城墙之下,尸横遍野。几个时辰之前这些人还站在我身后,我当时一句话,便让他们为了我,为了这游氏江山变成一具具忠骨。出征前我曾发誓要带着他们打胜仗,还家乡。你再抬头看看这经久不散的阴霾,怕是这万千英魂还没有找到归家的路吧。那就让我去送他们一程。"

张牧之懂了!他一瞬间懂了!其实游沐风早就没了生欲。不论是徐姑姑,柳如丝还是关外将士的死都对她影响很大。在游沐风心里,早就将守护的青阳关当作归宿。若是打不了胜仗,她绝不会活着离开这里。游沐风虽说是个武人,但她饱读诗书,和顾骁一样,内里全是文人的气节与信仰。就像宁死不降的文天祥,就像负帝投海的陆秀夫,就像千百年来的纵死侠骨香,不惭世上英……就像徐姑姑所说的,总有些东西比生命更重要。他懂了。游沐风想要成全,想要解脱,想要死得其所,想要给天下一个交代。

他全懂了。

游沐风接着道:"你听好,接下来这三件事,乃我临终遗言。若是真心待我,便为我做成这三件事。"

张牧之懂了。他跪倒在地道:"属下……遵命……"

"第一,传信回去告诉圣上我的死讯,转告他,明昭以死明志,魂魄便驻守在青阳关。雪域境内不设坟，不立碑，也不用为我收尸，更不用全境戴孝，劳民伤财。"

"第二，告诉三军将士，生当作人杰，死亦为鬼雄。来日定要为他们的公主报仇。我死后，魂魄也会守在这里，等着他们夺回失地的那一天！"

"第三，等王爷来了，将这支簪子还给他。黄莺衔柳，绕指情缠。这一世能得他青睐，明昭三生有幸。这一世不能相伴，愿君日后珍重。这簪子还他做个念想吧。他若懂我，来年今日一壶浊酒，不枉此生一场相逢。"

张牧之跪在地上，张张嘴说不出话，却已经泣不成声，他跪在地上郑重地接过发簪，再次想说点什么，又被游沐风打断。

游沐风解下自己的披风盖在张牧之肩头，轻轻道："关外寒风瑟瑟，牧之，多保重。"

她说完这话便转身离去，不再多看他一眼。这些人，这些物，留给她的记忆太过美好，太过眷恋。游沐风只怕多看一眼，便舍不得离去，便会对眼前要去的路心生胆怯。

张牧之看着游沐风的身影顺着城墙离去，久久没有起身。他端正地再次行了个大礼，口中喃喃道："阁主……保重……"

风吹得脸上的泪痕生生发疼，耳边全是自己衣袍被吹起的猎猎之声。游沐风点起手中火炬，逆风而行。风中突然一阵涌动，一个声音在她背后响起。

唐知心怒道："清山那回好不容易劝你半天，怎么一点用没有？ 慧德那个老秃驴是给你灌了什么迷魂汤？ 命都不要了吗？"

游沐风眨眨眼，仔细辨认道："你是……唐姑娘？"

唐知心冷笑道："哼，除了我还有谁会巴巴赶来救你？"

"我一早就有预感，咱们果然又见面了。"游沐风笑道，"我有问题想请教姑娘。"

唐知心简直要疯，她焦急道："都什么时候了你还笑得出来？ 湖州兵马上就到了，还不快跟我走！ 有什么问题保了命以后再说！"

"为什么要救我？ 你到底是什么人？"游沐风躲开唐知心要抓她的手，问道。

"哪有这么多为什么，姑奶奶高兴救你，你便跟我走就是了！"唐知心怒道，"哪里那么多废话？再不走来不及了！"

"看你这身打扮是道门中人吧？你认得我师父？"游沐风问。

唐知心急得直跺脚："都什么时候了……"

"落照那位住持方丈劝我普度众生，你却要带我走。"游沐风打断道，"难不成……佛道之争？"

"定我生死？"游沐风冷冷道。

唐知心仿佛被人戳穿了老底，又气又恼。她眼见游沐风眼中有浓浓的怒火燃起，却偏偏不能辩解。

游沐风立在狂风中如混沌间的浩然正气，手持火把如照亮天地的明灯，她最后一席话如藐视一切神佛。她道："我游沐风，先帝长女，出生二年领封明昭。五岁习武，拜入昆仑。十六岁统领天机阁。如今战死沥水河畔，一颗丹心可欺日。人生在世二十载，享过锦衣玉食，吃过粗茶淡饭。富贵不能淫，威武不能屈，我决不信命！寥寥数字便想定我生死？痴人说梦。别说你两教相争，就是天地相争又如何？你当我事先知晓了签文，轻生便是认命？恰恰相反，明昭绝不认命。"

风里凝聚着血的气味，游沐风看着天空，乌云密布。没有一点光明。死……谁不怕呢？可人生在世，总要有些比性命更为重要的东西不是吗？她摸了摸心口，徐姑姑临走前给她做的衣物，聂慎儿前两天才改好，同那之前的斑竹胸甲一起交给自己，正巧今日穿在身上。

一滴泪珠落下，浸湿了胸口衣襟，渗入胸甲，在潇湘竹枝上开出一朵竹斑。

"日月朝夕凉堂过，潇湘泪洒关外亭。凤鸾悲鸣九天去，芳魂幽幽归故里……"游沐风在狂风中怒吼，"如果非要如此，灵女愿以九天凤鸾之命，加肉体凡胎之躯，身祭青阳关，保万民一安。"

轰隆一声巨响伴随着火光，张牧之猛然回头。乌云蔽日，雷霆大作，远处树林上空霎时间百鸟腾空，齐声啼鸣，穿过闪电，穿过苍穹，唱着悲歌，在那一片火光冲天的废墟上空久久盘旋。

忽地天空鸟鸣声中传来一声鸾鸣，高亢洪亮，震慑苍穹。红鸾展翅飞翔，身后拖着五彩光芒，普照大地。

第五卷·大梦谁先觉

那一日,唐知心眼睁睁地看着青阳关的城池被炸为废墟。城楼上那一抹红影消失前,似有一道光芒从黑压压的云层中射出来,普照着这散发腐味的大地。她看到顾骁匆匆赶到,却看不清听不清他在做什么说什么。自己修行多年,好歹也算个半仙,但此时她觉得心口闷闷的,有种说不出的感觉。

后来也是听别人说起,在明昭公主殉国的消息传回天茗的那一天,本该四季如春的雪域都城,突然间狂风骤起,电闪雷鸣。整个天茗的梨花一夜之间全部凋零,狂风过后,花瓣盖住了所有建筑,满城素缟。世人都说,这是天妒红颜,连神佛都看不过眼的征兆。

灵帝那日一个人在妹妹出征前守卫过的城楼上站了许久。从此处望去看见的是万里江山,还是阴阳两隔的骨肉情深?为时晚矣,一代帝王,终究是孤家寡人。

顾骁带着亲兵赶到青阳关之时,正好看见城墙上那一抹红影。他还没来得及放宽心,便有不祥预感席卷心头。那一阵崩塌来得太快,他有些恍惚。只记得震耳欲聋的爆炸声,胯下马儿受惊的嘶鸣声,以及呛入肺腑的滚滚浓烟。漫天黄沙飞舞,他感觉脸上有泪,不是悲伤,只是刺得睁不开眼。

成群结队的鸟儿掠过头顶,顾骁站在暴雨中,满腔悲痛化成一声绝望怒吼,手中宝剑应声断成两截,落入尸海。

落照的日月还在交替,整院的秋意开花结果,美人蕉下的笑语烟消云散。

天茗的星斗还在转移,满庭的离别草争奇斗艳。此去经年,柳下月如花下月,今年人忆去年人。是怪苍天无眼,还是怨神佛无情?

四方天地,七尺男儿,一颗真心,来去空空。

那天的景象,他只能记得那么多,至于后来什么撕心裂肺,什么剑指苍天,什么怒骂天地,还是听别人谈起的。自己什么时候那么失态过?笑话,那时的你若是在天上看着,本王颜面何存?

转眼又是一年冬至,落照又成了一座瑞雪丰城。长长的护城河沿岸,挤满了前来放灯的男女老少。这是战事结束后的第一个冬至,任谁都仿佛看到了新的希望。山河依旧,欣欣向荣,百废待兴,国泰民安。这不正是自己半世所求吗?然而往后每一年的今日,都会不断地提醒他四个字……物是人非。

顾骁越走越远,来到僻静的河岸下游,随手捡起一盏河灯,抽出灯内纸条打开,只见上书一行诗句:"结发为夫妻,恩爱两不疑。生当复归来,死当长相思。"鲜红色的签纸,印出的是沥水河染血后多年不退的洪浪,是青阳关变成残骸前那一抹红衣背影的决绝,是那一年落照深宫大雪纷飞,火红宫墙如寒冬中的艳阳照暖心间。

青阳关那般寒冷,她那般畏寒,为何还不归家?

有道是:十年生死两茫茫,不思量,自难忘。千里孤坟,无处话凄凉。

顾骁终于落泪,是在张牧之带着那支金簪回来找到他的时候。张牧之心下有些不忍,情爱之事到底有何魔力,能叫浴血沙场眉头都不皱一下的铮铮男儿,眼下呜咽得如一个稚童?他犹豫了一刻,还是将那句遗言说出了口:

"晴言,你若是懂我,来年今日一壶浊酒,也不枉此生一场相逢。"

"……好。"

顾骁自己也不知道,是何时接受了这个人不在了的事实。或许他根本就没接受。月闻阁的小院重新翻修过已经很久了,只是里面的样式与当年相比没什么变化。他时常来坐坐,就像今夜。小院里无星无月,屋里就点了盏昏暗的油灯。他站在房中,对着块灵牌喃喃自语。只见那牌子上写着"雪域江宁藩长川王妃之位",但这不是最打眼的,灵牌前还放着一块通体雪润的玉牌,在灯火照射下散发温润的光泽,上面题着顾骁的亲笔"阿薰爱妻"。"薰"字四点少一点,一点寄心间。寥寥四字,道尽人间恨离别。

"你在那边……过得还好吗?"顾骁有些苦涩道。

"你……会想起我吗?为何从不入梦?来世的事我已不敢多想,什么白首不离的话都说不出口了。"他喉头有些酸涩,"你回来吧……回来可好?……我很想你……真的……"

落照城中,慧德老和尚三更半夜才回到了庙里,往香炉中看了一眼,又唤来了正在扫院子的小徒弟。老和尚问道:"你师父年纪大了,脑瓜子不好使了,这芽庄进贡的沉香香寸是宫中之物?"

旬空小和尚点头道:"是,九王爷今天来敬香了。"

"九王爷啊。"老和尚努力回忆道,"距上次来似乎有些时日了。"

小和尚道:"上次来,是去年除夕夜啊。您忘了?寻签来的。"

慧德老和尚笑道:"是了,那夜与他聊了许久……"

旬空也笑道:"那夜师父你与他说,今日的因种下日后的果,让他记得收果。他今日来,便是认了这因果,来收果的。"

江宁的清山派有上一任掌门段未语坐镇,并未在战火中受到什么影响。知心堂平日里清静的偏厅内堂里从昨日起便挤满了人,叽叽喳喳,没完没了。

只听段未语道:"我说知心啊,韩疯子给的昆仑雪莲管不管用啊?会不会是假的?这人怎么还不醒?"

唐知心生气道:"我怎么知道是不是真的?我那株肯定是真的!还不是给你拿去救你徒弟去了?我算是看明白了,在你心里师祖重要,师父重要,徒弟重要,就我这个师妹最不重要!哼!你让孟子笺那崽子把药吐出来!吐出来,保管这丫头能醒!"

"都吃进肚子里了,怎么吐出来?知心你消消气,师兄还不是怕你被那个韩景榕骗了?"段未语赔笑道,"你多重要啊!你最重要!谁都不如你重要!"

青云老道在一旁捋了捋胡须道:"咳咳,臭小子!你师祖我还在这呢!说话要讲点良心!"

唐知心翻了个白眼道:"你讲良心? 当初是不是说好让这丫头跟了我? 你偏要抢走! 这下好了吧,醒不过来你就全当没收过这个徒弟吧!"

青云老道连连摆手道:"老东西我耳聋眼瞎,你们师兄妹打架别带上我! 当初的事你师祖我年纪大记不清了。要说就说现在,好好的怎么就醒不过来了? 早点把人带回来不就没事了?"

唐知心瞪眼道:"天地良心啊! 姑奶奶我一个人背她回来容易吗? 老头儿你少在那说风凉话! 能不少胳膊不少腿的就不错了! 你怎么不说全怪那个秃驴? 要不是他天天劝人去送死,能成今天这样?"

慧德老和尚本就坐在一旁的椅子上喝茶,忽地被提到名字,一口茶呛到嗓子里上不来又下不去,连连拍着胸口。

"你们一群神棍吵架,关我这个和尚什么事?"老和尚愤愤不平道。

唐知心冷哼一声道:"怎么不关你的事? 阐教截教恩怨未了,你们佛家乘虚而入!"

"话不能这么说,什么叫乘虚而入? 这叫普度众生,她死了,你们师门上下能下血本救回来。青阳关的几万百姓死了,你们怎么救? 再者说,游丫头在这躺了整整一年,你们不也是才找到昆仑雪莲? 这么长时间灌下去的珍稀药材,还不都是老衲我出的? 老衲看着她长大,怎么会想着让她死呢?"老和尚摇头晃脑道。

"你少来了吧!"唐知心怒道,"青阳关炸得连块完整石头都找不到了,她全须全尾地回来,还不是命不该绝? 跟你的药有个屁关系!"

慧德老和尚傻眼道:"我说青云,你也不管管你这徒孙。姑娘家家的,怎么张嘴满是污言秽语! 善哉善哉!"

青云老道挑起眉,嘿嘿一笑道:"我怎么觉得她说得没错呢? 你个秃驴,善个屁!"

"不过话说回来,她到底是怎么活下来的?"段未语问道,"知心你不是说,她一心求死,不愿意跟你走吗?"

"关你啥事?"唐知心不悦道,"问了也不会告诉你!"

此时的游沐风在睡梦中十分痛苦。她很累,不想再挣扎,不想再用力,身子软绵绵的,周围都是黑暗,就想如此坠落下去。可她每每想要放弃之时,总是有一个声音在耳边响起……

"你会想起我吗?"

"我很想你,为何你从不入梦?"

"又到一年的河灯夜,你在哪里? 回来吧……回家吧……"

"生当复归还,死当长相思……"

声音一遍一遍,循环往复。游沐风努力挪动了一下身子,试图跟随这些声音而去。

忽地又听到几个声音从梦境外传来……

唐知心惊道:"师祖! 师祖! 你看她是不是要醒了!"

"哪里看着像要醒了,别瞎说!"青云老道道。

"我刚刚明明看到她动了!"唐知心激动道。

段未语也道:"我好像也看到了!"

"真的假的?"青云老道问,"动了哪里? 手?"

游沐风感觉手上有温度划过。

"头?"

游沐风额头上被什么东西戳了戳。

"眼睛?"

滚烫的温度触到游沐风的睫毛,一阵麻痒袭来,她突然睁开眼,猛地坐起!

游沐风大声道:"这是哪里? 我死了吗?"

"妈耶!"青云老道吓了一跳。

"妈耶!"段未语吓了一跳。

"妈耶!"慧德老和尚吓了一跳。

"妈耶!"唐知心吓了一跳道,"你要吓死我啊! 小师叔你醒啦?"

"小师叔你醒啦?"段未语道。

"乖徒儿你醒啦?"青云老道道。

"小凤儿你醒啦?"慧德老和尚道。

游沐风呆滞道:"我到底是活着还是死了?"

游沐风自昏迷中醒来已有大半日了,床边依旧围得水泄不通。躺了一年,听见周围叽叽喳喳的说话声,她恨不得再晕回去算了。

"你们看吧,我就说她肯定能醒过来!"慧德老和尚得意道。

段未语抱胸道:"你什么时候说过这话了? 不要在这里放马后炮!"

老和尚愤愤道:"老衲怎么没说过了? 我是不是一直都在说青阳关那日金光普降,祥云漫天? 你聋了?"

段未语道:"你那天又不在,你怎么知道的? 师妹你说是不?"

"谁是你师妹? 你再说一遍?"唐知心又不高兴了。

段未语赔笑道:"行了师妹,关键时刻就别生气了。师兄这不是给你赔礼道歉多少回了?"

"呸,谁稀罕你赔礼道歉? 你让我也捅一剑我就考虑原谅你。"唐知心怒道。

段未语嬉皮笑脸道:"捅! 随便捅! 只要师妹你舍得,捅成筛子都可以啊!"

游沐风试图插话:"等一下,你们……"

"那怎么行? 把他捅死了这清山派怎么办?"青云老道连连摆手道,"老头子我才不要回来坐牢呢! 知心你再等等,等孟崽子好全了再捅他师父!"

唐知心瞪眼道:"我就知道你们师徒一条心,捅人还带商量的? 你们捅我的时候怎么不商量商量? 横竖我就是个外人!"

游沐风再次试图插话道:"不是,你们先……"

段未语又道:"我怎么会和老神棍一条心呢! 我一心一意想着师妹,苍天可证!"

游沐风怒了,暴躁道:"你们能不能少说两句?"

"哎呀,有什么可吵的? 都是一家人,现在是师兄妹,成了亲就是夫妻……"青云老道悠哉道。

唐知心怒道:"谁跟他一家人!"

游沐风怒吼道:"都别说了行不行?! 头都要吵炸啦!"

空气凝结,鸦雀无声。

世界终于安静了,游沐风重拾死而复生的喜悦。她深吸一口气问道:"我没死?"

"没死。"四人异口同声道。

"我为什么没死?"游沐风问道。

"不知道。"四人异口同声。

"这是哪里?"游沐风又问。

"清山。"四人异口同声。

"我睡了多久?"游沐风再问。

"一年。"四人异口同声。

游沐风震惊道:"一年! 青阳关的战事呢?"

"仗打完了。湖州败了。"唐知心淡淡道。

"那……其他人呢?"游沐风想了想又问。

"刚醒过来,还是管好你自己吧。"唐知心不悦道,"其他人? 其他人谁像你如此让人费心?"

"这么说,都没事?"游沐风问。

唐知心翻了个白眼,见她不听劝,转身便离开了屋子。段未语跟了出去,一屋子人哗啦作鸟兽散。慧德老和尚见一群神棍全走了,只得留下与游沐风对答。

"都还活着。"老和尚道,"怎么? 经历生死一场,重活一次,你还没想开? 还记挂着死之前的人事?"

游沐风这才想起来,惊道:"等等,他们都以为我死了?!"

"怎么? 你还想回去?"老和尚问。

"我当然得回……"游沐风激动道。

老和尚却打断她道:"你再好好想想,不急着决定。"

"我不用想,必须回去!"游沐风坚决道。

老和尚笑道:"你跟我说没用,这事我说了不算。"

"你们难道要软禁我?"游沐风挑眉道。

"这怎么能叫软禁? 你的命是大伙救回来的,看着你是应该的。"老和尚摊手道,"再说你现在大病初愈,连我小徒弟旬空都打不过,不放你走你又能如何?"

"我去找师父!"游沐风怒道。

老和尚扑哧一笑道:"那老头子早就撒手不管事了。现如今你醒了,他不用守着,肯定早就跑得没有影子喽!"

"清山如今谁说了算?"游沐风简直要被这群人弄疯了。

老和尚答道:"清山掌门段未语。"

游沐风欲翻身下床:"我去找他。"

老和尚见她要起身,赶忙将人按回床上,道:"费了多大劲才把你救活,能不能安分几天?"

"你不懂,顾骁不知道我活着,会……"游沐风激动道。

老和尚笑道:"你先养好身子再说。况且,你去找掌门也没用,你的事他也做不得主。"

"为什么?"游沐风眨眨眼问道。

老和尚替游沐风掖好被角,拍拍衣袖便起身准备离去,道:"段未语什么都听知心那小丫头的,你要找就找唐知心去吧。"

"还有……"老和尚走到门边,又想起一事,道,"你若是回到落照,再去我那破庙一叙,心中问题便有解……"

游沐风心想不是吧? 我刚醒,这老和尚又要给人算命? 信不信的问题又要来了吗?

果然,慧德老和尚嘿嘿一笑,继续道:"你信不信?"

"……"

清山月盈崖边瀑布依旧气势磅礴。游沐风在屋内休养了足足一个月,才觉得体力渐渐恢复。对于唐知心,游沐风多日来也算是有了些了解。她命途多舛,差点被至亲手刃,但与自己是殊途同归,也算是个重获新生的人。游沐风盘算了许久,如何与她说才能让她放自己下山。谁想到唐知心却主动来约游沐风,在月盈崖一叙。

游沐风凭着上次的记忆,摸索了半天才来到月盈崖。上一次在这里,顾骁第一次向游沐风诉说他一生的抱负,一句"善战者无功,善医者无名"仿佛还回荡在这粼粼水波之中。那时他第一次唤出"阿薰"二字。那时敲响的龙吟钟似乎还在苍穹回响,那句"为往圣继绝学,为万世开太平"似乎还在眼前……那时侍墨还活着,柳如丝还一边抱怨一边给闵纾治伤……那时的天机阁阁主还意气风发……

这一个月来游沐风打听出一些自己"死"后的事。顾骁回了落照。江知白带着游拾义回到了天机阁,张牧之暂领了阁主之位,聂慎儿也还活着。林若冲依旧守在丰都。至于孟子笺,唐知心用昆仑雪莲将他救了回来,而后他便下落不明。游沐风听说宋筱筱死了,因为孟子笺捡回一条命后不知为何非要赶她走,她便以一根腰带上吊自尽了。听说傅勾月也死了,死时仅马革裹尸。再加上孟枝遥、徐姑姑和柳如丝,为何死的都是女人?

是了,自古红颜多薄命。在小情大义面前,女人本就比男人重情,不论是亲情友情还是爱情。选了情的都死了,死得轰轰烈烈。留下满口仁义的人,继续守着这盛世山河。游沐风自己呢? 估计是自己选过情也选过义,才置之死地而后生吧,她沉思,连有人来到身边也不曾察觉。

"在想什么?"唐知心笑着问道。

游沐风回过神道:"触景生情,想起旧人。"

"既是旧人,不提也罢。"唐知心道。

游沐风哭笑不得道:"无旧便无新,忘却前尘,你们想让我出家当尼姑?"

"你要走我不强留,我只是劝你,不是所有人都有重获新生的机会。为何非要回去做过去那个自己?"唐知心耸耸肩道,"你该做的都做完了,涅槃重生,可以做自己想做的事。"

"因为还有放不下。"游沐风道,"我还有放不下的人,他以为我死了……会很难过。"

"你本来就已经死了。"唐知心道,"你以身祭青阳关时就该想到他会难过。"

"……"游沐风竟然无言以对。她真是不得不佩服这帮装神弄鬼的出家人,连自己都吵不过他们,可见得多厉害。

唐知心接着道:"我在青阳关被炸毁的那一瞬看见了五彩祥瑞。说到祥瑞,你出生那时,才是我见过的最惊人的祥瑞,整个雪域都罩着一层金光,那时我便算出,你是只小凤儿……"

"我不信命。"游沐风皱眉道。

"以前我也不信。"唐知心又耸了耸道,"信不信又如何? 现如今你还不是站在我面前？"

游沐风问道："既然你能算命，之前为何不知道我会起死回生？我的签文明明……"

唐知心打断她的话，道："因为我不知有人会救你。拿药救你那个人，叫韩景榕。他，是我此生唯一卜不出卦象的人。"

"韩景榕？我知道这个人。"游沐风想了想道。

唐知心道："他是天机阁前任司济堂堂主。"

"不对啊。"游沐风又道，"我印象里青阳关城墙爆炸的时候你已经走了。我受到冲击头撞在石头上就失去知觉，又是怎么从废墟里出来的？"

"前尘旧事，不重要。"唐知心明显不想说实话，随即狡黠一笑。

游沐风看着唐知心脸上的笑。她很美，笑起来很甜，但似乎又有些苦楚。她白皙修长的脖颈上，一条狰狞的疤痕若隐若现，虽然看起来时间久远，但衬着娇艳如花的容貌，依旧显得张牙舞爪。

那一刻，游沐风突然懂了，也知道了该如何还击……

"你为什么回来？"游沐风问道。

唐知心被问得摸不着头脑，道："什么？"

"你也死过一次，不是吗？"游沐风道，"你为什么回来？"

"为了韩景榕？"游沐风接着问，"还是为了给你留下这道疤的人？"

"老实说，我也不知道。我也不知道自己该不该回来，这么选是不是对的。"唐知心道，"所以希望你能慎重做抉择。"

游沐风笑着道："我也不知道为什么要回去，只是睡着时总能听见个声音在唤我……唤我回家。也许这就是本心？顺着心选，错了又如何呢？"

是了，繁华人世间的情爱，大多相同，却又各有不同。谁能描绘出爱情真正的样子？唐知心眼里，让她笑得很甜，也让她笑得很苦的那个人，不也是化作了一份割舍不下的情爱？爱能让人生，能叫人死，这都不算什么。最厉害的，便是让人念念不忘吧。

青阳关的游沐风最终选择了为义而亡，既然上天垂怜，重来一次，为爱而生，未尝不可。

唐知心看着游沐风的灼灼眼神，半晌之后，她眨眨眼，笑了笑。游沐风便知道,她这是答应放自己离去。

唐知心侧头笑道:"你想去找顾骁?"

"对。"游沐风道。

"为何是他?"唐知心又问。

游沐风答道:"不为何。因为是他,所以是他。"

唐知心扑哧一声笑道:"你倒是坦诚得很。"

"我答应过他,生当复归还,死当长相思。"游沐风道,"既然活着,自然要回去找他。"

唐知心笑道:"小九身处高位,你若是回去找他,长公主没死的消息定是藏不住的。你可想好了,好不容易跳出那个旋涡,现在又要回去,你甘心?"

游沐风耸耸肩道:"我自是不想再回到那个牢笼,但是没办法,谁让他在那里?"

唐知心笑着眨眨眼,思绪回到了从前,只听她道:"小九小的时候,长得就像个瓷娃娃。他娘有两个儿子,偏疼能继承王位的哥哥,平日里也不怎么管他。以前偶尔去宫里看他,小九连个笑容都很少有。如今一转眼,他都可以带兵打仗了。日子过得真快啊,将来你们若是有了孩子,记得找我算一卦,取个好名字。"

"找你取名字?"游沐风瞪眼道,"你还会测字问名?"

"怎么? 看不起我?"唐知心道,"你的名也是我取的,小九的字也是我取的。"

"晴言"二字是她取的! 游沐风惊得下巴都要掉了,道:"我怎么不知道?"

"你不知道的事情多了。"唐知心神秘兮兮道,"我跟你说,小九小时候,我告诉他日后娶回来的王妃比戏文里的杜丽娘还要重情,他高兴得缠了我三天,一个劲问我你好不好看,温不温柔。"

"……"游沐风嘴角抽搐,心想我就不该嘴欠提这茬。

"你们很般配。"唐知心笑道,"你准备什么时候出发?"

"自然是越快越好。"游沐风道,"多耽误一天,我岂不是就多死了一天?"

唐知心哈哈大笑:"你可以先写封信告诉他。"

游沐风道："不,我想当面与他说。"

"也行吧。你房里的书桌抽屉里有段掌门准备好的盘缠和随身物件。他给你找了把剑,虽没有邀月那么名贵,但也是难得一见的宝物了。此番归去,诸多险阻,你自己多多小心。"唐知心道。

游沐风有些感慨,又有些猜不透。萍水相逢,这位只见过几次的女人看起来对自己很关心,却又有些刻意疏远。不过,总归是她救了自己的性命。

"谢谢。"游沐风道。

唐知心又笑了笑。她私下里真的很爱笑,与她在段未语面前完全是两个样子。为什么呢? 她不说,游沐风也不好问,只得点点头示意,转身离去。

就在此时,她却叫住了游沐风,道:"等等……"

"还有事?"游沐风回头问道。

"我还没祝贺你……明昭公主,哦,不对,现在是长川王妃了……"唐知心吐了吐舌头笑道,"恭喜你涅槃归来。"

第二天,游沐风便带着贴身行李离开了清山。段未语给了她一匹良驹,她便一人一马独自踏上了去落照的路途。

世间轮回总是惊人的相似,武林大会结束后游沐风也是独自一人骑着一匹马,带着盘缠,从清山去落照。似是永远走不到尽头的树林依旧,路旁茶摊小贩的笑容依旧,黄昏时分……落照城如万丈锦缎的彩霞依旧。也不知道,九王府花园后面那个名唤月闻阁的小院,是不是光景依旧呢?

游沐风到城内时,已接近日落时分。睡了一整年,这落照城却与打仗之前没什么区别,依旧繁华热闹,人潮涌动。游沐风牵着马走在护城河边,突然一个身影跳出来挡住了她的去路。

"嘿嘿嘿,姑娘又是你啊!"一个伙计打扮的男人道。

游沐风莫名其妙道:"你认得我?"

那人手舞足蹈道:"你不是上回来这吃面,住了一晚,后来直接人没了的那个姑娘吗? 我们都以为你出事了呢! 没想到你还活着!"

那人眉飞色舞地说了半天后,见游沐风一脸蒙,他用手指着自己,又力补充道:"我是楼外楼的跑堂啊! 姑娘真是贵人多忘事!"

游沐风抬起眼一瞧,面前这座酒楼不是楼外楼又是何处? 游沐风如同五雷轰顶,真是作孽啊! 到了这座城就绕不开这座酒楼了吗?

游沐风嘴角抽搐道:"我想起来了……"

那小二眉飞色舞道:"嘿嘿嘿,对对对! 就是我!"

游沐风再次嘴角抽搐道:"你也是记性不错……"

小二拍拍胸脯道:"那可不,这么漂亮的姑娘我看一眼就能记住!"

那小二见游沐风有了印象,更加来劲,滔滔不绝起来:"我说姑娘,你认得咱们九王爷啊? 那日你人没了,王爷亲自带人来查,后来也不知哪来的消息,便翻遍了整个落照城的青楼找你! 你不知道啊……那个阵仗……我说你也是,认识王爷怎么不早点说呢? 我们也好款待款待……这次正好,来了就在咱们这住下! 这次保证样样都是最好的!"

游沐风赶紧摆手道:"不不不,这次我是来找王爷的,就不住店了。你让我过去……"

小二吃惊道:"找王爷? 王爷出城了啊! 你不知道?"

游沐风刚盘算着如何从这人没完没了的搭讪中抽身,突然听到这个消息,不禁愣住。她随即问道:"王爷去哪儿了?"

"听说是去了天茗。"小二想了想答道。

"什么时候回来?"游沐风又问。

"哎哟喂,这小的哪能知道啊?"小二笑道,"不过明天是冬至了,宫中摆宴,王爷应该会回来吧。怎样姑娘,住不住店啊?"

游沐风想了想,顾骁不在,去了王府也没什么用。先在客栈住下,等他回来再上门去也不迟。于是她朝小二道:"那行吧! 你去给我找间干净的房子,再弄些吃的。"

小二十分高兴道:"没问题! 姑娘还吃阳春面怎么样? 我跟你说,我们这个面啊……"

游沐风嘴角抽搐。

等游沐风在楼外楼二楼的客房里吃完面擦干净嘴,已快天黑了。游沐风心里盘算了一下,顾骁就算明天一早赶路,到城中也该是晚上了。今晚早早歇息吧,她想着,明天一早先去看看柳如丝。

一夜安眠,游沐风第二天一早就找到了小二。小二笑眯眯问道:"嘿嘿嘿，姑娘找我？"

"问你点事。"游沐风点点头道，"你知道闵纾闵将军吗？"

"当然了！"小二道。

"那你知不知道他夫人葬在何处？"游沐风问道。

"这全落照城还有人不知道吗？"小二道，"这简直就是个传奇故事，我跟您说啊……"

"你就说在哪里就行啦！"游沐风赶紧打断他。

"哦，您一出门顺着护城河一直走，从第三座桥过到对岸，再走一段看到一片垂柳，在那儿右拐，左手起第四个园子就是了。"小二边指边道，"哎，姑娘等等！你这回啥时候回来啊？你再丢了，王爷肯定要杀人了！"

"不会的。"游沐风笑道，"我回来吃午饭，给我准备碗阳春面。"

一炷香的时间后。

"第三座桥后面什么来着？……左拐还是右拐？"游沐风没有丝毫防备，重获新生后她还是那个她。不出意外，她又迷路了。她晃晃悠悠走在落照街头，随便拉了个路人又问了一遍，反而更加迷惑。但是奇怪的是，弯弯曲曲几折过后，她居然觉得街景越来越熟悉。

游沐风来到一道墙边抬头一看，这不是九王府的后门又是哪里！

游沐风眼睛一转，鬼主意涌上心头。反正王爷也不在，她想着，先偷偷进去看看，也不知自己死了他过得如何。虽然武功还没恢复多少，但翻个墙总不成问题。在好奇心的驱使下，她脚尖一点，便轻轻落在了王府院内，再转身一看，面前正是月闻阁小院正门。她将头伸进院里望了望，只见屋里点着灯却没有人，院子里支着炭火，朝暮坐在一个小竹椅上围着炉子睡着了，双手托腮，头时不时往前点。游沐风不想叫醒她，万一她以为大白天撞鬼了吓出个好歹怎么办？更何况……还活着的消息，第一个知道的理应是顾骁。

于是游沐风隐了气息，蹑手蹑脚地来了屋内。不进还好，进了屋便被眼前景象惊得说不出话来。

灵位，灵牌，灯蜡……

这里是……自己的灵堂！

顾骁用妻子的名位给她立了灵堂！

落照的冬天，还是这么冷。

冷到一双白烛燃尽的白蜡滴落在地，都让游沐风一眼望穿，刹那回到那一年大雪纷飞的落照皇宫。

眼前物华流转：落在他肩头的白色，落在他青丝上的白色，落在他眉梢的白色，落在他嘴角的白色，落在她心里的白色。看啊！那是整个城池的银装素裹，统统焐化在她倚靠他时，那片裸露的脖颈下，顺着动脉奔腾流入赤诚心房之中。

听！啪……啪……那是烛泪落地的声音？不，那是他背着她走向长夜时的脚步声不是吗？烛泪留下的余温，与他肩头颈畔传来的温暖没有丝毫差别，就是最好的证明。

游沐风抬起手轻轻触碰面前灵牌，泪珠滚滚而落。

她目光掠过灵台下方，一块珠圆玉润的雪玉下压着一张纸，有墨迹透出，看样子像一封信。光看那露出来的一点字迹，游沐风便知这是顾骁的手书。取信打开，果不其然。

阿薰吾妻：

　　又是一年秋去冬来，又过了汝吾二人初识时节。夫时常立于正厅廊下，初见卿时景象宛若昨日。吾妻金簪挂鬓，眉黛生烟，笑语盈盈。每思此处，往往悲从中来。青阳关一别，晴言立于断壁残垣，望尸横遍野，剑指苍天，试问古今英雄称王逐鹿所为何？了却君王天下事，不求生前身后名。到头来失语之悲，剜心之痛。只羡寻常百姓，烟火夫妻，白首不离……三载时光，晴言待卿之心一如往昔。

三年了，游沐风瞧着手里的信和那块刻着"阿薰吾妻"四字的玉佩，感叹道，这么快就三年了！生死宛若一场大梦，情爱成了一晌贪欢，又有谁先觉呢？

"谁在里面？"朝暮的声音从屋外传来。

游沐风沉浸在梦中世界，被朝暮这么一吼，吓得一个激灵！门外传来脚步声，游沐风拔腿就跑，使出轻功跳窗而逃，又翻出院墙朝无人的地方跑去。

第五卷·大梦谁先觉

一切发生得太快了,游沐风反应过来时已经跑出老远。她低头一看,顾骁的信和玉佩还在自己手上。

"等等。"游沐风蒙了,自言自语道,"我跑什么? 我为什么要跑? 那不是我家吗?"

再看看手里偷……不是,拿出来的东西,游沐风再死一次的心都有了。更加让她绝望的是,她不知道自己刚才怎么跑的,连还都还不回去。

自己这是在哪? 游沐风想。猛地背后一个声音传来:

"既然来了,就进来吧。"

游沐风如今对背后传来的声音产生了心理阴影,脑中浮现的全是老和尚一脸猥琐的笑容问"信不信"的样子。

果然她一回头,老和尚的破庙就在眼前,但没见到和尚的人影。

游沐风突然想起老和尚上回说的,再路过他的庙,进去看看,问题有解。这老和尚也就是欺负她不认路吧! 她心中悲愤地想,换作别人,谁天天从他家门口过!

悲愤过后,游沐风抬脚进了寺庙。

奇怪的是,院中并没有人,老和尚和小和尚都不在。院中空荡荡的,满是落叶,看起来很久没有人打扫了。游沐风奇怪,那刚才是谁在说话?

"而且这院子也跟上回见到的时候不一样。"游沐风自言自语道。她又退出庙看了看,门外的路也不一样! 除了庙中的建筑与之前相同,这庙仿佛就像被人整座搬起,挪到了自己面前一样!

大白天撞鬼了! 游沐风的认知被击碎了!

"我在哪这座庙就在哪。"刚才的声音再次道,仿佛知道游沐风心中所想。

游沐风不寒而栗,顺着声音望去,只见一只孔雀停在枝头,高傲地俯视着她。她见过这只孔雀,就是一直站在老和尚肩膀上那只。

"我知道你在想什么。"孔雀接着道,"小凤儿,我等你很久了。"

孔雀会说话! 游沐风的认知再次被击碎了!

"你……你是什么东西?"游沐风语无伦次地说。

"我是妖。"孔雀道,"不过凡人大多称我为孔雀明王。"

"孔……孔雀明王?"游沐风战战兢兢道,"就是那只把佛陀一口吞了的孔雀明王?"

"没错。不过我已经很久没吃过佛了。"孔雀想了想补充道,"人也不太吃了。"

说到这,孔雀摇身一变,翎羽化成翠绿锦缎,毛色上的花纹化作头顶簪花,一位神色庄严的女子出现在游沐风面前。

孔雀会变人!游沐风的认知荡然无存了!

"你……你为什么会说话?"游沐风也不知道在看到孔雀变成人之后为什么还会纠结她会说话的问题,反正游沐风的认知已经不在了。

"我当然会说话。"孔雀明王道,"不仅我会说,青鸾、火凤、红鸾都会说话。要不然灵鸟怎么点化凡人,怎么传授他们天地奥义呢?应该说,是凡人从我们这里学会了说话,然后又不想让我们说话。"

"我以为这都是传说。"游沐风脑袋飞转,试图接纳眼前这个孔雀变成的女人。

"怎么会是传说呢?"孔雀明王笑道,"你再想想,你应该见过类似的事情吧?"

"我……我……"游沐风结巴道,"我小时候好像见过一只红色的鸟,我以为自己喝醉了……它……它管我叫芦花鸡……"

"她也管我叫芦花鸡。"孔雀明王耸耸肩道,"你是青鸾的后人,又有火凤投胎。灵鸟的天性使然,相较旁人,你对灵气更加敏感。"

"这么说……灵鸟也是妖?"游沐风瞠目结舌道,"这世上真的有妖?"

"我在这儿等你太久了。"孔雀明王道,"我赶着出城,你同我一起上马车吧,边走边说。你要去哪儿?我正好顺你一程。"

"妖怪还要坐车?"游沐风简直不知道该先困惑什么好。

"当然了。"孔雀明王道,"飞出城太累了。"

游沐风嘴角抽搐地跟着孔雀明王出了庙门,门口不知道什么时候多了辆马车。赶车的小童穿着灰色的条纹布衣,手脚麻利地掀开车帘。

他该不会是麻雀变的吧?游沐风现在看谁都像鸟,以后再也不敢吃烧鸡了,她想着,跟着孔雀明王上了车。

　　"这世间当然有妖。"孔雀明王接着刚才的话题道,"有人就有神,有道就有妖,有佛就有魔。要不你们修道的还怎么降妖除魔?"

　　游沐风想想也是,不知不觉中她居然接受了这个概念。不过都亲眼见到了,想不相信也难吧。她再次想到了老和尚那句"有解",遂问道:"所以当初把我从青阳关城墙废墟中救出来的是你,对吗?"

　　"不是我。"孔雀明王笑道,"是红鸾。"

　　"红鸾? 就是那第三只灵鸟?"游沐风问道。

　　"不错。当年三清为三只灵鸟封正后,灵鸟自然归了道门。"孔雀明王道,"红鸾归隐千年后再次出山,自然要找到道门,于是就跟在了唐知心身边。"

　　"红鸾为什么选唐知心?"游沐风好奇道。

　　"红鸾归隐时期无意间和唐知心的母亲成了挚友。"孔雀明王解释道,"后来她母亲去世了,便将女儿托付给了红鸾。但红鸾不喜欢其他凡人,一直等到十几年前才找到唐知心。"

　　"红鸾为什么不喜欢凡人?"游沐风问,"灵族不是灵鸟的后代吗?"

　　马车缓缓向前,孔雀明王晃晃悠悠道:"就是因为青鸾、火凤点化了凡人,但凡人恩将仇报。吕洞宾用纯阳剑斩杀火凤于凤落岭,青鸾悲痛不已。"孔雀明王掀开车窗吊帘一角让游沐风往外瞧,道:"你瞧,这条护城河连接着钱塘江,传闻钱塘江的江水就是青鸾的眼泪。"

　　游沐风顺着车窗外孔雀明王所指的方向看去,河水清澈见底,两岸行人来来往往,谁还知道这些陈年旧事? 游沐风不禁问道:"既然如此,红鸾为什么还要救我?"

　　"谁知道呢?"孔雀明王淡淡道,"千百年来凡人对灵鸟的感情十分复杂,有崇拜有敬畏也有警惕。灵鸟对凡人何尝不是如此呢? 既厌恶又离不开……何况你还与唐知心有缘,我想她应该会救你的。"

　　"那你呢? 你讨厌凡人吗?"游沐风问。

　　"我佛慈悲。"孔雀明王狡黠一笑道,"我不喜欢的凡人都被我吃了。"

　　与此同时,游沐风刚才从马车中探头张望的一幕,惊住了河对岸的两人!

顾骁手里的马鞭啪的一声掉落在地，小厮捡起来递还给他，他却不接，眼睛一眨不眨地望着刚才那辆马车。他昨日才从天茗连夜赶回落照，他怀疑自己是不是没睡觉眼花了，于是开口呼唤身边人，道："闵纾……"

闵纾知道顾骁要问什么，然而他也没缓过神来，结结巴巴开口道："王爷……属下……属下好像……也看到了……"

顾骁没说话。

"王爷……拦不拦?"闵纾问道。

此时的顾骁，如遭晴天霹雳。然而九王爷就算是遭晴天霹雳，思路也是清明的，只听他道："不行，万一认错了呢? 怎可当街拦姑娘的马车?"

"这都什么时候了……"闵纾道。

"找人跟上这辆车。"顾骁打断道，"再派人去查，这是哪个府上的马车!"

顾骁满腹焦虑地回了九王府。他其实不太相信自己看到的，但又确信自己不会看错。自己日思夜想那个人，怎么会认错呢? 她的一颦一笑仿佛印在了脑海一般，认错了谁，也不会认错了她。她若还活着，那死了的是谁? 她还活着，为什么不来找他? 顾王爷此时心里矛盾极了，他希望闵纾打听到线索，但同时又怕希望落空，白白欢喜一场。

堂堂江宁九王如此焦虑，一众下人便只敢躲在门外，谁都不敢上前去劝，只怕触了霉头。

好不容易等到闵纾回来，顾骁赶忙上前问道："如何?"

"找不到。"闵纾道，"马车穿过护城河拐进巷子里就如同消失了一般，连影子都没了。"

"不可能! 马车还能凭空消失?"顾骁不死心道，"顺着车辙印总能找到的! 多带点人，本王和你一起去找!"

一时间王府上下出动寻人，这场景有些似曾相识。

一直到夕阳西下，游沐风才来到柳如丝的坟前。花了一整天，最后还是孔雀明王用马车将她送来的。

岸边杨柳早已在风雪摧残下没了绿色，墓碑底部压在厚厚的枯叶下，什么也看不见。柳如丝的墓与游沐风想象中的大相径庭。本以为闵纾会为她大造大建，没想到只是这典雅小巧的半亩小园。墓碑正对着河对岸，远远可以瞧见将军府的飞檐。

此时仿佛天地有感似的开始下雨，茫茫一片，天地间只剩下飞檐下挂着的红色灯笼，像指引归家的明灯，像滴着血泪的心脏，像苍茫世间的挽歌，像她火红的嫁衣。

一滴灼泪，祭奠故人。

游沐风抬手抹去墓碑上的枯叶，镌刻在石头上的字迹显现出来，然而刚看见一个"柳"字，她便赶忙收回了手，不敢再看。现实的痛远比想象中来得凶狠，送走她的时候只顾着掉泪，等回过神，却是连看都不敢看一眼。

游沐风立了许久后才打算离开。挪动脚步之时，她突然发现脚下有几个隐隐约约的脚印。应该是昨晚来的，脚印又被落下的雨水冲刷了一部分。看大小，应该是名男子。闵纾应该与顾骁一起出城了吧？那这个人是谁？游沐风有些好奇，拨开墓碑底部祭台上的枯叶，见一株蒲草静静地躺在那里。蒲草根部用一截细细的棉线缠绕，线尾拴着一张纸，上面写着的字已在雨水浸泡下晕开，难以辨认，只有落款隐约可见。

韩亦？游沐风想，那不就是韩景榕？

白发人送黑发人，师父来看望过世徒儿，似乎也理所应当。游沐风叹了口气，将蒲草重新在墓前摆好，便踩着来时的脚印，打算回去。

黄昏时分城中已逐渐热闹起来，酒楼铺子挤满了人，各种小贩也准备摆摊做生意了。感受到市井的烟火气息，游沐风的心情似乎好了点。从墓地出来后，她头一回觉得活着真好。

顾骁回来了吗？

游沐风顺着记忆中的路线往前摸索着，心里寻思应该先去九王府还是先回楼外楼拿行李，就这么一会儿工夫便来到护城河边。

今夜河边挤满了人，这景象似曾相识。楼外楼与九王府都在河对岸，她在人群里挤得摇摇晃晃，想要过河感觉难于登天。

河岸的垂柳近在眼前，虽然寒冬时节，柳叶枯败，但柳枝依旧静静垂浮在水面上。游沐风突然想到顾骁送给自己的那支黄莺柳絮簪。那一日，他用杨花比喻她不可捉摸，她却回他，也无风雨也无晴。

游沐风顺着人群往南移动，越走越觉得往昔历历在目。

突然间,人群中爆发出倒数的声音。游沐风吓了一跳！这才反应过来不管是大人还是小孩,每人手里都拿着一盏河灯。

原来又是这一天啊！

"五！"

她随着人流驻足在岸边码头,岸边垂柳如同受到鼓舞迎风摇曳。

"四！"

周围所有人都弯下腰,将手中河灯先放入水中。只有她独自站在那里,不知所措。河面被温暖的灯火映得熠熠生辉。

"三！"

熠熠光辉下,对岸一条被拉长的身影闯入了她的视野,挡住了面前一寸光亮。她缓缓抬头,望向对岸。

"二！"

他一动不动,如同害怕戳破眼前幻景。四目交接,刹那万物失色……唯见他眼里闪耀五光十色,犹如琉璃宝石跌入她眼中的万丈银河。

"一！"

绕了一圈回到原处,叹只叹"姻缘"二字……命中注定。

成千上万盏灯同时腾空而起！头顶烟花炸开,五彩斑斓地落入他宝石般的眼睛。

落照宫中的漫天雪花,护城河中的花灯绵延,天茗水榭的花团锦簇,寺庙夜半的铜环暗扣,月闻阁外的红霞万丈……

天茗的夕阳,落照的月。沥水河畔的羌笛,雀岭城外的歌……

记忆蔓延,滚滚而来,心口盛不住的,便顺着眼眶流了出来。

"关心你一句就蹬鼻子上脸,为什么让你住月闻阁？不懂？"

"哼,伶牙俐齿！"

"簪子好看吗？"

"好……好看。"

"你喜欢吗？"

"喜欢。"

"那还不戴上?"

"王爷成亲那日,穿的便是这双锦靴。"

"那日,是我不对⋯⋯"

"既然你不认,那今日你我二人便重新相识一次。本王姓顾,名骁,字晴言。敢问阁主,如何称呼?"

"那我便叫你阿薰,如何?"

"你笑什么?"

"笑王爷生得好看。"

"顾晴言,你当真要娶我?"

"要娶我,便要信我。"

"生当复归还,死当长相思。"

鼎沸的人声随着漂走的河灯渐渐远去了,独独留下隔着河岸对望的两个人。空气中弥漫着烟火过后的硫黄味道,顾骁嗅了嗅,捕捉到来自真实世界的感官,似乎让他抓住了自己并不是在做梦的证据,这才敢慢慢地抬起手来,隔着空气描摹上那张连梦中都不曾出现的容颜。

一汪蜿蜒前行的河水,承载了多少故人相思?数也数不出来。即便是清高桀骜的江宁九王,一样会有落入烟火凡情不能自拔的一天。这也是他第一次为自己没死在战场上而庆幸。还是活着好,能再看一眼、多听一声、多拥有一瞬都是好的。风中有咸湿的气味,他赶紧擦了擦脸。不,自己已经很久没哭过了。

河对岸的游沐风看着他明摆着心中波涛汹涌,又一副死要面子强撑的样子,实在忍俊不禁,扑哧一声笑了出来。笑完了才意识到坏事了,他只以为自己死了伤心欲绝,心如死灰强撑了一年多,一见面看见她这般嬉皮笑脸,不发脾气才怪！游沐风想到这赶紧捂上嘴。果不其然,刚才还满脸写着惆怅的顾骁,下一秒便换上了标准的怒容,和记忆中简直一模一样。

游沐风看着顾骁跨过小桥,几步来到自己面前。他脸上的表情风云变幻,几次试图开口又没发出声音。游沐风只得率先开口试探道:"王爷?"

顾骁没反应。

"王爷?"

还是没反应。

"晴言?"

这一声"晴言"仿佛击中了顾骁脑中的记忆夹层。他脸色阴晴不定,缓缓问道:"你……"

"我?"游沐风忍俊不禁。

"你没……死?"顾骁不愿意说出那个字。

"我没死。"游沐风笑道。

"你去哪儿了?"顾骁终于确定了这一切不是梦,眼前的人有心跳有温度,说话间鼻息打在他脸上温暖又炙热。

游沐风眨眨眼笑道:"王爷是不是每年今日都要问一遍同样的话? 去年也是……"

"那是前年。"顾骁打断道,"去年今日你便不在……我一个人来的这里。"

游沐风顿时愧疚答道:"我睡着了……睡了一整年,吃了药才醒过来。"

"算了,活着就好。"顾骁努力压抑着情绪,缓缓道,"有什么话回家再说吧。"说完他牵起游沐风的手,拉着她便要往王府走。

游沐风被他拉得一个踉跄,却突然想起一事,大声道:"等等,我行李还放在楼外楼呢! 再不回去一趟,小二估计要急疯了!"

听到这话的顾骁脚下猛地一顿,游沐风一个不注意一头撞在了他的背上。想后退两步,手却又被攥在他手里。只见顾骁回过身,刚刚隐忍下去的怒气又浮上面庞,一副忍无可忍的样子。

顾骁彻底怒道:"你到了落照不回家,跑去楼外楼做什么? 你不是来找我的? 王府比不上客栈是吗? 你还能担心小二急疯了! 你能不能担心一下我是不是急疯了？"

游沐风撇撇嘴道："你又不在府里，我又不知道你什么时候回来，一个人上门多尴尬。再说你那王府上下谁没见过我，立着灵牌还能见到活人，你不怕把蒹葭吓死啊？！"

"你怎么知道立了灵牌的？"顾骁怀疑道，"你回月闻阁了？"

游沐风心想，我现在说是我就是个傻子。

顾骁气急败坏道："你都回了王府还往外乱跑什么？好不容易回来了你能不能消停会儿？"

这个……偷了东西还看了人家的信好像确实是自己理亏。何况他等了自己整整一年，游沐风想着她那句"认怂保平安"的人生真谛，眼骨碌一转，心上一计。

只见她泪眼婆娑，我犹怜地说道："早知道你一见面就这么凶，我就不回来了。"

"你说什么？再说一遍？"顾骁仿佛听到了一个笑话，道，"我什么时候凶你了？"

"你看你……还说自己……嗝……自己不凶……"游沐风打了个泪嗝道。

"那是跟你讲道理。"顾骁义正词严道。

"我大老远跑回来是来听你讲道理的吗？……嗝……"游沐风伤心欲绝道。

这下好了，又一招击中要害。顾骁还有多大的火气是几滴美人泪浇不灭的？他一时手足无措，只得开口道："好好好，你别哭……我不说你了。"

"那……还讲道理吗？"游沐风偷偷瞟了一眼顾骁，试探道。

顾骁道："不讲道理你下回还乱跑怎……"

游沐风放声大哭。

"好好好，不讲不讲！"顾骁立刻妥协。

游沐风吸了吸鼻子道："还凶我吗？"

"不凶了。"顾骁无奈道。

游沐风用袖子擦了把脸，立刻由阴转晴道："那王爷陪我去拿行李。"

"好好好,拿行李。"顾骁脑海中突然冒出一句话:人为刀俎,我为鱼肉。

夜晚的河水潺潺流淌,一对鸳鸯停在水面上打盹。冬日的明月悄悄躲在云彩后,透过半截屋顶,偷看着河边一对久别重逢的小情人拌嘴。姑娘一个劲哭,梨花带雨。男子一个劲哄,不知所措。直到和好之后,携手离去的步伐声惊醒了水中鸳鸯,月亮才从屋檐后心满意足地探上树梢。

"王爷,你这一年过得如何?"

"挺好的。"

"真的?"

"自然是真的。"

"那王爷灵位前那封信怎么回事?"

"……"

"看得我难过得都要哭了。"

"……"

"还有王爷那块玉,我很喜欢! 上面写着什么来着? 爱妻什么来着?"

"……"

"为什么薰字下面少了一点啊王爷?"

"……"

"王爷怎么不理我了? 生气了啊?"

"……"

"王爷? 王爷? 晴言?"

"……"

"哎……顾晴言,你等等我…… "

两人来到楼外楼门前。顾骁一路被游沐风揶揄得面红耳赤,面子挂不住,干脆加快了脚步,走出几步,想想又不对,赶紧回过身看着落在后面的游沐风,远远伸出一只手,示意她快点跟上。

游沐风看着他眼神害羞似的各处游离,不禁又是一乐,一蹦一跳地跑上去,牵住了他伸出的手,倒是跑得太快,撞得他身形晃了晃。

顾骁皱眉问道:"你不是大病初愈? 怎么这么能闹?"

游沐风笑眯眯道:"我是大病初愈,武功也没恢复。不如……"

顾骁见她眼珠滴溜溜地转，就知道又在想鬼点子。鬼门关走一趟回来居然一点没变。他有些哭笑不得开口道："不如什么？"

"不如王爷背我回去吧！"游沐风得意道，"一回生二回熟嘛，上次背得有点颠，王爷再试一次怎么样？"

"……当真是人为刀俎，我为鱼肉。"

游沐风作势撇嘴道："不背我可哭了哈？"

"你到底是真哭还是假哭？怎么变脸这么快？"顾骁简直哭笑不得。

"当然是真哭了！你看，眼泪都没干呢！"游沐风话没说完，便把脸凑到他面前，使劲眨眨眼，把刚才还存在眼角的潮湿挤出眼眶。一滴不大不小的泪珠就这么顺着脸颊滚落，挂在了唇边。随着她说话的口型颤颤悠悠，要落不落，像一滴在月光下闪烁的琉璃。

顾骁心里咯噔一声。

呼吸交错间，那张日思夜想的面庞近在咫尺，甚至可以感到湿热的呼气抚过自己面上汗毛，痒痒的。心里也痒痒的。美人在侧，朱唇微启。看着那颗泪珠，他喉头滚动了一下，觉得有些口干舌燥，满脑子都是血液沸腾的声音，理智灰飞烟灭。他不自觉地俯身靠近那张唇，眼里的真挚仿佛化成了一团火，眼泪也好，气息也罢，能尝入口里的，这一次他不想再错过。

游沐风看着他的脸在面前越来越近，心跳如擂鼓般回荡在耳中。她当然知道他要做什么，事到如今自然也不会闪躲。鼻尖轻轻触碰，她感到两人连在一起的掌心中满是黏腻的汗水。她咬咬牙，一副豁出去的架势，踮起脚尖准备主动迎上爱人的吻。

忽然间，身后传来一声号叫。二人吓得赶紧分开！

小二欲哭无泪哀号道："我说姑娘！您又跑到哪里去了啊？说好中午回来的啊！一住店就失踪，下回您要不还是住别的地方吧！您行行好，小的上有老下有小，您要是再丢，九王爷……哎哟！这不是王爷吗？您怎么到这来了？"

顾骁咳嗽两声，也不知是气的还是尴尬的，他脸色沉得能滴出墨来。吓得小二赶紧认错："小的什么都没看见！什么都没看见！王爷您继续！继续！小的这就滚蛋！"

"滚什么滚！回来！"顾骁怒道。

"哎哎哎！回来了！"小二赔笑道。

顾骁道："去把王妃的行李拿来！"

小二连连点头道："是是是，拿王妃的行李……啥？王妃？"

回去路上顾骁异常沉默，游沐风总觉得他是在尴尬刚才那差点儿就要成功的吻。她努力想找个话头，聊几句缓和一下。只是还没开口，顾骁好像想到什么，停下脚步。

"上来吧。"顾骁道。

"上哪？"游沐风不解。

顾骁往下蹲了蹲道："不是要我背你吗？"

游沐风掩面偷乐，心里美滋滋。顾王爷什么时候这么千依百顺过？这种机会可谓机不可失时不再来，当然不能错过。想到这里，她连一丝犹豫都没有，毫不客气趴上了他的背。

他就这样背着她往前走去，身体靠近了，似乎刚才尴尬的气氛也有所缓解。倒是他主动找话题开了口："你就带了这么点行李？"

"都是身外之物，一剑一人足矣。"游沐风趴在顾骁背上故作高深地说。

顾骁冷哼一声道："一把剑而已，你若是喜欢回头让人给你做把新的。"

游沐风当然知道顾骁在想什么，她撇撇嘴道："我不要新的，那是我从小用到大的佩剑。"

"让你用新的就用新的！"顾骁不悦道。

"怎的好端端为了把剑发脾气？招你惹你了？"游沐风满脸狡黠道，"王爷……你该不会是吃醋了吧？"

顾骁自然不会承认自己为了雌雄剑的事吃醋。发现自己失态，又被游沐风看穿，他只得咳嗽一声生硬地岔开话题："一把剑有什么好吃醋的。那是本王的心意，你什么时候送过我东西？"

游沐风见他岔开话题，知他好面子也不再追问，顺着他的话答道："我怎么没送过你东西？"

等等，好像真的没有！

顾骁挑起眉毛，哼了一声。

"那我也寻把剑送你吧。"游沐风飞快道。

"这还差不多。"顾骁心理平衡了一些。

见他终于脸色放晴，游沐风心里也放宽不少，钩着他脖子的手一用力，往上蹭了蹭，找了个舒服位置，将头靠在他肩上，道："晴言喜欢什么样的剑穗？"

顾骁感到肩上一沉，笑了笑。心情好的时候他还是很好讲话的，道："都好。"

"我觉得那玉佩挺好的，做成剑穗肯定好看。"游沐风笑道。

"哪个玉佩？"顾骁问。

"这个呀。"游沐风将灵堂前拿出的那块玉佩从怀里掏出，伸到他面前抖了抖。

顾骁一脸惊愕道："你怎么把它拿出来了？"

"怎么？我不能拿啊？"

"不是。你……"

"怎么，不是给我的啊？"

"是给你的。但是……"

"这上面是不是写着'阿薰'两个字？"游沐风理直气壮道，"写着我名字为什么不能拿？"

"是写着你名字。但是灵堂前放过不吉利，我重新给你个新的，你把这个扔了。"顾骁哭笑不得道。

"那怎么行？"游沐风得意道，"这可是我不在的时候一直陪着王爷的玉佩。听过王爷读信，看过王爷落泪，多有意义。怎么能扔呢，应该好好收藏。"

人为刀俎，我为鱼肉，顾骁只能嘴角抽搐。

"当然了，新的我也要！"

"……"

"还有啊，刚才我骗王爷的。以前的佩剑早丢了，这个是新的！"

"……"

"晴言啊，你看这玉佩。阿薰前面还有两个是什么字？"

"……"

"这一看就是你的字迹，自己写的自己不认得了？"

"……"

顾骁感受着游沐风一只手环扣在他肩上的力度，看着她另一只手里提溜着的玉佩在他眼前晃来晃去。背后传来真实肉体的温软和银雀般叽叽喳喳的说笑。还有什么好顾忌的？他突然回味过来，别说两个字能留住这个失而复得的人，就算拿命换也没什么好顾忌的不是吗？

顾骁深吸一口气："阿薰前面是'吾妻'两个字，连起来便是'吾妻阿薰'。汝吾二人，生当复归来，死当长相思。阿薰是晴言的妻。'薰'字少一点，一点寄心间。"

那夜的月光温柔缱绻，将两人的影子揉作一团，拉得很长。今年的落照，至今没有下雪。迟来的风雪仿佛是为了见证顾骁一句甜言蜜语故意晚到的。就在他说完这句话的同时，一片晶莹的雪花从空中落下，正好落在二人缠在一起的发丝上。游沐风还没看清楚，无数的洁白雪花纷纷飘落。落在他的发冠上，落在她的珠钗中，落在他们的发丝间。

你瞧，白首不离。

长夜漫漫，白雪皑皑。九王府门前的灯笼忽明忽暗的，游沐风远远便瞧见兼葭裹着件皮袄，在门前翘首张望。知道王府上下都在等自己回来，游沐风哪里还好意思让人背着进门？在转角处便挣扎着跳下地，顾骁看看她又看看远处的兼葭，他笑了笑，没说什么，牵起她的手便往王府走去。

再次踏入王府，过往记忆席卷而来。这里一点都没变，一草一木都与三年前她离开时不差分毫。匆匆离开时没有记住的人和物，如今倒感觉像是从来没失去过的那般。花园的池水依旧平静无波，花廊下散落着美人蕉衰败的花瓣，亭下静静摆着一盘棋局，温润的棋子上仿佛还留着当日她与他博弈的余温。

黑白分明的棋盘犹如一张捕人故梦的丝网，捕到了那日的美人泪，捕到了那日的玲珑心，捕到了铁血英雄的情窦初开，捕到了繁华世间的只要有你。

那一年，沙场征途，刀头舐血。雀岭连绵不休的战歌像是催人踏上冥途的旋律，茫茫人世，唯有心中这片有你有我的小天地不染尘埃，花团锦簇。